# Un amor imposible

# Un amor imposible

Heather Dune Macadam
y
Simon Worrall

Traducción de Arturo Peral Santamaría

**Roca**editorial

Penguin
Random House
Grupo Editorial

Título original: *Star Crossed*
Primera edición: enero de 2024

© 2023, Heather Dune Macadam y Simon Worrall
Primera publicación por Kensington Publishing Corp.
Derechos de traducción mediante acuerdo con Sandra Bruna Agencia Literaria, S.L.
Permisos de texto: Jacques Prévert, «Les enfants qui s'aiment» (en *Spectacle*) © Gallimard, 1949;
Georges Hugnet, «Poem», *Non Vouloir* © ADAGP, París, y DACS, Londres, 2022.
Permiso de impresión: Pablo Picasso, *Cabeza*, del libro ilustrado *Non vouloir*, 1942
© Succession Picasso/DACS, Londres, 2022; ARS, N.Y., 2021. *Les Réverbères*, imagen digital
© The Museum of Modern Art/con licencia de SCALA / Art Resource, NY & ARS, N.Y.
© 2024, Roca Editorial de Libros, S.L.U.
Travessera de Gràcia, 47-49. 08021 Barcelona
© 2024, Arturo Peral Santamaría, por la traducción

Roca Editorial de Libros, S.L.U., es una compañía
del Grupo Penguin Random House Grupo Editorial que apoya la protección del *copyright*.
El *copyright* estimula la creatividad, defiende la diversidad en el ámbito de las ideas y el conocimiento,
promueve la libre expresión y favorece una cultura viva. Gracias por comprar una edición autorizada
de este libro y por respetar las leyes del *copyright* al no reproducir, escanear ni distribuir ninguna
parte de esta obra por ningún medio sin permiso. Al hacerlo está respaldando a los autores
y permitiendo que PRHGE continúe publicando libros para todos los lectores.
Diríjase a CEDRO (Centro Español de Derechos Reprográficos, http://www.cedro.org)
si necesita fotocopiar o escanear algún fragmento de esta obra.

*Printed in Spain* – Impreso en España

ISBN: 978-84-19449-10-8
Depósito legal: B-17859-2023

Compuesto en Fotoletra, S.A.

Impreso en EGEDSA
Sabadell (Barcelona)

RE 4 9 1 0 8

*Para Michèle.*
*En recuerdo de Annette*

## LES ENFANTS QUI S'AIMENT

*Les enfants qui s'aiment s'embrassent debout*
*Contre les portes de la nuit*
*Et les passants qui passent les désignent du doit*
*Mais les enfants qui s'aiment*
*Ne son là pour personne*
*Et c'est seulement leur ombre*
*Qui tremble dans la nuit*
*Excitant la rage des passants*
*Leur rage leur mépris leurs rires et leur envie*
*Les enfants qui s'aiment ne sont là pour personne*
*Ils sont ailleurs bien plus loin que la nuit*
*Bien plus haut que le jour*
*Dans l'éblouissante clarté de leur premier amour.*

JACQUES PRÉVERT


## LOS NIÑOS QUE SE AMAN

Los jóvenes que se quieren se besan de pie
contra las puertas de la noche
y los transeúntes que pasan los señalan con la mano
pero los jóvenes que se quieren
no están ahí para nadie
y solo su sombra
tiembla en la noche
despertando la rabia de los transeúntes
su rabia su desprecio su risa y su envidia
los jóvenes que se quieren no están ahí para nadie
están en otra parte más allá de la noche
más allá del día
en la deslumbrante claridad de su primer amor.

JACQUES PRÉVERT

# Índice

# Introducción

El mercurio alcanza los 90 °F (36 °C) cuando llego a París. En el tren del aeropuerto Charles de Gaulle hay niños llorando; la gente mayor va sentada junta, encorvada, sudorosa y exhausta. La camisa se me pega a la espalda, mojada por el sudor. En el metro de la Gare du Nord el calor es aún más infernal. Viendo mi incomodidad, una mujer africana me ofrece su espray de agua mineral de Vichy. En París todo el mundo los lleva, y la fina rociada de agua fresca me da placer en el rostro.

He volado desde Londres para conocer a Michèle Kersz, la madre de Laurence, una de las amigas más queridas y antiguas de mi mujer, con quien, junto a su pareja Ron, pasamos casi todos los agostos en los Hamptons de Nueva York. Durante años hemos visto crecer a los nietos de Michèle, primero niños que paseaban por la orilla, después adolescentes y jóvenes que nadaban entre las olas. Las distintas generaciones de Kersz han disfrutado de las vacaciones junto al mar desde que Michèle era una niña.

Al llegar al espacioso apartamento de Michèle en Montmartre, nos sentamos a una mesa de comedor grande cubierta de cartas, artículos periodísticos y fotos de Annette. Michèle, una mujer vivaz de noventa y un años que sigue viajando para participar en torneos de bridge, es la hermana menor de Annette Zelman, la heroína de nuestro libro. Vestida con una falda blanca y una blusa decorada con tulipanes rojos, con la escasa melena pelirroja peinada hacia atrás, me muestra una fotografía de Annette cuando esta tenía diecinueve, tomada en 1941 en el exterior de la École des Beaux-Arts de Saint-Germain-des-Prés, donde su hermana era alumna. Annette, radiante, frente a una columna de mármol envuelta en un vestido a cuadros blancos y marrones. «Yo la ayudé a coser ese vestido —explica Michèle con una sonrisa—. Se hacía toda la ropa».*

Durante las siguientes cinco horas fluyen los recuerdos mientras yo grabo en vídeo y en audio. Preocupado de que esté agotada por el calor, propongo que hagamos una pausa a mediodía, pero Michèle insiste en continuar. Hace años que desea contar la historia de Annette. No va a permitir que una ola de calor se lo impida.

Son las cinco de la tarde cuando finalmente me despido de Michèle con un beso en cada mejilla, según la costumbre francesa. Le digo que Heather Dune y yo creemos que hay suficiente material en su archivo para un libro y que nos gustaría escribirlo. Ella sonríe y asiente. «Es muy importante que el mundo conozca la historia de Annette. —Me toca el brazo—. Pero no esperéis mucho. Tengo noventa y un años».

Ahora tiene noventa y cuatro.

Simon Worrall

---

* Los autores utilizan dos sistemas diferentes para los diálogos a lo largo del libro: los parlamentos que provienen de fuentes documentales o entrevistas aparecen entre comillas, siguiendo las convenciones del periodismo para citar textos, declaraciones o entrevistas; los reconstruidos o imaginados por ellos y no basados en fuentes reales aparecen con rayas de diálogo. (*N. del T.*).

*Ante la École des Beaux-Arts, Annette extiende el vestido de estilo zazou que confeccionó con la ayuda de su hermana pequeña, Michèle.*

# París, 1941

# Annette

El Flore era un lugar a medio camino entre cafetería de trabajadores y cenáculo donde se reunían personas «fantásticas» y
«locamente interesantes».

SIMONE SIGNORET

## PARÍS, ENERO DE 1941

He aquí Annette Zelman, con solo diecinueve años, celebrando su
admisión en Beaux-Arts, la escuela de arte más famosa de toda Francia. Lleva solo un mes en París, pero ya parece haber encontrado su

nicho. Luce la melena, que brilla rubio oscuro a la luz del sol, recogida de un modo particular propio de ella. Con los rizos en jarra. Una cinta los aparta a duras penas de su cara. Sigue siendo una adolescente: la grasa infantil todavía no ha desaparecido de sus mejillas. Tiene los ojos entrecerrados por la luz del invierno y se le arrugan por la sonrisa plena. Hace frío fuera, pero hoy es un día para las fotos. Un día para celebrar. Annette va a empezar el primer semestre en Beaux-Arts. Ya es oficial. ¡Va a ser artista!

¡Pero no solo ella va a ser artista! Otro de los estudiantes recién admitidos, Salvatore Baccarice, tiene la cámara y ha convencido a Annette de posar junto a la escultura que ha dibujado para el examen de ingreso. Quiere revelar el carrete, pero le queda espacio para alguna foto más y está encantado de conservar el recuerdo. Ya está enamorado de la vivaracha Annette.

El patio de Beaux-Arts es un bosque de esculturas clásicas griegas y romanas. Annette no tarda en quitarse el abrigo de lana y se sube al pedestal de la estatua del *Discóbolo*. Rodea el grueso cuello de mármol con el brazo, pega la cara a la de la estatua y se inclina como si fuera un arco tensándose en sus brazos. Nunca ha dibujado nada tan complicado. Sus padres son sastres, así que está más versada en patrones que en el cuerpo, pero ha difuminado y sombreado los musculosos abdominales, los tensos bíceps y el marcado trasero. El pene. Nunca ha dibujado un pene. Se diría que se ha enamorado de él. Quizá sea cierto. Él es la razón por la que ella está ahí en ese momento. La razón de su éxito. Se está riendo. Siempre riendo. Está unida por este *pas de deux* con un compañero congelado en el tiempo, y entonces la cámara dispara. Salvatore corre el carrete.

Casi podemos oír a Annette diciéndole «¡Te toca!» a su nueva amiga, Yannick Bellon.

Yannick, una belleza de diecisiete años y pelo oscuro, abraza al lanzador de disco y sonríe a la artista recién nombrada, de igual modo que Annette alza la vista hacia su amiga llena de ilusión. Se produce otro clic metálico y suena un zumbido después de que Salvatore corra el carrete para la siguiente instantánea.

Cuando vuelve a levantar la vista, Annette se ha puesto de nuevo el abrigo y se lo ha abrochado para protegerse del aire cortante. Algunos dicen que este es uno de los inviernos más fríos del que se tiene memoria, pero por ahora no hay nieve en París. Con las manos medio dentro y medio fuera de los bolsillos, Annette parece estar en posición de firmes. Tiene los pies muy juntos, cubiertos por medias pálidas y calcetines gruesos dentro de unos zapatos cómodos, nada parece moverla de este instante en el tiempo. Inclina la cabeza, juguetona como un cachorro, y pregunta con los ojos: «¿Y ahora qué? ¿Adónde vamos ahora?». Su sonrisa irradia un disfrute secreto.

¡Un momento!

Salvatore enfoca la lente y en ese instante su mirada se convierte en adoración. Ella se fija en la cámara, que la captura en el momento en el que un pensamiento furtivo de ese día y todas sus posibilidades cruza su rostro. Todo lo que está ocurriendo en su vida tiene su razón de ser, incluso el amigo que lo captura todo en la película Agfa en blanco y negro, incluso el rizo que cae sobre su mejilla cuando el obturador hace clic.

Perfecto.

Ahora se ríen. ¿Por qué no iban a reír? Son *la crème de la crème*. Están donde tienen que estar. Y, a pesar de que Annette es una recién llegada a la capital —de hecho, es una refugiada—, París ha abierto sus brazos para acogerla. «Ahora eres mía —susurra París—. Eres una artista». Annette no desea otra cosa.

A alguien se le ocurre ir a la cafetería a celebrarlo. Quizá Yannick lo haya sugerido. Su madre, la famosa fotógrafa surrealista Denise Bellon, frecuenta el Café de Flore, y están a unas pocas manzanas de distancia.

Tras colocarse el porfolio bajo el brazo y colgarse el pesado bolso al hombro, Annette echa a andar por la rue Bonaparte con un creciente grupo de compañeros de la escuela. Yannick y ella van del brazo, adelantándose hasta convertirse en el taconeo sincopado por la risa intermitente. Los rizos asoman de sus bufandas, bailando al ritmo de los hombros, al contoneo de las caderas. *Oh là là.*

Al pasar junto a una iglesia del siglo XI y su jardín maltratado por la guerra, las chicas se detienen en el boulevard Saint-Germain. Es el corazón del Barrio Latino, la zona más de moda de París, en cuyos humeantes clubes musicales todavía se puede oír jazz estadounidense y donde el deseo, por no hablar del amor, siempre está en el aire. A Annette le cuesta creer que ha llegado hasta aquí, que es una estudiante en la Ciudad de la Luz.

Fuera del café Les Deux Magots hay un grupo de *haricots verts*, es decir, judías verdes, el mote de los soldados de la Wehrmacht por el color de su uniforme. Los acompañan varias de sus homólogas femeninas, apodadas *souris grises*, o ratonas grises. Los alemanes son fáciles de identificar porque parece que les pertenece hasta el sol en las calles. Annette no tiene ningún interés en compartir el líquido sol de invierno con el enemigo. Yannick recuerda cómo la guerra le ha robado su adolescencia y dirige la vista al suelo. Huyó de la capital justo antes de la invasión y ha vuelto hace poco a París con su madre y con Loleh, su hermana menor. Pero el entusiasmo y la seguridad de Annette son contagiosos. Hace de hermana mayor de su nueva amiga, rodea la cintura de Yannick con el brazo y aminora la marcha para que los chicos las alcancen. «*Sales boches*», susurra uno cuando llegan junto a las chicas. Es decir, «sucios alemanes». Los demás se ríen desafiantes.


Desde la entrada de los alemanes en París ocho meses atrás, han hecho un incesante alarde de fuerza militar en los Campos Elíseos, con tanques y marchas a paso de ganso como si las calles fueran suyas. Pero hoy los alumnos de Beaux-Arts protagonizan el desfile. En una ciudad con el orgullo machacado por la invasión, la esperanza y la inocencia de la juventud encienden el ánimo de la capital.

A media manzana, el festoneado toldo blanco y verde del Café de Flore los saluda. Llamado así por una estatua de la antigua diosa de las flores y de los jardines y madre de la primavera, el Flore es el lugar de reunión de artistas y escritores. De comunistas y antifascistas. De pintores y bailarinas. De la gente popular. No hay alemanes. Las puertas de latón se abren y los estudiantes se sujetan la puerta unos a otros. Ninguno levanta la vista.

Es la hora del aperitivo, y el Flore está lleno. Todos los que son alguien están allí o en camino. Una tarde cualquiera, Annette puede encontrar en su interior la ardiente intensidad de Picasso fumando Gitanes furiosamente con Brancusi y Dora Maar. Simone de Beauvoir, una mujer de pelo oscuro de particular elegancia que lleva el pelo recogido en un moño, está sentada con un reducido grupo de confidentes. Falta su pareja con gafas, el sabio Jean-Paul Sartre, pues está en un *stalag* o campo de prisioneros de guerra alemán. En otro rincón, el guitarrista gitano Django Reinhardt ha vuelto a París tras intentar escapar por la frontera con Suiza. Los jóvenes brillantes que acaban de entrar en el café encajan con su idea de inocentes cuyos corazones se romperán al oír sus canciones de amor.

Por encima, seis magníficos candelabros de Lalique bañan las frentes de los floristas con una luz amarilla y tenue. Los jóvenes eligen una mesa central, ofrecen asiento a las chicas y luego se pelean por los mejores sitios. El camarero les toma nota. Sucedáneo de café. Hay una «campana de celuloide» que cubre los *macarons* en el centro de la mesa. Annette se mete uno en la boca, pero se da cuenta de que no tiene nada que ver con los de su ciudad natal antes de la guerra. Estos están hechos siguiendo una receta misteriosa en la que no hay coco, ni almendras, ni azúcar de verdad. ¿Una fórmula secreta de serrín y alguna otra cosa?

Los estudiantes gravitan en torno al Café de Flore por una buena razón: es el único local del Barrio Latino con calefacción en condiciones. Una gran estufa de carbón vomita de vez en cuando humo y llamaradas, pero no deja de ser la pieza central de la sala. Se sabe que en las mañanas frías de invierno Simone de Beauvoir llega antes de que se abran las puertas del local para tomar asiento cerca del fuego mientras escribe. Tener frío es tan habitual e incómodo como tener hambre, pero el frío tiene más fácil remedio. Por eso, los estudiantes y los artistas se apoyan en la estufa con sus harapientos abrigos de pana en busca de calor mientras sorben sucedáneo de café y hacen que los posos duren horas para posponer el inevitable éxodo a las frías calles y a los vientos helados que surgen del Sena. Al repasar sus rostros se observa que algunos están surcados por la preocupación, mientras que otros parecen tersos y seguros. Todos los mayores de treinta años parecen cansados. La ocupación es agotadora.

En las mesas, los debates acalorados enfrentan a surrealistas con dadaístas, anarquistas con trotskistas. ¿Unirse a la Resistencia, comprometerse con el pacifismo, huir? ¿Cuál es la mejor forma de combatir el fascismo? ¿El arte o las armas? ¿El arte debería ser político o mantenerse alejado del conflicto? Annette presta atención a las conversaciones que le interesan: arte, jazz, cartillas de racionamiento. Escuchar a escondidas es un arte en sí mismo. Las voces son tan variadas como sus edades. Algunos hablan con inquietud callada, otros con superioridad aburrida. Los acentos polaco, checo, ruso y español son tan frecuentes como los tonos nasales de los parisinos de pura cepa. La propia Annette tiene un acento provinciano. Debería eliminarlo, piensa. Eliminar a la vieja Annette, venida de la lejana Nancy, en la Francia oriental. Debería convertirse en una Annette nueva, resplandeciente... *à la parisienne.*

Annette no es el tipo de chica que se abruma con facilidad y, aunque sea una refugiada de provincias, ¿no se han convertido todos en refugiados? La ocupación los vuelve a todos extranjeros en su propio país. Ni las leyes ni el espíritu de la patria le pertenecen a uno. Les pertenecen a otros.

Aquí, entre los estudiantes pobres de Beaux-Arts, Annette siente el impulso de acercarse a la estufa, donde el barullo de la conversación es más denso. Quiere estar en el centro de las cosas y en el calor del coloquio. El Café de Flore es como una droga: si lo pruebas una vez, quieres más.

Una vez completada su iniciación, Annette observa la animación que la rodea. En el espejo hay un efecto de *mise en abyme*: muchas imágenes de ella misma se miran y se vuelven a mirar, cada Annette está en un marco separado del mismo reflejo, como si volviera atrás en el tiempo o avanzara secuencialmente hacia el mundo que la rodea. Observa sus versiones en medio de los reflejos de los demás en las paredes cubiertas de espejos.

Perdida en su pensamiento, reflexiona sobre formas de pintar esta realidad, pero no según el realismo. Quiere abstraerla, ampliar los límites de sus imágenes especulares. Si consigue emular a esta gente, adaptar su acento, entender lo que dicen los más cosmopolitas absorbiendo este lugar con su atmósfera llena de humo, podrá convertirse en una Annette nueva. Una Annette diferente. Aspira a algo más que a ser tolerada, o, lo que es peor, a no recibir atención.

Annette quiere formar parte de esto. La mayor hazaña al entrar en un café parisino es que alguien te reconozca, que alguien perciba tu presencia cuando cruzas la puerta. Un saludo basta para existir.

# *Petit matin du Flore* -
# La madrugada en el Flore

En los cuentos de hadas, las carrozas de calabaza te llevan al Maxim, pero otras te llevan al Flore, al encuentro de príncipes guapos, inteligentes, agudos, generosos, divertidos y pobres.

Simone Signoret

Una de las nuevas realidades de la ocupación era que Francia se vio obligada a fingir que compartía el mismo huso horario que Berlín, que era una hora antes. Implicaba que las noches de invierno caían antes que nunca, una metáfora del oscuro humor que infectaba la ciudad.

En el crepúsculo del final de la tarde, Annette y los demás estudiantes abandonan el Flore calentados por sucedáneo de café endulzado con sacarina y la sensación de pertenencia. Se apiñan para defenderse de un viento amargo que proviene del Sena y se apresuran hacia las escaleras del metro de Saint-Germain-des-Prés. Dos besos, «*Au revoir!, À demain!* [¡Hasta la vista! ¡Hasta mañana!]». Annette toma la línea 4. Siete paradas después se apea en Strasbourg-Saint-Denis, un barrio mayoritariamente judío, y corre por las escaleras para ir a casa.

Un plan de estudios de historia del arte. Dibujo al natural. Teoría del color. Introducción a la pintura. Annette estaba en un delirio de dedos manchados de carboncillo y de perfume de trementina. El cielo era arrastrar y raspar carboncillos sobre el papel, así como las voces solemnes de quienes trabajaban en los estudios del pasillo.

El Flore también se había convertido en parte de su plan de estudios. Con la autoconfianza de la juventud, Annette, Salvatore y otros artistas recién admitidos de Beaux-Arts se dejaban caer en el Café de Flore después de clase en una especie de invasión extranjera particular. Quizá uno o dos de ellos saludaban a algún conocido, pero los estudiantes formaban su propia pandilla. Tras cruzar las puertas de latón, ocupaban una mesa lo más cerca posible de la estufa de carbón junto a otro grupo formado por jóvenes franceses educados, eclécticos y adinerados. Ambas pandillas tenían algo en común: estaban intentando establecerse en medio de un mundo que se había vuelto loco.

Pocas semanas después de descubrir el Café de Flore, Annette conoció a una chica judía que vestía con estilo y estudiaba en la Sorbona. Bella Lempert era alta, inteligente y trotskista. Las chicas crean vínculos en situaciones en las que son minoría. Bella Lempert, Yannick Bellon y Annette descubrieron que no solo eran almas afines, sino que estaban entre almas afines. Bella estudiaba Filosofía y era amiga de los jóvenes educados de la mesa de al lado de los estudiantes de Beaux-Arts. Entre ellos estaba el vecino de Bella, un prometedor director de cine y etnógrafo llamado Jean Rouch. Annette empezó a cambiar de mesa. Yannick la acompañaba.

Jean Rouch tenía una historia vital exótica y seductora. Su padre había sido biólogo marino en un barco de exploración de la Antártida llamado Pourquoi-Pas? (¿Por qué no?) capitaneado por el legendario explorador francés Jean-Baptiste Charcot. Después del viaje, un compañero del barco presentó al joven científico a su hermana y se casaron.

Nacido en París en 1917, Rouch pasó gran parte de su infancia acompañando a sus padres a lugares como Casablanca y Grecia. Durante sus estudios en la Sorbona, sus amigos y él se convirtieron en rostros habituales en los círculos sociales de Montparnasse, asistían a los últimos espectáculos surrealistas o pasaban el rato en el Hot Club de France en Saint-Germain, donde escuchaban jazz *manouche* de Django Reinhardt o la última banda de swing venida de los Estados Unidos. Rouch también pintaba, escribía poesía sentimental y adoraba el cine. Veía todas las películas disponibles en la Cinémathèque Française y se interesaba por la fotografía. En cierto momento, compró una cámara en un mercadillo de la ciudad y empezó a ir a los Jardines de Luxemburgo por la noche con la esperanza de emular a Brassaï y sus fotografías nocturnas de París. Al igual que muchos surrealistas, Rouch estaba fascinado por *l'art negre* (el arte africano). Estaba en el jazz que oía en el Hot Club de France, en las máscaras africanas que inspiraron a Picasso y en los bailes de la rue Blomet, donde un público de razas variadas bailaba en libertad.

Yannick Bellon solo tenía dieciséis años, pero quería abrazar el amor libre. Puesto que provenía de una familia sofisticada y artística, era más cosmopolita que las chicas mayores que ella. Annette la encontraba divertida y encantadora. Bella Lempert era seis años mayor que Yannick, tenía el pelo negro y además de activista era una seguidora de la moda que se ponía sombra de ojos y chaqueta *zoot*. Bella es el epítome de la modernidad: una *zazou*.

Ser *zazou* era una cuestión de libertad. Los jóvenes parisinos adoptaron esta nueva estética como forma de rebelión y resistencia. Recibieron su nombre de una canción de swing del músico estadounidense Cab Calloway titulada «Zah Zuh Zaz». Cualquier cosa norteamericana era antialemana. Los hombres *zazous* llevaban el pelo por debajo de las orejas y lo untaban con brillantina para darle brillo y forma con un estilo que se llamaba *la mode*. Llevaban pantalones en forma de tubo, anchos por arriba, ceñidos en los tobillos y muy ajustados en la cintura. Las camisas tenían cuellos altos que se fijaban con un alfiler y, cuando se los podían permitir, los *zazous* llevaban zapatos de gamuza con calcetines de colores.

Cambiar de estilo era parte de la diversión. Las mujeres *zazous* llevaban el pelo por los hombros o se lo recogían sobre la frente. El rubio era su color preferido. Usaban gafas de sol redondas y oscuras. Los labios eran brillantes y rojos. Para desafiar el racionamiento de tela impuesto por los nazis, llevaban faldas o vestidos a media pierna —¡cuantos más pliegues, mejor!— y, por alguna razón, los cuadros blancos y marrones fueron el patrón de estos rebeldes.

Sin embargo, no solo se trataba de una fiebre de la moda. Según recuerda Jean Rouch:

> Nuestra única arma era el escándalo de nuestra ropa. Y es que habíamos encontrado una vía de protesta natural adoptando el aspecto opuesto a los soldados alemanes de nuestro tiempo: nuestro pelo largo contrastaba con sus cuellos rapados, nuestras chaquetas largas (trajes *zoot*) con sus chaquetas «recortadas», nuestras camisas de cuello alto con sus cuellos bajos, nuestros pantalones ajustados con sus bombachos, nuestros zapatos ingleses de suela ancha (que ya eran la última remesa de J. M. Weston) con sus botas de hierro. Algunos habíamos luchado contra ellos al inicio de la guerra [1940-1941] y sabíamos que, de momento, solo podíamos combatir su *blitzkrieg* con swing y que contra su paso de ganso y su *Sieg heil!* teníamos nuestros bailes a paso doble en el club Boissière al ritmo de los silencios cantados de «In the Mood».

Bella seguía la moda *zazou* a pies juntillas. El único elemento que faltaba era el pelo teñido: su melena era de color negro. Rumana de nacimiento, Bella y su familia habían emigrado cuando ella era una niña. A pesar de haber crecido en las afueras de París, en el suburbio de clase media de Asnières, era una urbanita sofisticada. Cuando empezó a estudiar, se mudó a un apartamento en la rue Saint-Jacques, cerca de la Sorbona. Bella era una habitual del Flore y se convirtió en una de las mejores amigas de Annette.

Dos años mayor que Annette, Bella tenía algo más de experiencia con los hombres, pero en la foto que le hizo Rouch parece más una empollona que una seductora. Bella y Annette eran tan alegres y vivarachas que Simone de Beauvoir se fijó en la «checa bonita» (que era su forma de referirse a Annette) y en Bella, la «morenita, [con] la piel color crema... además de israelita y cautivadora» cuya escandalosa risa iluminaba la sala.

Las muchachas del Flore eran los planetas en torno a los cuales gravitaban los hombres. Eran hermosas e interesantes, jóvenes e inocentes; pero no las típicas «artistas decadentes» a las que Simone de Beauvoir describía como «la brigada de asalto, compuesta de criaturas de pelo claro, todas en mayor o menor medida deterioradas por la droga (o el alcohol, o solo la vida), con bocas tristes y ojos astutos e inquietos». A las muchachas judías se las consideraba algo más exóticas, de pensamiento más independiente, inteligentes y, según las expectativas de sus admiradores, más liberadas sexualmente.

Atraer la atención de tantos jóvenes intelectuales era un subidón de endorfinas para Annette, Yannick y Bella. Rouch, de veintitrés años y con mucho mundo, con su físico de deportista y el pelo castaño y rizado, representaba el epítome de la escena montparnassiana. A Annette le gustó de inmediato. Aparte de trabajar en los talleres de Beaux-Arts, lo que más deseaba era pasar el rato en el apartamento de algún tipo guapo, poner discos de jazz y hablar de la revolución surrealista.

Rouch tenía dos amigos particularmente cercanos a los que llamaba sus «*copains comme cochons*», o amigos como cerdos, una expresión coloquial francesa para hablar de los «mejores amigos». Pierre Ponty y Jean Sauvy estudiaban juntos en la École Nationale des Ponts et Chaussées (la Escuela de Puentes y Carreteras) y habían combatido juntos en defensa de Francia. Claude Croutelle, de veintitrés años, estudiante de Filosofía en la Sorbona, también formaba parte del grupo de Rouch que se reunía en el Flore, así como Jean Jausion, el mejor amigo de Claude, un poeta de rasgos menudos con el cuerpo flexible de un bailarín. Estos jóvenes educados y atractivos se arrimaron de inmediato a Bella y sus nuevas amigas Annette y Yannick. Pero ¿quién saldría con quién?

La mesa estaba puesta. El futuro se extendía ante ellos.

# Les Réverbères

*Imagen de la revista de Les Réverbères*

A Jean Jausion, cuya obra gustará a los jóvenes como corresponde, pero además gustará a los jóvenes eternos.

MICHEL TAPIÉ

Jean Jausion era una figura habitual en los círculos surrealistas y dadaístas de París y se había dado a conocer como una de las mentes principales de un grupo conocido como Les Réverbères, es decir, Las Farolas. El grupo constaba de unos treinta artistas y escritores que produjeron teatro surrealista y dadaísta —con espectáculos similares a los *happenings* estadounidenses de la década de 1960— además de revistas de diseño gráfico exquisito.

El artista Michel Tapié, amigo de Jausion, era sobrino nieto segundo de Toulouse-Lautrec y había estudiado arte con Marcel Duchamp. Además de ser el director gráfico de la revista de Les Réverbères, Tapié también era músico de jazz y tocaba el clarinete en la banda del grupo artístico. L'Orchestre Hot interpretaba jazz estadounidense en Camille-Desmoulins, un bar instalado en un sótano cerca del Palais Royal. Tocaban de todo, desde Duke Ellington y Sidney Bechet hasta su amado Louis Armstrong, cuyas actuaciones habían electrificado a los parisinos en la década de 1930. Pero lo que realmente atraía al público era la característica canción *ragtime* al más puro estilo Tin Pan Alley con la que empezaban, titulada «Le pas des pélicans».

En cuanto el piano empezaba a tocar la línea de bajo de «Les pélicans», cientos de jóvenes se lanzaban a la pista de baile a interpretar una danza excéntrica con los pies hacia dentro, agitando las manos, meneando la cabeza y abriendo la boca para imitar un pez tragando agua. El jazz dadaísta era divertido, extraño y muy vigorizante, además de que «adoptaba el aspecto del sarcasmo», escribió el dadaísta Georges Ribemont-Dessaignes en una de las pocas descripciones de este baile.

Con un deje circense, los acordes menores de la canción le daban un toque algo siniestro, mientras que los bailarines, mujeres con mujeres, hombres con mujeres y, según en qué clubes, hombres con hombres se contoneaban por la pista a un ritmo sincopado y caótico de 2/2. Como un foxtrot hasta arriba de cocaína.

«El foxtrot es una especie de borrón y cuenta nueva para los bailarines —explica el doctor Colin Roust mientras toca los acordes al piano y describe las notas—. Es un movimiento lineal, pero puedes añadir movimientos a medida que crece la habilidad y la inspiración».

He aquí Michel Tapié, con su nariz de pico y su cara fina, que recuerda a un cuadro cubista, inclinado sobre el clarinete, marcando el ritmo furiosamente con los pies. El mujeriego Django Reinhardt mira al público con la corbata atada a la francesa, con su bigote ligero y una sonrisa en los labios mientras canta:

*Rumbo a la orilla, bamboleándose con fuerza,*
*Un pelícano avanzaba muy serio,*
*Con la panza por delante y sus hijos por detrás.*
Clopin-clopant!

Con andares de pelícano, los bailarines sacaban la tripa cual pájaros rellenos, meneaban el trasero y gritaban «*Clopin-clopant!*» [ir renqueando]. También se reían y graznaban como pelícanos.

¡No hay canción más feliz que aquella en la que se acaba comiendo! El baile del pelícano era justo a lo que se refería Tristan Tzara cuando hablaba de dadá y de actuaciones artísticas dadaístas. Si tenía sentido, no era arte. Cada uno debía bailar a «su propio ritmo». Eso era dadá.

Apretujados en aquel local subterráneo con el aire azulado por el humo, los clientes bailaban y fumaban pipas y cigarrillos, aplaudían al grupo musical y luego volvían a sentarse para disfrutar de la velada de cabaret: escenas burlescas sobre la policía francesa, la poesía surrealista y la dadaísta, los discursos sobre arte, quizá una actuación de teatro de vanguardia y, por supuesto, más bailes.

La noche del estreno de Les Réverbères, Jean Jausion subió al escenario y recitó en francés un poema del padre del dadaísmo, Tristan Tzara:

*Tombo Matapo los virreyes de las noches*
*Perdieron los brazos Moucangama*
*Perdieron los brazos Manangara*
*Perdieron los brazos polígono irregular.*

El público estaba cautivado. Nadie había recitado a Tzara en casi veinte años. Una nueva generación deseosa de experimentar la vanguardia acogió el sinsentido en su corazón y veneró todavía más a Jean Jausion, de Les Réverbères.

A pesar de su experimentación musical e interpretativa, Les Réverbères fueron muy conocidos sobre todo por la revista innovadora que publicaron con su ironía habitual el 1 de abril de 1938, el día en que se gastan bromas en Francia. Dedicada a André Breton, el sumo sacerdote del surrealismo, contenía un popurrí de colaboraciones: un ensayo sobre psicoanálisis y arte; una traducción de un poema de Edgar Allan Poe; tres grabados dadaístas de Michel Tapié sobre el tema de Narciso, y un ensayo sobre el compositor Erik Satie (uno de los héroes del grupo). También incluía anuncios en los que se invitaba a la gente a bailes en el bar subterráneo del Barrio Latino los miércoles por la noche con L'Orchestre Hot y se publicitaba una tienda de discos en el boulevard Raspail donde «Les Réverbères compran discos».

Georges Hugnet, un hombre del Renacimiento que conoció personalmente a Joan Miró, Marcel Duchamp, Pablo Picasso y Man Ray, fue uno de los mejores amigos de Jean Jausion. Gracias al apoyo financiero de su padre, Hugnet fundó la editorial Les Éditions de la Montagne con el objetivo de publicar su propia obra y la de sus amigos Jean Jausion y Gertrude Stein.

Hugnet también imprimió ediciones limitadas de las exquisitas revistas ilustradas de Les Réverbères. El panfleto vertical titulado *Polyphème ou l'escadron bleu* no es más ancho que un marcapáginas, con ilustraciones coloridas y quijotescas de Michel Tapié y los poemas experimentales dadaístas de Jean Jausion.

> *La Virgen con una blanca sonrisa de miedo...*
> *Vigorosa como una mañana de abril...*
> *Como cabras de Portugal.*

Hugnet se sirvió del nuevo medio de la fotografía con la alegría de vivir de un bromista y con frivolidad sexual. En una foto para L'Orchestre Hot colocó el torso desnudo de una mujer junto a un bombardino en llamas. Hugnet no tardó en ser excomulgado por los surrealistas: André Breton no estaba dispuesto a aceptar que su movimiento o su manifiesto tuviera retoños, y los jóvenes surrealistas que habían madurado en la Europa de preguerra aborrecían su postura autoritaria. Hugnet, Jausion y otros como ellos querían cambiar el *statu quo* del mundo antiguo y aburrido de la burguesía y abrazar la libertad artística y sexual, aunque también estaban muy comprometidos con valores políticos y filosóficos que ayudarían a liberar la sociedad.

Pero el comienzo de la guerra detuvo a Les Réverbères. «De repente, todo había desaparecido, nos golpeó en plena cara y desde entonces nada fue igual», recordó Jean Rouch. El último número de la revista de Les Réverbères cerró con estas palabras: «La línea que separa al hombre normal, al imbécil y al loco es muy pequeña». Y entonces Francia cayó ante un loco.

Jean-Paul Sartre, Jean Rouch y otros surrealistas habituales del Flore se unieron para combatir por Francia. Jean Jausion estuvo exento por una arritmia, un problema que él describía con humor como «los ritmos sincopados del hot jazz».

En la primavera de 1941, a pesar de la ocupación, Les Réverbères decidieron continuar su misión disruptiva de las normas sociales y organizaron un espectáculo para recrear su apogeo de preguerra. Jausion y los demás miembros del grupo se reunieron en el estudio de Jean Marembert, un surrealista conocido por pintar lo invisible. Bohemia parisina en su máximo esplendor. En el estudio de Marembert, entre desechos de éter y ampollas de morfina dejadas por su mujer drogadicta, un gran danés se paseaba, apoyaba la cabeza gigante en los regazos de los presentes y derramaba vasos con el meneo de su cola. En ocasiones defecaba majestuosamente ante los artistas en pleno debate y abandonaba la sala.

Geneviève la Haye, la esposa de Marembert, pasaba más tiempo en un mundo inducido por la droga que en la realidad surrealista y creía que el estudio era una mansión llena de siervos. De hecho, su vivienda no era más que una sucia *chambre de bonne*, una habitación de criada vacía donde se inyectaba heroína.

En el estudio de Marembert el caos era el tema preeminente de las reuniones. ¿Qué harían? ¿Cómo lo alcanzarían? Habían pasado dos años separados y la mayoría de ellos había ido a la guerra. No eran los mismos jóvenes de antes. Los preparativos se desgarraban con choques de personalidades y luchas intestinas. Michel Tapié acusó a los demás de ser desorganizados. Diez días antes de la inauguración Jean Marembert ni siquiera había impreso el catálogo. No había carteles ni discos, ni máscaras de teatro ni programa. ¡Ni siquiera tenían local!

Al final, alguien reservó la galería Martières et Formes, pasada la rue Bonaparte, no lejos de la École de Beaux-Arts y el Café de Flore. Allí dispusieron de un edificio con un patio amplio, varias salas y un sótano donde colocaron los cuadros, los dibujos, los discos y los carteles creados por Marembert, Tapié y los demás miembros del grupo.

Les Réverbères estrenaron su primer espectáculo en el París ocupado el domingo 20 de julio de 1941. Muchos de los asistentes recordaron espectáculos anteriores, de 1938 y 1939, pero también había recién llegados entre el público, como Annette y Bella, que habían oído hablar de Les Réverbères pero jamás habían visto la clase de manía que iba a desatarse entre los asistentes.

A las tres de la tarde una multitud de artistas y espectadores se congregó ante la galería. Un actor vestido con el uniforme naranja, rojo y azul de la Guardia Suiza, con gorguera, boina negra y alabarda afilada conducía a los espectadores al interior de la galería. El local estaba repleto, y hubo que traer más sillas de un colegio cercano. Tres representantes de la Propagandastaffel alemana, el cuerpo responsable de vigilar la vida cultural de París, estaban también entre el público. Iban vestidos con uniforme alemán completo, aunque no era un disfraz.

A las cuatro el espectáculo todavía no había comenzado. El público estaba inquieto. No había canapés, ni alcohol, nada que aplacara los apetitos parisinos del racionamiento. Había una cornucopia con fruta y verdura decorativa, pero era parte de la instalación artística. Al final, con dos horas de retraso, el guardia suizo hizo una reverencia y presentó a la soprano Olga Luchaire, que interpretó varias melodías del renombrado compositor dadaísta Erik Satie. Jean Jausion siguió con varios poemas; La Haye y otros tantos interpretaron una obra dadaísta. Cuando descubrieron tres cuadros de un artista desconocido, revelando garabatos informes aplicados con una colilla de cigarrillo, los parisinos se echaron a reír.

«*Merde!* ¿A esto lo llamáis arte?».

Empezaron a sonar abucheos. Alguien tiró una de las manzanas decorativas al escenario. A esta la siguieron una naranja y un calabacín. El guardia suizo cogió una pieza de fruta y la lanzó contra el público. La tarde terminó con un bombardeo de fruta entre el público y los artistas. Creyendo que era parte del espectáculo y una declaración satírica de vanguardia, el equipo de propaganda alemán aplaudió.

# Hitler y Annette

A Hitler le resultaba más fácil empezar la Segunda Guerra Mundial que enfrentarse a un lienzo en blanco.

STEVEN PRESSFIELD

## FRANCIA, 22 DE JUNIO DE 1940

El 22 de junio de 1940, la delegación francesa firmó el armisticio impuesto por Alemania en el mismo lugar donde se firmó el armisticio de 1918. Implicaba la rendición de Francia en la Segunda Guerra Mundial.

En la madrugada del 22 de junio de 1940, a la 1.35, Hitler estaba en Bélgica esperando noticias. Ordenó que se apagaran las luces y se abrieran las ventanas para que sus comensales pudieran oír el cornetín anunciando el armisticio. «Debía de estar formándose una tormenta a lo lejos —recuerda el arquitecto alemán Albert Speer— y, como en una novela mala, el destello de los relámpagos se colaba en el oscuro comedor». Al día siguiente, Speer estaba «asombrado» al recibir una invitación personal para recorrer la capital francesa con otros dos artistas: el arquitecto Hermann Giesler y Arno Breker, el escultor favorito de Hitler. Al parecer, este estaba realmente decidido a preservar la ciudad «que él mismo llamó la más hermosa de Europa, con todos sus tesoros artísticos de valor incalculable».

Al igual que Annette, Adolf Hitler había soñado con ser artista. A diferencia de Annette, sus dibujos y cuadros eran tan malos que a los dieciocho años suspendió el examen de acceso de la prestigiosa Akademie der bildenden Künste, el equivalente vienés de la École de

Beaux-Arts. El futuro Führer malvivió pintando vallas publicitarias de un polvo antitranspirante llamado Teddy y trabajando como pintor-decorador, ocupación que le granjeó el apodo de «pintor de brocha gorda» por parte de Bertolt Brecht. La amargura de Hitler por ser un artista fracasado y su resentimiento contra quienes tenían más talento y éxito que él se concentró en el concepto de *Entartete Kunst* o «arte degenerado», que asoció a judíos, bolcheviques y francmasones.

París no estaba a salvo de sus resentimientos. En la primera parada de su visita —el Palais Garnier, la Ópera— Hitler afirmó: «A menudo he pensado si habría que destruir París. Pero cuando hayamos acabado Berlín, París no será más que una sombra. ¿Por qué íbamos a destruirla?». Teniendo en cuenta cómo había arrasado Varsovia, no era una amenaza vacía. «Aunque estaba acostumbrado a las observaciones impulsivas de Hitler —escribió Speer—, seguía sorprendiéndome aquel despliegue indiferente de vandalismo».

La Ópera era el edificio favorito de Hitler en París. Speer vio al Führer «experimentar éxtasis» ante la espectacular rotonda, sus amplias escaleras y el parterre dorado. Mientras examinaba aquel símbolo neobarroco de la arquitectura mundial, los ojos de Hitler «brillaban de emoción», recuerda Speer. «Berlín ha de ser más hermosa», les indicó Hitler a los arquitectos.

El dictador había informado a sus hombres de que no estaba «de humor para un desfile victorioso». Pero sí se dejó fotografiar a primera hora de la mañana en el Arco de Triunfo, en la tumba de Napoleón en los Invalides y en la Torre Eiffel. Con semblante serio, recorriendo los Campos Elíseos, Hitler dirigió a su séquito de generales, ataviados con abrigos del régimen, gorras reglamentarias y botas negras y relucientes. Detrás del cortejo, el esqueleto de la Torre Eiffel se alzaba y las nubes avanzaban por el oeste. La llovizna humedecía las aceras. Era como si París mismo estuviera llorando.

Su última parada fue el Sacré-Cœur, donde Hitler y su séquito observaron el espectacular panorama de la ciudad que habían conquistado. «Poder ver París era el sueño de mi vida —les dijo a los hombres a su alrededor—. No puedo expresar la felicidad que siento por haber cumplido hoy este sueño». Apenas tres horas después de su llegada, sin haber comido ni haber ido al servicio, Hitler y los tres artistas partieron. Eran las nueve de la mañana.

Las nubes se disiparon. Las temperaturas subieron hasta veintiséis grados y los rayos de sol secaron las calles manchadas de lágrimas. París mismo pareció suspirar de alivio.

Una de las obsesiones de Hitler, y uno de los desencadenantes de la guerra, fue recuperar los territorios a los que Alemania había tenido que renunciar por el Tratado de Versalles de 1919 tras su derrota en la Primera Guerra Mundial. Entre ellos estaban Alsacia y Lorena, dos regiones ricas que bordean con Alemania en el noreste de Francia. Y fue allí, en Nancy, la capital de Lorena, donde nació Annette Zelman el 6 de octubre de 1921.

Emplazada en un valle circular y profundo, como si de un anfiteatro se tratara, la ciudad de Nancy destaca por su belleza barroca, sus jardines exuberantes y sus verjas doradas, y aquel entorno debió de dar forma a la sensibilidad artística de Annette y su gusto por el arte y la belleza. Era la cuna del *art nouveau*, y la joven Annette creció rodeada de las obras de la École de Nancy, un grupo de artesanos de renombre y diseñadores de la talla de Louis Majorelle, que revolucionó el diseño de muebles, o de Émile Gallé, que creó exquisitas obras de cristal. Pero quizá lo que más influyó en Annette y en el resto de la prole de los Zelman fuera que Nancy era además la cuna de una delicia culinaria, los *macarons* de Nancy, esas galletitas suntuosas de color pastel que le hacen a uno un agujero en la cartera pero no en el estómago.

Que uno de los mayores benefactores de Nancy hubiese sido Estanislao, el depuesto rey de Polonia que se convirtió en duque de Lorena en 1736, seguramente aumentara el atractivo de la ciudad para Moishe Zelman, un emigrante polaco que quería empezar una nueva vida con su nueva esposa. Nancy prometía trabajo en sus fábricas textiles. Así pues, como muchos otros judíos polacos y rusos, Moishe emigró hacia occidente para escapar de los pogromos que estaban devastando Europa oriental. Nancy tenía una población judía muy grande. Moishe Zelman consiguió trabajo y participó como guía de canto en la sinagoga de la ciudad; su voz era lo bastante pura como para provocar el llanto a quienes lo oían cantar. Con trabajo fijo y un apartamento de alquiler, Moishe se encargó de traer de Lodz a su mujer Kaila y a su bebé de nueve meses, Guy. Fue en 1920.

Moishe era sastre de formación, pero también un artista con una extravagancia digna de Chaplin y un gran sentido del teatro que se lanzaba a todo lo que la vida le ofrecía con energía y entusiasmo. De joven se había mudado a San Petersburgo, Rusia, a estudiar ballet, y después sirvió brevemente como soldado cosaco. Al ver una foto suya de aquella época, en posición de firmes, con un sable curvo y un sombrero de piel enorme, es fácil preguntarse si se alistó solo por vestir con un uniforme tan sobrecargado. Rusia era una de sus pasiones. Pero también era un apasionado francófilo que se sumergió hasta tal punto en la lengua y la cultura gala que no tardó en adoptar el nombre francés de Maurice.

Al igual que su marido, Kaila Wilf había crecido en el seno de una familia judía ortodoxa polaca de clase media-alta. Tenía el pelo oscuro, el rostro oval y buen talle, y una forma muy directa de mirar a la gente, con una mezcla de alegría e intensidad en los ojos. Kaila era la toma de tierra para Maurice y su alto voltaje. Lo de que «los opuestos se atraen» era totalmente cierto para esta pareja. Maurice se crecía ante el drama mientras que Kaila era una mujer práctica que no estaba para tonterías y que se enfrentaba a lo que la vida le tiraba encogiéndose de hombros y sonriendo. Poco después de asentarse en Nancy, la industriosa pareja empezó a perfeccionar su habilidad como sastres y a ampliar la familia. Annette nació en Nancy cuando Guy tenía dos años, y Charles llegó poco después. Annette estaba en medio del sándwich Zelman. El queso crema. La hija adorada de sus padres.

Maurice y su hermana Hélène se hicieron con un puesto en el mercado donde vendían tela, aceptaban encargos, medían a los clientes para hacer trajes y vestidos y pasaban el resto de la semana cosiendo los diseños y creando moda Zelman. Annette tenía cinco años cuando Vétements M. Zelman De Tail, Confections des Hommes (Ropa Zelman a medida, confecciones para hombre) abrió en la rue Macaron. Para celebrarlo, la familia se colocó frente a la entrada y despilfarró unos cuantos francos en un fotógrafo profesional que inmortalizó aquella ocasión en celuloide. Maurice mira con seriedad a la cámara, ataviado con un traje y una corbata hechos por él y con la cadena de oro de un reloj sobresaliendo del bolsillo de la camisa. Hélène está al otro lado y es la única que sonríe a la cámara. Kaila todavía lleva el delantal y parece estar a punto de sonreír, pero le falta un instante para coger aliento. La pareja posa junto a sus hijos, subidos a una escalera de mano en orden de edad. Guy, en la parte de abajo, parece algo aburrido. Sobre él, Annette tiene un lazo grande que adorna su melena rubia. En lo alto está el más pequeño, Charles, con una gorra de punto en la cabeza.

Al principio, la familia vivía en la planta superior de la tienda, donde los niños corrían sin prestar la menor atención a los clientes o a la ropa. El clac-clac-clac de las máquinas de coser sincopaba el ritmo de la familia. Los Zelman no podían quejarse: iban bien vestidos y estaban bien alimentados.

Como la mayoría de las mujeres, Kaila tenía mucho que hacer en la tienda, pero también con la compra y la comida, cambiando y lavando los pañales y la ropa de los niños sin parar. En 1927, después de una breve pausa, nació el tercer varón, Cami (Camille). Y un año después, la benjamina de la familia, Rachel, llegó a una familia que se había llenado de gente, de ruido y de amor. ¡Cinco criaturas en ocho años! Maurice y Kaila se mudaron con sus hijos calle abajo, a un apartamento más grande con patio donde los más pequeños podían jugar bajo la atenta mirada de su hermana mayor. Fue una infancia feliz. Nancy era el tipo de ciudad idílica donde los niños podían crecer sin demasiada vigilancia paterna. Los padres trabajaban en la tienda, así que los críos pasaban el día jugando entre los retales de tela que encontraban en el suelo o en los jardines de la Pepinière, al otro lado de la place Stanislas, el corazón barroco de la ciudad.

Construida a mediados del siglo XVII por el duque Estanislao en honor a su yerno Luis XV de Francia, la plaza se sitúa entre la parte antigua de la ciudad, de origen medieval, y la nueva, ilustrada y concebida por el duque. El enorme espacio abierto aunaba tres plazas rodeadas por edificios barrocos, un arco del triunfo, esculturas y verjas ornamentadas con detalles de oro. Una columnata flanqueada por un camino arbolado (por cuatro árboles) servía de acceso al desfile matutino de la caballería, además de ser la entrada para los carros tirados por caballos.

En el calor del verano, los niños Zelman se refrescaban en las fuentes que rociaban las baldosas con agua. En el extremo opuesto de la plaza se alzaban estatuas rococó de Neptuno, su mujer Anfitrite y sus acompañantes escasamente vestidas y montadas en delfines junto a las inmensas verjas de hierro forjado bañado en oro que conducían a los jardines de la Pepinière, un parque de veintiuna hectáreas donde los niños Zelman pasaron muchas horas felices. Era el «pulmón verde» de la ciudad, donde las familias acudían a pasear, a merendar o a escuchar la música que se interpretaba desde el quiosco Mozart, una estructura muy ornada en un jardín de estilo inglés que además acogía danza comunitaria durante el verano.

Había otros placeres, que incluían campamentos de verano con otros niños judíos y vacaciones en las montañas o en la playa. A medida que la familia crecía, ponían a los niños en orden de edad vestidos con las mejores prendas del sabbat y hacían fotos de recuerdo, a menudo con primos entremezclados, pero siempre ordenados de mayor a menor. Estaban contentos, eran trabajadores y los hijos eran decididamente franceses.

Por eso fue tan desconcertante cuando Rachel volvió a casa de la escuela llorando. Otros niños la habían insultado e intimidado en el recreo.

«Me han llamado "sucia polaca" y "sucia judía" —les dijo a sus hermanas—. Yo pensaba que éramos franceses».

Furiosa, Annette se dirigió a sus padres e insistió en que le cambiaran el nombre a Rachel para que sonara más francesa. Si Moishe podía convertirse en Maurice, ¿por qué Rachel no iba a convertirse en Michèle? Desde entonces se llamó Michèle.

Annette experimentó una racha de independencia a muy temprana edad, durante la cual se negó a ir habitualmente al templo. Para la mayoría de las familias, aquello habría supuesto un conflicto, pero Maurice y Kaila aceptaron su decisión. Dado que era guía de canto de la sinagoga cercana, Maurice trabajaba los días festivos además de los sabbat. A pesar de ello, Annette decidió que solo iría a las celebraciones de Yom Kipur y Rosh Hashaná. La ortodoxia religiosa le resultaba poco atractiva, y Annette influyó con su opinión en los demás niños de la familia.

Durante Yom Kipur, la fiesta tradicional del ayuno, que suele pasarse en la sinagoga para rezar, reflexionar sobre el año que ha pasado y expiar los pecados, Annette se quedó en casa para cuidar de sus hermanos menores mientras que sus padres fueron al templo. Por la tarde tenía que llevar a sus hermanos a la sinagoga antes de que sonara el *shofar*, el cuerno de carnero. Cansada del rugido de su estómago, Annette miró a sus hermanos y hermanas y dijo: «Venga, vamos a comer a un restaurante».

Así que fueron a comer antes de ir a la sinagoga al encuentro de sus padres.

Otro año: «Annette trajo un pino que se había encontrado y lo decoró en el salón para que pudiéramos celebrar la Navidad —recuerda Michèle, la hermana menor—. Ella nunca actuaba como los demás».

Maurice tampoco.

En 1936, se le antojó meter a todos en el coche familiar e ir de Nancy a París, donde había alquilado un apartamento espacioso. La rue de Belleville era una calle comercial ajetreada al este de París que había alcanzado la fama gracias a la canción «Ma Pomme», de Maurice Chevalier, y a Édith Piaf, la cual, según cuenta la leyenda, nació en el portal número 72.

Llevando consigo las máquinas de coser, Maurice y Kaila instalaron el negocio en el apartamento y empezaron a confeccionar ropa. Guy y Charles vendían sus «prendas» en los mercadillos callejeros de todo París. Mientras, Annette hacía lo que le resultaba más natural: sobrepasar los límites y experimentar. El teatro se convirtió en su nueva pasión. Solo tenía quince años, pero eso no le impidió apuntarse a clases de interpretación con dos actores prometedores: Serge Grave y Marcel Mouloudji. Es incluso posible que llegara a conocer a Yannick Bellon en clase, puesto que Yannick acabaría siendo buena amiga de Mouloudji. Y Annette volvería a encontrarse con ella entre los parroquianos del Café de Flore.

Cuando el calor de agosto sofocaba París, Maurice, siempre volátil, anunció que la familia se trasladaría al centro turístico de Paramé, junto a Saint-Malo, en Bretaña. Situado en la costa atlántica de

Francia, Paramé tenía un gran paseo marítimo bordeado por residencias vacacionales, cafés y kilómetros de playas arenosas para los niños, además de un casino para Maurice. Todas las tardes, ataviado con un esmoquin y una pajarita, dejaba atrás a la familia y se iba a bailar al casino. Kaila nunca lo acompañaba. Quizá sabía que debía darle algo de margen a su marido, que siempre volvía por la noche. Bueno, casi siempre.

Annette, que seguía actuando como líder, apuntó a los niños a voleibol, a gimnasia y a otras competiciones entretenidas a disposición de los turistas. Una de ellas consistía en hacer ropa a partir de periódicos. Annette pasó días creando conjuntos fantasiosos y sombreros que Cami y Michèle llevaron puestos el día del espectáculo de moda. Confecciones Zelman ganó, por supuesto.

Al final de la temporada, los niños se subieron a una torre de socorrista para hacerse la foto anual, con los mayores arriba. El rostro de Annette está bronceado y húmedo del mar. Tiene el pelo enmarañado recogido con una cinta. Radiante y morena, está espalda con espalda con su hermano mayor, Guy, el único del grupo que no lleva puesto el bañador. Con el pelo peinado hacia atrás y un polo, Guy parece dispuesto a trabajar o a flirtear con una pose de adolescente afable y sofisticado que a los pocos años haría que las chicas se pusieran en cola para salir con él. Por debajo de Guy y Annette, Charles sonríe de oreja a oreja con su camiseta rayada sin mangas. En la arena, Michèle, con los dientes separados, las mejillas coloradas y el pelo rizado por el mar, abraza a su querido hermano Cami. Sus cabezas se tocan y se rodean el cuello con los brazos.

Maurice decidió que la familia debería quedarse en Paramé ese invierno y matriculó a sus hijos en la escuela. Entonces el clima de Bretaña hizo lo que mejor sabe hacer: cambiar. Llegaron las tormentas del Atlántico y azotaron las playas. Las sombrillas acababan dadas la vuelta bajo la lluvia fría y abundante. Y, para colmo de males: «¡Cerraron el casino! —cuenta Michèle—. Maurice metió a todos en el coche y regresó a Nancy. Así era Maurice».

Guy y Charles habían ganado experiencia en el negocio familiar de venta al por menor ayudando a sus clientes potenciales a examinar telas, botones y estampados. Ahora que eran adolescentes, consiguieron empleo en Boucherard, el centro comercial más importante de la ciudad. Durante el día, Annette cuidaba a los pequeños, pero los sábados por la tarde se iba con Guy a los bailes en los quioscos, al quiosco Mozart, a los jardines de la Pepinière o a un club juvenil judío en el centro de la ciudad. Al igual que a su padre, a Annette le encantaba bailar y era una compañera de baile popular. Un hombre estaba tan embelesado por ella que les hizo una foto a los dos hermanos. En ella, Guy, de aspecto atractivo y sorprendente, admira a su hermana pequeña, que rebosa vida, como siempre.

Para aumentar el capital de la familia, Maurice empezó a recorrer la campiña que los rodeaba para vender lotes de ropa que llevaba en el maletero. Los granjeros también necesitaban ropa, igual que la gente de la ciudad. A veces cambiaban comida y huevos por prendas confeccionadas por los Zelman. «Siempre íbamos bien vestidos», recuerda Michèle.

El negocio familiar siguió prosperando hasta el comienzo de la guerra con Alemania, después de que esta invadiera en septiembre de 1939 Polonia y Checoslovaquia. Las industrias de Nancy, situadas a tan solo ciento veinte kilómetros de Sarrebruck, Alemania, se convirtieron en objetivo inmediato de los Aliados. Los bombarderos de la RAF golpearon la ciudad desde el aire, y el alcalde emitió una orden de evacuación. Los Zelman solo disponían de catorce días para preparar las maletas y marcharse. Una de las primeras cosas que hicieron fue pactar un silbido secreto que los ayudara a encontrarse en las aglomeraciones con las que Maurice sabía que se toparían. Sus hijos practicaron el silbido Zelman hasta que aprendieron a llamarse entre sí a la perfección.

Con auténtico pesar, Maurice y Kaila echaron el cierre de su negocio familiar y huyeron junto a otros miles de personas. La mayoría de los evacuados se fue solo con lo que podía llevar a la espalda. Como de costumbre, los Zelman fueron diferentes. Kaila insistió en llevar consigo la *lessiveuse*, la lavadora cilíndrica con patas hecha de metal galvanizado.

¿Quién iba a cargar con una cuba de metal en un viaje en tren de cientos de kilómetros? Una familia de siete miembros. Quizá fueran refugiados, pero tendrían ropa limpia. Kaila también se aseguró de llenar la lavadora con la vajilla, los utensilios de cocina, las tazas de porcelana, objetos de valor y la cubertería. Envolvió todo en lino, y así la familia tendría también servilletas y manteles. «Sin esto, nos convertiríamos en animales que comen con las manos», le dijo a Maurice. Él no lo discutió.

Guy y Charles cargaron con la cuba por la calle hasta la estación. Annette, Cami y Michèle llevaron las maletas. Kaila se colgó al hombro un hato enorme de sábanas y fundas de almohada. Maurice se encargó de portar su valiosa máquina de coser y su leal balalaika. Mientras tuvieran la máquina de coser, podrían ganarse la vida. Se vieron obligados a dejar atrás el piano.

La zona de acogida, que acabaría siendo un espacio de evacuación masiva —con seiscientos mil ciudadanos de las regiones de Alsacia y Lorena—, estaba en el suroeste de Francia. En el mejor de los casos fue un viaje arduo de tres días para recorrer ochocientos kilómetros. Hubo numerosas paradas de muchas horas en los andenes de las estaciones, a la espera de la siguiente conexión o del siguiente tren si el anterior iba lleno. Había vagones para ganado en lugar de vagones de pasajeros. En la parte exterior se veía estampado 8 CABALLOS 48 PERSONAS. «Si tenías suerte, los vagones tenían bancos de madera para sentarse», recuerda Michèle, y añade que había varias secciones, cada una para hasta diez personas. Puesto que los Zelman solo eran siete, Maurice convenció a una pareja con un hijo de que viajara con ellos. Algunos vagones no tenían espacios privados ni asientos e iban llenos de familias, sus posesiones y algunos animales de compañía.

Sobre ellos, el cielo retumbaba con los aviones enemigos que surcaban el paisaje en busca de blancos en el suelo. Los evacuados vivieron bajo el miedo constante de ser bombardeados.

Convertirse en refugiado es un acto de desesperación, un último recurso por sobrevivir. Huir es ponerse a salvo. La vulnerabilidad es un estado mental permanente. Uno se convierte en víctima de las circunstancias, consciente de que hay poderes mucho mayores actuando en su vida. Se pierde el control. La violencia y el peligro se convierten en las únicas certezas, así que uno lo arriesga todo por lo desconocido con la esperanza de que conducirá a algo más seguro y más manejable. Para conseguirlo, hay que renunciar a todo lo que se ha conocido. A todo lo que se ha creado. A todo por lo que se ha trabajado. A todo lo que se ha amado. La vida se reduce a sobrevivir. Comer. Seguir juntos. Silbar.

Quizá el piano quedó atrás, pero cada vagón en el que entró la familia Zelman estaba lleno de canciones y de historias. Maurice entretenía a todos mientras la oscuridad caía sobre Francia.

La bienvenida con la que se recibió a los evacuados varió mucho. A la gente rural se la consideraba maleducada, ordinaria y sucia. Y no solo había muchos urbanitas, también había judíos. Las comunidades rurales pequeñas se sintieron inundadas por gente de fuera, con acentos, tradiciones y religiones diferentes. Los refugiados recibieron una pensión diaria del Gobierno —diez francos por adulto, seis por niño—, pero los lugareños también lo estaban pasando mal. ¿Por qué los recién llegados recibían ayudas cuando trataban con desprecio a las personas en cuyas comunidades se habían refugiado? Los lugareños culparon a los evacuados de complicarles la vida. La comida y el alojamiento ya eran difíciles de conseguir y la inflación iba en aumento.

La primera parada de los Zelman en su huida de Nancy fue el pueblo La Lande-de-Fronsac, en la región vinícola al este de Burdeos. Consciente de los problemas con los lugareños, Maurice animó a su familia a integrarse en la comunidad. Con el ingenio y la vitalidad típicos de los Zelman, Maurice y Kaila empezaron a reconstruir de cero su negocio de ropa. Los adolescentes arrimaron el hombro para ayudar a sus padres a ganar dinero.

*La vendange*, o vendimia, es una tradición francesa que empieza en octubre y además representa una ocasión para ganar dinero, sin importar quién es quién. Ni el infierno, ni una inundación, ni la invasión de los alemanes, nada detendría *la vendange*. Puede que los franceses permitieran a la división panzer alemana pasar por encima de sus campos y sus casas, pero ni siquiera los alemanes tocaban los viñedos. Los alemanes también querían vino.

Guy y Charles consiguieron trabajo como mano de obra en el campo y pasaron las dos primeras semanas recogiendo racimos de uvas moradas. Se trataba de un trabajo duro, pero la recompensa era buena: comida, vino y exuberantes campesinas. La participación de los jóvenes en la vendimia ayudó a que los Zelman se ganaran el cariño de la comunidad. En cuestión de semanas, Annette se hizo amiga del cura del pueblo en la iglesia de Saint Pierre. Era un hombre abierto y educado que se convirtió en una especie de mentor para la adolescente. «Es el hombre más inteligente del pueblo», le contó Annette a su hermano Charles. Su curiosidad intelectual y su libertad ante los prejuicios religiosos la llevaron a pasar horas en la casa parroquial, donde hablaron de libros, de religión y de la vida. Siempre y cuando no estuviera cuidando de sus hermanos pequeños, claro.

Cuando el otoño declinó y el invierno tiñó las hojas rojas y naranjas de marrón seco, Maurice decidió continuar con la tradición inaugurada por Annette de celebrar la Navidad. Hizo un calor tan infrecuente que Maurice anunció que la cena de Nochebuena tendría lugar en el exterior e invitó a los vecinos y al cura.

Con los siete de la familia y los vecinos con sus propios hijos, no es de extrañar que necesitaran muchas mesas y sillas. Llevaron los muebles por la calle a mano y en carro. Plancharon al vapor los manteles de lino que Kaila había traído de Nancy en la *lessiveuse* y sacaron la porcelana familiar, la cubertería y los vasos. Los vinateros del pueblo trajeron el vino.

Maurice presidió la mesa, alzó la copa y le dio unos golpecitos con el cuchillo. El barullo de los niños se acalló y todos miraron a Maurice, que se había levantado para el brindis. «Recordad, *mes enfants*, que en el invierno de 1939 cenasteis fuera por Navidad, rodeados de viñedos. *Santé!*».

«*Santé!*».

Los Zelman y sus vecinos, tanto adultos como niños, chocaron sus copas y se miraron a los ojos para culminar el brindis. No hay nada tan especial como beber vino sobre el mismo suelo en el que este ha nacido, y los más sentimentales vertieron algo de líquido para devolver a la tierra lo que esta tan libremente les había dado. Después bebieron. Fue el primer trago de vino de Michèle. Le hizo una mueca a Cami, que respondió arrugando la nariz.

Michèle no recuerda por qué se fueron de La Lande durante la primavera de 1940, pero la razón más probable es que lo hicieran para ganarse la vida. El medio rural era menos lucrativo que el urbano, sobre todo para un sastre. Poca gente necesitaba ropa nueva en medio de una guerra. Los alquileres se habían disparado y, terminada la vendimia, la comida era cada vez más escasa. Inevitablemente, los judíos refugiados recibieron la peor parte del oprobio. Una encuesta realizada por las autoridades francesas en 1942 mostraba que el 85 por ciento de la gente que vivía en Limosín «se declaraba antisemita». La prensa colaboracionista propagó discursos negativos que culpaban a los judíos del aumento del precio de los alimentos por su actividad en el mercado negro. Es probable que algunos de estos factores animaran a la familia Zelman a mudarse a la ciudad de Burdeos.

Maurice y Kaila se asentaron en las afueras y reanudaron su negocio de confección. Guy y Charles retomaron la venta al por menor y trabajaron en el centro bordelés de Boucherard, la misma tienda en la que habían trabajado en Nancy. Annette se quedaba en casa para cuidar de los niños pequeños y hacía lo posible por no arrancarse el pelo. Pero la situación se iba deteriorando muy deprisa. Maurice convocó una reunión familiar para planear una huida a Inglaterra. Había trabajado en Londres y tenían primos allí. Si lograban encontrar a un contrabandista que los llevara al otro lado del canal de la Mancha, podrían establecer su negocio en Inglaterra. Los contrabandistas eran caros, pero Kaila y él habían ahorrado una buena suma de dinero. El plan tomó cuerpo.

Entonces, el 18 de junio de 1940, la Wehrmacht entró en Burdeos. La ocupación alemana de la ciudad fue brutal, sobre todo con los judíos. Casi de inmediato, los ciudadanos judíos de ascendencia francesa tuvieron que registrarse en las *mairies*, los ayuntamientos. Los Zelman hicieron cola y observaron con inquietud cómo en sus pasaportes azules de la República Francesa se sellaba la palabra «Israelita».

Cuando Annette se registró, le pidieron que declarara su profesión, aunque no fuera más que una adolescente. Su documento de identidad la catalogaba como «aprendiz de costurera». La etiqueta la puso furiosa.

«Esto no me gusta», protestó Maurice esa noche durante la cena. Vivir en las afueras de la ciudad los hacía demasiado vulnerables.

Realizaron una votación en la mesa: todos querían mudarse. En esa ocasión decidieron ir al centro de la ciudad, donde podrían mezclarse con el resto de la población.

Encontraron una residencia espaciosa en la rue des Pontets, a tiro de piedra del estuario de Gironda. Afortunadamente era una casa grande, pues empezaron a llegar a su puerta miembros de la familia venidos de toda Francia. El primo de Kaila, Léon Wilf, se presentó con su mujer y sus cuatro hijos. El mayor, Joseph, tenía la edad de Guy. Maurice (llamado así en honor a su tío) tenía casi los años de Charles. Abraham tenía catorce e hizo buenas migas con Cami. Jean y Michèle tenían once. La casa estaba siempre abarrotada. No hacía falta ser un Wilf o un Zelman: cualquiera desesperado por encontrar un sitio donde dormir era bienvenido, a pesar de que hubiera pocas camas. Michèle recuerda que en cierto momento allí vivieron hasta veinte personas, y todas las superficies disponibles se convirtieron en camas improvisadas.

La guerra no tardó en alcanzarlos. Los británicos bombardeaban Burdeos por aire.

Sus principales blancos eran un aeropuerto al norte de Burdeos, en Mérignac, y una base italiana de submarinos a pocos kilómetros corriente arriba. Los bombardeos se producían en mitad de la noche, acompañados por el ruido de las sirenas antiaéreas que interrumpían hasta el sueño más profundo. Incluso el de Charles. Los Zelman, los Wilf y quienquiera que estuviera en el piso se apresuraban al refugio antiaéreo, pero Charles siempre se tomaba su tiempo para vestirse. «Se ponía hasta una corbata», recuerda Michèle con una carcajada.

Lo más probable es que en el mismo refugio hubiera una chica de la que estaba enamorado.

«*Allez! Vite!* ¡Charles, date prisa», le gritaba Annette mientras Michèle se apoyaba sobre ella con ojos somnolientos. Pero Charles siempre era el último. Y siempre iba bien vestido.

Las hojas de otoño cayeron con las bombas. En octubre de 1940, además de las amenazas por aire, el Gobierno marioneta de Vichy, dirigido por el mariscal Pétain, aprobó el primer *Statut des Juifs*, o Estatuto de los Judíos. Además de endurecer la definición de judaísmo, excluía a los ciudadanos judíos de una amplia lista de profesiones, entre las que se encontraban el ejército, el funcionariado, la educación, la prensa y muchas actividades industriales. Hélène Goldman, la hermana de Maurice, les avisó de que había un apartamento vacío en su mismo edificio en París, en el distrito número 10. «Venid a París», les suplicó.

La noche del 8 de diciembre de 1940, un escuadrón masivo de cuarenta y cuatro aviones de la RAF atacó la base submarina. Las bombas llovieron sobre la ciudad, mataron a dieciséis civiles e hirieron a sesenta y siete. Temblaron incluso los refugios antibombas.

A la mañana siguiente, Maurice convocó una reunión familiar. Les anunció que tenían la opción de mudarse a París. «¡Es una gran oportunidad!», les dijo Maurice a sus hijos.

Kaila se opuso a la idea. «¡París es demasiado peligroso!».

«¿Y Burdeos te parece segura?».

«¡Allí están los nazis! Sé razonable, Maurice...».

«No están bombardeando París. Tenemos que salir de aquí. En París la gente necesita ropa. El negocio irá mejor».

Con una extraña fascinación, Michèle observó a sus padres intercambiando argumentos. Su madre casi nunca alzaba la voz o llevaba la contraria a su padre.

«¡Somos refugiados! ¡Somos judíos!», casi gritó Kaila a su testarudo marido.

«¡Somos Zelman! ¡Sobreviviremos!», respondió Maurice a voz en grito.

Los niños se quedaron petrificados. Su madre y su padre nunca discutían. El desacuerdo mostró la gravedad de sus circunstancias, algo que Michèle no se imaginaba.

«Vamos a votar». Maurice pidió que alzaran las manos.

A nadie le sorprendió que Annette estuviera de acuerdo con su padre. Como de costumbre, los demás hijos secundaron el voto de Annette. Ella era la líder, a fin de cuentas.

Derrotada, Kaila suspiró. Pero no iba a dejar atrás su *lessiveuse* fiel. Metieron la porcelana, la cubertería, los manteles y los objetos de valor dentro de la lavadora y se subieron a un tren a París. Estaba a punto de comenzar una nueva etapa de la historia de la familia.

«Zah zuh zaz!». Jean Huguet, vestido a la moda zazou, bailando.

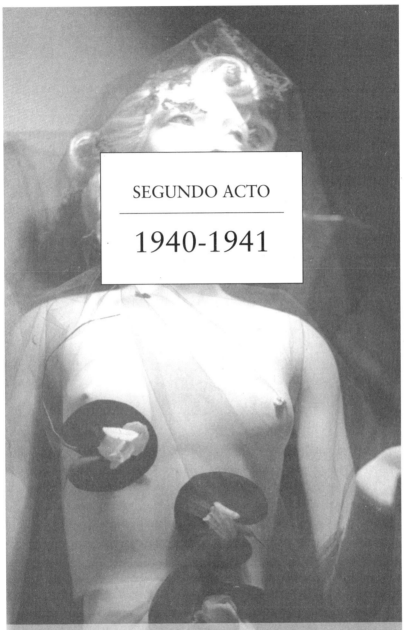

SEGUNDO ACTO

1940-1941

En la Exhibición Surrealista Internacional de París en 1938, la modelo Sonia Mosse fue la única artista plástica de la exhibición, y una de las pocas mujeres (el maniquí está hecho a su imagen).

# El circo llega a la ciudad

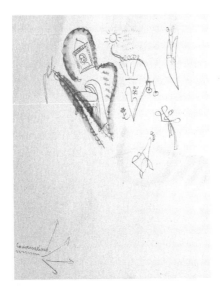

El circo Zelman, como se nos sigue llamando en el Barrio Latino. Somos famosos, amigo.

ANNETTE ZELMAN

¿Podían Annette y su familia haber elegido un peor momento para llegar a París? La temperatura era bajo cero. El cielo era plomizo. Había frecuentes episodios de lluvia y nieve que enfriaban el aire. No habría cena entre viñedos ese año.

Las mañanas eran oscuras. Las tardes eran más oscuras. Entre medias era gris. La comida escaseaba y se racionaba con rigor. Había pocas reservas de combustible y carbón, por lo que la gente quemaba cualquier cosa, incluso cenizas viejas. Las iglesias se vieron obligadas a apagar sus calderas; a los nazis les disgustaban las oraciones católicas casi tanto como las judías. La autora Colette, que escribía en su diario en su piso frío y húmedo de la rue de Beaujolais, alababa las propiedades caloríficas de las joyas de oro.

A pesar del frío, de los incesantes desfiles de soldados nazis por los Campos Elíseos, de los vehículos militares retumbando sobre los adoquines, de las esvásticas gigantes que colgaban de los edificios gubernamentales, París fue un descanso bien recibido después del humo y el terror de Burdeos. La capital acogió con brazos débiles al pequeño grupo de fugitivos y les dio un abrazo invisible que los ocultó de la mirada entrometida de los informadores proalemanes y de los invasores con paso de ganso.

Los periódicos colaboracionistas como *Paris-soir* proclamaban que «La purificación ha comenzado: los judíos por fin son expulsados de todos los cargos públicos del país» y se señalaba a las empresas privadas. Todas las tiendas judías tenían que colocar un cartel que dijera *Jüdisches Gesellschaft* y *Entreprise Juive*. París ya no era la desenfadada ciudad donde hacía cuatro años habían disfrutado como niños.

La marea de legislación antisemita aprobada por el Gobierno de Vichy también había restringido a los educadores. «En el lycée Camille Sée, como en todos los demás *lycées* [institutos], me obligaron a firmar un documento según el cual juraba no ser judía ni estar afiliada a la francmasonería —escribió Simone de Beauvoir—. Me pareció repugnante firmarlo, pero nadie se negó: para la mayoría de mis colegas, y para mí misma, no había otra forma de actuar». Sartre escribió que no aprobaba su decisión, pero ella le recordó que, mientras estaba en un campo de prisioneros de guerra, él no tenía que pagar por la comida ni por el techo sobre su cabeza.

Se produjeron actos esporádicos de resistencia. Antes de la llegada de los Zelman, el 11 de noviembre, aniversario del armisticio de la Primera Guerra Mundial, tuvo lugar una manifestación masiva en el Arco de Triunfo. Los parisinos se reunieron y cantaron «La Marsellesa»; los estudiantes y los colegiales llevaron carteles con la Cruz de Lorena, el símbolo de resistencia adoptado por las fuerzas francesas libres lideradas por De Gaulle.

La policía de París se encargaba de gestionar los desórdenes civiles, pero ¿cómo iba a detener a patriotas franceses por cantar el himno nacional? Su vacilación resultó fatal. Las tropas alemanas cargaron contra la muchedumbre a punta de bayoneta. En la reyerta, un patriota alzó el puño contra un soldado alemán y después desapareció entre el gentío. Detuvieron a un inocente que estaba en la manifestación. Cuando exigieron a Jaques Bonsergent que diera el nombre de quien había amenazado al soldado, aceptó la responsabilidad por el incidente. Declarado culpable de «*Beleidigung der Wehrmacht*», es decir, de insultar a la Wehrmacht, Bonsergent murió ejecutado dos días antes de Navidad, y se impuso un toque de queda en toda la ciudad desde medianoche hasta las seis de la mañana.

«Por primera vez aquellas autoridades de ocupación "correctas" nos estaban diciendo, oficialmente, que habían ejecutado a un francés por no haberse sometido a ellos del modo adecuado», escribió Simone de Beauvoir. Empapelaron las calles con carteles con amenazas contra quien vandalizara los anuncios del destino de Bonsergent. Pero, a pesar de las amenazas, los ciudadanos destrozaron los carteles de inmediato. La policía hizo la vista gorda. Entonces, al más puro estilo francés, los parisinos convirtieron la tragedia en una artística muestra de duelo. De la noche a la mañana aparecieron florecitas, amapolas de papel de la Primera Guerra Mundial y banderitas tricolores debajo de los carteles. Era mucho más difícil sofocar tales homenajes.

A pesar de todo, Maurice no mostró más que entusiasmo cuando, cargados con la lavadora fiel, la máquina de coser y las pertenencias, pasaron ante aquellos relicarios rumbo a su nuevo apartamento en el número 56 del boulevard de Strasbourg. Como si de un espejismo se tratara, París era un oasis de arte, música, cultura y libros, cosas que para ellos eran muy queridas. Los pasteles tampoco estaban tan mal.

Kaila recorrió el largo recibidor que terminaba en una cocina pequeña para evaluar su nuevo entorno. Dos tramos de pasillo que formaban una F al revés conducían al dormitorio y al comedor. Apartó las cortinas, abrió la ventana, miró el patio que había abajo y divisó la letrina. Lo primero es lo primero: necesitaban combustible para encender la estufa de la cocina. Mandó a Guy y a Charles a buscar madera o basura y cerró la ventana antes de que el viento frío levantara el polvo del suelo. Tenía que limpiar, deshacer el equipaje y decidir cómo iban a dormir. Después de encender la estufa, debía poner la cena en la mesa, pero podrían hacer de este piso un hogar. Incluso había un piano.

El comedor era el centro del universo familiar. Todo lo que tenía importancia ocurría en torno a aquella mesa. Era el escenario de la Comédie-Française particular de los Zelman, un podio para el debate, una almohada para las cabezas cansadas, un espacio donde hacer los deberes, el dormitorio de Annette y Michèle y hasta el estudio de arte de Annette. También servía para cenar.

La larga mesa de madera tenía espacio suficiente para ocho personas. A la izquierda de Maurice se sentaba el mayor. Aunque Guy, moreno y de pelo negro, era guapo como una estrella de cine, también era «un poco narcisista», admite Michèle. Mientras que Annette estimulaba su intelecto leyendo, escribiendo y creando arte, «lo único que realmente interesaba a Guy era atraer a las chicas». Se pasaba horas delante del espejo familiar arreglándose el pelo o ajustándose la ropa. Pero también era un hermano mayor protector que acompañaba a su hermana pequeña a los bailes y que estaba dispuesto a liarse a puñetazos con cualquiera que no la tratara con respeto.

Guy era el favorito de su madre. Annette era la favorita de su padre. Puesto que era la líder de los hijos, ella y su padre eran quienes tomaban las decisiones de la familia. A veces podía parecer algo autoritaria, pero sus hermanos siempre estaban de acuerdo con ella. Annette se sentaba a la derecha de Maurice.

Junto a Annette se encontraba Charles, «el filósofo rarito». Delgado y de cintura fina, tenía un rostro melancólico bajo la descuidada mata de pelo. Charles compensaba las carencias de su aspecto con su encanto y su personalidad. Era el excéntrico de la familia, intelectual y dotado de un sentido del humor extravagante. Annette lo adoraba. Sus almas afines formaban un núcleo que servía de base para la familia.

Al otro lado de la mesa estaba el otro núcleo de devoción fraterna: Camille y Michèle, que por entonces tenía ya doce años. Jugaban, peleaban, se daban patadas bajo la mesa mientras esperaban la cena. Eran inseparables. La cena no era un asunto ceremonioso. Por lo general Kaila colocaba una olla en medio de la mesa y antes de marcharse decía con brusquedad: «Que cada uno se sirva».

Guy siempre era el primero en hacerlo, pero Charles y Cami eran los que más hambre tenían. Poco importaba, ninguno de los hermanos era tan maleducado como para olvidar dejar suficiente para sus padres y sus hermanas. El racionamiento significaba que las comidas no duraban mucho.

Quien hacía las veces de ancla familiar en las turbulentas aguas de las muchas crisis mundiales era Kaila, la acompañante perfecta para su extravagante marido. Practicaba un estilo de crianza basado en el *laissez-faire*. «Mi madre era una mujer muy relajada —recuerda Michèle—. "Pregúntale a tu padre", solía decir. Nada le molestaba. Incluso en el caos del apartamento, se mantenía impertérrita».

Maurice era un rabino laico, por lo que no tardó mucho en oficiar bodas en el barrio mientras Kaila preparaba la comida de las recepciones. Las bodas eran también una buena forma de vender ropa formal. Cuando se supo que un sastre de la reputación de Maurice Zelman había llegado a la ciudad, todo el mundo quiso un par de aquellos pantalones de ajuste perfecto. El edificio ya era el hogar de varios parientes Zelman, y poco tiempo después, según recuerda Michèle: «Había gente que iba y venía de otros apartamentos. Mi madre preparaba tartas y té. Nos sentábamos a la mesa. Hablábamos. Leíamos. Rehacíamos el mundo».

Maurice prosperaba en aquel caos. Este hombre menudo impecablemente vestido era un animador nato que hacía todo con gracia. Incluso si los judíos eran lo bastante ricos como para tener radio, era ilegal que tuvieran una. El entretenimiento provenía de la imaginación o la memoria de Maurice. Le encantaba cantar canciones rusas que había aprendido de joven en San Petersburgo, canciones polacas de su país natal, canciones francesas y canciones judías. Desde su sitio presidiendo la mesa, Maurice solo tenía que girar la silla para poder tocar el piano y ofrecer a su familia entretenimiento de sobremesa. Compartían el baile, el canto, los juegos, los chistes escandalosos, las historias y las risas con el bloque entero. Kaila recibía las actuaciones de su marido y sus episodios de fantasía con la irónica frase: «¡Gracias, Sarah Bernhardt!».

Maurice a menudo concluía el espectáculo de la tarde con su balada rusa favorita, la conmovedora «Ochi chórniy» [Ojos negros]:

*Ojos negros, ojos apasionados,*
*Me arrastran a tierras lejanas*
*Donde reina el amor, donde reina la paz,*
*Donde no hay sufrimiento, donde la guerra está prohibida.*

Cuando las últimas notas de su apasionada voz se apagaban, Maurice se frotaba los ojos y sus hijos se sumían en un silencio reflexivo. Aparte de ese, el único momento en el que el hogar de los Zelman estaba en silencio era cuando todo el mundo dormía.

En la acera de enfrente había un cine al que Annette y sus hermanos mayores llevaban a los más pequeños a ver los últimos estrenos. A varias manzanas de distancia, Cami y Michèle se matricularon en la escuela. A la vuelta de la esquina del colegio había un baño público donde la familia realizaba sus abluciones semanales. «Por la mañana hacíamos la compra con Annette, luego nos llevaba al colegio. Siempre se aseguraba de que estuviera bien vestida y me trenzaba el pelo». Ben Guigui, un argelino que adoraba al bienhumorado de Maurice, regentaba el puesto de verdura más cercano. «Maurice entraba en la cocina a las cinco de la tarde y preparaba una sopa. Lo estoy viendo ahora —cuenta Michèle—. Le decía a mi madre: "Ya está, he preparado la sopa". Un caldo de pollo o *ravioli à la juive*».

En París no todo el mundo se alegraba de ver caras nuevas en busca de refugio y anonimato. Trabajar fuera del barrio judío era imposible. Annette consiguió un empleo a tiempo parcial remendando y bordando para Eva Singer, una costurera que vivía en la planta de arriba, mientras que Guy y Charles trabajaban en la calle vendiendo prendas Zelman. Los domingos por la mañana, los jóvenes judíos se reunían en la place de la République, a quince minutos de su apartamento, a pelear con pandillas de jóvenes fascistas franceses. Charles y Guy volvían a casa a tiempo para la cena con la nariz ensangrentada y el ego inflado, presumiendo de haber dado su merecido a esos malnacidos.

El medio urbano les resultaba mucho más familiar a los Zelman que el estilo de vida rural que habían tenido en La Lande. El metro los llevaba de una región parisina a otra, pero Annette sentía una fascinación especial por el Barrio Latino. Ella era una autodidacta que siempre leía o iba al teatro. Las energías creativas que la rodeaban eran un banquete para su espíritu, y las absorbía todas. Sencillamente no se cansaba de lo que París podía ofrecer. Así fue como se enteró de que la École des Beaux-Arts estaba aceptando alumnos para la temporada de invierno.

Como no tenía el bachillerato, Annette tuvo que hacer un examen de ingreso que consistió en una prueba de dibujo. Hasta entonces, ningún miembro de la familia había sospechado que Annette quisiera ser artista. Así que estuvieron más que sorprendidos cuando llegó sin aliento al apartamento de su tía Hélène después de volver corriendo de Beaux-Arts y el Café de Flore. Su madre y la tía Hélène estaban sentadas a la mesa con Simone, la prima de Annette. Michèle y los demás niños interrumpieron sus juegos.

«¡He pasado la prueba! ¡Estoy dentro!», gritó Annette orgullosa, desenrollando la hoja de periódico en la que había bosquejado a carboncillo la famosa escultura griega del lanzador de disco desnudo, con pene y todo.

«¡Es el *Discóbolo*!».

La tía Hélène gritó y le tapó los ojos a Simone. «¡No mires!».

Kaila se echó a reír.

Puede que la habilidad artística se transmita al nacer, pero hace falta tiempo para adquirir las habilidades físicas necesarias. Los artistas deben desarrollar la vista, el pulso de la mano y, sobre todo, una visión de lo que quieren decir por medio del arte. Annette garabateaba sin parar. Le encantaban las caricaturas y los dibujos animados, le entusiasmaban el humor y la ironía, pero hacía falta verdadero talento para observar las complicadas dimensiones de una escultura como el *Discóbolo* y representarla con carboncillo lo bastante bien como para entrar en Beaux-Arts sin haber recibido una preparación formal ni haber asistido nunca a clases de dibujo. Annette tenía ojo. Al igual que su padre y su madre, podía reproducir lo que veía. Ya fuera el patrón para un traje o un hombre musculoso y anatómicamente perfecto.

Entró en el mundo del Café de Flore con la misma seguridad. Para los jóvenes artistas y escritores hambrientos de sentido de dirección y lugar, el Flore era el oasis perfecto en un país cuyo sentido de la identidad se había hecho añicos con la llegada de las fuerzas de la ocupación. Ahora todas las mañanas, de camino a Beaux-Arts, Annette llevaba a Michèle y a Cami al colegio, después iba a la parada de metro de Strasbourg-Saint-Denis y pasaba por debajo del letrero modernista del metro que hoy en día sigue adornando con su pátina verdosa esa estación. Siete paradas después, subía las escaleras y emergía en el nuevo mundo de Saint-Germain-des-Prés, en el Barrio Latino, en la orilla izquierda. Un mundo que pronto haría suyo.

# Una visita sorpresa

La razón por la que esta guerra es tan «indescubrible» es que está en todas partes.

JEAN-PAUL SARTRE

El año nuevo de 1941 llegó con una tormenta de nieve. Gran parte del país, incluido París, quedó paralizada. Algunos tramos del Sena se congelaron y una colina del parque en Saint-Cloud se usó como pista de esquí. Se envió un ejército de parisinos desempleados y trabajadores a despejar las calles, pero la capa blanca seguía cubriendo el suelo el día en que un coche negro de personal alemán, con esvásticas aleteando en el capó, aparcó frente a la École des Beaux-Arts.

Del coche bajó un oficial de la Wehrmacht pequeño y rechoncho con cabeza de patata que andaba como un pato por la nieve bajo la atenta mirada del *Discóbolo* de Annette y de las demás estatuas clásicas que se alineaban en la entrada del patio.

Elegir al capitán Heinrich Ehmsen, de cincuenta y cinco años, como enlace de los nazis con Paul Landowski, el director de Beaux-Arts, fue una jugada muy astuta. Nacido en Düsseldorf, donde se había formado en la Escuela de Artes Decorativas, Ehmsen era un veterano de la Primera Guerra Mundial, además de pintor. Al igual que Hitler, sentía un gran aprecio por el legado artístico de Francia. A diferencia de Hitler, Ehmsen había hecho varias peregrinaciones artísticas a París y al sur de Francia en sus años de juventud.

Por experiencia de primera mano, lo sabía todo sobre el control político del arte. En 1933, la Gestapo detuvo a Ehmsen. Cuatro años después, etiquetaron su obra como *Entartete Kunst* o «arte degenerado». Lo más seguro es que renegara de todo, pues pasó a formar parte de la Propagandastaffel, el departamento de propaganda nazi, emplazado en el número 52 de los Campos Elíseos, donde supervisó la vida cultural de París. ¿Un alemán encargado de la cultura francesa? Eso era un oxímoron que Landowski se guardó para sus adentros.

Embutido en un uniforme poco favorecedor, Ehmsen entró en el gran patio acristalado del Palais des Études y marchó sobre el suelo de mármol con patrones geométricos. Apoyado sobre columnas ornamentales y arcos decorados con estatuas clásicas griegas y romanas, el famoso techo de vidrio y plomo se elevaba hacia el cielo de color gris anaranjado. Esa gran sala, diseñada por el arquitecto Jacques Félix Duban en 1830, seguía el modelo del magnífico patio de un palacio florentino donde Duban había realizado sus estudios. Sigue siendo la atracción principal de la escuela y uno de los mejores ejemplos del estilo Beaux-Arts.

Para Ehmsen, entrar en aquel edificio resultaba inspirador. Estaba en la cuna de la pintura francesa, donde se habían formado tantos de los grandes artistas que admiraba, desde Degas hasta Renoir. Pero, como miembro del grupo *Kultur* de París, la tarea de Ehmsen era velar por que Beaux-Arts se alineara con las normas de Goebbels sobre la cultura aria.

Mientras subía las escaleras de mármol y recorría el pasillo de la segunda planta, Ehmsen miraba las galerías arqueadas y sus esculturas de desnudos. A lo largo del pasillo, en las paredes, había paneles pintados con olas estarcidas y frutos colgantes que se intercalaban con paneles de dos pisos de color violeta y bermejo cubiertos de parras onduladas; tal era la grandeza junto a la que Ehmsen pasó de camino al despacho del director Landowski. En los pasillos se oía el eco de los primeros taconazos militares de los nazis, y cada paso era como el tictac de una bomba. La pregunta era: ¿cuánto tiempo tendría Landowski para proteger la escuela y a sus estudiantes?

El director, un hombre alto y osuno con frente redonda y barba de chivo, era un escultor famoso, no solo un chupatintas.

Ehmsen saludó abiertamente tendiendo las palmas hacia delante, golpeó los tacones entre sí y dijo: «*Es ist mir eine Ehre, Sie kennenzulernen, Herr Direktor* [Es un honor conocerlo, señor director]».

Al menos no soltó un «*Heil Hitler*», apuntaría Landowski en su diario esa misma noche.

Un alemán más alto y vestido de paisano con mucho más gusto exclamó: «Herr Ehmsen no habla francés con fluidez. Yo soy su intérprete».

A Landowski le pareció ofensivo que la cabeza de la cultura francesa no hablara francés. Sin duda, los alemanes podrían haber encontrado a alguien que conociera el idioma. Pero guardó el pensamiento para sus adentros y ofreció asiento a Ehmsen. Intercambiaron comentarios amables y encendieron un cigarrillo. Se produjo una pausa incómoda.

«*Keine Sorge; wir sind nicht hier, um Ihnen etwas wegzunehmen*».

«No se preocupe; no estamos aquí para quitarle nada», tradujo el intérprete.

Landowski suspiró aliviado. Desde el comienzo de la ocupación, bajo la dirección del *Reichsmarschall* Hermann Goering, los nazis habían saqueado miles de obras de arte. Se habían llevado a Alemania cuadros de Goya, Rembrandt, Da Vinci y otros maestros antiguos.

«Estamos aquí para ayudar», prosiguió Ehmsen.

¿Ayudar? A Landowski aquella oferta le pareció una amenaza velada, pero los alemanes estaban ahora al mando. Ehmsen y él discutieron sobre los problemas de calefacción en los talleres y el menguante suministro de materiales artísticos para los alumnos. «Quisiera también visitar los talleres —explicó Ehmsen—, y conocer a los alumnos».

Landowski alzó una poblada ceja. Lo último que quería era tener a nazis husmeando por ahí. Pero tenía su propio objetivo oculto: velar por el destino de varios cientos de sus exalumnos que se habían alistado al ejército francés y estaban prisioneros en campos de internamiento alemanes. «Corren rumores esperanzadores sobre puestas en libertad masivas. ¿Es eso cierto?», preguntó.

«Me temo que ese no es mi departamento —respondió Ehmsen—. Pero trataré de averiguarlo para usted».

Landowski se preguntó a qué tendría que renunciar a cambio de la información. Cuando la reunión estaba a punto de terminar, Ehmsen repitió su deseo de visitar los talleres y de nuevo aseguró a Landowski que estaba disponible para ayudar ante cualquier dificultad que pudiera surgir. El director no se dejó engañar. Sabía que el objetivo real de la visita era investigar Beaux-Arts y asegurarse de la arianización de la escuela.

«Mantengamos contacto telefónico». Ehmsen chocó los talones de nuevo y esta vez se despidió con el saludo dictatorial nazi.

Landowski se sintió indispuesto al describir la reunión en el diario que estuvo escribiendo durante la guerra. Anotó meticulosamente su vida cotidiana en la École y registró cada conversación que mantuvo y cada preocupación que le asaltó. Y tuvo motivos de preocupación.

Para sus alumnos judíos, como Annette Zelman, la repentina aparición de un oficial nazi resultaba alarmante. Hasta entonces, la École des Beaux-Arts había parecido un espacio seguro, igual que el Café de Flore y el Barrio Latino, sin interferencias alemanas. Pero los nazis y los franceses colaboracionistas estaban estrechando el control sobre la vida cultural de la capital e intensificando su campaña contra los judíos. El escritor François Fosca tenía una columna en el periódico colaboracionista *Je suis partout* en el que despotricaba contra «las hordas de judíos» que habían corrompido el arte francés y solicitaba expresamente que la escuela Beaux-Arts se arianizara y que se prohibiera el acceso de los judíos a cualquier actividad cultural.

La misión del departamento de propaganda nazi en el que trabajaba Ehmsen era forzar a los franceses derrotados a aceptar la ideología nazi a través de la censura y el control de la información. La importancia que los nazis le daban a esta tarea se puede ver en el tamaño del departamento: una plantilla de más de mil doscientos funcionarios al servicio de siete secciones encargadas de la radio, la literatura, el cine, el teatro, la música, el arte y la cultura. El embajador alemán, Otto Abetz, estableció un nuevo Instituto Alemán en el elegante Hotel de Mónaco, en la orilla izquierda, donde organizó cócteles, lecturas, clases de alemán y exposiciones.

Estos órganos de propaganda nazi intentaron no mostrar mano dura, sino más bien poner en marcha un proceso de «seducción». Se esperaba que los artistas y escritores franceses aceptaran la cultura alemana con más facilidad si se les daban suficientes libertades como para que no les venciera el dolor de la ocupación. Sin embargo, la cuestión judía requería un enfoque más frontal. El Théâtre Sarah-Bernhardt se rebautizó como Théâtre de la Ville para expurgar la identidad judía de Bernhardt. La editorial Calmann-Lévy, que había publicado pilares de la literatura francesa de la categoría de Flaubert o George Sand, recibió el nombre de Éditions Balzac.

Ehmsen estaba decidido a que Beaux-Arts también obedeciera. Dos semanas después de su visita, convocó a Philippe Mondieux, el líder de la Grande Masse, el sindicato de estudiantes. Esta vez fue una reunión de intimidación. A su llegada a la sede de la Propagandastaffel en los Campos Elíseos, escoltaron al joven Mondieux por el edificio confiscado hasta el despacho de Ehmsen, donde este lo acribilló a preguntas sobre sus compañeros de estudio y sus profesores.

«¿Tus compañeros de estudio son patrióticos? ¿Están buscando venganza? —preguntó Ehmsen—. ¿Es cierto que hay mujeres judías posando como modelos? Cuando fui de visita me pareció ver una. ¿Hay mujeres judías allí? ¿Es para ilustrar diferencias características de las razas?». Ehmsen entonces comenzó una diatriba sobre la pureza racial, la identidad nacional y cómo los judíos eran una raza ajena e infrahumana.

Mondieux salió tan descompuesto de la reunión que fue de inmediato a ver al director Landowski. El joven confesó desconsolado que temía que sus respuestas perjudicaran a sus compañeros. Esa misma noche, en su diario, Landowski protestó por las amenazas que había sufrido Mondieux. «Ha sido más bien cotilleo, o espionaje. ¿A quién se le ocurre una estupidez tan obscena? Estos hombres se han comprometido en serio con esta caza de brujas. ¡Y pensar que en Francia hay una comisión de asuntos judíos! ¡Hay que ser imbécil para hacer esto!».

Apretaron las tuercas todavía más en febrero, cuando convocaron al mismo Landowski a la Propagandastaffel. Aunque de bajo rango, el lugarteniente Herbert Lucht era un nazi de carrera y, como superior de Ehmsen, un hombre mucho más peligroso. En Lucht todo era pálido: su pelo, su piel, incluso sus ojos azules fríos e inexpresivos. La chaqueta verde que llevaba no era de su talla, le quedaba corta. Cualquier parisino observaría la falta de estilo nazi.

Cuando ocuparon sus cómodos sillones, Lucht pronunció su «profesión de fe» y expresó sus mayores preocupaciones.

«Soy un buen alemán —le dijo a Landowski—. Usted es un buen francés. Pero está la cuestión judía. ¿Qué le parece a usted?».

«He conocido a israelitas —contestó Landowski con cautela— que me han ofrecido servicios tan grandes que no puedo ser un antisemita por principio». Evitó usar la palabra «judíos». Después añadió intencionadamente: «Como director de esta escuela, acataré las instrucciones del Gobierno "francés". De todos modos, el número de israelitas aquí es tan pequeño que no surge la cuestión». Dicho esto, Landowski se puso en pie y se marchó. Pero sintió los ojos azules y helados de Lucht siguiéndole hasta la puerta.

Landowski estaba preocupado, no solo por sus estudiantes, sino por sí mismo. El otoño anterior lo habían investigado e interrogado por si era judío. Sospechoso de ser francmasón, le acusaron de malversar cien mil francos de las arcas de la escuela. La investigación no llegó a ninguna parte, pero él era un objetivo. Al mismo tiempo de ser sospechoso, estaba ayudando en secreto a una de sus estudiantes, una «desafortunada israelita húngara» a huir de Europa. Los jóvenes artistas a su cargo le preocupaban profundamente.

Puesto que había tantos alumnos con problemas económicos y estos estaban dispuestos a gastar su dinero en pintura antes que en comida, la École ofrecía comida gratis. Landowski recaudó fondos para concursos con premios monetarios que después se compartían entre todos los artistas. Cuando dos hermanas enviaron treinta mil francos a la escuela de parte de un donante anónimo, Landowski distribuyó el dinero entre los alumnos más necesitados.

Durante la primavera de 1941, Landowski registró un aumento de ansiedad y frustración. «En este momento la agitación de ser director, las decisiones que hay que tomar, las medidas que hay que aplicar por órdenes [alemanas] tan contrarias a lo que uno piensa, no simplifican la vida... Si dimito, se difundirá de inmediato el rumor de que soy judío. No soy antisemita, al contrario. Pero no me gusta... que la gente diga que soy judío».

Su reticencia a dimitir como director tenía una razón más profunda que los problemas que podría causar a su mujer y a sus hijos. Estaba dando en secreto carnés de estudiante a compatriotas que de otro modo no podrían moverse libremente por París sin ser detenidos. El director estaba trabajando en su propia rama de la Resistencia.

Los alumnos judíos como Annette estaban matriculados como estudiantes extranjeros. Quizá esa hubiera sido una forma de «manipular» los datos contra los alemanes y ocultar a los judíos. El nombre de Annette no figura en el registro regular de alumnos del centro, sino como *auditrice libre* o asistente libre. Eso significaba que no tenía que pasar por las verificaciones burocráticas habituales y no era sospechosa de ser judía. También se benefició del aumento de estudiantes femeninas durante el tiempo de guerra. A muchos estudiantes varones los habían llamado a filas y habían acabado en campos de prisioneros de guerra, lo cual significaba que el 64 por ciento de los estudiantes eran mujeres. «Es como el germen de un instituto femenino», escribió Landowski.

Se desconoce el número exacto de alumnos judíos en Beaux-Arts en 1941, pero el estatuto alemán sobre los judíos de septiembre de 1940 establecía el límite máximo del 3 por ciento de los estudiantes en cualquier institución de educación superior. La falta de datos de asistentes en los archivos académicos hace pensar que esta ausencia fue intencionada.

Presionados por las autoridades, algunos colegas de Landowski acabaron actuando en favor de los nazis. Todos los meses de mayo, Beaux-Arts evaluaba propuestas llegadas de las escuelas estatales en busca de jóvenes artistas de fuera de París. El día de la competición, el capitán Ehmsen y su superior, el lugarteniente Lucht, llegaron a la rue Napoleón con un grupo de oficiales vestidos de paisano para supervisar la sesión. Landowski estaba «sorprendido por el modo llano y repugnante» con el que algunos profesores adulaban a Ehmsen y a Lucht y la alegría con la que denigraban a los judíos ante los jefes del departamento de propaganda. «¿Por qué alguien iba a entablar relaciones con los alemanes si su posición no se lo obliga?», se preguntaba Landowski furioso.

Sus colegas proalemanes estaban preparando una campaña de desinformación contra Landowski para obligarlo a irse. Pocas semanas después de su reunión con Lucht, un compañero solidario le avisó de que Ehmsen y Lucht querían «cazar a todos los judíos» de la academia, incluido Paul Landowski. «¡Dicen que no eres ario!».

«¡Qué estupidez!», rio el director. La colosal estatua de brazos abiertos llamada *Cristo redentor* que había erigido por encima de Río de Janeiro debería ser prueba suficiente para cualquiera de que era católico.

«Esto es muy serio, Paul».

Landowski tenía una declaración firmada de la investigación de otoño que demostraba que no era judío. Su amigo le animó a enviar el documento a Ehmsen cuanto antes. Al volver a su apartamento, Landowski y su mujer reunieron la documentación y prepararon el envío al número 52 de los Campos Elíseos. Dos días después, se reunió con el líder de la autoridad educativa francesa para discutir «este asunto de la arianización».

«¡Qué estupidez! —escribió esa misma tarde—. ¡Qué cobardía que tenga uno que defenderse a sí mismo!». Pero su situación era precaria. Tenía que «arriesgarse a todo: cárcel, deportación, incluso recibir un disparo fortuito, ser rehén» para mantenerse en su posición y seguir ayudando a sus alumnos.

# Ser una florista

Entré en la cueva luminosa, ruidosa, llena de muchachos femeninos y diosas lascivas. Recuerdo bien los ceniceros, repletos de colillas de Lucky Strike manchados con besos rojos.

CHARLES MATTON

El café parisino tiene su propia cultura. En la década de 1940, en el
Café de Flore nadie ganaba demasiado dinero. Muchos de los parroquianos eran comunistas, y todo el mundo leía *Le Populaire* o
*L'Humanité*, dos periódicos de ideología de izquierdas. Hoy en día,
el café tiene una cultura algo diferente, pero una cosa sigue igual: los
dueños rara vez se asoman a ver quién entra. Quién entra no tiene
importancia si está en su casa.

Simone de Beauvoir a menudo pasaba las mañanas y las tardes
en el Flore, a pesar de la ausencia de su amor y compañero profesor,
Jean-Paul Sartre. Entonces, a finales de marzo, Sartre sorprendió a
Beauvoir regresando a París tras escapar del *stalag* alemán donde
había estado preso. La vuelta no fue sin interrupciones: Beauvoir
escribe que Sartre se comprometió con sus compañeros del campo a
«que jamás cederían, que rechazarían cualquier concesión» a las
fuerzas de la ocupación. Lo cual suponía una posición difícil, escribe
Beauvoir, «en París, donde el simple hecho de vivir implica una especie de concesión sombría».

Incluso los cigarrillos se habían convertido en moneda de cambio, estaban racionados igual que la comida y se podían adquirir en
el mercado negro: a mayor calidad del cigarrillo, mayor su valor.
Procurando no hacer concesiones, Sartre escudriñaba las alcantari-
llas y los ceniceros en busca de «colillas y ceniza para rellenar su

pipa», recordaba Beauvoir. Otros fumadores de pipa crearon mezclas a partir de hierba seca, hierbajos, flores y cualquier cosa que pudieran encontrar, lo cual «hacía que el Café de Flore oliera a herbolario». Fumar hacía algo más que calentar las manos y calmar los nervios: calmaba también el hambre.

En la misma época en la que Annette buscaba su sitio en el Flore, otra joven judía cruzó las puertas de vidrio esmerilado. A ella tampoco la miró nadie con admiración. Simone Signoret tenía la misma edad que Annette y debió de ser difícil de obviar, porque en su primera tarde allí tiró decorosamente al suelo la campana de *macarons* que había en la mesa. El camarero no estaba contento.

A pesar de su torpeza, cuando Signoret se disponía a marcharse, la famosa modelo y artista surrealista Sonia Mossé sonrió a la chica nueva… «Era de lo más bonita y nunca la vi sin una sonrisa durante los meses siguientes». Por supuesto, Signoret no cayó en la cuenta de que Sonia se le estaba insinuando. Sonia Mossé, cuyo cuerpo había inspirado a artistas como Giacometti y Man Ray, y que era amiga íntima de Picasso y Dora Maar, era el centro de atención junto a sus acólitas en el rincón lésbico del café.

Un día cualquiera se podía encontrar a Dora Maar, «acompañada de su enorme perro con correa» con Picasso, Giacometti y Solange Bertrand sentados en una esquina, frente a los alumnos de Beaux-Arts y la Sorbona. El sitio de Signoret estaba en una mesa llena de actores, directores y el poeta y guionista Jacques Prévert. Los aspirantes y las estrellas se mezclaban en el Flore.

Al igual que Annette, Simone Signoret pronto se hizo una de las jóvenes habituales. «Se diría que todos los hombres llevan *tweed* —describió Simone de Beauvoir—. Y jerséis de cuello vuelto. Las mujeres no tienen uniforme, son solo un puñadito de mujeres y son únicas. No siguen ninguna moda establecida. Tienen su propio estilo».

¿Qué era ese vórtice social llamado Café de Flore? ¿Era el atractivo de sus banquetas de molesquín rojo? ¿Los *macarons* sin coco? ¿El sucedáneo de café? ¿La cerveza sin fuerza? ¿Eran los hombres allí más guapos que en el resto de París? ¿Eran más inteligentes? Quizá. Pero en realidad eran una familia de ovejas negras. Los floristas eran parisinos leídos, informados, pero lo mejor de todo era que los alemanes los evitaban.

En una ciudad ocupada en la que el individualismo podría ser fatídico y el terror a la Gestapo estaba empezando a sobrevolar todo el mundo, el Flore tenía un atractivo ineludible. Allí a las mujeres no se las acallaba ni se las infravaloraba. Quizá el café se quedara frío, pero los pies se mantenían calientes. Quizá un caballero de avanzada edad le susurraba las noticias de la BBC al oído a Sartre o a otra persona, y pronto todo el mundo sabía lo que estaba ocurriendo fuera del censurado mundo de Francia.

Antes de que acabara el año, Paul Boubal, el propietario del Café de Flore, ocultaría al pintor Francis Grüber de la Gestapo. Cuando un joven judío llamado Mimile Cercan huía por la calle y entró en el café, Boubal lo condujo a una salida lateral para ayudarle a escapar. La clientela del Flore era «decididamente hostil al fascismo y al colaboracionismo y no temía ocultarlo», escribió De Beauvoir.

Para una artista joven e impresionable en busca de su lugar en el mundo, el Flore proporcionaba una educación imposible de encontrar en el resto del París ocupado. Quizá Annette estuviera aprendiendo las técnicas clásicas que necesitaría para convertirse en una artista de verdad, pero su mente ansiaba estirarse tanto como sus lienzos. Al igual que cualquier adolescente, deseaba experimentar la vida a puñados y, cual polilla rubia, aleteaba alrededor de la llama de los intelectuales y artistas parisinos. En un mundo que estrangulaba el pensamiento, las religiones del surrealismo, el existencialismo y el humanismo a las que se rendía culto en el Flore eran más importantes que la escuela.

Aunque todavía lo ignorara, Annette llevaba toda la vida esperando ser una florista.

# Los *zazous*

*Zazou, what you're gonna do? There's a lot of people gunning for you. Zazou, comment allez-vous? Knock on the door in the night.*

PET SHOP BOYS, «In the Nigh»

Los Zelman eran siete personas viviendo en las dos habitaciones del apartamento del boulevard de Strasbourg. Se lavaban y vestían en la cocina y ¡dormían por todas partes! Michèle se pidió el banco junto al piano. Annette guardaba un colchoncito debajo de la mesa del comedor que le permitía trabajar por la noche mientras el resto de la familia roncaba. Los chicos dormían en colchones finos o alfombras en el dormitorio de sus padres. Guy ocupaba el rincón junto a la ventana; Charles dormía pegado a la pared; Cami se echaba en la otra esquina. Sus padres ocupaban la única cama. En una mesa junto a esta estaba su posesión más preciada: la máquina de coser. «Era la banda sonora de nuestra vida —cuenta Michèle—. El girar de la rueda. Era el sonido de ganar dinero».

Maurice y Kaila trabajaban todo el día gracias a la empleada doméstica que tenían viviendo con ellos: Annette. Siempre que no asistía a clases en Beaux-Arts ni estaba en el Café de Flore, se encargaba de la tarea poco glamurosa de cuidar de sus hermanos menores. «Cuando nos aburríamos, podíamos recurrir a Annette o a Charles para hacer algo creativo. Charles era un maestro en inventar juegos e historias graciosas que nos entretenían. Si teníamos dudas sobre los deberes o curiosidad por cualquier otra cosa, preguntábamos a Annette —recuerda Michèle—. Siempre sabía qué hacer. Rebosaba ideas. Siempre ocupada. Estaba siempre convencida de su opinión y siempre decía lo que pensaba con mucha seguridad».

Annette deseaba poner sus cuadernos de dibujo encima de la mesa del comedor y dibujar. Los estudiantes de arte tienen muchos ejercicios que hacer: bosquejar cien poses a la semana de manos, pies, ojos, labios, narices. Dibujar en el metro, en los cafés, en la calle. Dibujar a la familia y a los amigos. Dibujar todo lo que se ve. Dibujos rápidos. Capturar la línea. El gesto. Lo último que deseaba era tener niños a su alrededor que la distrajeran, pero dependían de ella.

«Nos aburrimos», decía el estribillo de su infancia. Y, al igual que su padre, Annette o Charles se inventaban un juego nuevo al que jugar o les proponían un proyecto. «¡Venga, vamos a hacer esto!». Le hacían una muñeca o un vestido a Michèle; cuando Cami era más pequeño le hacían soldados. En primavera de 1941, Bella y Annette decidieron hacer un vestido original con bolsillos prácticos en las mangas para no tener que cargar con el bolso cuando iban a bailar. Animadas por el desafío de diseñar algo único, Annette le pidió ayuda a Michèle. Quería hacer algo con muchos pliegues. Algo a cuadros blancos y marrones. Algo *zazou*.

Annette dibujó su idea en un trozo de papel: un vestido con falda plisada y un cinturón abotonado. «Incluso le hizo un sombrero y un paraguas a juego» con los retales, recuerda Michèle. Annette nunca hacía nada a medias. Michèle ayudó a medir a su hermana: cintura, pecho, caderas, hombros, brazos, etcétera, y entonces empezaron las ecuaciones matemáticas necesarias para determinar cuánta tela comprar. No era un cálculo fácil. Michèle y Cami estaban aprendiendo las complicadas ecuaciones que formaban parte del negocio familiar. Diciendo las medidas en voz alta, Cami escribió:

$A$ = cintura
$B$ = largo de la falda
$C$ = margen de costura

Más una cinta para la cintura. Utilizaron la misma fórmula para el cuerpo y las mangas. El plisado de la falda iba a ser la parte más difícil de componer. ¡Annette quería muchos pliegues! Así la falda haría un remolino cuando ella girara. No era solo cosa de moda: era una declaración contra el racionamiento textil de Alemania. Y matemáticas de verdad. Les enseñó a triplicar la talla de su cintura y a doblar el margen de costura (3A + 2C) para conseguir la cantidad de tela necesaria. Entonces añadieron el largo de la falda deseado al margen de costura (B + C) para conseguir el ancho.

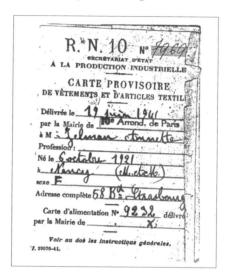

Michèle no recuerda cómo Annette se hizo con suficientes cartillas de racionamiento para hacer el vestido. Pero sí recuerda buscar entre rollos de tela hasta que Annette dio con el patrón a cuadros perfecto para su diseño. En casa reunieron cinta adhesiva y periódicos viejos. Ahora los niños tenían que practicar un poco de geometría. Había que poner la circunferencia de la cintura de Annette en el centro de una hoja grande compuesta por páginas de periódico pegadas. Usó una cinta de medir para dibujar la circunferencia exacta de su cintura. Después les enseñó a calcular el diámetro y el radio de la circunferencia. Cami multiplicó $2\pi \times r$ y dividió el resultado de la medida de la cintura de Annette para calcular el radio.

Después necesitaron la regla de madera que Maurice y Kaila usaban para sus propias creaciones. La regla curva ayudó a Annette a dibujar las líneas radiales que necesitaba para la cintura. Usando las medidas de Cami y la regla, plegó la hoja de periódicos en cuarto y trazó un cuarto de circunferencia en la esquina donde se hacían los pliegues para que, cuando Michèle lo cortara, obtuvieran el círculo perfecto de su cintura. Una vez abierto el patrón, tenían que cortar también un dobladillo circular para que la falda se desplegara cuando ella diera vueltas en la pista de baile. Todo dependía de la planificación y del patrón. El menor error de cálculo haría que el vestido le quedara pequeño.

Su hermana y ella ajustaron el patrón a la tela con alfileres y lo delinearon con tiza azul para tela. Mientras Annette cortaba la falda, Michèle y Cami cortaban las mangas y la cinta para la cintura, además de otras partes más pequeñas. Cuando hubieron cortado la falda, Annette cogió un trozo de cartón viejo del ancho de los pliegues y le encargó a Michèle la tarea de medir y marcarlo con tiza en la sección de la falda, tres marcas por pliegue. «Piensa en A, B y C; tienes que unir A con C; B es el pliegue». La falda parecía un abanico enorme colgando por los lados de la mesa del comedor.

Planchar los pliegues e hilvanarlos para que quedaran planos fue tarea de Annette. Había que calentar la pesada plancha en la estufa y era preciso colocar una toalla sobre la mesa antes de planchar. Usando los dedos para rociar la tela con agua, cogió la tira de la cintura y la plegó dos veces sobre la entretela para darle rigidez y para que quedara ajustada a su cuerpo. Después embutió los pliegues en la tira plegada y presionó hasta que el vapor silbara. Poner alfileres y planchar, poner alfileres y planchar, todo con la habilidosa ayuda de su hermana pequeña. El olor de lana húmeda inundó el comedor.

La máquina de coser con la que habían cargado por toda Francia era probablemente una Bernina negra, un aparato robusto fabricado en Suiza. Bernina fue la primera empresa en manufacturar máquinas de coser para el hogar en 1932, y hacia 1938 tenía un modelo que cosía en zigzag con una potencia muy confiable. Cada pieza de metal reluciente tenía un dígito específico, uno para el devanador de bobina, otro para equilibrar la rueda, otro para tensar el hilo. En la parte superior de la máquina, por encima del regulador de tensión, se iban desenrollando las grandes bobinas de hilo.

Maurice y Kaila estaban orgullosos del trabajo que sus hijas estaban haciendo y apoyaban sus esfuerzos, pero la noche era el mejor momento para utilizar la máquina de coser. Después de la cena, Annette cosía mientras Maurice cantaba.

Quizá estrenara el vestido en el Flore, pero fue Salvatore Baccarice, compañero de clase y amigo de Annette, quien la capturó extendiendo los pliegues de la falda al aire a las puertas de Beaux-Arts. Con una sonrisa coqueta para la cámara, con los pies cruzados fingiendo una reverencia, Annette era la *zazou* perfecta. Esa misma tarde fue con Bella al Hot Club y allí Annette pisó la pista de baile. Aquella noche ella fue el centro de atención, pues animó la pista con su aire entusiasta y su sonrisa radiante. Chicos *zazous* con pantalones anchos se pavoneaban y la hacían girar para que su falda alzara el vuelo y cayera dándole un latigazo en los muslos. Era la chica «Zah Zuh Zaz» *zazou* definitiva. ¡Solo le faltaba el pintalabios rojo!

> Si [los parisinos], a pesar de la deshonrosa
> derrota de su país, desean bailar, no conviene
> a los intereses alemanes impedir que lo hagan.
> DEPARTAMENTO DE EDUCACIÓN Y CULTURA,
> MANDO MILITAR ALEMÁN (MBF)

Con esta doble negativa, el Gobierno de Vichy revocaba la prohibición de los clubes de baile. Por supuesto, bailar se seguía considerando particularmente inmoral. A la mayoría de los parisinos les daba igual, siempre y cuando pudieran seguir haciéndolo. Pero había una trampa: bailar seguía siendo legal si formaba parte de una lección de baile. Solo un número concreto de parejas podía ocupar en un momento dado la pista de baile. Y no podía haber jazz ni música en directo. Las escuelas de baile proliferaron de inmediato en París.

Para los *zazous*, sortear las regulaciones impuestas sobre las salas de baile era parte de la diversión. Igual que los punks de la década de 1980, los *zazous* usaron su forma de vestir distintiva y rebelde como protesta contra el racionamiento, el conservadurismo, los toques de queda y la ley. Pero su entretenimiento favorito era bailar. Incluso tenían su propia coreografía provocadora. Ante edificios públicos cubiertos de esvásticas, gritaban «*Swing!*», después daban un salto hacia arriba, voceaban «*Zazou hey, hey, hey, za Zazou!*», se daban tres palmadas en las caderas, se encogían de hombros dos veces y volvían la cara hacia un lado. Era un juego peligroso.

El Gobierno de Vichy consideraba a los *zazous* unos degenerados, pues eran como un dedo en el ojo de los ideales de la masculinidad, la obediencia y la conformidad que abrazaban Vichy y los nazis. La prensa colaboracionista los tachó de vagos, egoístas y miembros de la conspiración «judeogaullista» para debilitar la moral de los jóvenes franceses. El periódico pronazi *La Gerbe* protestaba contra «el declive de facultades críticas, las locuras del jazz y del swing "de los negros", el contagio que sufre nuestra juventud de fiestas y cócteles estadounidenses». Había redadas en los bares en las que detenían a los *zazous* y les daban palizas en la calle. «¡Descabellemos a los *zazous*!» se convirtió en uno de los eslóganes favoritos de la organización juvenil fascista Jeunesse Populaire Française, y activistas jóvenes de esta organización formaron escuadrones armados con maquinillas para cortar el pelo con las que afeitaban a sus contemporáneos amantes de la libertad. Muchos *zazous* eran detenidos y condenados a trabajo agrícola forzado.

Después de meses de encierro, confinados a los cafés y los bares desprovistos de jazz en directo, los *zazous* y los jóvenes parisinos se lanzaron a «aprender» en escuelas de baile cuando la ciudad recuperó el ritmo. París volvía a tener una vida nocturna dinámica.

Eddie Ruault, un hombre moreno con bigote que se cambió el nombre a Eddie Barclay y se convertiría en un famoso productor musical de posguerra, era uno de los dueños de los clubes de baile más rebeldes. Sencillamente desoyó la prohibición de música en directo y abrió su sala de baile disfrazada de «escuela» en el número 37 de la rue Boissière, donde Annette y sus contemporáneos se reunían. Así empezó un juego del ratón y el gato.

La policía cerraba el club de Barclay casi una vez a la semana porque se negaba a registrar su «escuela». Una semana después volvía a abrir, a veces en otra localización. Dar con la próxima «fiesta sorpresa» antes de que lo hiciera la policía era parte del juego. Como Eddie era un buen amigo de Django Reinhardt, cuyo grupo aceptaba gustoso el riesgo de tocar en vivo, su club atraía a parisinos jóvenes de buena familia además de a los *zazous*. Annette y sus hermanos acudían a los clubes de Eddie.

También se podía ver a los *zazous* en el Barrio Latino o en el Hot Club de France, donde escuchaban jazz e intercambiaban los últimos libros o discos estadounidenses. El Hot Club era célebre. Cualquier tarde se podía ver a Django Reinhardt (siempre que no estuviera en el club de Barclay) con su habitual traje blanco y con su maltrecha guitarra Selmer en brazos. Inspirado por grupos de swing estadounidenses, Django y su Nouveau Quintette eran el sonido más candente de la ciudad. Bastaba con un gesto de la cabeza para que su grupo se lanzara a interpretar «Mabel» y Annette y el resto del público se pondría de pie de un salto a bailar.

Todo el Barrio Latino acudía al Hot Club, cuyos habituales incluían a estudiantes de la Sorbona, como Jean Jausion y Claude Croutelle. Las chicas rebeldes se ponían sombreros alocados hechos de papel crepé y cartón pintado, una bofetada en la cara del sistema de racionamiento, que solo permitía un sombrero por persona. Había *zazous* con gafas de sol oscuras, pelo oxigenado y trajes de cuadros blancos y marrones. En la barra corrían ríos de bebidas aguadas. Los ricos tomaban copas de champán. Los pobres, jarras de cerveza.

Django era su ídolo. Los jóvenes se dejaban bigote por él. Los bailarines lanzaban gritos de guerra indios como los que oían en las películas norteamericanas del salvaje Oeste. Bailaban hasta que el sudor les salía de las axilas y les fallaba el perfume. Bailaban a pesar del dolor de pies y del flato. Bailaban hasta el toque de queda. Entonces, como la Cenicienta que se apresura a su carro de calabaza, los jóvenes parisinos corrían como locos al último metro.

Bajaban los escalones de cuatro en cuatro para llegar al tren y se metían por las puertas que ya estaban cerrando. Forzaban la apertura de las puertas para esperar a amigos y desconocidos, se embutían en vagones llenos de artistas y músicos, asistentes al teatro y estudiantes. A menudo los músicos seguían tocando, un acordeón aquí, una guitarra allá, y pasaban el sombrero para pedir calderilla. Dado que era París, tenía que haber enamorados besándose mientras el tren se mecía y se agitaba por los oscuros túneles. Se oía hablar de conciertos, espectáculos de arte y de teatro. Los juerguistas compartían risas e historias de amigos que se habían perdido en un club y que se reencontraban en el metro de camino a casa. «¿Qué ha sido de ti? ¿Adónde has ido a parar?». Algunas parejas llevaban las botellas de champán medio llenas consigo y se acababan el espumoso en copas robadas de camino a casa.

«¡París nunca será vencido!». Ese es el brindis silenciado. El sentimiento, la esperanza en los vagones del metro antes de medianoche.

# La luna prepara su aseo nocturno

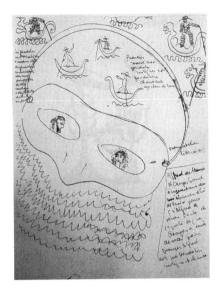

Gloria a quien traiga discordia.

JEAN ROUCH

Durante la primavera de 1941, Annette y Jean Jausion fueron rotando entre sí, como estrellas, pero por el momento la atención de Annette la había acaparado el otro Jean, Jean Rouch, el macho alfa de los estudiantes y artistas jóvenes del Flore.

Rouch y Jausion tenían mucho en común desde el punto de vista intelectual, pero eran físicamente opuestos. Rouch era un Adonis alto y musculoso a quien le gustaba llevar ropa deportiva para salir al campo, mientras que Jausion era un hombre delgado que siempre vestía traje a medida. Ambos tenían un sentido del humor travieso.

Estaba claro que Annette y Rouch se atraían entre sí. Él era cuatro años mayor, había viajado mucho y no solo era rematadamente guapo, inteligente y experimentado: tenía ese tipo de intelecto incansable por el que Annette sentía debilidad. Además del curso de Ingeniería, había empezado a estudiar Etnología en la Sorbona y en el Musée de l'Homme, donde Marcel Mauss, el padre de la antropología francesa, era su mentor. Que la hija de un sastre judío que vivía con su familia en un tercer piso del boulevard de Strasbourg se estuviera codeando con algunos de los intelectuales más prometedores de París era muy revelador de la inteligencia y del magnetismo de Annette.

A Rouch le gustaban las muchachas independientes y vivarachas, como Annette, el tipo de chica «con la que jugaba y a la que podía confiar sus sueños y fantasías», le dijo Annette a su hermano Charles. Annette daba mucha importancia a los sueños, y Rouch disfrutaba de explorar el paisaje onírico de la psique que abrazaba el surrealismo. Ella era, sencillamente, «el tipo de chica que lo atraía», confirma Jocelyn Rouch, su viuda. «A Rouch le gustaban las mujeres inteligentes y fuertes».

Además, era un galán. Annette no era la única chica atractiva en la sala, y él tampoco era el único joven guapo. Los dos se complementaban a la perfección. Y estaban a punto de volverse locos entre sí.


Las pandillas del Café de Flore estaban en su mayor parte formadas en torno a líneas artísticas. Pero las mesas se hallaban cerca y cambiar de mesa era tan normal como cambiar de cama. Las muchachas que había allí, muchas de ellas judías o medio judías, eran de una edad y un temperamento similares. Todas tenían la misma aspiración: huir de lo convencional. «La persona que soy ahora nació una tarde de marzo de 1941 en un banquete en el Café de Flore», escribe Signoret. Lo mismo podría decirse de Annette.

Las conversaciones que rodeaban a Annette estaban cargadas de revolución política y artística. Vivir bajo la bota de una fuerza de ocupación era un arte en sí mismo. Despojados de inocencia e ingenuidad, los jóvenes franceses se esforzaban por soportar la dura realidad que teñía sus vidas. El surrealismo era un refugio, una forma de expresar la vida interior. André Breton había escrito sobre los derechos de la imaginación en *El surrealismo al servicio de la revolución* dieciséis años antes. Su mensaje seguía siendo igual de relevante para los jóvenes artistas bajo el régimen de la ocupación. Necesitaban un propósito para el arte. Una dirección. El surrealismo sugería que el arte podía ser «libre, espontáneo, jocoso e imaginativo». Todo lo que Annette pronto abrazaría, demoliendo lo que ella llamaba «las barreras de la razón» que le habían impuesto «las normas opresivas de la sociedad moderna».

La guerra de independencia en el movimiento surrealista no era solo contra los alemanes, sino contra la lógica y la razón. Una metáfora de la misma ciudad de París bajo el yugo de la opresión. Si no podían ser libres en cuerpo, serían libres en alma, intelectualmente.

Annette había llegado a la École des Beaux-Arts como una hoja en blanco, lista para recibir el consejo y la mentoría de artistas clásicos. Sin embargo, la educación clásica consistía en teoría y reglas. A medida que perfeccionaba su técnica, su mano aprendía a cumplir con lo que su mente ordenaba. Se consagró a aprender las claves: cómo dividir el cuerpo humano en cabezas, siete y media; cómo crear la ilusión lineal de la perspectiva.

He aquí el *gouache*. He aquí el carboncillo. He aquí la teoría del color. Pluma y tinta. Sombreado. Perspectiva. Espacio negativo. He aquí el óleo y la trementina y el aceite de linaza. He aquí los deberes: dibujar. Treinta dibujos o más al día. Dibujos rápidos sin detalle. Solo la línea. El gesto. Ahora más grandes, con más detalle. Dibujos de manos y pies, ojos y bocas. ¿Qué hay de las orejas? Hay que fortalecer los músculos de las manos hasta que las palmas y los dedos duelan.

Era un trabajo agotador. En absoluto «jocoso».

Pero Annette ansiaba aprender las reglas. ¿Cómo, si no, iba a romperlas?

# Pulga en una jaula de cristal

El dadá es un estado mental... El dadá se aplica a todo, aunque no es nada, es el punto donde el sí y el no y todos los opuestos se encuentran, pero no con solemnidad en los castillos de las filosofías humanas, sino con sencillez, en las esquinas de las calles, como perros y saltamontes.

TRISTAN TZARA

He aquí Annette con un pie en la edad adulta, a punto de abandonar la infancia, haciendo equilibrios entre las dos. Lista para dar un paso adelante y retroceder después. Quiere jugar un poco más. Quiere fingir. Quiere crear. «¿Todavía crees que es posible que hagamos amigos como aquella gente loca con la que jugamos o la del tren o la del manicomio o la de la oficina de correos? —le preguntó a su hermano Guy—. Lo dudo, y me duele». Pero esa era justo la gente que había encontrado entre los surrealistas. A pesar de que «psique» era un término que todavía no estaba definido, los surrealistas sabían de la existencia de sus misterios. La nueva Annette todavía estaba por descifrar, por definir, abierta a la exploración. Estaba buscándose a sí misma.

Su encaprichamiento con Rouch tuvo mucho de diversión. Nunca había tenido tanto poder sobre un hombre, ni nadie se había enredado tanto por ella. Y le gustaba. Para ver hasta dónde podría llevar los límites de su relación, se pavoneaba a su alrededor en un cortejo similar al baile del pelícano. Annette era agotadora.

Como la mayoría de los jóvenes, Rouch estaba impaciente por consumar. Había combatido a los invasores, había presenciado la muerte y el caos, le habían condecorado con la Cruz de la Guerra y la Cruz del Combatiente por sus servicios. Quería amor, por Dios. ¡Quería sexo! Annette no estaba lista. Volvía a estar dispuesta, luego no... Caliente, luego fría.

La relación progresaba, pero Rouch insistió en dejar París para ir a la zona libre o no ocupada. El Gobierno de Vichy se estableció en junio de 1940, después de la derrota de Francia, y, bajo el liderazgo del mariscal Pétain, tuvo permiso para gobernar la parte sudeste de Francia, desde la frontera Suiza hasta el límite con España.

Como era judía, Annette no podía viajar legalmente a la zona libre aunque quisiera. Y no quería. Estaba recién llegada a París. ¿Por qué iba a abandonar la Ciudad de la Luz por las provincias que acababa de dejar atrás? Además, no pensaba que Rouch fuera a estar de viaje mucho tiempo. Llevaba París en la sangre. Mientras tanto, el apuesto Claude Croutelle se había ganado la atención de Bella; Bella se había ganado la atención de Guy y Jean Jausion estaba intentando atraer la de Annette.

Hacía frío cuando los Zelman llegaron a París; ahora hacía demasiado calor. En junio de 1940, el aniversario de la visita de Hitler a París, hubo una ola de calor y las temperaturas ascendieron. Las calles se convirtieron en hornos que transformaban el buen carácter en estallidos temperamentales. Hasta el Sena perdió su brisa. Los únicos sitios donde se podía huir de ese tipo de calor eran las piscinas municipales. Annette fue acompañada de sus hermanos y hermana y no tardó en ver a los jóvenes del Flore levantando pesas y jugando al tenis de mesa en vez de debatiendo los méritos del dadaísmo sobre el surrealismo. También se estaban poniendo morenos.

La vida amorosa de Annette y la ola de calor no eran las únicas razones para ir a las piscinas.

«El boca a boca —dice Michèle—. Había una especie de red o sistema de comunicación para los judíos. Nos decíamos entre nosotros que este sitio era seguro, si a ese no se podía, o si a aquel sí se podía. Todos los vecinos de nuestro edificio eran judíos. Siempre nos contábamos las novedades y los consejos sobre qué era seguro y qué no lo era». Habían empezado a recoger a judíos de forma aleatoria en la calle y nunca se los volvía a ver. La inestabilidad y la inseguridad eran amenazas constantes a la paz mental. Pero, según recuerda Michèle, «los alemanes no iban nunca a la piscina porque no podían entrar en los cambiadores a pedir la documentación de identidad de la gente». Las piscinas estaban entre los lugares de París más seguros para los judíos. Y muchos jóvenes judíos, al igual que los floristas, se congregaban en las piscinas flotantes del Sena los sábados por la tarde. La piscina más famosa era la de Les Bains Deligny, de tamaño olímpico, construida en el siglo XIX y diseñada para parecer unos baños romanos. Presumía de columnas corintias y un balcón por encima para que los paseantes pudieran disfrutar de comida o de un refrigerio, aunque en 1941 poca gente podía permitirse tales lujos. Abajo, en el paseo, podía haber hasta cien personas en torno al agua o en las plataformas.

Para entrar, los bañistas hacían cola bajo la sombra de los castaños adultos. Las mujeres, con vestido y zapatos cómodos, llevaban la ropa de baño en la cartera y una toalla pequeña doblada sobre los brazos. Los hombres, de traje y corbata, llevaban aún menos cosas. Michèle y otros niños impacientes, colgándose de las barras que delimitaban la fila, deseaban que la gente se evaporara. Un día de calor, la cola podría ir más allá de las casas flotantes atracadas a lo largo del embarcadero.

Un cartel sobre la entrada aseguraba a los clientes que encontrarían agua corriente filtrada y plataformas barnizadas. Puesto que no había tumbonas, los bañistas yacían en las plataformas, con o sin toalla. La ropa de baño era ancha, poco favorecedora, y a menudo no consistía más que en pololos de algodón o ropa interior. Una muchedumbre de jóvenes pasaba el rato en grupos o en parejas, hablando al sol o tumbados para absorber la luz. Dos mesas de ping-pong ofrecían la posibilidad de hacer ejercicio; había incluso algunas pesas. Fuera de los cambiadores comunales había hileras de taquillas al borde de la piscina para que los clientes pudieran poner la ropa y el bolso en un lugar seguro.

Cuando se construyó la piscina, no había sistema de filtrado del agua y, según los historiadores, el agua de la piscina se parecía a su fuente, el Sena: mitad alcantarilla, mitad vertedero. «Sucia, turbia, a menudo pestilente e insalubre» fueron las palabras con las que la describió un periodista parisino en 1844. Incluso en 1954, en pies de foto de periódicos se afirmaba que la piscina municipal a veces carecía de «aroma celestial». Pero Michèle recuerda que el agua estaba limpia. Los niños Zelman contaban con Annette para ir al menos una vez a la semana. «Para nosotros era un tiempo de libertad. Era como estar de vacaciones. Nos sentábamos en los bancos o al borde de la piscina con los pies en el agua y mirábamos a la gente».

No había socorristas, así que al comienzo del verano Annette se aseguró de que Michèle supiera nadar. «Annette nadaba bien y era muy atlética, le quedaba bien el traje de baño», recuerda Michèle. Annette le enseñó a su hermana menor unos movimientos básicos y luego la dejó con Cami en la parte poco profunda para que jugaran.

Lo que más le gustaba a Annette era sentarse en el borde de la parte profunda, donde metía los pies en el agua y reía con Bella y Yannick. Si el aburrimiento atacaba, siempre llevaba consigo un cuaderno de dibujo y un libro de lectura. Charles, que era tan lector como su hermana, estaba leyendo *El nacimiento de la tragedia*, de Nietzsche, mientras pasaban el rato en la piscina. Guy no leía. Ser un imán para las chicas le tenía muy ocupado. Guy, que entonces tenía veinte años y mucha experiencia romántica, se pavoneaba por las plataformas con la esperanza de atraer la mirada de Bella.

Annette observó con humor irónico a su hermano en su intento por seducir a la «mística profunda» de Bella Lempert. Guy «se va a arruinar con tanta cena con champán y regalitos para ella», le confió Annette a Charles, y tachó los delirios de Guy por mantener conversaciones filosóficas con Bella de «un puñado de confidencias indiscretas sobre la vida y los amores de otras personas». El origen del dinero para esas cenas era un misterio. ¿No tendrían Charles y Guy una fuente de ingresos oculta a través de los clubes de baile de la rue Boissière?

La diversión veraniega seguía su curso y en torno a las chicas se formó un nuevo grupo. Jean Rouch y sus mejores amigos no eran los únicos orbitando a su alrededor. Claude Croutelle y su buen amigo Jean Jausion estaban a una toalla de distancia. Jausion y Guy jugaban al tenis de mesa y hablaban de jazz, mientras que Claude y Charles bromeaban juntos. Annette dibujaba y leía, Bella bronceaba su pálida piel al sol. Cami y Michèle chapoteaban en la parte menos profunda. Y el pobre Salvatore Baccarice, el fotógrafo de Beaux-Arts admirador de Annette, sintió que se le rompía el corazón.

Había un fonógrafo comunal disponible como entretenimiento. Guy y otros cuantos traían sus propios discos. Por supuesto, la catástrofe no tardó en suceder. Durante una especie de partida de voleibol a cámara lenta, una chica guapa llamada Paula golpeó sin querer el fonógrafo con la pelota. Rompió el disco preferido de Guy y dañó el aparato. El flamante donjuán Zelman no estaba contento. Pero Paula era guapa y se disculpó profusamente.

En pleno verano, en medio del jolgorio y la diversión acuática, Guy anunció que sufría de problemas pulmonares causados por la vida urbana. Aquello resultaba bastante extraño, pues el clima era caluroso y húmedo y ni siquiera estaba tosiendo. Pero incluso Maurice pensaba que Guy tenía que irse. Casi de inmediato, Guy hizo la maleta y se volvió a Burdeos, donde tenía previsto quedarse con su tía Alte. A Michèle no se le ocurrió que hubiera otra cosa en juego aparte de la salud de Guy.

La primera carta de Annette a Guy «Frater Bella» es una de las epístolas más divertidas y virtuosas de su correspondencia. Emplea un humor y un lenguaje satíricos que acabarán siendo característicos, usa palabras ácidas y mucho ingenio. «Siento decirte que Bella casi nunca habla de ti. Está mucho más interesada en mí y pretende convertirme en su "mejor amiga". Últimamente Jean Rouch está siendo muy complicado, haciendo todo lo posible para no estar enamorado de mí. Me intenta olvidar con otras chicas... Imposible».

Annette imita el estilo de las novelas y películas de detectives de Charlie Chan de la década de 1930, con sus artificios detectivescos, y confiesa que es «incapaz de hablar de un modo diferente a mi adorado modelo» (Charlie Chan). Se lo pasa tan bien con ese tono que explica las complicaciones crecientes de su vida amorosa como lo haría un detective en la escena del crimen.

> Consideremos (Bella, Claude y yo) a Jean Rouch como un conejillo de Indias que reacciona de modo diferente según la experiencia.
> Comparemos a Jean Rouch con una pulga encerrada en una jaula de cristal que intenta desesperadamente salir de un salto. Jaula de cristal = apodo que él me ha dado.
> Autoridades competentes = Bella, Claude y yo. La vida en París es emocionante. Tres científicos febriles a la espera de realizar experimentos curiosos. Los resultados están asegurados por adelantado.
> Una historia llena de interés.

Señala que su apuesto hermano ha «encontrado por fin una amable concubina» con quien, le aseguran a Annette, «disfruta del suave y jocoso amor pastoril... Espero que nuestro hermano mayor disfrute del sabor espiritual de las postales. Las descubrió en un estanco nauseabundo a seis céntimos. Un negocio redondo. Una forma de pasarlo bien y de provocar carcajadas sin demasiado gasto». Guy había encontrado postales pornográficas anticuadas con mujeres casi desnudas cubiertas de plumas y pretendía enviarlas, y Annette dice de él que está «lleno de vaso y de espíritu francés», haciendo referencia a la expresión del vaso medio lleno y burlándose del pesimismo francés.

Cada mes de agosto, los parisinos huyen a la playa o a la montaña para cumplir con su larga tradición vacacional, y entonces París necesita cerrar los ojos para echarse la siesta. A pesar de la guerra, los residentes estaban deseando partir a climas más frescos, pero quienes carecían de propiedades o familia en la zona libre no podían cruzar la línea de demarcación sin permiso. Tenían que atravesarla en secreto. Tal fue el caso de Simone de Beauvoir y Jean-Paul Sartre.

Puesto que Sartre se había evadido de un campo de prisioneros alemán, legalmente no era un hombre libre y no podía viajar seguro ni en el metro ni en ningún otro medio de transporte, a no ser que obtuviera licencia absoluta, algo que solo podría hacerse en la zona libre. Si trataba de hacerlo en la zona ocupada, lo detendrían y lo devolverían al campo de prisioneros, o algo peor. Ese verano «no era tan difícil cruzar la frontera entre ambas zonas si se hacía paseando, sin equipaje y con las manos en los bolsillos», escribe Simone de Beauvoir.

Para poder andar sin equipaje, enviaron bicicletas y un paquete con ropa, lo cual estaba «permitido», a un amigo al otro lado. Viajar en tren hasta Montceau-les-Mines, una ciudad minera a unos trescientos cincuenta kilómetros de París, habría durado un día entero. Desde la estación, Beauvoir y Sartre fueron hasta un café donde contactaron con alguien que les ayudaría a cruzar la frontera con seguridad. Sin embargo, habían detenido a uno de los vecinos llevando a gente a la zona libre. Todos se mostraban tensos y cautelosos.

«Por la tarde, una mujer de negro, de unos cuarenta años, se sentó a nuestra mesa y nos ofreció, por una suma razonable, llevarnos al otro lado de la frontera esa misma noche». Entendieron el riesgo que asumía su *passeuse*, su guía para cruzar la frontera, y contuvieron la respiración cada vez que con un gesto les mandaba guardar silencio, pero fue una noche oscura y cálida y en el bosque no hubo patrullas de guardias. La pareja siguió a su guía hasta que les anunció: «*Nous sommes ici. Arrivés* [Hemos llegado]». Al haber «desafiado una prohibición alemana, me sentí como si hubiera recuperado la libertad», concluye Beauvoir.

Pusieron rumbo a una pensión cercana llena de gente que también acababa de llegar a la zona libre. El sueño se organizó con colchones de paja en el suelo, seis personas por cuarto.

En 1941 había formas legales de cruzar la frontera ya que «se habían tomado medidas para reunir familias de refugiados que deseaban permanecer en la zona no ocupada». Denise Bellon debió de aprovechar esa oportunidad para trasladarse con sus hijas Yannick y Loleh a la casa veraniega de la familia en la Costa Azul, donde vivía el padrastro de las chicas, el periodista Armand Labin, que trabajaba en la Resistencia.

Pisándoles los talones estaban Rouch y sus mejores amigos, que se preparaban para seguirlas con la esperanza de encontrar trabajo de funcionarios en la zona libre. Antes de partir, Annette y Bella les confeccionaron corbatas brillantes y coloridas y les cosieron su ingenioso bolsillo en la manga de la camisa. Los chicos estaban encantados con los regalos y prometieron escribirles. Entonces cruzaron, ya fuera de forma legal declarando que su dirección sería el castillo de la familia Ponty en los Alpes de la Alta Provenza, o de forma ilegal con la ayuda de un *passeur*.

La partida de sus amigos no fue un acontecimiento feliz ni para Bella ni para Annette. La piscina y el Flore parecían vacíos. Sorprendentemente, la repentina ausencia de Rouch hizo que Annette se sintiera triste y sola. Se arrepintió de no haberse acercado más a Rouch. No sabía que sus «vacaciones» en la zona libre serían permanentes.

Rouch se había salido de la «jaula de cristal».

Agosto en el Flore era tan aburrido como las calles de París. Lo único que los clubes de baile tenían que ofrecer eran hombres ociosos, poco atractivos, pobres y algo sórdidos en busca de mujeres fáciles. Annette se iba a volver loca de tanto estar en el apartamento caluroso y húmedo y de tanto cuidar de sus hermanos en las piscinas municipales con otros parisinos pobres y judíos. Pero se negaba a permitir que el abandono la derrotara. Tenía que crear arte.

Seguramente fue Salvatore quien hizo la foto de Annette en la piscina de Saint-Dizier, otra de las piscinas que frecuentaban. La escena debió de ser algo así: Annette le pide que haga unas fotos rápidas de ella posando. Se pone de puntillas y juega con el pelo. Mira a la cámara inclinando la cabeza con gesto coqueto. ¿Acaso sabe, mientras el objetivo la captura, que su mirada es tan poderosa que puede desatar el corazón de Salva? A ella solo le interesa su idea, no el efecto que pueda tener en el joven que lleva fotografiándola desde hace meses.

Salvatore no era guapo ni sofisticado, pero con la partida de Rouch pensó que por fin tendría una oportunidad. Si consiguiera hacer todo lo que ella le pedía, quizá Annette percibiría su devoción y correspondería a su amor. Así pues, la llevó a su cuarto oscuro. Le enseñó a revelar el negativo y a manipularlo. Annette alteró el negativo: raspó la imagen para dejar expuesta la gelatina de plata y la base de papel.

Annette, como Venus, tiene la piel argéntea y los rasgos faciales mínimos. Usando tinta azul de la pluma se dibuja a sí misma... desnuda. El pelo azul se amontona en lo alto y cae suavemente por los hombros desnudos. Rizos ensortijados azules le caen como una cascada hasta las rodillas. Está de puntillas, como dispuesta a zambullirse en el agua. Tiene un brazo levantado hasta la cabeza. A sus pies se perciben apenas la plataforma de la piscina y las barandillas. El espíritu del viento sostiene un espejo a su izquierda. Debajo de ella hay un rostro tras un velo. A su derecha, bajo un manzano, una cobra asoma de una vasija para susurrarle a Annette al oído. Al fondo, un hombre anda por una cuerda tensa. A los pies de Annette yacen flores infantiles.

Jugó con la imagen hasta crear un cruce entre *Adán y Eva*, de Chagall, y *El nacimiento de Venus*, de Botticelli, un matrimonio entre clasicismo y surrealismo, la École des Beaux-Arts se une al Café de Flore.

En el reverso de la obra finalizada, escribió con su florida caligrafía: «Tras la página, la luna prepara su aseo nocturno y lanza una mirada coqueta a la tierra durmiente con la esperanza de despertarla. Adán, el soñador eterno, anda con elegancia sobre la cuerda de la existencia, dejando que su mujer, la incomparable Eva, se entretenga con la serpiente de la tentación. El límite, en su silla mágica, corrige su sólida belleza en un espejo, reduciendo al hombre que olvida sus propias obligaciones como marido».

«¡Acabo de pintar una "cura de juventud" desnuda (muy buena)! Estoy literalmente asombrada conmigo y mi talento», le escribe a Guy.

A finales de agosto, Bella se fue a visitar a sus padres a las afueras y Charles planeó una visita a Guy en Burdeos. Entonces Annette y los niños debían tener más cuidado cuando se iban de la piscina. A veces había alemanes en la salida pidiendo la documentación. Los rumores avisaban en los cambiadores para que los judíos esperaran dentro a que los guardias se dieran por vencidos o se marcharan en grandes grupos rodeados de gentiles. El pelo rubio probablemente ayudara. «A mí nunca me pedían la documentación», dice Michèle.

Otros no tenían tanta suerte. Las autoridades alemanas estaban intensificando las persecuciones de judíos en París. Y quien dirigía esas embestidas era el fanático antisemita Theodor Dannecker.

# El hombre de Eichmann en París

> Abajo los libros de Guide, Malraux, Aragon, Freud, los libros
> surrealistas —los libros pacifistas, los libros antinazis— que
> han incordiado a las relaciones entre Europa y Francia.
>
> *AU PILORI*, 18 de octubre de 1940

Alto, rubio y de constitución atlética, Theodor Dannecker se ajusta-
ba a los requisitos de Hitler para ser el ario y el candidato de las SS
perfecto: nacido en Alemania, soltero, alto, de al menos un metro
ochenta y cinco. El único impedimento para el joven Theodor Dannecker era su historial delictivo, un oxímoron, pues había atacado a
un judío.

Dannecker no siempre había sido antisemita. De joven se había
enamorado de su vecina, Lisbeth Stern, una judía. Los padres de
Lisbeth y Theo regentaban sendas tiendas en la misma calle, pero
los jóvenes habían hecho migas tras la pérdida de sus respectivos
padres durante la Primera Guerra Mundial. En medio de la crisis
económica de 1929, el hermano mayor de Theodor abandonó a la
familia, dejando tras de sí un montón de deudas. Theodor se tuvo
que encargar de la tienda de ropa y de cuidar de su madre, que estaba muy enferma. Era mucha responsabilidad para un joven de
dieciséis años.

Cuando Lisbeth y Theodor se enamoraron, la madre de ella ven-
dió la tienda a Gustav Lion, un judío, y se llevó a Lisbeth. Furioso
contra los Stern, Dannecker recurrió a un grupo de amigos para
vandalizar la tienda de Lion e insistió a los vecinos en que boicotearan
su negocio. La situación empeoró hasta tal punto que Lion acabó

cerrando la tienda y emigrando a Francia para huir del adolescente Dannecker y de los matones de sus amigos.

El partido nazi era el espacio perfecto para jóvenes insatisfechos y desempleados de la «generación perdida» que habían desarrollado un sentimiento de vergüenza, rabia y resentimiento por la humillación sufrida por Alemania en el Tratado de Versalles. Prometía trabajo y ofrecía una salida al creciente antisemitismo al afirmar que Alemania había sido derrotada por culpa de los judíos. Los nazis no reconocieron el número de soldados judíos que habían luchado y dado su vida en la Gran Guerra.

Las diatribas de Hitler avivaron en Dannecker el odio a los judíos y el sentimiento de victimización. Se aprendió de memoria los discursos del Führer e interiorizó su mensaje, adoptando el insultante odio racial de Hitler. Los judíos eran «parásitos» y «escoria», no eran seres humanos. Los escritos oficiales de Dannecker nunca se refieren a los judíos como a personas. Eran «material» del que había que encargarse y carecían del derecho a ser tratados de forma humana.

Dos de los amigos de Dannecker que atacaron la tienda de Lion se unieron a las SA, o Sturmabteilung, una organización paramilitar que podría traducirse como «Sección de Asalto». Atraídos por la idea de una élite alemana y de la raza superior, Dannecker fue directo a las SS, donde trabajaban muchos *Judenberater* (consejeros judíos) como Adolf Eichmann y Alois Brunner. El antisemitismo era una ruta para hacer carrera.

Dannecker empezó la suya como guardia de prisiones. En cuestión de unos pocos años llegó a trabajar en una prisión en Berlín controlada por la Gestapo. En ese entorno violento y brutal, los comunistas y los opositores políticos del Tercer Reich sufrían palizas y torturas.

Dannecker empezó a beber tanto que acabaron suspendiéndolo y degradándolo por estar ebrio durante su servicio. Por suerte, los nazis tenían memoria muy breve para el mal comportamiento. En un año se unió al Servicio de Seguridad, el Sicherheitsdienst des Reichsführers-SS (SD). Ese nuevo departamento, dirigido por Heinrich Himmler, supervisaba la seguridad interna y la inteligencia, y tenía la capacidad de detener a cualquiera que pudiera ser considerado una amenaza para el Estado nazi. El superior directo de Dannecker era el *SS-Obergruppenführer* Reinhard Heydrich, que reclutaba a funcionarios jóvenes muy motivados y entregados a la idea de librar Alemania de los judíos. Dannecker tenía la tarea de supervisar la supresión de negocios judíos y ejecutar la emigración judía. Era un trabajo para el que Dannecker se había estado preparando desde la juventud.

Dannecker fue a Viena a asistir al subordinado de Heydrich, Adolf Eichmann. Juntos desarrollaron un plan para sacar a la fuerza a los judíos de su casa y expropiar sus bienes. Esa misma fórmula fue la que Dannecker utilizó más tarde en París.

De Viena, ambos hombres volvieron la vista hacia Polonia, donde desarrollaron el Plan Nisko y llevaron a la fuerza a los judíos que vivían en las zonas ocupadas por Alemania a una «reserva» cerca de Lublin, del mismo modo que los colonos europeos en América hicieron con sus pueblos indígenas. En Polonia, Dannecker adquirió experiencia valiosa en la logística de transportar y reubicar a seres humanos y para ello se fijó en el transporte de larga distancia de reses y cerdos para ir al matadero.

Poco después de que los nazis entraran en París, Heydrich ascendió a Dannecker al preciado puesto de *Judenberater* (consejero judío) de París. La experiencia de Viena y Polonia ahora se concentró en un proyecto aún mayor: la expulsión forzosa de todos los judíos de Francia.

El cuartel general de la Sicherheitspolizei (SiPo) se encontraba en la avenue Foch, la calle más cara de París, en el hogar palaciego de una familia de banqueros judíos, los Rothschild, que habían huido en busca de seguridad. El conjunto de oficinas de Dannecker para la Sección Judía (Judenreferat) estaba en el primer piso de la lujosa mansión de los Rothschild. Allí, su equipo buscó llevar a cabo su plan para aislar y finalmente encarcelar a los judíos de la capital francesa. El cuartel general de la Gestapo estaba al lado, en el número 72 de la avenue Foch.

La visita del capitán Henrich Ehmsen a Beaux-Arts formaba parte de su plan por dominar y controlar las instituciones culturales de

Francia. En marzo de 1941, Dannecker había establecido el Institut d'Étude des Questions Juives (Instituto de Estudio de las Cuestiones Judías), institución que divulgaba propaganda contra los judíos y alimentaba a la prensa colaboracionista con artículos antisemitas.

París es para los enamorados, y ni siquiera los nazis eran inmunes. Poco después de la llegada de Dannecker a la capital, conoció a una morena atractiva de Berlín llamada Ilse Warnecker que trabajaba en la secretaría del superior de Dannecker, Helmut Knochen. Ilse era una mujer bien educada, hablaba correctamente inglés y francés y, además de haber trabajado de periodista, estaba en una situación muy favorable. Y sus credenciales como miembro de la BDM, Bund Deutscher Mädel (Liga de Muchachas Alemanas), y de la Liga Nacionalsocialista de Mujeres eran impecables. No tardaron en salir juntos, en explorar París y en disfrutar de las vistas. Ilse recordaría su estancia en París como la mejor época de su vida.

Después de salir durante un año, Dannecker solicitó permiso para casarse. Fue una pesadilla burocrática al más puro estilo alemán. Ilse tuvo que rellenar páginas de cuestionarios para demostrar que era germana, aria y una buena mujer alemana. Su jefe, Helmut Knochen, le escribió una recomendación. Ilse además tenía que demostrar que era fértil. Puesto que ya estaba embarazada de Dannecker, no hizo falta un examen ginecológico formal.

Una foto de su boda muestra a la pareja feliz al salir de una iglesia en Berlín. Dannecker, luciendo el uniforme completo de las SS y gafas de sol, mira con rigor a la cámara. A su lado, Ilse resplandece con un vestido marfil sencillo que se ajusta a su cuerpo menudo, un ramo enorme de rosas en las manos y un sobrecargado sombrero blanco en la cabeza. Regresaron a París para la luna de miel, pero Ilse pronto volvió a Berlín, donde asistió a los cursos obligatorios para esposas de oficiales de la Reichsbräuteschule (Escuela de Novias del Reich). Las novias del Reich aprendían las habilidades que se esperaba en toda esposa nazi: cocinar, cuidar de los niños, planchar, atender a los animales de compañía y sacar brillo a las botas y las dagas de sus maridos. También tuvo que pronunciar un juramento de lealtad a Adolf Hitler y prometer que educaría a sus hijos con Theodor en el nazismo. Era la versión del Tercer Reich de *The Stepford Wives* (*Las mujeres perfectas*), de Ira Levin, pero más aterradora.

Desafortunadamente, Ilse tuvo pocas oportunidades de pulirle la daga a su marido. A pesar de que Dannecker insistiera a menudo en que deseaba visitarla, su cruzada contra los judíos de París y su obsesión por las prostitutas francesas le dejaban muy poco tiempo para las visitas conyugales. Incluso después del nacimiento de su primer hijo, Theodor-Karl, se quedó en París. No tardó en tener reputación de beber demasiado, de experimentar violentos arrebatos de mal genio y de frecuentar los clubes nocturnos y burdeles de París, donde, según se sospechaba, poseía intereses económicos. Tenía un problema en el esfínter esofágico superior que le obligaba a aclarar su garganta constantemente, un tic nervioso que hacía que el sonido gutural de su alemán suabo resultara todavía más desagradable a oídos franceses.

La nueva Commissariat Général aux Questions Juives (Comisaría General para las Cuestiones Judías) estaba bajo el mando de un antisemita acérrimo, Xavier Vallat, que llevaba un monóculo a lo Fritz-Lang en su ojo malo y andaba con bastón. Practicaba lo que él mismo llamaba «antisemitismo de Estado», que trataba a los judíos como «extraños en pensamiento y lengua» y como algo inadmisible en la cultura francesa. Opinaba que solo el bautismo era prueba aceptable de no ser judío, y persiguió y detuvo a los judíos con certificados bautismales falsos. También defendió que los documentos de identidad incluyeran la palabra *Juif*, algo que ni los alemanes habían pensado aún. Como si eso no fuera suficiente, Vallat estableció la Police aux Questions Juives (PQJ), o Policía de Asuntos Judíos, para controlar las infracciones contra el *status des Juifs*, que Dannecker alabó como «cuerpo de élite».

El objetivo último de las reglas de Dannecker era el internamiento de los judíos de París. En mayo de 1941, más de seis mil judíos de origen extranjero recibieron la orden de acudir a las autoridades supuestamente para revisar su situación. En torno a la mitad obedeció la orden. La policía francesa los detuvo de inmediato y los encerró en los campos de Beaune-la-Rolande y Pithiviers.

Mientras Annette y sus amigos nadaban en la piscina y jugaban a ser adultos, se pusieron en marcha otras medidas antijudías. En junio de 1941, el Gobierno de Vichy introdujo un segundo *statut des Juifs* que amplió el alcance del estatuto original de 1940. Desde entonces, los judíos tenían prohibido acceder a una larga lista de profesiones, como, por ejemplo, abogados, cinematógrafos, gestores de teatro, editores, agentes inmobiliarios, incluso operarios forestales. La única forma de que un judío trabajara en banca, en cuestiones mercantiles o de bienes inmuebles era como trabajador no especializado. El 22 de julio de 1941, el Gobierno pasó a administrar las propiedades de los judíos. Todos los judíos de ascendencia extranjera tenían que ser internados, y los negocios judíos tenían que ser «arianizados».

Cuando un soldado alemán resultó herido en un ataque en agosto, las autoridades nazis aplicaron medidas severas y violentas contra grupos de la oposición. Dos comunistas fueron ejecutados el 20 de agosto, y Dannecker dio luz verde a la mayor redada contra los judíos hasta la fecha. Sellaron y registraron distritos enteros de la ciudad. Detuvieron a un total de 4.323 hombres judíos, incluidos, por primera vez, judíos de ascendencia francesa. Fueron a parar a un campo de detención recién abierto llamado Drancy.

# Crisis familiar

Le di a mi subconsciente una cámara y prometí no interferir.

BARBARA ROSENTHAL, artista de vanguardia

Charles había desaparecido. Había ido a visitar a Guy a Burdeos aproximadamente en la misma época en que Rouch y todos los amigos de París se habían marchado de vacaciones en agosto, pero Charles no llegó a su destino.

La familia estaba consternada. Guy no tenía noticias. Annette y los pequeños enmudecieron por la incertidumbre. Hasta Maurice había dejado de cantar.

Cada noche, Annette se preocupaba por su hermano. ¿Dónde estaba? ¿Qué le había ocurrido? Tenía que canalizar su preocupación de alguna forma. Le interesaba la práctica surrealista de la escritura automática. Annette abría la mente, cerraba los ojos, soltaba su lado consciente y dejaba que el subconsciente emergiera a través de su pluma. Alumbrada por la luz inquieta y pálida de la vela, dejaba que su mano recorriera la página de un modo automático. Bajo su pluma apareció un rostro entre rejas.

Charles, considerado el intelectual de la familia, era tan autodidacta como Annette. Al igual que muchos otros chicos provincianos de clase media, había dejado la escuela para trabajar y ayudar a la familia. El comienzo de la guerra no había cambiado su ética laboral, solo había hecho más difícil encontrar trabajo. Tanto Guy como Charles debieron de sentirse preocupados por el bienestar de la familia y por su incapacidad para darle apoyo económico. En medio de la diversión veraniega en la piscina, debía de haberse estado cociendo algo más en el universo Zelman. Quizá el mercado negro fuera ilegal, pero también era habitual, una cuestión de supervivencia. Casi todo el mundo estaba en el ajo. Las circunstancias desesperadas hacían que la gente se arriesgara, y los jóvenes tendían a arriesgar más que los demás. La cuestión era: ¿lo sabían Maurice y Kaila? La respuesta es que probablemente.

«Siempre había pollo en la cazuela o algo en el fogón», cuenta Michèle. Maurice trabajaba todo lo posible para mantener a su familia alimentada y a flote. Los clubes de baile en la rue Boissière eran lugares populares para hacer contactos en el mercado negro, y Guy y Charles los habían frecuentado desde la primavera.

Puesto que en provincias escaseaban los artículos de lujo, Charles utilizó la visita a su hermano como excusa para el viaje y subió al tren a Burdeos. Había escondido ropa interior de seda y medias bajo su ropa para venderlo todo en el mercado negro. Pero su contacto en Burdeos resultó ser un gendarme encubierto. Detuvieron a Charles y lo condenaron a tres meses de prisión. La premonición artística de Annette había sido acertada: su hermano estaba entre rejas. Resultaba que los Zelman no eran invencibles.

La noticia de la detención puso del revés la vida de la familia. Kaila preparó comida, mantas y ropa y se fue a Burdeos en el tren nocturno. Aunque ningún miembro de la familia llegó a afirmar que Guy y Charles trabajaban juntos, Guy no tardó en cruzar la frontera de la zona libre y se mudó a la ciudad de Bergerac.

Sin Kaila en casa y con Maurice vendiendo sus productos en la calle, Annette era la única persona adulta a cargo del hogar. «¡Es un infierno! Esto está poblado de niños de todo tipo que gritan, juegan a cosas básicas, aporrean el piano, abren los cajones, tocan la flauta con la misma inexperiencia, hacen tortitas en la cocina, mandan cartas de amor y aprenden a patinar... TODO EL DÍA», se quejó Annette a Charles.

Michèle recuerda entre risas: «Patinábamos por el pasillo o fuera, en la acera. Subíamos y bajábamos las escaleras para jugar al escondite; jugábamos a las cartas, a las adivinanzas tipo "¿en qué estoy pensando?". Nuestro primo Camille siempre estaba preguntando cosas. A Annette la volvía loca».

La carta de Annette es una relación detallada de su vida durante la ocupación, pero no la alemana, sino la de los niños revoltosos. Una versión cómica de *El señor de las moscas*. Sin autoridad paterna, la casa al completo estaba bajo la versión surrealista de supervisión que ejercía Annette. Todo un oxímoron:

> La relación con los vecinos es cada vez más estrecha, y sus hijos están en nuestra casa todo el tiempo. No son menos ruidosos que cualquier otro niño de su edad. Y yo estoy harta, literalmente. Esto significa que Camille Goldman [su primo] recibe a su harén, compuesto por todas las chicas del bloque. Y los acompaña una multitud de hermanos y hermanas menores.

«¡Camille! Vuelve. ¿Adónde vas? Camille...», sollozaban y lloriqueaban las niñas por el apuesto muchacho.

«¡Annette! ¡Annette! ¿Qué hacemos ahora?». Camille entró en el salón haciendo ruido con los patines metálicos.

«¡Cállate!», gritó ella.

La voz hermosa y cantarina de Annette, ese «deleite de las tardes familiares» que usaba para encantar a su familia, «se ha reducido a un suspiro penoso de tanto gritar, berrear y rogar a esos niños endiablados que se callen un rato.

»Voy a soltar un par de vulgares "Cállate, Camille" para restaurar el orden y vuelvo a ser tuya».

La vecina de arriba, que daba a Annette dinero para sus gastos a cambio de zurcir y bordar, tenía dos niños pequeños. «Marcel era tan pequeño que llamaba a la puerta con el pie para que lo oyéramos», recuerda Michèle. Su hermana mayor, Surèle, que tenía cinco años, estaba enamorada de Charles y disfrutaba de pasar por el apartamento hasta cuando su galán no estaba.

«Recibimos las asiduas visitas de tu amiga Surèle —aseguraba Annette a su hermano—, y su hermano Marcel está demostrando poseer talento musical, don que expresa aporreando con vigor el piano familiar y soltando berridos que hacen honor a la potencia de sus pulmones infantiles. Me siento obligada a señalar que este niño tiene una constitución de hierro y de infierno, además de llevar en el cuerpo al mismo demonio».

«¡Cállate!», gritó de nuevo.

La tropa de niños desapareció por las escaleras, dejando por fin a Annette en paz para decirle con elocuencia a Charles cuánto lo echaba de menos. Hizo una pausa, pues percibió «un humo acre y pesado que se extendía por la casa procedente sin duda de alguna cocina del patio. Vivir en un bloque de apartamentos es muy aburrido, sobre todo con vecinos desconsiderados que dejan el fogón encendido y perturban, con ello, mis pensamientos y ensoñaciones».

Annette abrió las ventanas del comedor.

«¿De dónde viene todo este humo? —exclamó asomada al patio—. ¿Quiénes son los cocineros idiotas y torpes que dejan que se les queme la comida en el fogón?».

Después de lanzar esa crítica arrogante, se dio la vuelta y encontró «para mi indignado asombro» que el humo del comedor provenía «de nuestra propia cocina».

Camille fue patinando por el pasillo, barriendo el aire con las manos y riendo. «¿Hoy cocina Annette?».

En el vestíbulo los demás niños se reían a carcajadas.

«¡Cállate!». Normal que le doliera la garganta. Corrió a la cocina a rescatar lo que quedaba de la cena.

Annette tenía que estar en el taller o en el Café de Flore, no cuidando de unos niños ingratos, le soltó a su confidente. «¡Y me dejaron sola en la casa después de tal aventura culinaria! Te aseguro que todo esto es injusto».

En las profundidades de la desesperación adolescente, Annette buscó su última foto de la escuela, le puso un alfiler a la nariz y, ayudándose de hilo como medida, empezó a dibujar un círculo a su alrededor. Cuando la línea estuvo lo bastante oscura, recortó el borde para hacer que la foto fuera circular y la usó para dibujar círculos. «A veces no hacía más que eso —cuenta Michèle—. Ponía un alfiler en la nariz y dibujaba círculos alrededor de la foto. Era muy imaginativa». O eso, o los niños la estaban volviendo realmente loca.

Aunque se burlaba de sus apuros como niñera, Annette se sentía atrapada en el apartamento. Las piscinas estaban cerradas. París se inundó de lluvia. Las calles grises y resbaladizas se convirtieron en canalones llenos de agua. El otoño avanzó con la intensidad de una división panzer alemana. Annette se lamentaba de que Guy y Charles no estuvieran allí. Su madre se iba todos los fines de semana a visitar a Charles. Su padre estaba fuera vendiendo ropa. Y ningún amigo del Flore había vuelto de sus vacaciones. Algunos no lo harían nunca.

Para empeorar la deprimente arremetida del otoño, el 5 de septiembre de 1941, el Institut d'Étude des Questions Juives abrió una exposición enorme y multimedia titulada «*Le Juif et la France*», en el Palais Berlitz. En la entrada, bajo un cartel de cuatro pisos de alto que representaba a un judío barbudo agarrando el mundo con sus garras, se arremolinaban hombres y mujeres bien vestidos. Dentro, una escultura enorme de una mujer desnuda, símbolo de la Nueva Francia, cargaba con un niño sobre el hombro. Una aria bien proporcionada, según la tradición de Arno Breker, con la rodilla en el cuello de un judío barbudo que se agarra con avaricia al globo terráqueo. Muchos parisinos se sobrecogieron ante aquel sacrilegio contra la Marianne francesa, el símbolo de *liberté, égalité, fraternité*. Esta versión alemana no tenía nada que ver con los ideales de la Revolución francesa. Pero los ideales no tenían cabida en la Nueva Francia. Dannecker y su coorganizador, el comisario de Asuntos Judíos Carltheo Zeitschel, celebraron que la multitud atravesara las puertas del Palais Berlitz. Asistieron personalidades de ambos Gobiernos, al igual que el jefe de policía, el almirante François Bard. En el vestíbulo de la exposición había paneles que comparaban los diámetros y perfiles de narices aguileñas que se ajustaban a los estereotipos de los judíos con otras más finas y arias con el supuesto fin de demostrar la superioridad racial. Otros paneles mostraban la influencia negativa de los judíos en todos los ámbitos, desde la literatura al comercio, desde la radio al cine, la prensa, la industria, la moda, la banca y, por supuesto, la política. Una cinta de cine promocional revelaba el número de judíos que integraban el gabinete ministerial en 1936 y después, horror de los horrores, empezó la guerra. ¿Y de quién era la culpa? De los judíos.

La gente se acercó a ver la propaganda, y, aunque algunos fueron a protestar, una foto de Roger Berson capturó el momento en el que el capitán Vézille ofrecía un obsequio al visitante número cien mil.

«Los tratantes de arte judíos han huido y sus tiendas han cerrado o han sido ocupadas —presumió el escritor conservador Camille Mauclair en *Le Matin*—. Ya no hay oficiales judíos ni funcionarios en el Departamento de Beaux-Arts ni en el Departamento de Educación después de que pasaran allí veinticinco años. Se ha expulsado de la prensa a los agentes de publicidad judía que se hacían pasar por críticos de arte. La vergüenza ha terminado. Ha sido una gran limpieza que se ha hecho de rogar».


Kaila volvió de visitar a Charles en la cárcel, profundamente preocupada. No quería cargar a sus hijos con su intranquilidad, pero el joven filósofo tenía la mirada atormentada y cardenales en la cara y el cuerpo. Su hijo más sensible tendría que estar rodeado de pilas de libros en la biblioteca, no preso en una de las peores cárceles de Francia.

Fort du Hâ, en Burdeos, tenía muy mala fama. Los presos estaban encerrados en celdas comunales las veinticuatro horas del día. Dormían en colchones infestados de parásitos. La higiene básica resultaba imposible. El tifus y la tuberculosis estaban descontrolados. La dieta de los presos consistía en caldo aguado y algún que otro mendrugo de pan. Los guardias llevaban látigo, y a los prisioneros poco cooperativos les administraban palizas frecuentes o los encerraban en una celda de castigo especial. Los interrogatorios incluían sumergir al preso totalmente vestido en un abrevadero en el patio. Lo único que podía hacer Kaila era presentarse el día de las visitas con más comida y animar la campaña epistolar de Annette para subirle el ánimo a Charles.

# Relaciones peligrosas

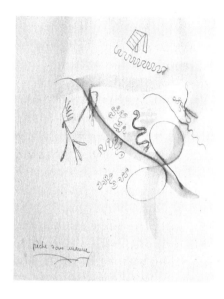

No malgastes tu amor en alguien que no lo valora.

WILLIAM SHAKESPEARE, *Romeo y Julieta*

Por fin, la gente empezó a volver de sus vacaciones estivales, le anunció Annette a su hermano. «Y la temporada está en su máximo esplendor entre el Café Capoulade y el Flore». La joven esperaba que cualquier día Rouch regresara y que todo volviera a la normalidad. Sin embargo, ni ella ni Bella recibieron una sola postal de sus amigos.

Las chicas iban solas al Flore, sorbían sucedáneo de café y esperaban a ver quién se sentaba a su mesa. Salvatore rondaba por ahí, pero ellas no estaban interesadas en compañeros de estudios. Entraron en escena Claude Croutelle y Jean Jausion, muy guapos, fuertes y morenos después de sus vacaciones de agosto en la zona libre. Jausion saludó con la cabeza a Beauvoir y a Sartre. Pocos días antes habían cruzado juntos la frontera. No había nada como reptar debajo de alambre de espino para fortalecer el vínculo de un grupo de amigos.

Bella y Annette estaban encantadas de ver a los dos jóvenes y suplicaron que les contaran cómo habían sido sus vacaciones. Los muchachos habían estado en la costa mediterránea, en las ciudades de Sanary-sur-Mer y Bandol. Allí Jausion se había puesto en contacto con Frédéric Dumas, que era muy activo en un deporte llamado *plongée*, o submarinismo. Dumas era un campeón de apnea que había conocido al joven Jacques Cousteau y a otro submarinista, Philippe Taillez, en 1937. Los tres eran ingenieros y habían creado el equipo necesario para respirar bajo el agua.

Jausion incluso había vestido gafas de buceo y aletas para explorar el mundo submarino con Dumas y quizá hasta con Cousteau. La conversación de Jean, Claude, Bella y Annette fue serpenteando. Mientras Jean hablaba de sus aventuras submarinas, Bella le ponía ojitos a Claude. Croutelle era más alto que Jean, llevaba el pelo rubio peinado hacia atrás, tenía constitución delgada y pómulos altos. Además, vestía de traje y corbata. Como Rouch y Jausion, hablaba con el francés impecable de las clases altas y hacía sus pinitos en la poesía. Pero, de los tres, solo Jausion era un poeta publicado y reconocido.

Mientras Bella miraba a Claude, Claude miraba a Annette. Al hablar con su mejor amiga, Annette le ofrecía toda su atención a Jausion, y Claude acabó sintiéndose atraído por la chica de los ojos askenazíes. El problema era que no solo Claude encontraba a ambas chicas atractivas, sino que las dos se sentían atraídas por Claude. Durante los días que siguieron, se formó un triángulo amoroso con Claude en el ápice. Según la hora del día, Claude podía estar manteniendo un *tête-à-tête* privado con Annette o con Bella. Los habituales del Flore se dieron cuenta.

«Contigo puedo hablar con una intimidad que me es imposible con Bella —le confesó Claude a Annette—. Nuestro pensamiento es más afín». Annette estaba de acuerdo. El problema era que estaba tan prendado de Bella como Guy lo había estado en verano. Pero Bella se interesaba seriamente por Claude, lo cual no había ocurrido con Guy. Y ella y Claude consumaron su relación en la minúscula morada de él, una *chambre de bonne*, o habitación de criada. Para los dos fue su primera vez.

Sin tener ni idea de que su aventura había llegado tan lejos, Annette siguió maniobrando para conquistar el afecto de Claude.

«Te aseguro que estoy tranquila respecto a mi destino —le decía a Charles—. Sé que, si me rindo, las cosas cuajarán entre Claude y Bella».

La espera no fue agradable. Para huir de la presión emocional de su propio deseo, Annette se sumergió en las clases de arte, trabajando «con el valor de Miguel Ángel», aseguraba.


Jean Jausion se convirtió entonces en el confidente de Annette, pero Claude Croutelle le ganaba en cuanto a los afectos de la joven. Después de una semana de aquel triángulo isósceles de amor, Annette se encontró a Claude sentado solo en una banqueta del Flore y con aire triste. En secreto se alegraba de estar allí para consolarlo en lugar de Bella y escuchó al joven que quería sincerarse.

«Huelga decir que mi papel en la discusión es ante todo irónico y está muy sesgado», le explicó Annette a su hermano. Escuchó con empatía y dejó que Claude «sufriera a Bella-Tyza, la sádica», pero temía que Bella fuera mala para alguien tan sensible como Claude. Por desgracia para Claude, «Bella-Tyza es mejor que la ausencia de Bella...».

«Estás en aguas profundas», le dijo. De hecho, se estaba ahogando. Ella se frotó las «manos manchadas de lápiz con un gesto vulgar de alegría» y actuó. El salvavidas que le lanzó a Claude era una vía de escape. «He estado pensando en ir a trabajar a la vendimia» le dijo. Quería huir de la ciudad, huir de esos enredos amorosos, ser una con la naturaleza y ganar algo de dinero. Incluso había escrito a su amigo, el cura de La Lande, que le había respondido con una carta llena de secretos sobre su vida y la dirección de un vinicultor. Lo único que tenía que hacer era escribir y pedir un empleo. «Allí hace buen tiempo», le insistió a Claude. Podrían faenar con los trabajadores y recibir los últimos rayos de sol en la piel.

Esa noche le alegró contar a Charles que Claude y ella irían a recoger uvas. «En el camino de vuelta te iremos a ver a la cárcel. Claude se alegrará mucho de verte. ¡El muchacho este te quiere!».

Envió la carta por la mañana y se fue a la escuela. Esa tarde se encontró a Claude sentado con la mirada perdida en una taza de café frío.

«¿Por qué esa cara larga?», le preguntó.

«Bella me ha suplicado que nos veamos. Llega tarde. No le importo nada. ¿Qué puedo hacer?».

De nuevo, Claude era «el marido, el cornudo y el apaleado. Cuanto más triste, más feliz». Annette le aseguró que se sentiría mejor en cuanto se fueran. Solo necesitaba espacio y perspectiva. Se lo pasarían bien recogiendo uvas y cantando bajo las estrellas.

Tras cuarenta minutos planeando el viaje, las puertas de latón se abrieron de golpe.

Entró en escena Bella, furiosa.

Con el pelo denso y negro rebotando en sus hombros y esbozando una sonrisa maligna con los labios pintados, miró a Claude y a Annette.

«¡Ya no te necesito! —gritó Bella. La gente se dio la vuelta—. Y tendrás que compensarme por la molestia de venir hasta aquí para nada».

Se dio la vuelta sobre los tacones y se marchó del mismo modo que había entrado.

Claude corrió tras ella.

Annette se quedó sola y echando chispas. «La culpa es mía por perder el tiempo con este desgraciado, y la culpa es suya por hacerme creer en un buen tipo cuando no es más que un trapo. Y pensar que podría haber logrado devolverle un poco de dignidad y confianza en sí mismo. Todo se ha ido al traste. Es como si no me hubiera llegado a conocer. Bella lo ha reconquistado y lo tiene entre sus garras». A Annette la había vencido su mejor amiga. Su antigua mejor amiga.

«Me recuerda a una historia de Boccaccio. A varias». El Flore era un *Decamerón* particular.

«Voy a dejar París con auténtico placer para esclavizarme en el campo —le escribió a Charles—.Allí no tendré que ocuparme de estas tonterías cochinas y estúpidas. Necesito quitarme todo esto de encima. Estoy harta de sus historias sentimentales. ¡Necesito desintoxicarme y todo! ¡Seguro que pasaré a verte, querido Chailo! Lloraremos juntos como si papá estuviera allí. ¡Te llevaré naranjas clásicas! ¡O tartas de alforfón! Estoy segura de que esta historia reaparece en mis cartas de forma obsesiva. Seguro que tú también estás harto. Y tienes razón».

Agotada por estas *liaisons dangereuses* del Flore, Annette hizo la maleta para irse a La Lande. Sola. Acabó la carta a su querido hermano con un poema:

> *¡Ah! Por fin llega el momento*
> *tan esperado*
> *de traerte mi alma*
> *en las manos*
> *envuelta hueca y*
> *de dejar que mis lágrimas secretas*
> *encendidas de tristeza*
> *se sequen en el pozo*
> *de mi alegría recuperada,*
> *te volveré a ver,*
> *en tu triste prisión,*
> *tu barba blanca y florida*
> *caerá más suave y sedosa,*
> *tus pies de bailarín*
> *seguirán suspirando*
> *como en los hermosos días de antaño,*
> *de mis labios agrietados y ensalivados*
> *el beso de pasión contenida y costosa con una*
> *mirada maquiavélica.*
> *Mi canción de amor.*

# Topografía del terror

¡Jamás hubiera creído que llegara el momento en el que, en mi propio país, el fanatismo se manifestara de tal modo!

RAYMOND-RAOUL LAMBERT

Justo antes de que Annette se fuera a La Lande, varias sinagogas parisinas sufrieron ataques. Las explosiones empezaron a primera hora del 3 de octubre, y el primer objetivo fue un centro de oración en la avenue Montespan. Durante las horas siguientes, escribe el historiador Finley-Crosswhite, las explosiones «alumbraron el cielo nocturno y rompieron ventanas, dañaron pilares de carga, reventaron puertas y ventanas, destruyeron muros y muebles y lanzaron escombros por todas partes». Al final del ataque, cinco sinagogas y templos, incluida la Gran Sinagoga, tenían daños por bomba.

Al parecer, los atentados los llevó a cabo un grupo de extrema derecha llamado Mouvement Social Révolutionnaire (MSR), cuyo portavoz era *Au Pilori* (*A la Picota*), el periódico más rabiosamente antisemita de los publicados en Francia. Dirigidos por Eugène Deloncle, un ingeniero naval retirado que presumía de su parecido con el dictador italiano Benito Mussolini, los conspiradores planearon los ataques para que coincidieran con Yom Kipur, la fiesta judía de la expiación. Por suerte, Deloncle y sus compinches no entendían el calendario judío ni sus costumbres. No solo se equivocaron con la fecha, sino que además pensaron que la tradición de ayunar del anochecer al amanecer significaba que la gente estaría en el templo a medianoche. Su ignorancia salvó vidas. Solo seis personas resultaron heridas; dos de ellas soldados alemanes.

Casi la mitad de las sinagogas de París quedaron destruidas o dañadas de gravedad. No solo eran lugares de culto, sino edificios hermosos, diseñados por arquitectos destacados del siglo xix y principios del xx, entre los cuales estaba Alexandre-Gustave Eiffel. En el interior del santuario de la sinagoga de la rue Copernic, que fue objetivo de otro ataque terrorista en 1980, una vidriera con la estrella de David grabada quedó hecha añicos y varias filas de bancos quedaron destrozadas. El daño psicológico era todavía más devastador.

Aunque las bombas las colocó el MSR de Deloncle, la organización que tiraba de los hilos era, de hecho, el Servicio de Seguridad alemán bajo la dirección del jefe de Dannecker, Helmut Knochen, el cual había dispuesto que los explosivos llegaran en un transporte de Berlín a París. Para guardar las apariencias ante los parisinos que se oponían a tal violencia, Dannecker culpó a los propios judíos, afirmando que lo habían hecho para generar simpatía e inquietud. Pero Heydrich dijo que los atentados habían sido un «ataque» contra la «judería, antaño tan poderosa en París». Los nazis ni siquiera podían ponerse de acuerdo en su versión de los hechos. Pero, sin duda, el alto mando alemán estaba pasando de las detenciones e internamientos a una forma nueva de solucionar la «cuestión judía».

Un par de semanas antes, Otto Abetz, el embajador alemán en la Francia de Vichy, se había reunido con Hitler y Heinrich Himmler y había presentado el plan de deportar a miles de judíos de ascendencia francesa propuesto por Dannecker y Charltheo Zeitschel. Esa tarde, Himmler escribió en un cuaderno: «Cuestión judía. Reasentamiento al este».

# Desintoxicación

Me gustan mucho los franceses porque son amables hasta cuando te insultan.

JOSÉPHINE BAKER

La Lande de Fronsac no había cambiado en absoluto desde la partida de Annette y su familia un año antes. Pero Annette sí. Todo parecía más pequeño, más provinciano, menos importante de lo que recordaba. No obstante, había llegado para darse un descanso e iba a sacarle el máximo provecho. Allí ella sería el centro de la diversión. Disfrutaría de las conversaciones bajo las estrellas, recibiría elogios por su divertido ingenio y por su *joie de vivre*; cantaría canciones tradicionales. Bailaría entre viñedos siguiendo la tradición de las bacanales... Bueno, quizá lo haría con la ropa puesta. Podría incluso enamorarse de algún joven moreno, hijo del terruño, y entonces dejaría de lado a todos los falsos artistas parisinos, a Rouch y a Claude.

Pero el idilio pastoril con el que Annette fantaseaba iba a darse un baño de realidad. Nuestra chica de la ciudad llegó en mitad de una temporada de vendimia inusualmente calurosa. Obligada a ir al campo antes de que saliera el sol, no tenía tiempo para el pausado desayuno que había imaginado: una baguette con mantequilla cremosa y mermelada casera de ciruela damascena regada con un buen tazón de café con leche. A las seis de la mañana se colgaba un cuévano a la espalda, cogía unas tijeras de podar y se iba con los demás por un camino polvoriento hasta las viñas a recolectar racimos de uvas.

Recoger uvas que están a la altura de la cintura o de los hombros no está tan mal, pero inclinarse para recoger los frutos más bajos, con el sol golpeando en la espalda, es un trabajo agotador y brutal. A mediodía, los jornaleros volvían a la granja a comer y a echar una siesta breve durante las horas de más calor y luego volvían a los campos hasta que el sol se ocultaba tras el horizonte. Tras ocho horas de trabajo duro, cada músculo del cuerpo de Annette gritaba. Le dolía la espalda, tenía los dedos teñidos de púrpura y el pelo polvoriento y pegajoso de sudor.

El alojamiento que se le ofreció no tenía ni ducha ni bañera donde lavarse, solo agua fría en una jofaina y una pastilla de jabón. Al menos podía tumbarse en una de esas camas típicas del campo francés, «muy blandas y muy acogedoras, con sábanas muy blancas —le escribió a Charles—, a la luz de una lámpara débil y triste. Todo es tan deprimente... Si me quejo, querido hermano, créeme, no es por escribirte. Si me quejo es porque los riñones, las rodillas, los muslos, los hombros y la nuca me duelen».

¿Por qué no estaba en París buscando a sus nuevos amigos? Como mínimo, tendría que estar cantando melodías francesas desenfadadas. En vez de eso, «la música que acompaña esta diatriba se parece más a una marcha fúnebre». Sus compañeros de trabajo no eran estimulantes intelectualmente, ni siquiera eran una compañía agradable:

> He aquí un ejemplo de una conversación en la mesa en la que me siento incapaz de participar.
> «Iba a comprar agujas, pero mi marido me dice: "Ya tienes unas". Entonces le digo: "No, no tengo suficientes"».
> «La vaca va a parir dentro de dos meses».
> «Hoy habéis recogido merlot».
> «Las uvas están preciosas este año».
> «La bodega está llena de barricas».

De haber sido un teatro dadaísta, lo habría disfrutado. Pero el pábulo de las conversaciones hacía que Annette se sintiera a punto de volverse loca. «Todo el mundo me considera una "chica poco habladora". ¡Más bien callada de aburrimiento!». Para no decirles lo que pensaba en realidad, se llenaba la boca con todas las delicias que encontraba en la mesa. «Volveré a casa con el rostro próspero y las caderas rellenas».

Su sueño romántico de besuquear a alguien bajo las estrellas quedó reducido a las atenciones de un chico de diecisiete años «con botas» que le lanzaba «miradas largas y lánguidas» cuando le pasaba el pan. Al final le habló de sus amigos de Burdeos, incluido el hijo del propietario de una cafetería. «Te puedes imaginar de qué tipo», bromeó. ¡No llevaba ni un año en París y Annette ya era una esnob en toda regla!

Sus conversaciones con el cura del pueblo también resultaron decepcionantes, a pesar de que las había disfrutado un año antes. Era «el tipo más agradable de La Lande», pero lo había superado. Un año antes, Annette había sido una refugiada en busca de su lugar en el mundo, pero ya lo había encontrado. La vida en provincias no era su hogar. Su hogar era París.

Entonces empezó a llover. Pero la vendimia no espera a nadie. Ni siquiera a Annette Zelman. El sábado, después de ocho días escasos, estaba «irresistiblemente harta». Si no se marchaba de inmediato, diría algo de lo que se arrepentiría. Y entonces lo hizo.

«Me voy —anunció en la mesa del desayuno—. No puedo soportar más vuestras bobadas, ni a estos propietarios ricos, sucios y tacaños... ¡Y odio vuestro espantoso acento bordelés!».

Dicho esto, «dejé atrás a los campesinos, la vendimia, la lluvia, las uvas, al cura y dos pares de pantalones de hombre, cogí la bolsa, el *zimmel* [abrigo], el cepillo de dientes, me eché las piernas al cuello y me subí al autobús a Burdeos. Los jefes estaban muy enfadados».

«Para La Lande hemos ardido —le confesó a Charles en tono apologético—. No podemos volver nunca más. He dejado una impresión demasiado mala».

Entonces Annette se enfrentó a la realidad del transporte durante la ocupación. Nada salía a su hora. «Llegué a Burdeos apretando los dientes por la desesperación de no presentarme a la hora de visitas por culpa de esos estúpidos autobuses, tranvías y trenes a los que les da igual llevar a los viajeros a su destino rápidamente». No pudo ver a Charles, así que visitó a su tía Loupa (la hermana de su madre) «y entonces, con un placer incomparable, fui al hotel más cercano a la estación de tren porque necesitaba lavarme. ¡Y quiero decir lavarme de verdad!». O sea, «desplomarme en una bañera llena de deliciosa agua caliente y perfumada» donde se metió hasta el cuello y dejó que sus dolores desaparecieran mientras el agua caliente permeaba su piel. Se frotó las manos para quitar el color morado de los dedos y de debajo de las uñas hasta que la piel volvió a ser rosa y los cortes y los callos de las tijeras de podar se ablandaron.

No se sentía culpable o avergonzada. Estaba encantada con el placer que se había concedido y allí, en el baño, tuvo una nueva visión para su futuro. Iría más allá de la melancolía de una vida monótona. Subiría a la cima del esfuerzo artístico. Mientras el vapor se disipaba y el agua de la bañera se entibiaba, sus pensamientos ascendieron en espiral. Crearía una nueva Annette y conquistaría el mundo. ¡El amor no era nada en comparación con el arte!

Renovada y limpia, salió de la bañera, se secó con la toalla y se subió al siguiente tren a París.

# Juguetona como una gata

El arte era para ella como un campo de batalla donde daba lo mejor de su fuerza.

CHRISTIAN ZERVOS, sobre Jeanne Bucher

## SÁBADO, 12 DE OCTUBRE DE 1941

No había nadie en casa cuando Annette regresó al boulevard de Strasbourg. ¿Por qué iban a estar allí? Nadie la esperaba hasta la semana siguiente. Se quedó en la cocina junto a la estufa Mirage, «cuya sola imagen creaba la ilusión de un fuego», y esperó dos horas a que alguien —quien fuera— regresase. El silencio del apartamento la puso nerviosa. Dejó de esperar y decidió ir al único lugar donde podría calentarse: el Flore.

Encontrar mesa junto a la estufa no siempre era fácil los días de frío, pero Annette tuvo suerte y halló un sitio cerca. Al escribir a Charles sobre su huida de La Lande, comentó el catálogo de errores que frustraron su visita, pero cometió la torpeza de mencionar el baño caliente y añadió: «Estoy tan feliz conmigo misma y la "gran ciudad" que tengo la sensación de que acabo de construirla».

La carta es un poco frenética, como si estuviera dándolo todo con la esperanza de ganarse el perdón de Charles. Se burla de la última carta que él le ha mandado, en la que cuestionaba algunas referencias literarias de Annette, como prueba de que «su cultura es sin duda insuficiente. Ya nos encargaremos de ti —presume Annette—. La gente del Flore no estamos nada mal. Somos los intelectuales del distrito de Saint-Germain-des-Prés».

Al día siguiente, un lunes, regresó a la «escuela espiritual y amable» de Beaux-Arts para empezar el semestre de otoño. Trabajó con furia, con el pelo descuidado y la frente sudorosa. Antes de la pausa de verano, había estado trabajando en un dibujo de un hombre desnudo, el único hombre que la esperaba en París «con los brazos abiertos».

Después de clase, pasó por el Flore para tomar un té con amigos. Claude y Bella, que estaban sentados en su rincón habitual, hicieron caso omiso a Annette cuando esta entró. No se quedó mucho tiempo y volvió a casa a leer, a cenar y a pintar un poco. Desde la vendimia, había estado comiendo como una campesina y se quejaba de que su apetito era culpa de una maldición de Bella, «porque estoy comiendo por ocho y ganando peso como un recién nacido bien alimentado».

Las siguientes veinticuatro horas Annette se atiborró con un cóctel cultural de teatro, música y arte. Asistió con su prima Dora a una obra de teatro y se encontró con una vieja amiga de Nancy que hacía de Marianne en la obra clásica de Alfred de Musset titulada *Les caprices de Marianne*. Evidentemente, Josette estuvo «deslumbrante» en su papel.

Nada en la exuberante epístola de Annette le sentó bien a Charles, que había esperado su visita y se había quedado hecho polvo cuando no apareció. Sus excusas, aunque complicadas y divertidas, no le hicieron gracia. No solo no había cumplido su palabra, lo había abandonado por un baño caliente. Su respuesta levantó ampollas. Ella ya no era una adolescente. Quizá debería empezar a actuar como una adulta. ¿Se aburría? ¡Que probara la cárcel, donde uno no podía bañarse nunca! ¿Cómo podía ser tan egoísta? Su madre venía todas las semanas. ¿Annette no podía aparecer ni una vez?

Solo un hermano podía enviar una respuesta como aquella y Charles le llamó la atención. Annette era egoísta y caprichosa. Poco fiable. Egocéntrica. Se preocupaba más por sus amigos del Flore que por su propio hermano, que estaba languideciendo en un infierno espantoso.

Su pelea epistolar se resolvió pocos días después. Nada más enviar la carta furiosa, Charles escribió una disculpa. Annette respondió del mismo modo:

Mi querido Charles, hermano mayor, cuya añorada presencia en esta
digna familia era para mí el remedio a toda desgracia… Te agradezco
una y otra vez la amabilidad que por mí se acumula en un montón hala-
güeño, vasto e inmenso en la carta que me has enviado.

Veo con indescriptible placer que, como siempre, eres el hacedor
de palabras complejas y que, como de costumbre, tu carta está llena de
sentencias y expresiones espirituales y es sobre todo muy personal.
Cómo describir la admiración que he sentido por ti al leer bromas tan
graciosas y novedosas como: ¿cómo estás? Vacío de poesía o de cualquier otro juego de palabras de semejante (buen) gusto…

No te preocupes, Chailo mío. Eres un buen tipo. Y no te preocupes
por lo que pensé de tu actitud. No soy una crítica indiferente. Soy tu
hermana mayor y me da igual la actitud que tengas. Rezo por ti.

Charles siempre sería su hermano menor, y siempre lo querría
mucho, incluso cuando ella le fallaba.

Para compensar, Annette prometió que escribiría una carta diaria. «Será mejor que recibir mi visita durante una hora», le aseguró. Y así, Annette empezó un régimen diario de redacción de cartas
—a veces eran dos al día, a veces una que abarcaba varios días—
para entretener a Charles con las divertidas ocurrencias de su vida
en el Flore salpimentadas con los cotilleos sobre las novias de Guy
y sus aventuras sexuales. Y pronto, esperaba Annette, con las suyas
propias.

Al descifrar las cartas de Annette, es importante recordar que era
joven y que a menudo escribía con prisa. A veces la tinta se ha borrado irremediablemente. De los originales no hay ni rastro, solo
quedan fotocopias. En algunas partes es difícil saber con seguridad
qué escribió. También utilizó una amplia gama de papeles: papel
cuadriculado, papel rayado, papel en blanco, papel azul, papel con
membrete del Flore. Algunas cartas están fechadas, otras solo tienen
el día de la semana en la parte superior. Muchas no tienen fecha alguna.

Su caligrafía también muestra una amplia gama de estilos y una
idiosincrasia variada. Por lo general, se inclina hacia la derecha, pero
las letras sueltas varían mucho. Su «A» mayúscula no tiene línea ho-

rizontal, no es más que un trazo vertical que da la vuelta en la parte de arriba; la «q» minúscula la escribe como una «p». A veces anota en los márgenes de la página y dibuja flechas para señalar dónde debería ir el texto. A menudo su pensamiento parece ir más rápido que la pluma. Sus cartas incluyen tachones, manchas e infinidad de garabatos secundarios. Usaba varios tipos diferentes de puntas para la pluma, por lo que su escritura oscila entre fina y ligera y ancha e intensa.

Andrea Paganini, el biógrafo de Jean Rouch, explica:

> Annette escribe en un francés muy bueno (para una joven de diecinueve años, ¡nada menos!) y usa un lenguaje rico, colorido y ocurrente. Casi no comete errores, ni de ortografía, ni de sintaxis ni de cualquier tipo... Pero sí echa mano de abreviaturas, contracciones, indirectas, juegos de palabras, etc. Annette pertenece claramente a esta cultura francesa hermosa, rica, virtuosa y muy cosmopolita, y en particular a la cultura parisina de los felices años veinte. ¡Qué dominio tan hermoso de la escritura! Ágil y ocurrente, humorística e irónica, ligera y severa, desenfadada pero también seria...
>
> Se inventa palabras... Maneja el idioma: el francés, por supuesto, con varios registros, una colección amplia de expresiones populares y citas literarias variadas; a veces juega con acentos y dichos regionales. Y lee mucho (lee de verdad): a los clásicos (Chateaubriand, Balzac o Stendhal, por quien siente particular apego; ¡incluso Boccaccio!) y a los «modernos» (de Verlaine a Gide y Cocteau, de Giono a Delteil y Dos Passos...); y también se mete en filosofía (Sartre).

Sin embargo, en algunas ocasiones sus juegos de palabras y sus bromas, específicas para su hermano, caen en nuestros oídos sordos o se pierden en la traducción. Haría falta otro volumen para descifrar a fondo todos sus significados ocultos.

El cumpleaños de Annette había caído en mitad de la vendimia, donde a nadie le importó que ya tuviera veinte años y que dejara de ser una adolescente. Pero cuando volvió a casa empezaron a aparecer los regalos. Ginette Kobrinec, la prima favorita de Annette, había llegado a París con su marido, Henri, y su hija, Eliant. Se alojaban en el piso de arriba con la tía Hélène. Ginette era una chica preciosa con el pelo negro azabache «y unos ojos azules como los de su madre, del color del mar —recuerda Michèle—. Annette y ella se llevaban de perlas. ¡Era una maravilla! Se contaban historias y se hacían reír. Siempre era una alegría cuando Ginette venía a casa». Le regaló a Annette un libro precioso con encuadernación de cuero con la place Stanislas, la plaza principal de Nancy, repujado en la cubierta.

Maurice, su «generoso padre», también le había dado un abrigo de piel de conejo teñido para parecer de ocelote «que costaba 2.500 francos pero daba la sensación de costar al menos 25.000», presumió en una carta a Charles. Annette se deleitaba trotando por París con su elegantísimo abrigo de tres cuartos al que apodó «camina-con-éxito». De hecho, acababa de escribir esas palabras cuando Jean Jausion cruzó las puertas de cristal esmerilado del Café de Flore. Se mostró muy contento de encontrar por fin a Annette a solas.

«Continuar esta carta en casa», garabateó en medio de la página.


Jean Jausion levantó de inmediato a Annette y la invitó a ir a varias exposiciones de arte alternativo. Pasaron la tarde examinando lo último en arte surrealista. A ella le encantaban las conversaciones reales sobre arte y le pareció que el joven tenía una visión de la técnica artística sensible además de perceptiva. Su última parada fue la galería Jeanne-Bucher Myrbor, en el boulevard du Montparnasse, un centro de resistencia artística. Bucher jamás anunciaba las exposiciones por adelantado, pero Jean Jausion tenía información interna. Su querido amigo de Les Réverbères, Georges Hugnet, vivía en la planta de arriba.

Bucher era una mujer de cincuenta y un años dedicada a la promoción de artistas cubistas, surrealistas y abstractos desde la década de 1920. Ese arte, que los nazis consideraban *Entartete Kunst* o «arte degenerado», le dio una nueva causa. Promocionó con vigor las obras de pintores como Lipschitz, Kandinski o Miró y fue la responsable de colocar muchas obras de estos artistas en museos fuera de Francia, donde estuvieran a salvo. Con un juego de manos brillante, Bucher recibía a oficiales alemanes con la sutileza de una alemana nativa. Sonreía educadamente mientras se burlaban del arte que colgaba en las paredes de su galería, mientras ella ocultaba a miembros de la Resistencia sobre las cabezas de *les boches* y exponía en secreto «arte degenerado».

Con el pelo cano recogido en un moño descuidado, Bucher tenía cierto aspecto de institutriz. En un retrato suyo hecho por Man Ray parece una mujer perceptiva con ojos penetrantes y una boca seria. Annette dijo de Bucher que tenía «un acento alsaciano precioso pero un gusto infalible». Mientras examinaban con detenimiento los cuadros que colgaban de las paredes blancas de la galería, Annette y Jean hablaron con Bucher y escucharon su sabiduría. Aquello fue el destino. Clandestino. Importante. Real. Conocer a la galerista con Jean era subir un escalón artístico, y Annette lo sabía.

Georges Hugnet todavía tenía la imprenta que Jausion y él habían utilizado para crear las revistas de Les Réverbères, pero la estaba utilizando para falsificar periódicos. Bucher dirigía una operación peligrosa. El ático sobre el piso de Hugnet servía de refugio tanto para obras de arte como para seres humanos. Miembros de la Resistencia se ocultaban en el altillo mientras Hugnet imprimía documentación de identidad nueva. Un estudiante de medicina se despertó allí una mañana y se encontró cuadros de Picasso y de Braque debajo de la cama.

Bucher empezó a colaborar con la Resistencia justo después de la invasión y publicó un manifiesto poético contra la ocupación titulado *Non vouloir* (*No querer*). Contenía cuatro poemas de Georges Hugnet, el amigo de Jean, y grabados de Picasso. Joan Miró creó la imagen de la cubierta. Solo se imprimieron cuatrocientas copias.

*Buscas el diamante*
*de la oscuridad del día a día*

*hay callejones mágicos*
*en esta esperanza con corazón de fresa*

*noble dormir para dormir*
*la mirada cual una asesina*

*dormir bajo tu retrato que es*
*espera vieja al viento que centellea*
GEORGES HUGNET

Cabeza, *de Pablo Picasso, del libro ilustrado* Non vouloir, *1942*

Pasar el día con Jean Jausion era justo como Annette soñaba que fuera su vida, llena de arte y de conversaciones sobre arte. Le dio quietud. Quizá Claude Croutelle no fuera el hombre adecuado para ella. Quizá Jean Jausion sí lo fuera.

Al final, el poeta surrealista con físico de bailarín, ropa elegante y acertada sensibilidad artística había atraído su atención. Pero, cuando salieron de la galería de Bucher y regresaron al Flore, Jean Jausion empezó a hablar en defensa de Claude, que la había echado mucho de menos al marcharse a trabajar a la vendimia y a quien le preocupaba que su comportamiento hubiera dañado irreparablemente su amistad. «Ya sabes que Claude te quiere mucho. Deberías ser amable con él».

«¡Soy amable con él! —rio Annette—. Gracias por la información y el consejo innecesarios». Estaba hecha un lío. ¿Claude ni siquiera hablaba con ella pero, según Jausion, estaba enamorado de ella? ¿Jausion solo la había llevado a las galerías y a ver a Bucher por Claude? Es decir, ¿no por amor al arte sino para apoyar a su amigo? Cuando Jean le abrió la puerta del Flore, Claude le ofreció una silla a Annette y les dio la bienvenida. Estaba todo planeado.

Claude se esforzó por ser «muy amable y muy afectuoso» para intentar aplacar su enfado y le aseguró que en realidad no le había retirado la palabra: la estaba protegiendo de los celos de Bella. Jean Jausion estaba sentado junto a Claude y asentía.

Annette se sintió manipulada y decepcionada, se levantó y se puso el abrigo de piel. Era hora de volver a casa. Los hombres se humillaron todo el camino hasta la parada de metro de Saint-Germain des-Prés, compitiendo por superarse el uno al otro. En lo alto de las escaleras, bajo la señal *art déco*, se despidieron tartamudeando. Jean intentó darle las gracias por acompañarlo a las exposiciones, pero no hallaba las palabras. Claude se enredó con sus disculpas.

«Nos vamos a pasar unos días al campo», balbuceó Claude.

«Me da igual», soltó Annette, y bajó las escaleras contoneándose, dejando a los dos hombres «desmoronados en el fango que había lanzado a sus pies». Se subió al metro «muy feliz» con su día. No podía haber sido mejor después de dejar a dos hombres sin palabras. La vendimia había tenido mucho más éxito de lo que imaginaba. «Me siento juguetona como una gata», le dijo a Charles.

Fue ronroneando hasta casa.

# Me da miedo convertirme en mujer

No se nace mujer, se llega a serlo.

SIMONE DE BEAUVOIR

## MIÉRCOLES, 15 DE OCTUBRE

El Flore no era un hogar de tiburones, pero muchos lugares de París lo eran. Annette empezó a sumergirse en esas aguas más oscuras sin acompañante —ni fraterno ni romántico— después de que su padre se negara a darle treinta francos para sus gastos. Que Maurice se negara fue una afrenta al sentido de justicia de Annette. Se esperaba que cuidara de los niños a cambio de pensión completa. ¿Le enviaba dinero a Guy pero se negaba a darle a ella treinta francos para ir a bailar? ¿Por qué las reglas de las chicas eran distintas de las de los chicos?

Maurice tenía sus propias razones económicas para no aceptar su petición. Le había dado un abrigo caro. Ella acababa de trabajar en la vendimia. ¿Por qué no usaba su propio dinero? Porque se lo había gastado todo en un hotel, en un baño caliente y en café en el Flore.

Igual que cualquier adolescente, Annette quería que la trataran como a una adulta, pero no estaba preparada para mantenerse ella misma. Y aunque Maurice quisiera que su hija desarrollara valores maduros, no estaba preparado para que su hijita se convirtiera en una adulta independiente. Eran demasiado parecidos y demasiado testarudos como para que ninguno de los dos cediera. Annette no estaba dispuesta a renunciar a su independencia por quedarse en casa. Annette no era de las que se mantenía al margen y tenía previsto ir a una de las «fiestas sorpresa» de Eddie Barclay, que así llamaba a los clubes improvisados de la rue Boissière.

El acceso a las «escuelas» de baile no era gratis, pero había una pujante economía a favor de las mujeres jóvenes. Annette no era ni frívola, ni estúpida, ni fácil, pero quería bailar y estaba aprendiendo a sacar partido al sistema. Encontró a alguien que le pagara la entrada.

Entra en escena monsieur Suzanne. Este nombre aparece repetidas veces en la correspondencia de Annette. Su identidad no está clara, pero es plausible que se tratara de un contacto de Charles del mercado negro. Sin duda, Charles conocía a monsieur Suzanne y quizá trabajaba con él antes de que lo detuvieran y encarcelaran en Burdeos. Cuando se presentó con ese nombre, Annette «se rio como loca», según le contó a su hermano.

La rue Boissière, no lejos de los Campos Elíseos, en el estiloso distrito 16, era parte del barrio chino de París, el lugar favorito de colaboracionistas, contrabandistas y *poules de luxe*, prostitutas de clase alta que ejercían su actividad con empresarios ricos que frecuentaban la zona. Era un paseo por el lado salvaje. Sórdido. Sexy. Peligroso y embriagador. Para Annette todo era juerga. «Había un montón de gente. ¡Gente divertida!», le contaba emocionada a Charles.

Igual que su padre, Annette era una pareja de baile muy popular y bailó «toda la velada con un amigo de monsieur Suzanne», según le dijo a su hermano. «Un inspector de abastecimiento de combustible. ¡Muy inteligente! ¡Muy cínico! Muy galán. Muy emprendedor».

También se cruzó con el dentista de la familia, Jacques Maillet. «Es el tipo perfecto para aguar la fiesta». Sin Guy o Charles a su lado para protegerla de los lobos, Maillet asumió la responsabilidad de vigilar a la niña alocada que flirteaba en aquel ambiente poco refinado. A pesar de que estaba casado, Maillet había salido sin su mujer y desconfió de los compañeros de baile de Annette. Cuando ella se metió en la pista de baile con el amigo inspector de reabastecimiento de combustible amigo de monsieur Suzanne, Maillet observó con recelo. Cuando Annette hizo una pausa para descansar, él la reprendió: «Tu madre no se equivoca en absoluto al decir que conoces a demasiados hombres».

Al acabar la velada, monsieur Suzanne la acompañó al metro y ofreció a Annette que eligiera algún libro de su biblioteca. Sabía cómo ganarse sus atenciones. Ella aceptó un ejemplar de la traducción francesa recién publicada de *Lo que el viento se llevó* y esperaba tomar prestados más libros, pero luego se enfadó con él. «No quiero deberle nada», escribió esa misma noche. El coqueteo de la velada le dejó un regusto amargo en la boca.

«Monsieur Suzanne es demasiado hombre. No me gusta. Sin ponerme a la defensiva, no puedo fiarme de él como me fío de Jean Rouch, de Claude o de Jausion». Se estaba dando cuenta de que muchos hombres tenían intenciones ocultas y no estaban interesados por su inteligencia. «No me divierte», le dijo a Charles. No quería ser objeto de lujuria. De amor, sí. Pero no de codicia sin tapujos. «Monsieur Suzanne es así, y Guy también, la verdad... Maillet no es así. Ni tú tampoco —le aseguró a Charles—. Estoy deseando volver a salir por ahí contigo y con Guy. Al menos cuando estoy con mis hermanos no tengo que defenderme ni hacerme la coqueta ni la *cabotine* [petulante]».

La personalidad de Annette era constantemente inconstante. Un día arriba, otro día abajo. Enamorada, desenamorada. Feliz, después triste. Había esperado un nuevo comienzo con un grupo de gente diferente, pero no tardó en desilusionarle el ambiente de los clubes de baile y habló con elocuencia nostálgica del Café de Flore. «Monsieur Suzanne y sus amigos son "hombres". Es decir, todos tienen al menos treinta años», se quejó Annette.

«Aparte de su relativa elegancia, su amplio conocimiento y su pedantería ridícula, todos esos tipos son unos imbéciles. Echo de menos el ambiente de Jean Rouch, Ponty y Sauvy, hasta Claude. Ellos son chicos de verdad, y siempre se puede contar con su sinceridad y su entusiasmo. Creo que soy una idiota por salir con esta gente del baile. Primero, porque para ellos solo soy una mujer guapa a la que desean... Una mujer que atrae los deseos de los hombres no me convence, porque para ellos "eso es suficiente". No me gustan los hombres. En realidad son demasiado fuertes para mí y no quiero tratar con ellos. Debes de estar sorprendido ante esta afirmación categórica. Pero ya sabes que tampoco me gustan las mujeres».

El deseo sexual no era suficiente para Annette, pero en realidad todavía no había despertado sexualmente. Y le daba «miedo convertirme en mujer demasiado rápido».

### JUEVES, 16 DE OCTUBRE DE 1941

«¡Me han echado de la biblioteca del ayuntamiento del distrito 10!». ¿A qué clase de intelectual la echan de una biblioteca? A una intelectual del tipo de Annette.

Annette había olvidado devolver los libros de Charles, incluido *El nacimiento de la tragedia*, de Nietzsche. Encorvada por el peso de los libros, que acumulaban un retraso de cuatro meses, Annette se sintió como una pobre abuelita y «sufrió mucho», le aseguró a su hermano, durante el paseo de diez minutos hasta el ayuntamiento.

En el mostrador, inclinó la cabeza y fingió remordimiento. A la vieja y malhumorada bibliotecaria no pareció hacerle gracia. Exigió una multa considerable.

Annette protestó. Su hermano estaba en la cárcel. Los estaba devolviendo por él.

¿Cuatro meses tarde? La bibliotecaria señaló con el dedo. «¡Fuera!». Annette estaba furiosa:

> Me han desposeído de un interés literario sano y de una distracción económica. Oh, y «le vamos a eliminar de la lista de lectores». Da igual. Podrás leer mis libros. Por cierto, ¿podemos mandarte alguno?
> *(risa)*

Al regresar al apartamento, Annette se encontró a Cami sentado a la mesa del comedor estudiando con Theo Hecht y su primo Camille Goldman. Tanto Cami como Camille recibieron su nombre por el abuelo paterno, un hombre ocurrente de ojos azules que parecía una versión judía de Papá Noel.

Camille, apuesto y de pelo cobrizo, iba a acabar sus estudios en París antes de reunirse con su padre en la zona libre, donde estaba preparando una gran residencia para la tía Hélène y sus hijos. «Eran bastante ricos», recuerda Michèle.

«Me gusta leer *Le Crapouillot*», les dijo Camille a los demás. Annette negó con la cabeza. *Le Crapouillot* era un periódico satírico que tendía a la derecha.

«Yo prefiero a John Dos Passos o Dostoievski», respondió Cami Zelman, repitiendo como un loro los autores que Annette leía.

«Eres un pretencioso», le chinchó Theo.

«¡Silencio! —soltó Annette, tomando nota detallada de todo para Charles—. Me siento obligada de vez en cuando a interrumpir esta carta para imponer el silencio en el alegre trío de estudiantes: Theo y los dos Camilles, que se cuentan su actividad diaria con todo lujo de detalles».

«Ver la película *Lumières de Paris* fue una experiencia humanitaria hermosa», contó Theo sobre la comedia francesa.

Annette puso los ojos en blanco pero siguió transcribiendo. «Este chico avanza dignamente siguiendo los pasos de todos los estúpidos y burgueses», bromeó.

Cuando Camille Goldman se sacó una armónica del bolsillo y usó su aliento para hacer vibrar sus lengüetas, Cami se la arrebató a traición y llenó la sala de resoplidos ensordecedores. Michèle y los demás niños se echaron a reír.

Annette apoyó la cabeza entre las manos. ¿Cómo se había convertido su vida en aquella locura?

Por eso mismo necesitaba ir a bailar por la noche. Nadie parecía entender la importancia de pasar el rato con gente de su misma edad. En vez de eso, la juzgaron y la amenazaron. Incluso Jacques Maillet y Jean Jausion dieron voz a su preocupación de que monsieur Suzanne no «era de fiar». ¡Estaba harta! No son capaces «de reconocer su bondad conmigo. Sobre todo, porque ni siquiera estoy con él». Lo único que quería era un poco de diversión y algunos libros gratis que leer. Camille y Cami se pelearon por la armónica. Camille corrió por el pasillo entonando una melodía victoriosa con una atronadora manada de niños pisándole los talones, chillando y riendo, y Cami gritando: «¡Devuélvemela!».

«Créeme, estoy de muy mal humor... *Toinette*».

# Solo soy buena cuando pienso en un chico

Estados Unidos es mi país, pero París es mi hogar.

GERTRUDE STEIN

## DOMINGO, 19 DE OCTUBRE

Kaila subió lentamente por las escaleras hasta el apartamento después de dormir en el tren nocturno de Burdeos. La familia se había reunido para oír las nuevas que su exhausta madre traía de Charles. Les propuso que reunieran cosas para preparar un paquete de ayuda que levantara su ánimo y su dieta. Annette se encargaría de los libros. Decidida a enviar a Charles tantos libros como para que tuviera una biblioteca privada en la celda, empezó a seleccionar volúmenes. Pero el paquete tenía que limitarse a ciertas restricciones de peso. «¡Habría pesado treinta kilos si nos hubieran dejado!». Ese domingo se inauguró el Salón de Otoño de Beaux-Arts. El 11 de octubre se entregaron los premios que se habían anunciado en *Paris-soir*. Una pintora joven, mademoiselle Rolland, había ganado el tercer premio. ¿Cuánto tardaría Annette en ganar premios si seguía «trabajando con el valor de Miguel Ángel»?

Annette recorrió las galerías con su prima Dora Goldfarb, saludó a sus compañeros artistas y amigos con la cabeza y vio rostros notables entre la multitud. Allí estaban Paul Landowski, el director de Beaux-Arts, y Philippe Mondieux, líder del sindicato de estudiantes. Incluso asistieron los compinches de la Propagandastaffel del capitán Ehmsen.

«Había cuadros "buenos", pero me hubiera gustado asistir con alguien a quien le guste la pintura tanto como a mí», le confesó Annette a Charles. Dora Goldfarb no sabía nada de arte, y su indiferencia, o quizá incomprensión, hizo que Annette se sintiera nerviosa y un poco avergonzada. Tenía que haber acudido al salón con alguien más sofisticado, alguien que hubiera apreciado las técnicas expuestas. Alguien como Jean Jausion. Annette se esforzó por enseñar a Dora algo de arte, pero vio que le faltaba curiosidad intelectual. Por lo menos era guapa.

La exuberante melena pelirroja de Dora hizo que más de uno se diera la vuelta, y las dos juntas «sin duda producían un efecto positivo» en los hombres. «Si Claude leyera esto —bromeó Annette—, aullaría indignado. Nuestro complejo de superioridad lo revuelve, y Dios sabe (estoy obsesionada con él) que tiene envidia de nuestra capacidad de estar de buen humor y felices con nosotras mismas».

«Dora tiene una indiferencia altanera que yo no poseo pero quiero tener, aunque siente más entusiasmo por mí que yo por ella, si es que eso es posible. Le parece que soy físicamente increíble». Eran una sociedad de admiración mutua. «Ver los andares de Dora, o verla sentada, o verla sin más [es como] un placer estético real». Mientras que Annette se debatía entre la chica del club de baile, la artista, la intelectual en ciernes y su papel en el circo Zelman para definir su identidad, Dora ya sabía quién era y cómo encajaba en el mundo.

Después del Salón y el Flore, las chicas fueron a ver *El misántropo*, de Molière, protagonizada por Alice Licea y Robert Le Vigan en el Théâtre des Ambassadeurs. En el vestíbulo del teatro se encontraron con Pauline Matusiewicz, una antigua compañera de clases de Nancy. «Va con su atajo de gansos», bromea Annette sobre la madre de Pauline, que pensaba que Annette era demasiado pervertida para su hija. Pauline tenía prohibido ir a bailar a la rue Boissière, por no hablar de quedar con Annette en el Flore. «"La gente acomodaticia es la más habilidosa". La Fontaine», escribe con lengua afilada.

La fábula «La garza y el pez» no difiere mucho de la letra de *Le pélican* salvo que la moraleja de «La garza» es: si eres demasiado exigente, acabarás pasando hambre. Como la mayoría de las fábulas, ha dado vueltas durante siglos y se ha contado con ratones, pájaros, cazadores y vírgenes. *La criada* es otra versión de La Fontaine que trata de una mujer demasiado puntillosa con los jóvenes ricos que la cortejan y acaba con un pobre «lisiado»: un aviso para que las chicas no desarrollen el pensamiento independiente.

«Si [la madre de Pauline] supiera qué esperar de la virtud de su hija, no se afanaría tanto por conservarla», se burló Annette.

A pesar de haber pasado un día lleno de arte, teatro y café en el Flore, Annette llegó a casa para cenar sintiéndose «aburrida, por mucho que haya muchas distracciones a mi alcance. No veo a nadie aparte de Dora. Estoy perdiéndome algo [o a alguien] para disfrutar de las cosas que me solían gustar y todavía me gustan pero que estoy descuidando. Echo de menos las preocupaciones sentimentales». Esto en boca de una chica que apenas siete días antes sentía que París era suyo. «Solo soy buena y solo vivo bien cuando pienso en un chico».


Educar a Dora se convirtió en el nuevo proyecto de Annette. «Pienso hacer todo lo posible para imponerla en el Flore. Esta ambición quizá te resulte sobrecogedora y sobre todo muy arbitraria... Pero tienes que reírte un poco».

Cuando Annette acabó de escribir la carta, Maurice se apoyó en la mesa desde el otro lado y garabateó del revés en la parte superior de la página: «Te voy a escribir una carta larga mía, tu padre te manda un beso».

«La vida no siempre es una rosa. Ronsard no te manda un beso», concluyó ella con otra referencia literaria para entretener a su hermano.

El poeta Pierre de Ronsard escribió *Ode à Cassandre* en 1555 a Cassandre Salviati cuando esta tenía la misma edad que Annette. Acompañado por un laúd, este poema era el amor cortés en su estado más romántico, no la lascivia de la rue Boussière. Ese domingo por la tarde, Annette sentía el vacío de estar soltera y sola, a pesar de la ruidosa familia que la rodeaba. Acabó la carta con un *«Je ne t'embrasse* [no te beso]» poco característico. A pesar de su humor sardónico y sus bromas respecto a la madre de Pauline, su prima Dora y sus propios defectos, Annette ansiaba encontrar su media naranja, alguien con quien compartir su vida.

Lo que no sabía es que ya conocía a esa persona.

# Reentusiasmo por un chico

París íntimo como una alcoba.

ANAÏS NIN

Charles reprendió a Annette por frecuentar demasiado el Café de Flore. «A ver, querido —le respondió—, es el café más agradable de París y me obliga a ir a la escuela porque está cerca». Su vida entera estaba estructurada en torno a las clases y a hacer pausas de trabajo en el Flore. Cuando entraba, el dueño, Paul Boubal, y su mujer la saludaban con un gesto de la cabeza. Pascal, el *maître*, famoso por discutir sobre literatura y filosofía con los clientes, le servía un café personalmente. Incluso el gato ronroneaba por ella. Era una verdadera florista y, al igual que Sartre y otro puñado de clientes, recibía mensajes allí mismo. Incluso le estaban encargando obras de arte.

Desde la partida de Claude y Jean Jausion unos días antes, Annette se sentaba sola en su mesa. Dolf, uno de los amigos de Charles, empezó a quedar con Annette en el Flore en su lugar. Un lunes por la tarde a finales de octubre la invitó a la fiesta de inauguración de una casa donde podría conocer al nuevo interés amoroso de Dolf, que era, por desgracia, «provinciana» y de clase media.

«Allí había mucha gente curiosa. También había una chica que se describía como periodista, pero parecía muerta. Es fácil distinguir a los falsos Montparnasse. Un profesor de música de una buena familia, con chicas como una camarera devota en un convento [o] una monja hombre para un hospital para pobres. ¡Por fin algo inaudito!», bromeaba Annette. Se sentía superior intelectual y artísticamente, iba por ahí escuchando a la gente «que hablaba de arte y de música de una forma convencional y horripilante. Me sentía como un pez en una jaula con pájaros». ¡Menuda imagen para un cuadro surrealista!

Las únicas personas con las que sintió cierta conexión fueron Dolf y el pianista. «¿Por qué Dolf se ha enamorado de una chica de este entorno estúpido? *"Bizarre, bizarre"*, como diría Jouvet».

Esta frase hace referencia a una película muy taquillera que Charles y ella habían visto antes de la guerra titulada *Drôle de drame*. En una escena, los actores Michel Simon y Louis Jouvet entablan una conversación absurda durante la cena y repiten la palabra «*bizarre*» [raro].

La expresión «*bizarre, bizarre*» es famosa en la comedia francesa y es el equivalente a la frase «*Who's on first?*» [¿Quién está en la primera?] de Abbott y Costello, o «*Nobody expects the Spanish Inquisition!*» [¡Nadie espera a la Inquisición española!]. Se convirtió en una frase recurrente y todavía es reconocible hoy en día.

Por desgracia, las fiestas sorpresa dominicales de Eddie Barclay se estaban volviendo «más y más feas, y nunca hay nada que beber», informó Annette. «Más feas» podría referirse a que los alemanes deambulaban por la rue Boissière. Los *haricots verts* estaban en todas partes. Y eso significaba que Annette tenía que evitarlos. ¿Qué otra cosa iba a hacer si no podía bailar? En algunas ocasiones, Annette hacía parada en el Café Capoulade, en el boulevard Saint-Michel. Capoulade tenía un público diferente. Era una guarida popular para *zazous*, pero no era el Flore, donde los encuentros y los triángulos amorosos estaban empezando a parecer una comedia de Shakespeare. Entre los surrealistas decadentes y los autoproclamados intelectuales libres, Annette decía en tono socarrón que estaba perdiendo «la poca moral y la poca salud intelectual» que le quedaban. Y entonces descubrió que incluso había perdido a su pulga, Jean Rouch.

Rouch había enviado una postal válida para las dos zonas, pero era tan impersonal que «podría habérsela mandado a Claude, o a Bella, o al papa», protestó Annette. Pero las postales interzonales tenían que ser impersonales. Estos documentos ofrecían el espacio suficiente para enviar la dirección de contacto y dos líneas que pudieran obtener el visto bueno de los censores. Eran la única forma legal de correspondencia entre la zona libre y la zona ocupada, por lo que se solían escribir en código.

Las cartas más largas —como las de Guy— las llevaban servicios de mensajería de un lado al otro de la línea de demarcación, desde donde se podían enviar sin problemas. «¡Pero dejemos de hablar de estas hormigas sucias y callosas! —soltó en la página—. Me he reentusiasmado por un chico... y he empezado a amar a Fernandel. Me hace reír». Y más le valía. Fernandel era un cómico francés de teatro y cine con los dientes de caballo. Annette misma era ante todo muy graciosa. Añadió un poema al final de su misiva:

> *I*
> *ah, cuéntame*
> *ah, cuéntame*
> *qué*
>
> *qué cuento yo de mí:*
> *qué cuentan de mí:*
>
> *II*
> *llamamos*
> *te llamamos*
> *el duque*
> *el duque*
>
> *etc., etc.*

Annette había empezado a crear una enciclopedia ilustrada para describir a su círculo social: una serie de retratos humorísticos basados en grabados de mujeres posando en una enciclopedia real, *Cent ans de modes françaises, 1800-1900* (*Cien años de modas francesas*). Al más puro estilo surrealista, arrancaba páginas del libro y renombraba a las modelos con leyendas ingeniosas y a veces hirientes. Monsieur Suzanne es una coqueta apoyada en un brazo que se toca el pecho con la mano libre de un modo de lo más sugerente... ¿para negociar o hacer intercambios? Un doble sentido de sus actividades en el mercado negro y su indiscriminada búsqueda de sexo.

La modelo que representa al surrealista André Breton lleva una túnica romana con un turbante en la cabeza rematado con una pluma de avestruz: *La Digresión*. El dramaturgo y poeta colaboracionista Jean Cocteau lleva un vestido blanco de tafetán y está enmarcado por un ensayo corto lleno de alusiones políticas que señalan a Cocteau como aliado del mariscal Pétain. *Mr. Indecisión*. Claude Croutelle es otra mujer coqueta con un corpiño bajo que sostiene una flor. Michel Tapié, el amigo de Jean Jausion, es *Buena Fe*.

¿Y qué hay de Jean Jausion? Annette le dedicó mucho tiempo a pasar las gruesas páginas de la enciclopedia en busca de la imagen que ilustrara a la perfección sus sentimientos crecientes por él. Una muchacha con un corpiño sin hombros cubierto de encaje, un sombrero en forma de globo y tirabuzones. Riéndose, Annette escribió su nombre y la palabra «Humildad».

Estaba en el Flore dibujando patrones cuando Claude y Jean Jausion, recién regresados de su viaje al campo, cruzaron la puerta. Fueron directamente a su encuentro, pero, antes de sentarse, Claude le cogió la mano y se la besó. Su corazón dio un vuelco. Le fue imposible obviar el hecho de que habían captado la atención de todos los rincones de la sala. ¿Quizá Claude había dejado de ser Mr. Indecisión?

«Ahora, cuando estamos juntos en el café, Boubal, el patrón, nos mira con afecto, y el *maître* viene a darnos la mano. Nos hemos convertido en celebridades —le explica a Charles—. Cada vez aprecio más la amistad teñida de amor y deseo que Claude Croutelle me profesa y estoy con él mejor que nunca. Cuando vuelvas, te sorprenderá mucho nuestra intimidad. Además es muy buen chico, con una comprensión admirable. Te manda su amistad».

En cuestión de días la historia cambió.

# Me alegro como una ladrona

Quien contempla las profundidades de París es presa del vértigo. Nada es más fantástico. Nada es más trágico. Nada es más sublime.

VICTOR HUGO

## MIÉRCOLES, 22 DE OCTUBRE

«Por fin tengo algo que contarte».

Una lluvia ligera moteaba de gris las calles parisinas. Preparada para una lluvia de verdad, Annette llegó al Flore con su paraguas de cuadros blancos y marrones, el sombrero a juego y el vestido *zazou*. No tenía clase los miércoles y había ido a una matiné musical con Dolf y Dora antes de retirarse a lo que ahora disfrutaba de llamar «el Flora». Entró en escena Claude Croutelle. Se sentó a su misma mesa y anunció que Jean Rouch había encontrado un mensajero para enviarle una carta a Bella. Un mensaje mucho más personal que cualquier cosa recibida por Annette. La curiosidad de todos despertó cuando Claude expuso la verdadera razón por la que Rouch no había escrito a Annette.

Rouche había ido a visitar a Yannick Bellon a Saint-Raphaël y la había invitado a ir con su hermana Loleh al *château* de Pierre Ponty en Brunet. Ese pueblo remoto en una cima en Alpes de Alta Provenza, estaba a unas dos horas de Cannes, aunque *château* era mucho decir. Se trataba de una semirruina, pero ofrecía unas vacaciones sin las preocupaciones de la guerra o de los padres. Los jóvenes cocinaban en la chimenea, dormían bajo las estrellas y retozaban por la finca en absoluta felicidad. Y se enamoraron locamente.

«Yannick de Rouch y Loleh de Sauvy —le explicó Annette a Charles—. Yannick se entregó a Rouch en el parque familiar con la confianza adorable de una jovencita virgen. La madre fue muy comprensiva. Las madres surrealistas suelen ser estupendas para este tipo de cosas. La vida elevada, el sol, dinero suficiente e hijas guapas».

Le debió de doler, sobre todo porque esa era la típica aventura alocada que a Annette le hubiera encantado. Las hermanas habían encontrado un arcón lleno de ropa vieja en el ático y jugaban a disfrazarse y a hacer poses tontas ante la cámara. Yannick se puso un vestido victoriano blanco de encaje y un pantalón corto de guinga. Rouch se puso una corbata francesa de lunares y llevaba un bigotillo fino. La foto de los jóvenes amantes está llena de frivolidad e inocencia, de *joie de vivre* poco frecuente en medio de la guerra. Sonriendo de oreja a oreja, el robusto Rouch lleva a Yannick en brazos mientras ella alarga las piernas. El vestido blanco y diáfano barre sus muslos desnudos; los pies se estiran de gusto; tiene un brazo alrededor del cuello de Rouch, como si la estuviera llevando a través de la puerta de su luna de miel.

Aunque las chicas Bellon eran más jóvenes que Annette, estaban sexualmente más liberadas. Junto con su famosa madre y su padrastro, Armand Labin, un periodista conocido que había fundado el periódico *Midi Libre*, Yannick tenía el tipo de contactos profesionales que atraían al ambicioso Rouch.

Aunque Annette estaba decidida a no dejarse encasillar por su origen judío, no le interesaba ir de cama en cama o dar su virginidad a un hombre al que no amaba. Rouch era guapo, pero ella no se había llegado a enamorar. Yannick, que también era judía, creció con una actitud más bohemia ante el sexo. Además, estaba realmente enamorada de Jean Rouch, y él de ella. Los padres de Yannick incluso habían empezado a pensar en Rouch como en el prometido de Yannick. Annette escribió:

> Creo que en este cuadrilátero me ha vencido la joven Yannick, que está mucho más enamorada (de él) que yo, pues ha ido tan lejos como para ofrecer el conocido sacrificio de su hermosa virginidad, algo que yo me sentí incapaz de hacer. Primero, porque ella piensa que está enamorada de él, y además porque va pregonando su opinión a favor del amor libre. Un concepto gracioso en una chica de diecisiete años.

Annette no solo se sentía traicionada por su exnovio Rouch, sino también por su interés amoroso del momento, Claude, y por su antigua mejor amiga. Quien recibió la confesión de Rouch fue Bella, que sabía que, si le contaba a Claude la noticia, le llegaría a la persona a la que más daño le haría: Annette.

Mientras Dolf y Claude se reían de las travesuras sexuales de Rouch y de sus amigos, no percibieron las reacciones de las mujeres que se sentaban a su lado. Solo Dora sabía que Annette sentía una puñalada terrible en el corazón.

Fue en ese momento cuando apareció Jean Jausion en el Flore, «un corcel ardiente envuelto en un nimbo y vestido con una camisa blanca resplandeciente».

«¡Annette, te hemos echado de menos! —La besó en las dos mejillas y la miró a los ojos—. Hemos hablado muchísimo de ti mientras estábamos fuera».

Annette se reavivó cuando Jean se sentó junto a ella. Embutida entre Claude y Jean, sintió que la traición de Rouch se desvanecía.

Y entonces llegó Bella.

Fuera se produjo una repentina conmoción. Un Citroën pequeño al que le faltaba una rueda rechinó y rugió hasta detenerse ante el Flore. Todavía seguía frenando cuando Bella abrió la puerta, sacó una pierna larga y liberó su cuerpo como una contorsionista a través de una puerta estrecha. Sacudiéndose un poco, Bella entró hecha una furia en el café.

«*Bonjour! Bonjour! Bonjour!* —Su ardiente mirada alternaba entre Jausion y Claude—. ¿Qué coño está pasando aquí? *Béliers de merde!* ¡Carneros de mierda!».

El café entero guardó silencio.

«¿Por qué estás aquí sentado? ¿Qué haces aquí? —le riñó Bella a Claude—. ¿No te he dicho que no te acerques a ella?».

«Sí, señora», respondió el lamentable Claude, que era un trapo de cocina.

Incluso Jausion pareció disgustado. «La furia difícil de Bella», respondieron ellos en voz baja y temerosa.

«Ante nuestros ojos se produjo una pequeña batalla», contó Annette a Charles.

Frente a la diatriba furiosa y dramática de Bella, Annette comprendió que no todo estaba perdido. Quizá había perdido a Rouch. Pero a Claude y a Jean Jausion no. Lo único que necesitaba era un chico —o dos— en la cabeza.

«Pocas veces lo he pasado tan bien —confesó en una carta épica en la que describió el fiasco entero—. ¡Se me considera tan importante y tan peligrosa que a Claude y a Jausion se les ha dicho formalmente que no se sienten conmigo!». ¿Y qué hay de Rouch? Sus «andanzas ya no me interesan. De hecho, me alegro. Ni me acuerdo de qué me atrajo de aquel joven encantador. Ya no estoy enamorada de él, al contrario. Me alegro como una ladrona».


Annette había conseguido un cuaderno de acuarela y unas brochas para hacer experimentos surrealistas. Creó para sí misma una especie de diario visual, una forma de dirigir a la gente, los acontecimientos y los lugares a su forma subconsciente. Lo llamó *Solutions tardives*. Soluciones tardías.

Esa noche, mientras el resto de su familia se quedaba dormida, Annette abrió una página en blanco de su libro de acuarelas, diluyó un poco de la tinta de pluma de su padre para que sirviera como *gouache* y pintó una criatura parecida a un sátiro con una sola pierna peluda que se dirigía hacia una copa de vino que flotaba en el aire. La pierna es una almádena, y de una pala para azotar de color azul purpúreo asoman cactus afilados. Bella-Tyza. Una figura pequeña y curva —Claude— es digerida y su pie está aplastando una flor frágil: Annette. Lo tituló *Femme fidèle*, o *Mujer fiel*.

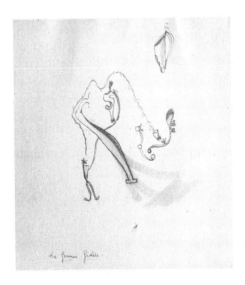

# Solutions tardives - Soluciones tardías

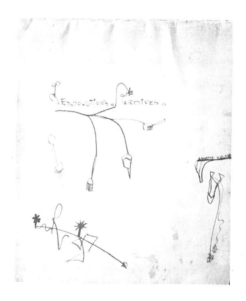

Muy fuerte nunca falla.

JEAN ROUCH

JUEVES, 23 DE OCTUBRE

Todo vale en el amor y la guerra... Pero entre Bella y Annette ahora solo había guerra. A pesar de las anteriores declaraciones de amor de Claude, Bella y él estaban de nuevo juntos al día siguiente. Claude se mostró ante Annette «desdeñoso e indiferente». Bella no le dirigía la palabra.

Annette escribió con desprecio: «La escena que montó la hace sentir que es muy fuerte. A Bella le ha salido bien, lo ha atraído de nuevo a su lado. No siente nada por él, pero tiene la satisfacción de arrebatármelo. Al menos eso piensa ella. De hecho, no ha ganado absolutamente nada, ya que no estoy haciendo nada para cambiar el repentino cambio de situación. Claude, como el idiota que es, ha vuelto a caer bajo el influjo de esa vampiresa cuyas armas de seducción son las caricias, el perfume rancio de sus axilas y el aspecto de niña castigada.

»Cuando acabo las clases, voy al Flore. Cuando me voy del Flore, vuelvo a casa. Cuando me acuesto, no lloro. No tengo tiempo de quejarme». Así era la vida de Annette. Los hombres ya no le importaban. Estaba harta. Solo quería pintar y sentarse en el Flore a hablar de pintura. Y así estaba cuando Jean Jausion fue a buscarla: en el Flore en compañía de Dolf. Por fin, Jean Jausion tomó la iniciativa. Le pidió a Annette que saliera con él.

A Annette le gustaba la idea de salir con Jean Jausion. Entendía el arte y el surrealismo. Tenía buenas conexiones y se le respetaba en el mundo del arte. Además, Annette podría demostrar su desinterés por Claude y al mismo tiempo provocarle celos. Y, sobre todo, volvería loca a Bella. La astuta Annette solo veía beneficios.

Fueron a inauguraciones clandestinas de arte, se sentaron juntos en el Flore en una mesa diferente a Claude y Bella, buscaron libros de segunda mano por el embarcadero. Él le leyó a ella sus poemas. Ella le enseñó a él sus dibujos. Había algo en Jean Jausion que tocó una fibra dentro del ser intelectual y espiritual de Annette. Pero no estaba segura de que él la atrajera sexualmente.

# Una carta latosa

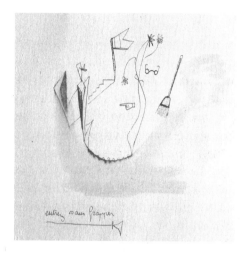

Conocer París es conocer mucho.

HENRY MILLER

Reunidos en torno a la mesa del comedor de los Zelman para tomar té estaban Dora, su madre y todas las «muñequitas» (sus primos), le escribió Annette a Charles. «Papá contó las historias legendarias y memorables de nuestra noble familia». También cantó. Les obsequió con historias de sus familiares polacos, incluida su abuela, que vivió hasta la edad de ciento diez años, «bendita sea su memoria». En mitad de la alegría familiar, «Cami rompió una silla con el paraguas de mamá, o quizá rompió el paraguas con la silla. El paraguas está en condiciones lamentables, y madre, cuyos hábitos de orden bien conoces —insinuación irónica— «no se alegró. En una batalla, el ganador acaba tan mal como el perdedor».

Reflexionando sobre la comparación entre sillas y paraguas en una especie de minihomenaje a dadá, Annette añade que «la silla es superior porque podría sustituir sin problema al paraguas, mientras que nadie sería capaz de sentarse en un paraguas, a no ser, por supuesto, que se inventara un nuevo sistema de paraguas que pudiera servir además de asiento. Lo cual me parece poco probable, porque ¿quién querría sentarse en un paraguas si ya existen sillas, tumbonas plegables, sofás, divanes, pufs, asientos abatibles, banquetas y sillas plegables?».

Imaginando que Charles y ella mantenían una conversación real, Annette le felicitaba por aquella «¡gran idea! ¡Sustituir sillas por paraguas! Realmente hace falta alguien como tú para pensar algo así... Ah, nunca cambiarás». Este parloteo era como las tonterías en las que Charles y ella se enredaban cuando estaban juntos. Lo que a veces parece un sinsentido contiene temas de los que Charles hablaba y les servían como código secreto entre hermanos. «Estoy deseando que vuelvas, querido Chailo —escribió al final de la carta—. Ahora que has leído a Jean-Jacques Rousseau [que figuraba en la biblioteca que le había enviado], el sacrosanto, fingiremos ser pequeños filósofos juntos y dirigiremos nuestra ironía desdeñosa contra un puñado de idiotas.

»Básicamente, eres un tipo duro.

»Eso no te salva de tener un lado burgués que habrá que liquidar. Ya nos encargaremos de eso.

»Tu hermana que te quiere».

Al terminar la carta a Charles, Annette escribió a Guy, que estaba en la zona libre. El encabezado de la carta era «Una carta latosa».

«Con esto quiero decir que me veo obligada por nuestro tenaz padre, que se niega a transcribir él mismo su importante carta». Esa era su tarea.

«Tienes razón en quedarte en una ciudad pequeña —le dictó Maurice a Annette—. No hagas nada prohibido; no compres cigarrillos del mercado negro; no vayas a Burdeos; acuéstate pronto; envíanos tu boletín sanitario con regularidad». Esto era todo lo que Maurice tenía que decir a su hijo mayor. En resumen: le estaba diciendo que no acabara como Charles.

Pero ¿qué estaba haciendo Guy exactamente para ganar dinero? No parecía gran cosa. Era difícil conseguir trabajo. Cuando les suplicó a sus padres que «apoyaran [mi] reputación», Kaila se sintió que debían enviarle dinero. Annette se burló de aquello. La «reputación» de Guy tenía que ver con las chicas. «Tiene conquistas amorosas en todas las ciudades y hay al menos tres mujeres que quieren casarse con él —le dijo airada a Charles—. Menos mal que le queda un poco de cerebro, si no, caería en el pecado de la bigamia, algo que la ley castiga con severidad».

Mientras que los más pequeños de la familia estaban ocupados escribiendo sus propias cartas a sus hermanos, Annette le contaba a Guy la preocupación que los amoríos de él y también los de ella misma le estaban generando a su madre. «La casa es un ambiente del que huyo a diario con un placer que no me molesto en ocultar. Mamá está de un humor excelente, lo cual significa que me grita por cualquier cosa y sobre todo que grita a mis espaldas. Al principio me afectaba mucho, pero al final se está convirtiendo en algo obsesivo y avergüenza a los demás». El palo de escoba, las gafas y el dedo acusador en la obra en *gouache* y tinta que Annette tituló *Entrez sans frapper* (*Entrad sin llamar*) es un tributo irónico al temperamento encantador de Kaila.

¿Por qué gritaba Kaila? Bueno, por un lado, porque Guy tenía una novia preciosa y rubia llamada Nicole que era *shiksa*, gentil. Por otro, porque Annette no solo se iba a bailar sin acompañante, sino que cada vez tenía más contactos con los *goyim*, no judíos. Y parecía que todo el mundo en boulevard de Strasbourg sabía el daño que Annette y Guy estaban haciendo a sus padres. «Lo que resultaba especialmente insoportable era el interminable desfile de mujeres y plañideras» que acudían a compadecerse de Kaila. «Madame Eva Singer viene a diario con un peinado de tirabuzones diferente a acompañar la acuosa sinfonía con sus lagrimitas amistosas».

El consejo de las viejas pajarracas era intolerable para Annette. «Lo que más me molesta son sus consejos y sus absurdeces. ¡No tienen sentido!». Cuando se quedaba el tiempo suficiente para oírlas cotillear, disfrutaba provocándolas. Sus prejuicios le parecían tontos y risibles, y quizá por eso Annette disfrutaba de «sacar a colación el tema eterno [del matrimonio mixto]».

# Le système D

La historia entera de Polonia reemerge en la cocina de una abuela judía, donde esas mujeres esperaron ante el fogón, amasaron el pan, hicieron el caldo... La comida es la historia de la gente, de su cultura, de su religión, la mesa se convierte en un lugar sagrado en cada festividad.

LAURENCE KERSZ, *La cuisine de nos grands-mères*
*juives polonaises*

Maurice y Kaila siempre habían sido padres tolerantes y discretos. Su actitud relajada significaba que los jóvenes Zelman disfrutaban de una cantidad inusual de libertad. La filosofía de Kaila de no intervención, el carácter tolerante y sereno que permitía que el caos familiar se arremolinara alegremente a su alrededor, ahora se veía desafiado por los intereses amorosos de sus hijos mayores. La respuesta habitual de Kaila a los problemas —«Mañana todo irá mejor»— se desvaneció.

Guy seguía siendo su favorito y estaba lejos de conseguir su desaprobación. Annette no tanto. Kaila estaba furiosa porque Annette seguía saliendo a bailar por la noche y a pasar la tarde en el Flore. Agotada por sus viajes semanales a Burdeos a ver a Charles y a llevarle comida, Kaila estaba llegando al límite con su obstinada hija. Y, por si fuera poco, tenía que seguir poniendo comida en la mesa para la familia. No era tarea fácil en la Francia ocupada.

La Wehrmacht había caído sobre París como una plaga de langostas, confiscando comida y soltando en el mercado a miles de tropas que se beneficiaron de una tasa de cambio favorable entre el franco y el marco. La invasión alemana había interrumpido la cosecha y había roto las rutas de distribución de las provincias. Mientras los alemanes disfrutaban de *filet de bœuf* y de champán, los franceses estaban sujetos a un racionamiento estricto. Al comienzo de la ocupación, los adultos solo tenían derecho a 340 gramos de pan al día (una baguette suele pesar unos 220 gramos), a menos de 450 gramos de carne a la semana, a unos 450 gramos de azúcar, a 300 gramos de sucedáneo de café y a menos de 140 gramos de queso al mes. Los franceses pueden comer esa cantidad de queso en una sola comida.

Para conseguir sus raciones, Kaila y las demás amas de casa tenían que utilizar su *Carte d'alimentation*, la cartilla de racionamiento. Primero había que inscribirse con el carnicero o el panadero local. Después había que recoger los cupones o tíquets, como los llamaban los franceses, de la *mairie* o ayuntamiento correspondiente. Las largas colas ante la *mairie* estaban en su mayoría compuestas por mujeres que recogían los tíquets de su familia. Hacer cola bajo la lluvia o la nieve, hiciera frío o calor, se convirtió en un pasatiempo nacional. ¿Y qué pasaba si había niños en casa? ¿Quién los cuidaba? La gente se levantaba al amanecer y se arriesgaba a que la detuvieran por incumplir el toque de queda solo por estar al principio de la cola. Los parisinos ricos pagaban a otros para que esperaran en su lugar.

El interior de la *mairie* era un mundo de mujeres encargadas de las ventanillas de racionamiento y las colas para conseguir los valiosos tíquets. Era una odisea. Había una cola para la ventanilla de la carnicería, otra para la panadería, había colas para verdura y huevos e incluso para la distribución de ropa. Todo el mundo estaba mal alimentado y estresado. Las mujeres que entregaban los tíquets de racionamiento casi nunca eran educadas. Y una vez que se conseguían, había que ir a hacer cola a la carnicería o a la panadería para obtener la comida que poner en la mesa y con la que alimentar a los niños hambrientos.

No solo tener que esperar por la comida, sino por comida mala, era una humillación añadida y una afrenta personal a la sensibilidad francesa. No obstante, las colas eran un espacio de resistencia callada y de solidaridad. Las mujeres intercambiaban noticias y cotilleos y susurraban opiniones de disconformidad. Debían tener cuidado, porque en las colas también había espías e informantes a la espera de comentarios sueltos u opiniones antialemanas que pudieran denunciar a cambio de raciones adicionales.

En otoño de 1941, las raciones fueron reduciéndose progresivamente hasta llegar a entre 1.200 y 1.500 calorías al día (2.500 antes de la guerra). Francia era uno de los productores agrícolas más ricos del mundo, pero su gente era la peor alimentada de todos los países de Europa, a excepción de Italia. La escasez de carne era lo más grave. La gente recurrió a criar cobayas en los balcones para comérselas o a matar palomas en los parques. Los gatos y los perros tampoco estuvieron a salvo. En octubre de 1941 los alemanes publicaron un aviso que decía que no era seguro cocinar gato.

Los efectos sobre la salud de la escasez hicieron que los adultos perdieran entre cuatro y ocho kilos. La tasa de mortalidad por hambre se incrementó un 40 por ciento. Los signos visibles de la malnutrición, como forúnculos, piel agrietada, o tobillos y pies hinchados, estaban a la orden del día. Los efectos psicológicos de la escasez eran más sutiles. El hambre en parte explica los testimonios sobre la pasividad francesa ante la ocupación. Cuando la principal preocupación es poner comida en la mesa, la política y la resistencia se difuminan. La verdadera voz de Francia había pasado a ser «el rugido del estómago».

Para compensar por la escasez, apareció un ingenioso sistema de trueque conocido como *Le système D*. La expresión venía del término francés *se débrouiller*, que significa «arreglárselas o defenderse por uno mismo». La estrategia implicaba cualquier cosa, desde intercambiar tíquets de racionamiento, que era ilegal, a trocar un alimento que no se necesitaba por otro que sí. «Hay que comprar cosas que no se quieren para comprar cosas que se quieren», recordó Gertrude Stein. Todo el mundo estaba obsesionado con la comida.

Los parisinos afortunados que tenían familia o amigos en el campo recibían lo que se conocía como *colis familiaires* o paquetes familiares. Pero nada garantizaba que la comida todavía fuera comestible al llegar. Cuando Simone de Beauvoir recibió carne de una amistad en Anjou, la ternera estaba tan dura que tuvo que remojarla en vinagre y hervirla durante horas; un codillo de cerdo tenía gusanos. Sartre y ella lo cocinaron de todas formas.

*Le système* D también implicaba ser creativo. Con garbanzos o altramuces se hacía «café»; las puntas de la zanahoria y las pieles de la manzana servían para hacer «té». Se hacía pan con alforfón, harina de mijo y hasta con castañas. A menudo el resultado tenía mal sabor, pero aplacaba el rugido de la tripa.

A pesar de todo, en el hogar Zelman siempre había una olla de sopa de pollo calentándose en el fogón y la cena sobre la mesa. Esto muestra el ingenio de Kaila y la capacidad de Maurice de intercambiar productos de su máquina de coser por huevos, pollo y algo de carne. Además, contaban con la amistad del tendero argelino, Ben Guigui, que debió de vestir muchas prendas originales Zelman.

La llegada del invierno empeoraría los sufrimientos de los parisinos y sería uno de los peores de los que se tienen registros. La nieve empezó a caer en noviembre. Nadie tenía combustible para calentarse, así que, cuando las temperaturas descendieron bajo cero, las tuberías reventaron, creando cascadas congeladas en los laterales de los edificios.

Pero durante el otoño y el comienzo del invierno de 1941, la principal preocupación de Kaila no era ni la comida ni el frío: era Charles.

Cada jueves por la noche iba en el tren nocturno a Burdeos, donde llegaba el viernes y se alojaba con su hermano Léon y su mujer Karolina Wilf. El sábado por la mañana muy temprano tomaba un tranvía o un autobús —o quizá varios— para llegar a la cárcel en horario de visita. Nunca era suficiente, pero Kaila llenaba cada minuto con noticias y anécdotas de la familia, le daba comida fresca a su hijo hambriento y le entregaba la valiosa colección de cartas de Annette y algunos libros. La Gestapo hacía rondas diarias en busca de prisioneros judíos, así que lo más probable es que Maurice y Kaila también sobornaran a los guardias. Una hora después regresaba a Burdeos para coger el tren nocturno a París. Llegaba a casa el domingo por la mañana.

En el otoño de 1941, el único objetivo de Kaila era animar a Charles en esa cárcel infestada de ratas. Eso y conseguir que su hija se enamorase de un judío.

# Pereza, madre de lirios

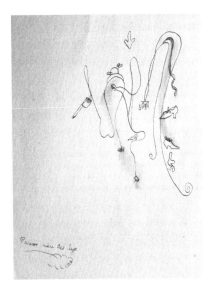

Quien no visita París con frecuencia nunca llegará a ser elegante.

HONORÉ DE BALZAC

## SÁBADO, 1 DE NOVIEMBRE

A medida que su vida amorosa se enardecía, el compromiso de Annette por escribir una carta al día declinó. Aun así, cada sábado por la noche la familia se reunía en torno a la mesa para escribir lo que Annette llamaba «la petición de la familia». Les entregó una hoja de papel y les dijo que escribieran a Charles. Mientras Cami y Michèle discutían por escribir primero, su padre garabateó unas cuantas líneas en la parte superior. Al otro lado de la mesa, Annette escuchó a escondidas a su madre y madame Annie Bessarbie, que se alojaba en su apartamento esa semana, y transcribió el diálogo para deleite de su hermano (y suyo propio). El tema era pelucas y Lodz.

Entre las mujeres ortodoxas, las pelucas pueden ser una declaración de moda, pero se habían vuelto más difíciles de conseguir que la comida. Kaila no era de las que llevaban peluca, pero madame Bessarbie sí. De ahí la preocupación. Al parecer habían racionado las pelucas, ¡igual que los sombreros! Annette copió el resto de la brillante conversación:

«El encanto de las chicas de Lodz en 1911», decía madame Annie Bessarbie.

«¿Te acuerdas de Jorjet?».

«Era guapísima».

«Era un poco bizca, pero ¡qué pecho, madre mía!».

Madame Bessarbie compartía camastro con Annette, y esta temía que aquello «le costara varios abrazos nocturnos, que no me parecen puramente amistosos. ¡Pero no nos pongamos difamatorios!».

Cuando Cami terminó su carta, Michèle miró la hoja de papel. «¿Puedo leer lo que le has escrito a Charles?».

«No», respondió Cami tapando su texto con la mano.

«Por favor...», le rogó Michèle.

«¡Es privado! No quiero que lo leas».

«¡Eres tan... tan... antisemita!», gritó Michèle.

«¿Qué tiene eso que ver?», respondió Cami a voces.

«¡La señora Grosoui, la de abajo, dice que es lo peor que se le puede llamar a alguien!».

«*Les enfants* (estos niños)... ¡Nos estamos partiendo de risa!», escribió Annette.

## LUNES, 3 DE NOVIEMBRE

Annette empezó a frecuentar el Café Capoulade, a pesar de que estuviera a veinte minutos andando del Café de Flore. El Capoulade tenía algo que el Flore no tenía. No estaba Bella. Annette no quería sentarse enfrente de su vieja amiga mientras Bella «bullía de rabia, como un triste borracho enfermo por el deseo de venganza».

Annette tenía además otra razón para ir al Capoulade con más frecuencia: las cosas se habían complicado con Jean Jausion. Habían salido varias veces y lo habían pasado bien, pero su incipiente relación estaba causando tensión entre Claude y Jean. Además, en el Capoulade había unos cuantos personajes interesantes.

Entró en escena monsieur Suzanne. «Solo tú sabes su nombre —le recuerda Annette a Charles—. Me ofreció un paquete de cigarrillos» y prometió darle chocolate la siguiente vez que la viera. Solo alguien con conexiones en el mercado negro podía echar el guante a bienes tan valiosos y regalarlos como si nada. Casi con seguridad, el esquivo monsieur Suzanne era uno de los contactos de Charles en el mercado negro... O quizá era el único. Annette estaba planeando viajar a Burdeos a ver a su hermano y prometió llevar consigo los regalos de monsieur Suzanne.

Aquel lunes por la tarde, se atrevió a ir al Flore después de clase a tomar un café. Salvatore estaba allí y «al verme se quedó lívido y empezó a tartamudear. ¡Pobre Salva!».

Entró en escena Jean Jausion. Fue directamente a su mesa pero no se sentó. «Quiero disculparme por lo raras que se han vuelto las cosas entre nosotros», dijo. Annette asintió. Era todo oídos. «Quiero que sepas que me gustaría ser tu amigo y camarada, pero no puedo hacerle eso a Claude».

Ella arqueó una ceja.

«Claude está celoso», explicó él.

«¡Pero si ya no me dice ni hola! —protestó Annette—. No lo veo nunca, pero si salgo con otro ¿le duele?».

«Bella tampoco quiere que hable contigo».

Annette soltó una carcajada.

«¿Y obedeces? ¿La gente como vosotros no tiene nada mejor que hacer? Menuda pandilla de tristes y vacíos. ¿Y os hacéis llamar la élite del Barrio Latino?». En un arrebato de risa, se levantó, recogió su cuaderno de dibujo y sus lápices y se excusó. «Tengo cosas mejores que hacer que escuchar estas tonterías».

Jean se quedó pensando en esta joven intrépida y vivaz que no se tomaba en serio ni su situación ni la de Claude. ¿Qué esperaba? ¿Una conmiseración íntima? ¿Que estrecharan lazos contra las malvadas manipulaciones de Bella? Annette no esperaba a nadie, y menos a Claude y a su amigo submarinista.

«No puedo olvidar las confidencias del celoso Jausion —le escribió a Charles esa noche—. ¡Tuve que sentarme en el suelo de la risa!».

# El método Zelman

La ciudad, a pesar de su «celestial belleza», estaba consumida por la guerra y empobrecida.

ANDRÉ SCHIFFRIN, *Una educación política*

VIERNES, 7 DE NOVIEMBRE

Había caído una nevada temprana de apenas unos centímetros, pero cuajó, dejando una fina capa de blancura gélida. Annette se subió el cuello del abrigo de lana con cuadros escoceses que Maurice le había hecho y recorrió las calles heladas del Barrio Latino. Volutas de nieve caían de los tejados y los gabletes. La nieve formaba culebras o minúsculos tornados que bajaban por las calles del mismo modo que el sinuoso pensamiento de Annette en torno al dilema de Bella-Claude-Jausion.

«¡Por favor, escríbeme de otra cosa!», le rogó Charles.

Pero ella solo podía «contar más historias claudescas, bellaescas y jausionescas».

Cuando Kaila estaba en casa, Annette procuraba pasar todo el tiempo posible en el taller de arte o en los cafés. Esa tarde, en el Flore, mientras se tomaba el sucedáneo de café y dibujaba las caras de sus compañeros floristas, el *patron*, Boubal, la llamó. Tenía una llamada.

Era Bella.

BELLA: ¿Está Claude allí?
*Claude está sentado con Jausion en el lado opuesto de Annette.*
ANNETTE: Sí.

BELLA: ¡Dile que no voy!
*Cuelga el teléfono de golpe. Suena el tono de final de llamada.*

«¡Menuda sorpresa!». Su escritura es tan difícil de descifrar que se diría que lo escribió a la misma velocidad que lo pensó. «Al principio no podía entenderlo, pero cumplí con el recado. Solo entonces comprendí que Bella estaba castigando a Claude porque yo estaba en el Flore. Maquiavélico, ¿verdad? Pobre Claude. El trapo de cocina recibe un castigo sin haber pecado en absoluto».

Y así acabó todo.

Claude dejó a Bella. Annette había ganado.

## JUEVES, 13 DE NOVIEMBRE

Annette había concebido una forma de analizar la vida amorosa de Guy y la suya propia. «Se llama el método Zelman —le dijo—. Sustituimos a la gente a la que queremos de nuestra familia por otros individuos de fuera de la familia, en nuestro grupo es algo muy conocido. Somos realmente innovadores en el circo Zelman». Tenía que ser innovadora si pretendía enredarse en una relación amorosa con un gentil.

Guy estaba preocupado tanto por su hermana pequeña como por su madre. ¿En qué se estaba metiendo con hombres como monsieur Suzanne y el resto de la chusma de la rue Boissière?

«Estoy orgulloso de tener una hermana virgen», escribió con la esperanza de que le confirmara que seguía siendo cierto.

«Qué conmovedor. Pero nunca se sabe... —le provocó Annette—. La virginidad no añade nada en absoluto al valor que una mujer tiene como ser humano, a su punto de vista vital, etc. No hay que tenerla en cuenta en absoluto». Como solía hacer, Annette arrastró a Guy al vaivén de su pensamiento y le preguntó directamente si estaba igual de preocupado por la pureza de sus propias novias. Al final, accede a decirle la verdad, pero «no se debe en absoluto a una cuestión de principio, sino a que a ningún tipo le he gustado tanto como para dársela».

Annette añade al final de la carta: «Papá quiere que le escribas a él en exclusiva con un informe de salud, peso y tabla de temperaturas. He aquí los cupones de comida, un saludo de la familia y las ramas. He aquí mi corazón, que late solo para ti (Napoleón)».

Esta referencia literaria debió de pasar desapercibida para Guy, pero Charles la habría entendido. Se hace eco de Paul Verlaine: «He aquí los frutos, las flores, las hojas y las ramas. / He aquí también mi corazón, que late solo para ti. / No lo arranques con tus dos manos blancas». Guy era el emperador amoroso del método Zelman. Su don juan particular.

Unos días después, llegaron varias postales interzonales con fecha de septiembre. Eran de Ponty y Sauvy, los amigos de Jean Rouch. Eran postales «muy agradables e hipócritas... con lágrimas en la voz... sobre los buenos tiempos de la juventud en París, la época de estudiante, la locura del Barrio Latino, etc., y con lamentos muy amargos. Es gracioso, sobre todo porque sé perfectamente que no lamentan nada. Tienen el mar azul, la pesca con arpón, una canoa espléndida, una residencia de vacaciones estupenda y novias guapas y amantísimas del surrealismo», le contó con amargura a Charles.

Ni Annette ni Bella sabían que los amigos de Rouch habían recibido un aviso urgente de presentarse como ingenieros al servicio de la Francia colonial en Dakar y que habían partido hacia África del Norte el 23 de septiembre. Habían enviado las postales antes de abandonar el continente. Los amigos tardarían años en volver. Los días inocentes del Barrio Latino se habían acabado para siempre.

Cuando su enamorado se fue, Yannick se quedó sola y envió a Rouch conmovedoras cartas de amor a África del Norte. Rouch envió dinero a Yannick, pero la separación afectó mucho a la muchacha de diecisiete años, que se sintió a la deriva. Loleh y ella encontraron trabajo en Marsella en una cooperativa llamada Croque Fruit, establecida por Sylvain Itkine, un judío francés que era director de teatro y antiguo florista. Pero era difícil sobrevivir por sí mismas. No eran más que adolescentes. Por alguna razón, las chicas no volvieron a casa con su madre. Annette no sabía nada. Lo único que sabía era que su antigua pandilla la había abandonado. Al menos había recuperado a Claude de las garras de Bella. El problema era que Annette se arrepentía por Jean Jausion. Estaba igual de indecisa que Claude un mes antes.

Su último poema se titulaba «Indecisión», o «Lamento», o «Siempre más hermoso», o «Todavía sola». Ni siquiera lograba decidirse respecto al título.

> *La luna en su declive*
> *Envenena las nupcias*
> *Y los jugosos a voluntad*
> *Sospechas de lesa ley*
> *Los ritos de los bellos*
> *Con sus viejos artificios*
> *Viejos como la astucia*
> *Y dura empieza la calle*
> *El niño aún tembloroso*
> *Restaura la tregua*
> *Y soñando el día*
> *Corrige la Casa*

Debajo del poema añadió una nota sobre sus primos en Burdeos: «Hemos recibido una carta de la familia Wilf. Al diablo con ellos (y decir esto es una maldad muy gratuita). Sobre todo mala porque Joseph está en Pithiviers. Parece una locura, pero es trágico. Así que Joseph está en Pithiviers, donde hay un campo». Joseph tenía la edad de Guy.

A una hora hacia el sur de París, Pithiviers se había establecido en primavera de 1941 como campo de concentración para judíos de ascendencia extranjera residentes en Francia, la mayoría de los cuales era de Polonia. Pithiviers era el primer campo de este tipo, y pronto le siguió Beaune-la-Rolande. Ambos campos de internamiento estaban en la región de Loiret y bajo la supervisión de la prefectura.

La familia Wilf había huido de Polonia tras la invasión alemana y se había asentado en Nancy cerca de Kaila y de Maurice. Las nuevas leyes francesas los consideraron extranjeros. Durante la invasión de Nancy, huyeron al suroeste y fueron a parar a Burdeos con los Zelman. Eran los mismos primos con los que los niños Zelman habían compartido colchones y refugios antibombas. Joseph y Maurice, su hermano de diecisiete años, estaban con Léon, el hermano de Kaila, en Pithiviers. Su madre, Karolina, y los otros dos niños (Jean y Abraham) seguían en Burdeos.

La noticia alarmó a Kaila y a Maurice. En la reunión familiar de aquella noche, Maurice aseguró a sus hijos que estaban a salvo de las redadas. «Somos judíos franceses», les recordó. Los nazis y el Gobierno de Vichy decían que los inmigrantes eran la lacra de la sociedad, no los de nacionalidad francesa. Estaba pasando por alto el hecho de que tanto Kaila como él habían nacido en Polonia.

# Nom de Dieu

Toda vida se apoya en apariencia, arte, ilusión, óptica, la necesidad de perspectiva y de error.

FRIEDRICH NIETZSCHE,
*El nacimiento de la tragedia*

Era el turno de Michèle de escribir la carta familiar a Charles. A sus trece años, no tenía tiempo ni interés por la puntuación u otros elementos de estilo:

> Todo el mundo quiere a Annette va a clase recibimos tu carta bonita y estamos muy contentos. Vamos a volver a vernos pronto, y eso me alegra todavía más. El cerrojo, que no es muy bueno, como ya sabes, se ha vuelto a romper. Camille llevaba la llave encima y como va de listo cerró con su llave. Como la llave estaba rota, se quedó dentro, bueno solo en parte, y no podíamos sacarla y ya estaba oscuro cuando llegamos a casa.

Se disponía a escribir que el cerrajero tuvo que tirar la puerta abajo cuando Camille le quitó la carta y protestó con similar abandono estilístico:

> No escuches a Michèle siempre está de broma vengo a casa y por supuesto no hay nadie así que claro tengo hambre y me paso horas detrás de la puerta papá me dio una llave torcida yo pensé que me la habían arreglado en el colegio. Se rompió dentro de la cerradura y entonces el cerrajero tiró la puerta abajo.
> Sigo yendo a clase y voy avanzando más y más en el programa. Voy un mes por delante del plan de estudios. Te mando un beso.

Michèle le arrebató la carta para poder despedirse con besos y abrazos.

## LUNES, 17 DE NOVIEMBRE

Annette había visto el progreso del floreciente amor entre Guy y Nicole y sabía que, si sus padres se enteraban, habría problemas. Nicole no era judía. Esa fría tarde de noviembre, con una luna creciente sobre París, Annette escribió a Charles para compartir con él su opinión respecto a las relaciones mixtas:

Querido hermano:

> Me alegra mucho recibir tu carta fraternal y semanal. También estoy muy satisfecha de que hayas recibido visita de Nicole, que es un amor. Lo cual enfurecería a nuestra respetable madre, ya que, a fin de cuentas, Nicoles no es más que una *shiksa* (a mis ojos este hecho basta para sentir simpatía hacia ella) y mamá preferiría que todas las *shiksas* fueran seres execrables, lo cual debería bastar para que Guy y la juventud en general las odiaran. Todo el mundo sabe que los matrimonios mixtos, por así llamarlos, son la perdición de nuestros hijos e hijas. Malditos sean todos. En cuanto a mí, podría decirte que, si surge la cuestión del matrimonio entre Guy y Nicole, haré lo posible por que funcione.

> *Probable*
> *Dar siempre...*
> *Si no recibo, tú te ríes*
> *Cambiaremos*
> *El lujo luminoso*
> *Por tinta venenosa.*
> *Crepita la arena crujiente.*
> *O dobla una hoja que genera*
> *Que no importe*
> *No tienes a nadie si caminas sobre las aguas*
> *No tienes fatiga*
> *Si bailas mientras sueñas*
> *No tienes que reír*

*Si tus labios ya no te divierten*
*Porque no se podrá rastrear ni una sola palabra*
*En las horas nocturnas*
*Ni leer... sí... tómalo con la mano, las manos de la ternura severa.*

Habían pasado diez días desde que Claude rompiera con Bella. Annette ahora se había atascado en otro triángulo amoroso... entre Claude y Jean. Sus citas con Jean Jausion la habían intrigado. Él era paciente. Atento. Estaba interesado en que su relación pasara al siguiente nivel. Le había besado la mano y la había acompañado junto al río para ver los puestos de libros, el reflejo de los chapiteles de Notre Dame en el curso del agua, tan libre en su viaje hacia el mar. Después de que Claude dejara a Bella, Annette volvió a salir con él además de con Jean Jausion. Estaba hecha un lío. Sus cartas están llenas de garabatos diciendo «*Nom de Dieu, nom de Dieu*» [por Dios, por Dios], tanto que acabó escribiéndolo todo en MAYÚSCULAS.

> Estoy en pleno proceso de hacerme mujer en el sentido más pleno y hermoso del término, lo cual no me disgusta demasiado.
>   Te manda besos,
>   Tu hermana, que grita sin darse ni cuenta

# La hora de la verdad en el Flore

¿Qué es el infierno? Sostengo que es el sufrimiento de ser incapaz de amar.

FIÓDOR DOSTOIEVSKI

## SÁBADO, 22 DE NOVIEMBRE

Aunque no eran judíos practicantes en el sentido tradicional, los dos
progenitores de Annette habían crecido en hogares judíos ortodoxos
de Polonia. Hablaban yidis además de polaco, comían *pierogi, klops,
golabki* y, por supuesto, *kugel*. Celebraron el *bar mitzvá* de sus hijos

varones. Tanto Maurice como Kaila estaban decididos a que, cuando llegara el momento, sus hijos se casaran con judíos.

Annette y Guy tenían otras ideas. «Tienes que reconocer que sería divertido ver a Guy y a Nicole casados —chismorreaba Annette con Charles—. Papá se taparía la nariz... Pero no cambiaría su opinión [de los gentiles]».

Por supuesto, «las chicas que Guy conoce no saben que hay otras dos o tres». Pero su *shiksa*, Nicole, había destacado por encima de las demás y había demostrado ser:

> ... valiente, bonita, fina, elegante y para nada tan estúpida como yo había pensado. ¡Tengo el maldito prejuicio de creer que una chica lista no puede enamorarse de Guy!
>
> Tenemos bastante clara nuestra opinión respecto al capítulo del «amor» de Guy y sus conquistas románticas, así que no te hagas muchas ilusiones. Nicole está lejos de ser la primera y todavía más lejos de ser la última... Me da pena que haya caído en las garras de nuestro sacrificador fauno y donjuanesco.

Annette se había esforzado por mantener las dos esferas de su vida, es decir, su familia y el Café de Flore, separadas. No llevó a sus novios al apartamento del boulevard de Strasbourg; prefirió mantener sus relaciones en el Café de Flore o en largos paseos románticos a orillas del Sena o en galerías de arte. Entonces, una mañana luminosa de noviembre, las dos esferas chocaron cuando alguien llamó a la puerta. Era Claude.

«Por suerte, estaba levantada. Con la ropa de andar por casa. Lo mandé al café de abajo a esperarme». Cerró la puerta tras de sí y se encontró a toda la familia mirándola asombrada.

Annette se abrió paso a través de ellos y fue a la cocina a lavarse la cara con agua fría y adecentarse el pelo. ¡Claude en el umbral de la puerta solo podía significar una cosa! Se vistió, se puso el abrigo de piel de conejo para «vestir con éxito» y salió a ver qué tenía que decirle.

Maurice y Kaila observaron en silencio a Annette mientras esta se acicalaba.

Annette y Claude estuvieron charlando en el café dos horas sin interrupción. Claude quería una relación exclusiva. ¿Ella se quedaría con él? Annette tenía una cita con Jean Jausion unas horas más tarde. Claude y ella decidieron que ella tenía que darle la noticia a Jean.

En mitad de su *tête-à-tête*, Maurice entró en el café.

«Has estado fuera dos horas». Señaló el reloj. Era la una de la tarde.

«Claude se puso rojo como una flor roja». Entonces se levantó y tendió la mano a Maurice. Annette los presentó. Maurice fue educado, pero acompañó a su hija de vuelta a casa por las escaleras sin discutir.

Esa tarde Annette se reunió con Jean Jausion en el Flore. Su plan de destruir las esperanzas de Jean le llevaron dos minutos. Le dijo que Claude había ido a visitarla esa mañana y se había sincerado. «Creo que no me gustas», le dijo claramente.

Jean se levantó, le cogió la mano y se la besó. «Adiós».

Cinco minutos después, cuando Annette salió del Flore, se encontró con los dos amigos sentados juntos en la terraza. Jean estaba alicaído. Claude parecía estar esperando los resultados de un examen. Annette se fue sin mirar atrás. A una manzana de allí, se metió en la iglesia de Saint-Germain-des-Prés, se desplomó en un banco y «lloró como un ternero». ¿Por qué lloraba? ¿Era por los nervios? Tenía lo que quería: había conseguido a Claude. ¿Qué le pasaba? Quizá le fuera a venir la regla.

Se secó las lágrimas y regresó al Flore. Jausion se despidió tímidamente con la mano y se fue. Cuando volvió, se sentó con otras personas y no la miró.

Dolf ocupó un asiento junto a Annette negando con la cabeza. «¿Qué estás haciendo? —la regañó—. Estoy seguro de que no te gusta Claude».

«Eso es justo lo que me he estado diciendo a mí misma en la iglesia —confesó—. Hemos tenido una conversación larga sobre la vida, la mía en particular, sobre el amor en general, el mío en particular».

Quizá no quisiera a Claude y en realidad estuviera intentando vengarse de Bella. Annette dejó a Boubal un mensaje para Claude: «Por favor, reúnete conmigo mañana a las cinco de la tarde».

Cuando Claude recibió el mensaje, recorrió el café sin hablar con Jean Jausion. Entonces Bella llegó y se sentó en una mesa separada de Claude. Los habituales y los camareros observaron a la hipotenusa del triángulo amoroso mecerse de un modo precario. El ápice, Annette, ni siquiera estaba presente.

Annette pasó la noche llorando «durante horas interminables preguntándome por qué lloraba». Maurice estaba preocupado por su hija. ¿Qué le ocurría? Le suplicó que se lo contara. ¿Tenía algo que ver con el chico que se había presentado en casa la otra mañana? Annette no era capaz de decirlo. Pero Maurice no necesitaba explicaciones. La abrazó y lloraron juntos.

En *Romeo y Julieta*, las polvorientas calles de Verona son el escenario del mortal duelo entre Teobaldo y Mercucio. En el Barrio Latino, el escenario era el suelo de mármol y las banquetas de cuero de imitación del Café de Flore. Ese lunes por la tarde a las cinco, Annette salió del taller de arte y llegó al Flore, donde se encontró a Claude y Jean «discutiendo a muerte» ante una muchedumbre de amigos y curiosos. Sus tristes conflictos internos habían llevado a los dos amigos al límite.

«Tienes que elegir entre nosotros —suplicó Jean Jausion—. Nosotros no podemos decidirlo».

«¡No quiero que me hagáis sufrir así!», gritó ella.

«¡Tienes que decidir!».

Al otro lado del café, sentada en su habitual banqueta junto a su enamorado, Simone de Beauvoir observaba el altercado. Los gritos sofocaban el rumor de la conversación. Al final, las voces del trío cesaron. La multitud contuvo la respiración.

Annette miró a los dos hombres; le importaban ambos, ambos la habían rondado. Señaló a Claude.

Él sonrió. Victoria. Justo cuando se disponía a ocupar su lugar junto a ella, el corazón de Annette dio un vuelco. Las lágrimas de anoche. Los sollozos en la iglesia. Los «y si» y el remordimiento repentino. «Después de decidirme por Claude, me sentí al instante enamorada del que no había elegido».

Alzó una mano. «Un momento».

La avergonzada cara de Jean Jausion se alzó ligeramente. ¿Había aún esperanzas para él? El corazón de Annette se aceleró. Sentía calor. Descontento. Malestar. Recordó las críticas de Dolf. «*Nom de Dieu, nom de Dieu*», juró en susurros. Algo en los ojos del poeta tiró de su alma.

«Jean Jausion».

El café estalló. Vítores y silbidos. Lágrimas y abrazos. Los camareros cogieron las bandejas. Beauvoir se volvió hacia Sartre. Ellos mismos entendían tal pasión.

El escenario estaba listo para el tercer acto.

TERCER ACTO

1941-1942

# La felicidad ilumina mi futuro

Pero el futuro es siempre perfección, sea lo que sea.

ANNETTE ZELMAN

Querido y paciente hermano:

Dirás que tu hermana es muy complicada, y no te equivocarás al decirlo. Todo está solucionado entre Jausion y yo, y no me importa Claude. Él quiere todo lo que quiere con Bella Lempert.

Tenía que explicar su «gran error» de elegir primero a Claude, lo cual hizo que Jean sintiera recelo de sus caprichos. Mantuvieron varias «conversaciones largas e interesantes» hasta que acabó creyendo que su rechazo inicial fue «por miedo, no por desagrado hacia él». Ahora estaban juntos.

Claude volvió junto a Bella.

En los últimos tiempos estoy de lo más involucrada en una historia jausionesca que solo Dios sabe si acabará y cómo lo hará. Cuando vuelvas te presentaremos al gran Jean Jausion, el cual ha escrito un artículo en *Paris-soir* sobre la pesca submarina con una ilustración que lo representa a él nadando con cara muy graciosa y con un arma con la que arponea el pez más bonito de todo el mar.

Es escritor, poeta y actualmente periodista. Esto último no por gusto sino para ganarse la vida (y comer). En este deporte es necesario llevar gafas de bucear que favorecen mucho el físico, una pinza en la nariz y un tubo en la boca. De este mismo deporte Jean Rouch y Sauvy afirman ser campeones. Se equivocan y lo hacen con mucha vanidad.

El artículo sobre submarinismo de Jean salió la semana del enfrentamiento en el Café de Flore, y Annette supo que había tomado la decisión correcta. Ahí estaba impreso el nombre de su enamorado, por fin (aunque lo hubiera publicado con el seudónimo de Jean Raymond para no ensuciar su identidad de poeta). Se le llenó la mente de proyectos de escritura que podrían crear juntos y, «puesto que mi dulce poeta no es judío, nada le impide triunfar».

El título del artículo de Jean contine un juego de palabras, pues menciona a «los hermanos Paradis», que es el hombre de las islas gemelas de la bahía de Bandol, pero también hace referencia a los *Trois Mousquemers* (que en sí mismo contiene otro juego de palabras, ya que une «mosquetero» con *mer*, que es el «mar» en francés) —Frédéric Dumas, Philippe Tailliez y Jacques Cousteau—, que eran pioneros en el nuevo deporte del submarinismo. «La primera impresión que sentimos cuando hacemos contacto con el mundo submarino es el asombro continuo —comienza Jean—. Esos valles, esas llanuras de algas o arena, esas cuevas profundas, todo bañado por una atmósfera verdosa y translúcida» son los cotos de caza de los buzos. Su equipo: un ojo subacuático, o máscara recientemente desarrollada y un arpón que imitaba la «ballesta terrestre». No es un mundo benigno. «Aquí todo es una visión de pesadilla, no solo los paisajes, sino también sus habitantes, los peces que se mueven en silencio y que muestran una gran desconfianza hacia el hombre, debido en parte al hecho de que ya han sido sus presas».

«El miedo es la emoción predominante que experimenta el pescador submarino», explica. Luego describe las algas, una fragata portuguesa y una morena «que le muerde a uno el brazo cuando pasa junto a su guarida o ataca en aguas abiertas si es lo bastante grande, y cuyos dientes están dispuestos de tal forma que, una vez que atrapa a su presa, ya no la suelta».

Aquel era un mundo darwiniano subacuático «con sus propias leyes, en las que el grande se come al pequeño». Bastante parecido a las fuerzas de ocupación en Francia. «Un mundo entero a imagen del nuestro, pero en el que... todo ocurre en el mayor silencio».

Muchas de las imágenes de las que habla Jean aparecen en *Par 18 mètres de fond*, la primera película submarina, grabada por Cousteau y Tailliez en Sanary en 1941. Resulta curioso que Jean no mencione la grabación de ese momento histórico, si es que estuvo allí.

¿Acaso vio la grabación sin editar cuando visitó a Dumas en Sanary? No lo sabemos. Pero resulta sorprendente que la película y el texto de Jausion sigan el mismo orden: los bancos de sardinas plateadas, la peligrosa fragata portuguesa, la raya con aguijón y la caza de un mero.

Al informar a sus hermanos del éxito de Jean y añadiendo además una pulla contra Rouch y sus amigos, que presumían de ser maestros en el deporte de la pesca, Annette se recuperó de las faltas de respeto que había sufrido por culpa de sus viejos amigos. Jean Jausion era uno de los pocos seres humanos en el mundo que habían experimentado el buceo submarino. Era un explorador que probaba nuevos inventos, en la vanguardia, no solo de la literatura y del arte, sino también de la tecnología. ¿Qué no podía hacer su hombre?

> Tendrías que estar loco —¡o en prisión!— para no ver lo enamorada que estoy de Jausion y el modo en que la felicidad ilumina mi futuro. Rápido, vuelve para que os pueda presentar. Os caeréis bien. En cualquier caso, a él le caerás bien. Estoy segura. En cuanto a él, no está chiflado, pero le gustan las chifladas. Por el momento está escribiendo una obra de teatro que posiblemente se representará en el teatro Monceau dentro de dos o tres días (lo cual no es muy comprometedor, porque solo aplastará a los perros). [El periódico diario *Paris-soir* tenía una «columna del perro aplastado» que describía noticias de poca importancia sin conexión con los sucesos principales].
>
> Por supuesto, papá no sabe que estoy saliendo con Jean, y espero que no se lo cuentes. Creo que todo se aclarará pronto, al menos el misterio relativo a este asunto. Eso significa que uno de estos días papá tendrá que enfrentarse a la realidad y admitir que su hija quiere a un sucio *goy*.
>
> Además, estoy segura de que ya no se opone a los matrimonios mixtos.

Nada más lejos de la realidad.

# Azul como todo lo que quiero

**MARTES, 25 DE NOVIEMBRE**

El papel era azul. El poema era azul. La carta era azul. «La atracción azul de este papel azul vinoso» de su padre era tan irresistible que Annette había cogido uno para sí misma. Lo decoró con una caricatura de Charles y luego se dejó llevar por el tema que más se acercaba a su corazón:

> Mi Yannoush, no quiero rendirme a las declaraciones o juramentos típicos y banales. Solo quería hablar contigo... Te bastará saber que si tengo el deseo de escribirte es porque representa un sucedáneo, un reemplazo del deseo más real y más preciso que tengo de hablar contigo y de estar contigo en este momento.

Esta fue su primera carta de amor a Jean y escribe con anhelo sobre su necesidad de acunarse en los brazos de él, pasar la noche haciendo el amor y contarse «historias densas» que no sean sobre amor ni prueba de amor. Estaba segura del lugar que ocupaba en el corazón de Jean y de «la continuidad de esta cosa que vamos creando cada día que nunca está terminada del todo que nunca terminará que nunca será perfecta porque la perfección es en un futuro». Al igual que su pasión, sus frases interminables no dan pausa para respirar ni para puntuar. Solo cuando coge aliento y aminora la marcha hay tiempo para explicar a qué se refiere.

> Nuestro amor es como un cuadro que se está retocando siempre, pero que está satisfecho, solo se vuelve más hermoso, le damos constantemente un aspecto diferente y atractivo. Por supuesto, esta es una visión ideal de un futuro en común, una visión que nosotros entendemos como tal. Es decir, como algo soñado y casi inalcanzable.
>
> ¿Y qué te importa a ti, aparte del hecho de que lo estoy diciendo y lo estoy diciendo mientras pienso en ti?
>
> ¿Este discurso torpe reemplaza un solo minuto o un solo beso o una sola caricia que tú me das?
>
> No soy más que una pobre filósofa que pretendía escribir una carta graciosa con dibujos desconcertantes que ilustran estupideces infantiles.
>
> En lo que respecta a estupideces, no estamos demasiado lejos.

Firmó con su nombre y se acostó en el colchón que compartía con madame Linger, que seguía entre los rezagados, los refugiados y los amigos que necesitaban un espacio seguro donde dormir y lo encontraban en el hogar Zelman.

> *Azul como todo lo que quiero*
> *Azul como ojos azules*
> *Azul como la ternura*
> *Azul como el corazón que se funde de amor*
> *Azul como las cartas*
> *Siempre esperamos demasiado*
> *Azul como los barcos que cargan*
> *Azul como la línea de los Vosgos*
> *Azul como las manos que cuelgan en las sombras*

*Azul como la risa burlona*
*Azul como los juegos de niños*
*Azul como las sentencias invisibles*
*Azul como los inmensos lugares agorafóbicos*
*Azul como el pelo de las hadas*
*La madrecita de Pinocho*
*Azul como la tinta oscura y azul*
*Azul como el vestido de la bailarina árabe*
*Azul como la sencillez amigable*
*Azul como todo lo que quiero*
*Y todo lo que sé*
*Que no me gusta y que no conozco*
*Cuando me clavo las uñas*
*En las sienes*
*Y cierro los ojos*
*Y la sangre me golpea con fuerza*
*Azul como la música que me obsesiona*
*Y no me gusta*
*Azul como la conversación pedante*
*Azul como la literatura sentimental*
*Azul como el sombrero de la señora grosera que pasa*
*Él vio el cielo azul como un cielo azul*
*El cielo tan azul, verdad*
*E iba a salir por fin.*
*Cuando una voz melodiosa y agradable*
*Como la crema de Chantilly*
*Melodiosa como la música que aún no nos atrevemos*
   *a componer*
*Una voz melodiosa y dulce*
*Una voz de mujer cantó a su oído*
*«No te olvides del paraguas»*

ANNETTE ZELMAN

# El capítulo de la ropa

Boceto de Maurice Zelman

El estilo es algo que todos tenemos, lo único que hay que hacer es encontrarlo.

DIANE VON FURSTENBERG

Para honrar la petición de Charles de escribirle sobre algo que no fuera su vida amorosa y el Flore, Annette decidió contarle «los pormenores domésticos de la vida familiar» en una carta llamada «El capítulo de la ropa». Su padre les había hecho abrigos a todos para protegerlos de las gélidas temperaturas y de la nieve temprana. El abrigo de Annette era de tartán. El de Guy era de un estilo conocido como *rosewood*, que era «una revelación sensacional... En cuanto a ti, para cuando vuelvas te espera un nuevo abrigo azul marino». Le avisó de que era tan bonito que lo mismo ella se lo robaba.

«El estilo de papá es una locura. Parece un médico. Está muy delgado y cualquiera diría que es quince años más joven». Al menos el racionamiento estaba favoreciendo a alguien. «Y mamá, pues la edad se traduce en desconcierto y otras excentricidades estilísticas, como un vestido con un agujero grande que deja ver su piel y el elástico de la ropa interior en la zona del vientre». Para contrarrestar la falta de ropa nueva, Kaila había empezado a llevar una pluma extravagante en el sombrero que estaba «sujeto a los aleteos impuestos por el viento o en general a los movimientos de mamá. Cada uno de sus gestos persuasivos expresa una agitación espiritual extrema que contribuye a convencer a los demás de la verdad y de las aseveraciones de la pluma», bromea Annette.

«Conmigo en casa y a mi lado están Michèle y Camille —escribió Maurice a toda prisa en la parte superior de la hoja de papel—. Tu madre está con una vecina parlanchina». No le gustaba escribir cartas largas, así que le dio el papel y el bolígrafo a Michèle y le dijo que escribiera al dictado. Además, tenía que practicar la gramática.

Annette todavía no ha vuelto, volverá de un momento a otro, probablemente te escribirá una carta también, he recibido tu carta y no me alegra porque dices que los ánimos no están bien y eso no me alegra, tendría que ser al revés: debes armarte de valor antes del final.

Ahora te voy a escribir algunas palabras de mí mismo.

He pasado varias semanas sin trabajo, pero esta semana he tenido mucho trabajo y estoy muy contento y espero que siga así, pero no me hace daño, no hay mala suerte para mí, espero encontrar trabajo la semana próxima. Como sabes, el tío Henri no está en París y la tía Hélène se ha ido con Simone y Camille a su encuentro. He recibido carta de ellos hoy: escriben que están muy felices. Tienen una casa grande. También he recibido una carta de Henri Hecht [el hermano menor de Theo] que escribe que está muy feliz en el campamento de jóvenes. Acaba de llegar.

Madame Linger empieza a asquearnos a todos con sus absurdas ideas y sus amigos, a los que trae a casa. Bueno, supongo que ya te has dado cuenta de que ya no es papá quien escribe la carta, sino yo (Michèle), pero es papá quien me dicta. Madame Linger por supuesto ha traído cartas y siempre habla con tristeza cuando habla de cigarrillos y llora por ellos. Te dejo y te mando un beso muy fuerte,

Michèle

Como yo me voy, te mando un beso, Papá

Puesto que el papel era escaso, llenaban cada hueco y esquina. Maurice le dijo a Michèle que le pasara la carta a Cami para que pudiera escribir en la parte inferior de la página unas palabras para su hermano sobre sus clases en una escuela de oficios dentales. (La puntuación no le preocupaba en absoluto).

querido charles

te paso una breve nota estoy repasando las lecciones y me alegrará, nos alegrará mucho verte fuera sigo avanzando con el trabajo dentro de unos días empezaré mi primer aparato con siete dientes te mando un beso annette acaba de volver te mando un beso, Cami

Annette se quedó en la entrada con un cuadro grande de formas abstractas rojas, naranjas y negras, algo muy vanguardista y un poco perturbador. Los niños y su padre miraron sorprendidos.

«¿Eso qué es?», soltó Maurice.

«Es un regalo de uno de mis amigos de la escuela», respondió Annette, diciendo la primera de muchas mentiras. Su falso amigo no era otro que Francis Picabia, que había estudiado en la École des Arts Décoratifs a finales del siglo XIX. El cuadro era un regalo de preconsumación de Jean.

«¿Por qué no lo colgamos encima de tu cama?». Annette llevó el lienzo al dormitorio y, antes de que nadie pudiera protestar, lo colgó en la pared encima de la cama.

Maurice puso cara de asombro. «Me va a dar pesadillas».

# Tú eres el elegido

Empezar a amar a alguien es un gran esfuerzo. Hay que tener energía, generosidad, ceguera. Hay incluso un momento, justo al principio, en el que hay que saltar un precipicio: si uno reflexiona, no salta.

JEAN-PAUL SARTRE, *La náusea*

«He decidido descomponer todos los prejuicios ridículos de la generación anterior y no sentirme avergonzada por ellos. Estoy hecha de una carne diferente... Eso es lo que me digo a mí misma para no morderme las muñecas por desesperación o vergüenza», escribió Annette. Nadie iba a decirle cómo debía vivir su vida, ni los alemanes ni sus propios padres. ¡Ni los de él!

Como Romeo y Julieta, Jean y Annette se enfrentaron a una oposición paterna feroz. Después de la visita de Claude Croutelle al apartamento del boulevard de Strasbourg, Maurice estaba al corriente de que Annette salía con un gentil. Hacía meses que Kaila había percibido el rumbo que estaba tomando su hija. Tampoco les alegraba la novia de Guy, pero Guy era un hombre. Annette era su preciosa hija.

«Nunca me he sentido tan disgustada por la atmósfera racial en la que nos vemos encerrados, voluntariamente o no, y estoy decidida a salir de ella, ¡en el nombre de Dios! Amén... —le escribió a Guy—. Debería ser la causa de todos los jóvenes de nuestra edad. Espero que apoyes mi causa». Annette estaba preparada para luchar contra las expectativas tradicionales de su familia judía; Jean se encargaría de sus padres y de su ambiente católico y austero. La forma de resistencia de Annette carecía de sutileza o de madurez, pero ella estaba segura de que el amor podía y lograría conquistarlo todo. Los enamorados jóvenes y rebeldes iban a cambiar el sistema.

En medio de la fiebre de nueva pasión y nuevo propósito, la familia se sentía ansiosa por el regreso de Charles a casa. Las cartas los habían mantenido cerca, pero Annette estaba deseando abrazarlo de nuevo y disfrutar de su mente quijotesca. «Lo más seguro es que salgamos mucho con Jean Jausion. Y quizá con Claude si se libra de su herida (en este caso, Bella). Me odiará todavía más. Cómo son los celos».

Bella había empezado una campaña de desprestigio contra Annette en la que usaba todo tipo de insultos, «el menos ofensivo de los cuales es "imbécil"». Nada le molestaba a Annette más que ser tachada de tonta, sobre todo si venía de una alumna de la Sorbona. «Esa mujer superficial cuya apariencia exterior está decorada (como un plato está decorado con un surtido de alimentos que no se puede comer) con unas pocas ocurrencias consabidas, regalos sucesivos de amantes y amigos pasados (*chilosa*), esa mujer que se contenta con ser irónica y con un "canta para mí por el bien de la inteligencia" le pregunta a Claude si soy "intelectualmente suficiente" para él». Que Claude le contara estas confidencias a Jean Jausion, que después se las contó a Annette, no ayudó a la amistad entre las chicas.

Pero a Annette ya no le importaba Bella. Los días de compañerismo confeccionando ropa *zazou* original y de diversión en el Flore habían pasado. Annette tenía a un hombre en su vida. Ya no necesitaba amigas. Estaba muy enamorada. En tono burlón le dice a Charles: «Insisto en que Jausion se parece a Jean Rouch en algunas cosas. Hasta el punto de que me pregunto si de verdad hay algo en el nombre de pila que afecta en la personalidad del individuo. Es obvio que Jausion no se parece físicamente a Rouch, lo cual es una pena. Pero no tiene mala complexión y tiene un cuerpo muy oscuro con pelo rubio. Como bien sé, eso es lo que espero en un hombre por encima de todo, dado mi intelecto».

Annette se aferraba a la extravagante versión de la realidad de Jausion, a su hambre por desafiar las percepciones y las normas de la sociedad. Pasar tiempo con Georges Hugnet y Michel Tapié, los amigos de Jausion, significaba que ya no era una espectadora en las afueras de una de las explosiones creativas más emocionantes del siglo XX, sino que estaba en su centro. Sus propios textos y dibujos surrealistas revelan un diálogo entre dos almas similares. Jean Jausion no solo era encantador y educado: para Annette era un peldaño en la escalera cultural parisina, su acompañante en el mundo del arte surrealista.

Pero ¿qué le aportaba Annette a Jean Jausion? Era un soplo de aire de vanguardia: hermosa, ingeniosa, poco convencional y realmente *chilosa*. A las pocas semanas de declararse su amor, Annette y Jean eran celebridades en la escena del Café de Flore.

### VIERNES, 5 DE DICIEMBRE. DESPUÉS DE MEDIANOCHE

He aquí Annette despierta cuando todos ya se han acostado. El hielo deja marcas en las ventanas; las últimas llamas se agitan en la estufa. La joven se sopla en los dedos para calentarlos y empieza a plasmar su escritura en forma de círculos en otro trozo de papel azul robado. «Cuánto pienso en ti, Jean...». Alza el bolígrafo y mira el comedor que la rodea.

¿No es un poco ridículo escribir para intentar explicar algo cuando, si estuvieras aquí, te contaría cualquier cosa...? Y, si estuvieras aquí, seguro que ni me daría cuenta de la suerte que tendrías de estar aquí, ni de la suerte que tendría yo de tenerte junto a mí, mirándome, hablando conmigo, y luego estoy segura de que hasta cumpliría el más absurdo de mis deseos.

¿No odias la banalidad?

Releo la primera frase de esta carta y me acuerdo de la adorable canción que repite hasta la saciedad la bailarina de El Djazaïr [un cabaret]:

*Chérie, combien je t'aime* [cariño, cuánto te quiero], pero tan parisinizado que ya no sorprenden ni asombran sus dejes orientales. Cuánto me gustan estas canciones que además tienen letras confusas en las que a veces las respuestas preceden a las preguntas gracias a un extraño don de la adivinación y en las que los errores del lenguaje están subrayados ingeniosamente para que quien escucha entienda que es árabe. Hablar en poesía debería ser apropiado en todas partes, ¿verdad?

Siento el torpor ideal que hace que las frases dulces surjan... Expresiones elegantes llenas de languidez ensoñada. ¿No es preferible no hablar, no escribir, gemir y suspirar mientras te escuchas a ti mismo con complacencia, que gemir melódicamente y retroceder melódicamente y en verso?

Annette entendía bien la música de estilo árabe a la parisina, que era bastante sofisticada. No había recibido educación musical, pero la afición de Maurice por interpretar canciones tradicionales judías, rusas y polacas había desarrollado su oído y su gusto por una gran variedad de estilos musicales.

Jean, qué bueno que no haya escrito nada desde que te conozco, que, al contrario de lo que pensaba, no me inspiras, no me haces escribir más poemas, solo me provocas el deseo veraniego de estar siempre contigo y en ti; el deseo de verte siempre llevando con orgullo la confianza que he depositado en ti; el deseo de tu seriedad, así como de tu inmensa indulgencia; el deseo de tu fuerza, así como el de una debilidad que reside solo en mí.

La tinta azul de su pluma cubre el papel azul con líneas seguras, con trazo redondeado, con manchas de tinta aquí y allá formando borrones y tachando palabras. «Qué embriagador y reconfortante es saber que puedo serlo todo contigo sin jamás sorprenderte o disgustarte», le confía.

Para ser una joven orgullosa de su independencia, Annette se muestra servil y quiere entregarse a Jean en cuerpo y alma. «He de ser tuya. Moldéame o reduce[me] a tu antojo. No tengo personalidad, soy una multitud de personalidades diferentes, a veces odiosa, a veces deliciosa, a menudo tonta. También soy una niña pequeña a la que hay que mecer y a veces pegar y de repente me convierto en una mujer de gran sensualidad; siempre que queramos despertar eso... Si supieras que el simple gesto de apoyar la cabeza en tu hombro significa confianza ante ti, humildad, ternura y una especie de temor feliz.

»No quiero ser tu igual en nada, excepto, cariño mío, en ternura.

»Tú eres Jean. Mío».

Annette estaba enamorada de un modo resplandeciente. Más hermosa que nunca. La grasa infantil estaba desapareciendo de su rostro. Ahora tenía pómulos y un balanceo de caderas muy seguro al caminar. Pero había dejado fuera de su vida a sus padres. Y la duplicidad la consumía.

## SÁBADO, 6 DE DICIEMBRE

Había algo en la relación con Jean que preocupaba a Annette. Algo de lo más personal. ¿Cómo iba a enfrentarse su poeta, sensible y educado en un hogar católico, al caos Zelman? Si pretendían dar un paso más en su relación, tendría que prepararlo.

«He de decirte que todas las personas de mi familia tienen una voz atronadora —le escribe a su enamorado—. La mitad del bloque de apartamentos parece residir en torno a nuestra mesa del comedor para distraerse con su juego favorito, una lotería que está particularmente animada esta noche, pues hay intercambio de dinero: el premio asciende a 2,5 francos».

De hecho, había tanto ruido que Annette empezó a preguntarse si los vecinos se acabarían quejando, pero como los vecinos estaban con ellos en el apartamento, además de «los malditos descendientes de mi padre», no tenía de qué preocuparse. «Pienso con afecto y un poco de recelo en las personas que viven solas (como Jean), que escriben en el silencio de una habitación y que no tienen que suplicar a quienes los rodean que guarden silencio, por poco que sea, por piedad».

## VIERNES, 12 DE DICIEMBRE

«"Tenemos ante nosotros un año de decisiones ricas e importantes", declara el Führer».

Ese fue el titular de *Paris-Midi* cinco días depués del bombardeo de Pearl Harbor. «Hoy Alemania no solo está luchando por sí misma, sino por el continente entero —dijo Hitler en el Reichstag—. El eterno judío cree que ha llegado la hora de plantarnos cara... En los dos mil años de historia de Alemania nuestro pueblo nunca ha estado más unido ni ha sido más unánime que hoy».

Los acontecimientos sacudieron el mundo como un seísmo cuando los Estados Unidos entraron en el conflicto y Alemania renovó sus ofensivas. A pesar de la amenaza de multas elevadas, los parisinos sintonizaron la BBC para oír las noticias. Simone de Beauvoir leía titulares sobre las «devastadoras victorias» de Japón en el Pacífico. En el frente ruso, «los alemanes empezaron la batalla por Moscú». Para los parisinos, que se enfrentaban al segundo año de ocupación, el mundo libre y toda esperanza de libertad parecían lejanos.

En diciembre hizo un frío penetrante y fue el mes más oscuro y opresivo de la ocupación hasta entonces. Cuando las horas del día se redujeron cerca del solsticio de invierno, se impuso un nuevo toque de queda. «El distrito 10 queda cerrado de seis de la tarde a cinco de la mañana como represalia por un ataque», se informó. El toque de queda sofocó a los intelectuales, artistas y amantes parisinos. Los oficiales alemanes modificaron el toque de queda de los judíos para atraparlos en la calle y detenerlos. Las cárceles de París se llenaron de esos judíos «criminales». *Au Pilori*, el periódico rabiosamente antisemita, se deleitaba en informar de que las calles se vaciaban en el distrito 10 y que los judíos se apresuraban por las calles a los bloques como ratas de cloaca.

Esa primera noche de toque de queda sorprendió a Annette con la guardia baja. Acabó durmiendo con Jean en el suelo del apartamento de los Maillet después de disfrutar de una cena con Jacques y su esposa embarazada. Al día siguiente, después de las clases en Beaux-Arts, Annette quedó con Jean en el Flore para tomar su habitual café y pasear por la orilla helada del Sena. Acabaron incumpliendo la segunda noche de toque de queda y se refugiaron en el apartamento de Michel Tapié, «que está loco por la música de moda y tiene una colección de discos absolutamente magnífica... Algunos de sus discos tienen hasta veinte años».

*Un guiño al estilo de Michel Tapié*, 1941, Annette Zelman

Ojeando la «biblioteca artística, surrealista y muy hermosa» de Tapié, le sobrevino un estado de euforia. Estar en una casa llena de jazz y de montañas de libros de arte era el cielo. Se sentía adulta. Una adulta de verdad. Salía hasta tarde. Escuchaba discos de jazz. Hablaba de surrealismo. Annette se durmió en el sofá de Tapié, en los brazos de su enamorado, sintiendo la libertad de experimentar ese otro mundo, tan diferente de su vida en el boulevard de Strasbourg. Con el aliento de Jean en la mejilla, soñó con el momento en que estarían para siempre juntos: nada ni nadie podría separarlos. En realidad no quería volver a casa.

A la mañana siguiente, Annette regresó a su hogar con un «cuadro sorprendente» de Michel Tapié, «un pintor excelente pero, por desgracia, ignorado por las masas». Acabó colgado en el comedor, encima del piano, «rodeado de un halo luminoso creado por las miradas de admiración de los visitantes competentes y de los demás (que eran los más numerosos)», bromeó Annette. «Le he dicho a la familia que este cuadro es un regalo de otro amigo pintor... Pero hay que estar loco para no ver que un regalo así solo puede venir de un hombre enamorado. Y ese hombre enamorado no es en absoluto un pintor (solo le encanta la pintura). En cuanto al pintor, no es lo bastante amigo mío para darme un regalo así», le asegura a su hermano. La familia no lo entendía igual.

Maurice llegó a casa poco después que Annette. Él también había estado fuera dos noches seguidas y parecía algo disgustado cuando intentó cruzar la puerta sin llamar la atención. «¿Dónde habéis estado? —gritó Kaila—. ¡Ya está bien! ¡Se acabó pasar la noche fuera!». Había estado preocupadísima. Ya estaba mal que su marido lo hiciera, pero ¿también su hija? Se puso firme y exigió que Annette explicara dónde había estado las dos últimas noches. Era hora de decir la verdad.

«Con Jean Jausion», respondió Annette.

Kaila lanzó un grito. Maurice alzó la voz.

«¡No lo entendéis! —insistió Annette—. Estamos enamorados».

Kaila se echó a llorar. Maurice gritó que no aceptaría a un *goy* en la vida de su hija. Annette le suplicó que conociera a Jean antes de juzgarlo. Maurice no quería que Jausion entrara en su casa. Kaila estaba de acuerdo. Annette no iba a aceptar una negativa. Las voces se volvieron atronadoras.

«¡Os oponéis a él porque no es judío!», gritó ella. ¿Por qué Guy podía enamorarse de una gentil pero ella no?

«Guy es más mayor. Tiene más experiencia en el amor».

«Tú eres una niña».

«Tengo veinte años».

«Te lo prohíbo».

«¡Queremos estar juntos!».

«¡Jamás!».

Kaila y Maurice se unieron contra Annette con sus prejuicios. Ella replicó tirándoles sus dogmas a la cara.

Michèle y Cami observaron a su hermana discutir cada argumento con la pericia de un abogado. Maurice cambió de estrategia. No era porque Jean fuera gentil. Estaban en guerra. Y además ella era demasiado joven.

«¡Os he oído decir "sucio *goy*"! —le respondió a Maurice—. ¡Tienes tantos prejuicios como los alemanes!».

Una bofetada habría dolido menos. Incluso Annette sabía que había ido demasiado lejos.

«Lo siento, papá. No lo he dicho en serio».

«Yo también lo siento».

Todos se habían echado a llorar, incluso Michèle. «Mi padre solo quería que ella esperara —recuerda Michèle—. Para Maurice era más difícil. Mi madre, bueno, ella nunca daba problemas». De eso se encargaba Annette.

Maurice avanzó hacia su hija. Annette se derrumbó en sus brazos como una niña pequeña. Su pecho se hinchaba como si fuera a partirse en dos por la fuerza de su amor y el dolor que le estaba causando. ¿Cómo iba Maurice a negarle a su querida hija el amor que ella tanto deseaba?

«Si él te quiere, esperará».

«Esperará a que acabe la guerra».

«¡A lo mejor la guerra no acaba nunca! No podéis meterme en un armario y cerrar la puerta. Tengo que vivir mi vida ahora».

«Echa el freno. Apenas lo conoces. ¿Qué hay de sus familiares? ¿Quiénes son?».

«Su padre es médico. Muy respetado».

Hubo una pausa.

«Por favor, conoce a Jean».

Maurice accedió.

# El efecto buey

> París casi sería una ciudad encantadora si los avisos que cubren todas las paredes con órdenes, listas de rehenes y nombres de ejecutados no nos trajeran de vuelta a la realidad.
>
> PICASSO A BRASSAÏ

## DOMINGO, 14 DE DICIEMBRE

Annette le preguntó a Pascal, el *maître*, si sería tan amable de darle un poco de papel para que la última carta que escribiría a Charles en prisión tuviera el membrete del Flore. «¡Ahora no tengo ni idea de qué escribirte! Porque vas a ser libre el viernes y todas las cosas importantes te las vamos a contar de viva voz. En cualquier caso, que sepas que sigo siendo una "floresca" asidua. Además, el papel tiene el membrete de este digno lugar».

Los espejos de las paredes del Flore tenían ojos. Al otro lado del café estaba Claude sentado con Bella, la cual enviaba miradas de desprecio a Annette mientras «ejercía mucha seducción carnal» sobre Claude. Annette hacía caso omiso a los «desaires» a su alrededor. «Nunca he tenido una vida tan animada», le aseguró a su hermano.

Mientras tanto, la vida del hogar Zelman se había transformado. «Papá lee los mismos libros que yo. Me entiende muy bien. Y juzga las cosas de una forma sorprendentemente razonable y precisa». Airear sus quejas los había acercado. Como cualquier buen padre, Maurice quería entender a su hija en vez de reprimir su voluntad. Quería crear lazos con aquella nueva Annette. Con aquella adulta. Con aquella mujer joven.

«En casa hay un cuadro que tiene un efecto buey. Ya lo verás cuando llegues a casa. Es increíble. Te presentaré a gente nueva. Pero no sé si estarás aquí mucho tiempo».

La hermana de Maurice, Hélène Goldman, había huido con Camille y Simone a Niza, donde el tío Henri había hallado un hogar para ellos en una especie de resort. Guy había escrito para instarles a todos a salir de París. Las noticias de que los Wilf estaban en el campo de Pithiviers y las nuevas amenazas contra los judíos de ascendencia francesa lo alarmaban. Según las nuevas leyes, Maurice y Kaila serían considerados extranjeros polacos; Guy ya no fomentaba el mito de que los Zelman eran intocables. Hasta las tías Alte y Deborah habían salido de Burdeos y estaban en Limoges. Guy ya les había encontrado alojamiento.

«Menuda broma. Sobre todo porque se acerca la Navidad —se burló Annette. De ninguna manera iba a irse de París—. ¡Guy cree en Santa Claus!». Para estimular el intelecto de Charles, estaba citando la película *El asesinato de Papá Noel*, la primera película rodada en Francia desde la invasión. A primera vista, era solo una historia de misterio, pero la película sorteó la censura alemana con un significado más profundo para el público francés. La muerte de Papá Noel era una metáfora de los ideales franceses.

Cuando Annette volvía a casa esa noche, a tiempo por primera vez, el pálido resplandor de las menorás oscilaba detrás de las cortinas de los apartamentos judíos sobre su cabeza. Era la primera noche de Jánuca. Al día siguiente, casi quinientos oficiales de la policía francesa y operativos del Sicherheitsdienst nazi realizaron una redada masiva en hogares judíos. Detuvieron a 743 judíos adinerados, algunos de los cuales eran autores distinguidos y ciudadanos condecorados con medallas del Estado francés. Todos provenían de ambientes ricos o influyentes y fueron enviados a Drancy. A la mañana siguiente, Dannecker fue en persona a Drancy, eligió a trescientos de los prisioneros más prominentes y ordenó su traslado a un centro de detención recién abierto en Compiègne, a unos ochenta kilómetros al noreste de París. Entre los detenidos y transferidos estaba Pierre Bloch, el marido de Claudette Bloch, una bióloga marina formada en la Sorbona.

La *chasse aux Juifs*, o la caza de judíos, estaba sin duda en marcha.

Jean Jausion se convirtió en visitante habitual del apartamento del boulevard de Strasbourg, donde pasaba la mayoría de las tardes con la familia de Annette, sus vecinos y el resto de los «malditos descendientes» de la familia Zelman. Allí se encontraba con un hogar muy diferente a la casa austera en la que él había crecido. Era un lugar ruidoso, divertido, lleno de calor, risa y música.

Cuando se sentaban en torno a la mesa en el boulevard de Strasbourg, Jean entretenía a los niños contando sus aventuras submarinas en Sanary. Describía los acantilados de piedra cubiertos de anémonas, la vegetación amarilla y púrpura luminiscente que parecían girasoles en miniatura y campos de lavanda en la Provenza. Los bancos de peces eran filigranas plateadas que aleteaban mecidas por la corriente. Bandas de luz que en el mar cerúleo reflejaban destellos mudos en las profundidades, donde un pulpo grande y azul se ocultaba en su guarida. Las morenas de color verde esmeralda abrían y cerraban sus sonrientes bocas. Michèle y Cami escuchaban maravillados mientras Jean traía aquel mundo mágico a su vida urbana.

«Nos hablaba de libros que teníamos que leer y le hicimos caso —recuerda Michèle—. Leímos un libro llamado *Comeclavos*, de Albert Cohen, sobre unos judíos de Salónica, Grecia, que eran bastante excéntricos. Era un libro muy importante para Jean... y para nosotros. Él nos lo regaló. Annette también lo leyó».

La joven pareja procuraba no mostrarse efusivos ante la familia, pero estaba claro que, por el modo en que hablaban entre sí, por el modo en que se miraban a los ojos, estaban en una relación auténtica. Tenían una unión que hasta la joven Michèle presentía. Poco a poco, la oposición que Maurice y Kaila habían sentido por aquel *goy* se fue desvaneciendo hasta que una noche Maurice le cedió a Jean su sitio presidiendo la mesa, junto a Annette. Jean Jausion por fin era parte del circo Zelman.

Al otro lado de París, los padres de Jean no aceptaron tan gustosamente a Annette. Se opusieron con firmeza a la relación y esperaban que el encaprichamiento de su hijo por la judía siguiera su curso como un virus y acabara muriendo. Los Jausion eran católicos conservadores, incondicionales del Gobierno de Vichy y antisemitas sin tapujos. Creían que los judíos eran una raza maldita por el antiguo mito de que ellos, y no los romanos, habían matado a Jesucristo. En última instancia, creían que sus prejuicios eran patrióticos. El «antisemitismo de Estado», término difundido por *L'Action Française*, era «la defensa estricta de los intereses nacionales».

La idea de que el adorado hijo único de los Jausion estuviera en una relación con la hija de un sastre judío era para ellos algo aborrecible. Sin embargo, al igual que los padres de Annette, invitaron a la joven pareja a cenar.

La rue Théodore de Bonville es una calle rica de edificios imponentes de cinco plantas donde tenían sus consultas muchos de los principales médicos y cirujanos de la capital. Allí vivían el doctor Hubert Jausion y su mujer, a pocas manzanas del estudio donde residía su hijo bohemio. Annette y Jean creyeron que el primer encuentro había ido excepcionalmente bien. No hubo vecinos entrando y saliendo de la casa y la familia no cantó después de la cena, pero los Jausion fueron generosos y amables con Annette, a pesar de su incomodidad y sus reservas. A Annette le gustaron el doctor Hubert Jausion y su mujer. Los «quería». ¿Por qué no iba a hacerlo? Eran los padres de Jean.

Desde el punto de vista profesional, 1942 fue un *annus mirabilis* para el doctor Hubert Jausion. En la cima de su carrera médica, publicó más de una docena de artículos científicos sobre su especialidad: la sífilis y los males de la piel. *Annals of Dermatology and Syphilis*, en París, publicó un fragmento de su libro sobre el vitíligo, una enfermedad que provoca pérdida de pigmentación en la piel. La seudociencia nazi consideraba a los judíos una aberración. ¿Acaso el doctor Hubert Jausion consideraba a la judía con la que salía su hijo una enfermedad que necesitaba cura, igual que cuando observaba muestras de piel infectada por el microscopio? Pensar en la descendencia de una unión así le resultaba insoportable.

Al igual que su hijo, el doctor Jausion era un poeta bien considerado, a pesar de que fuera de un corte mucho más convencional. Era amigo del poeta y dramaturgo colaboracionista Jean Cocteau y tenía muchos contactos entre los literatos de París. A diferencia de su hijo, al doctor Jausion le iba bien durante la ocupación. Casi con seguridad asistía a las veladas fastuosas que organizaba la embajada alemana, presididas por el embajador Otto Abetz, donde los escritores y artistas colaboracionistas consumían manjares inaccesibles para el resto de la nación.

La intensificación de la campaña contra los judíos de París contó con el apoyo y la complicidad de los colaboracionistas franceses. El periodista proalemán Lucien Rebatet utilizó su columna semanal en el periódico antisemita *Je suis partout* (*Estoy en todas partes*) —vulgarmente conocido como *Je chie partout* (*Me cago en todas partes*)— para criticar a los artistas judíos y a los francmasones. Camille Mauclair, un propagandista de derechas, tachó a los artistas de Montparnasse de ser «invertidos, adictos a la morfina, alcohólicos y obsesos sexuales». *Je suis partout* llegó a publicar una columna semanal con listas de nombres y direcciones de judíos que intentaban huir, mientras que *Au pilori* publicó las direcciones de las agencias alemanas a las que se podían dirigir las denuncias.

Estas llegaban a la Kommandantur alemana en París a un ritmo de mil quinientas al día. «*J'irai le dire à la Kommandantur*» [Voy a informar a los alemanes] se convirtió en un espantoso latiguillo. Muchas denuncias se usaron para ajustar cuentas o para destruir a rivales de negocios, y las personas que las escribían pasaron a ser conocidas como *mouches* (moscas) o *corbeaux* (cuervos). Firmaban sus quejas como «Un francés bueno» o «leal».

«Puesto que se están ocupando de los judíos —escribió una *mouche*—, y siempre que su campaña no sea solo palabrería vana, vean la vida que lleva la chica M. A., exbailarina que ahora vive en el número

31 del boulevard de Strasbourg. Esta criatura corrompe a los maridos de las francesas honradas, y podrán hacerse una idea de a qué se dedica». M. A. vivía a escasos portales de los Zelman.

En medio de esta peligrosa atmósfera, Charles recuperó la libertad al cruzar la verja de Fort du Hâ, donde lo recibieron los brazos de su madre. De algún modo había pasado inadvertido delante de las narices de las autoridades penitenciarias y había evitado acabar con los demás prisioneros judíos, pero estaba tan débil que apenas podía mantenerse derecho. Gravemente apagado, machacado y amoratado, Charles se apoyó en Kaila de camino a la estación de tren.

En París, Annette se afanaba por preparar la fiesta de bienvenida de su querido hermano. Pero el hombre que subió con dificultad las escaleras al apartamento del boulevard de Strasbourg era a duras penas reconocible. Michèle lanzó un grito ahogado. Annette lloró de rabia. Apartándose de los abrazos de su familia, Charles se dirigió al colchón en el suelo y se durmió. Annette se acurrucó al lado de su querido hermano y le acarició la cabeza entre lágrimas. Esa noche no hubo fiesta.

Todos sus planes de presentar a Charles a los intelectuales del Flore se evaporaron. Angustiado por la posibilidad de que lo volvieran a detener, Charles se negaba a abandonar el apartamento. Pasó esos primeros días durmiendo, leyendo y comiendo. Kaila y Maurice dedicaron aún más tiempo a ampliar las escuálidas raciones de la familia para que Charles recuperara fuerzas. Pero su alma necesitaba algo más que comida para recuperarse.

Por la noche, en torno a la mesa, dejaron de rehacer el mundo. Se concentraron en rehacer a Charles.

Entraron en escena el piano y la balalaika.

«Cantábamos a coro. Canciones yidis. Canciones rusas. Canciones francesas. Annette tenía una voz preciosa», recuerda Michèle.

Poco a poco Charles recobró el ánimo. Jean Jausion bromeaba con él y le contaba historias. A su pesar, a Charles le cayó bien el simpático enamorado de su hermana. Los dos jóvenes pronto se amigaron como hermanos. En torno a la Nochevieja, Charles por fin se unió a los cantos y entretuvo a todos con una canción satírica que aprendió en prisión. «En el Fort de Hâ entramos por casualidad, y su director era un hombre muy amable». El director era famoso por sus abusos.

# Huida a Limoges

Nadie abandona el hogar a no ser que el hogar sea la boca de un tiburón.

WARSAN SHIRE, «Home»

## FEBRERO DE 1942

He aquí Annette subiéndose el cuello de su nuevo abrigo de lana a cuadros. La nieve vuelve a caer. París es una imagen recortada de sí misma, aplanada y bidimensional como una carta por escribir. Cubierta de blanco austero, la ciudad es tan fría y solitaria como sus habitantes. Lo que debería ser el sueño de un artista —nieve aferrándose a las ramas desnudas de los plátanos de sombra, adornos de filigrana tallados en hielo— pasa desapercibido por una población hambrienta y agotada. La basílica del Sacré-Cœur, blanca como la porcelana, se funde con el cielo pálido; los copos de nieve se pegan a las vigas metálicas de la Torre Eiffel. El crujido de los neumáticos de los coches alemanes, el sonido amortiguado de las botas militares. Las órdenes guturales sofocadas por la ventisca.

Annette ya no puede asistir a las clases de Beaux-Arts. Ningún judío puede asistir ya a clases de educación superior. Landowski, el director, ha hecho la vista gorda, pero las SS siguen fisgoneando en busca de judíos, y no puede arriesgar su vida ni lo que queda de la autonomía de la escuela.

Como acto de resistencia, Annette se ha negado a registrarse en la Union Générale des Israélites de France. La proclamación del 29 de noviembre tenía el objetivo de aislar a la población judía del resto de Francia. Maurice y Kaila se han registrado, pero Annette no quiere someterse a tal terrorismo. En vez de eso, elige evitar lugares donde puedan cuestionarla. Está pensando seriamente en hacerse escritora. Quizá ilustradora. Sus relatos cortos son extraños y maravillosos. Disfruta de lo «*bizarre, bizarre*», que diría Jouvet (o Jacques Prévert).

En el Café de Flore, Annette espera a Jean. En medio del gentío está Simone Signoret, que se tiñe el pelo y usa el apellido de soltera de su madre para ocultar sus raíces judías (juego de palabras intencionado). Signoret por fin ha conseguido papeles pequeños en películas y está ganando el dinero que tanto necesita para mantener a su madre y a sus dos hermanos. Su padre está en Londres junto a De Gaulle con la Resistencia exterior. Al otro lado del café, en una mesa junto a sus amigos, la cautivadora Sonia Mossé irradia aplomo y gracia hacia las mujeres más jóvenes. ¿Quizá hoy quieran unirse al rincón lésbico?

Cuando Claude y Bella entran, se dirigen a la banqueta en el extremo más alejado y hacen caso omiso de Annette y Jean. Los días de camaradería se han terminado. Cuando se abren las puertas de latón, Annette no alza la vista para ver quién ha llegado. Tiene tanta autoconfianza que le da igual. Solo cuando Michèle y Cami se plantan frente a su mesa rebosa de alegría y aplaude con las manos.

«Venimos a buscarte», le dicen.

Jean les pide una limonada e invita a los niños a calentarse las manos junto a la estufa. Pascal, el *maître*, les sirve. Michèle mira a su alrededor con timidez. Dando sorbos y esperando que su hermana se despida, Michèle se fija en las voces bajas y en los hombros encogidos de los parroquianos inmersos en sus conversaciones. Cuando los Zelman rehacen el mundo, gritan y dan voces. Los floristas son más callados, pero los dos tipos de familia poseen una determinación acerada. Cuando Jean y Annette cruzan el café para hablar en voz baja con De Beauvoir y Sartre, gesticulan señalando a Michèle y Cami. Los niños se alejan de la estufa y se acercan a los filósofos en la mesa de la esquina.

Fuera sigue cayendo la nieve. Sus huellas, grabadas en las aceras blancas, son el recuerdo de su camino hasta la parada de metro de Saint-Germain. Jean los acompaña durante el viaje en tren a casa.

Los gentiles tienen un toque de queda diferente a los judíos, por lo que puede quedarse más tiempo. La hostilidad de Maurice y Kaila hacia el joven ha desaparecido. Quiere a su Annette, y eso es lo importante. Ahora es de la familia.

En 1940, había unos cinco mil judíos al otro lado de la línea de demarcación, en la zona libre. A principios de 1942, la cifra ascendió a ciento cincuenta mil. Nadie sabía el número de judíos de ascendencia extranjera que ya habían llegado.

«Nuestra familia estaba bien informada de todo —cuenta Michèle—. Conocíamos los peligros de los alemanes. Leíamos los periódicos». En el boulevard de Strasbourg todo el mundo discutía sobre qué hacer. ¿Deberían mandar a los niños lejos? ¿O irse todos de París? ¿Era más fácil ocultarse en la Francia rural que en la metrópolis?

Por la noche, la idea de Guy de mudarse a Limoges era el tema de conversación central durante la cena. Había menos música y más debate. Kaila argumentaba con terquedad que tenían que irse. En Limoges podrían volver a estar todos juntos.

Con su habitual fanfarronería, Maurice declaró: «Somos Zelman. ¡Y nadie toca a los Zelman!». Annette coincidía con su padre y se oponía a abandonar París.

Charles había superado aquella fantasía. Quería salir de París y quería hacerlo cuanto antes.

A su alrededor, las familias judías sentían que su existencia estaba en vilo. ¿El final llegaría con una llamada telefónica o con una carta? ¿Llegaría con un espantoso golpe en la puerta en medio de la noche?

Se puede averiguar mucho de la persona al otro lado de una puerta por su forma de llamar. En el hogar Zelman, que funcionaba bajo el principio de entra-directamente-y-haz-como-si-estuvieras-en-casa, que alguien llamara a la puerta era un acontecimiento infrecuente. Por eso, aquel golpe —duro y autoritario— hizo que Kaila se quedara quieta. Seguro que no era madame Singer, la de arriba. Que llamaran a la puerta y que no entraran justo después significaba que quienquiera que estuviera en el rellano no era ni amigo ni vecino.

Detrás de ella se desarrollaba el típico caos del alborotado hogar Zelman. Michèle le pedía a Cami que le dejara tocar la armónica, y Cami gritaba y tocaba su instrumento. Kaila se arregló el pelo ante el espejo y movió los agujeros de su vestido para que su ropa interior no estuviera demasiado visible.

«¿Quién es?», gritó Kaila al abrir la puerta. Dos gendarmes uniformados presentaron ante su cara un documento. «Madame, estamos buscando a su marido, el judío, monsieur Maurice Zelman».

«¿Al malnacido ese? —Los miró sin parpadear—. ¡Hace un año que nos dejó a mí y a sus malditos hijos por otra mujer!».

Que un francés se fuera con su amante no era en absoluto inusual. Y ningún francés que se respetara a sí mismo iba a discutir con una ama de casa furiosa con los niños gritando detrás de ella. Avergonzados, los policías huyeron escaleras abajo mientras Kaila les lanzaba una sarta de maldiciones. «¡Si lo ven, díganle que tiene una familia a la que alimentar! Díganselo a esa sabandija inútil...».

Cerró la puerta y sonrió, pero estaba temblando.

«¿Mamá?», preguntó Michèle.

Era hora de que el circo se fuera de la ciudad.

Cuando Maurice volvió a casa, le bastó un solo aliento antes de responder. «Volverán. Me llevaré a Charles conmigo. Los hombres son los que más riesgo corren». Apenas dedicó tiempo a despedirse de ellas. «Os avisaré cuando sea seguro venir. Luego vienes tú con las chicas y con Cami».

Así de rápido se tomó la decisión.

Maurice desaparecía constantemente, y lo hacía durante días; se iba al campo y volvía con comida y bienes del mercado negro. «Así vivíamos —dice Michèle—. No hubo lágrimas». Nada de despedidas cinematográficas. Su partida fue apresurada y de lo más normal. «Nos despedimos de nuestro padre con cariño y afecto, como solíamos hacer. No estábamos tristes. ¿Decir adiós? Lo hacíamos todo el tiempo. Nos pasábamos la vida cambiando de sitio y mudándonos. Estábamos acostumbrados».

A principios de febrero, Dannecker prohibió por decreto que los judíos cambiaran de residencia. Eso significaba que también era ilegal que los judíos salieran de París. Maurice tendría que utilizar todos sus recursos para salvar a su familia, pero «había vestido a medio París», dice Michèle. Y eso significaba que la mitad de París le debía un favor.

Cruzar la línea de demarcación no era tan fácil como en verano del año anterior. Los gentiles autorizados podían pasar, pero solo en cruces oficiales muy vigilados. Para conseguir un *Ausweis*, o permiso, había que demostrar una necesidad urgente: un nacimiento, un entierro, una enfermedad grave de un familiar cercano. Los permisos exigían un montón de documentos. Ningún judío podía hacerse con uno.

La red de *passeurs* que había facilitado la huida en secreto de prisioneros de guerra ingleses y franceses, así como de pilotos caídos de la RAF, se había expandido mucho desde la invasión. Ayudar a los soldados había sido una forma altruista de colaborar con los esfuerzos de la guerra. Sin embargo, ayudar a los judíos era otra cuestión. Los *passeurs* necesitaban una razón para justificar el peligro que corrían sus vidas. Necesitaban dinero. El precio de cruzar podía llegar hasta los 25.000 francos. Y no todos los *passeurs* eran de fiar. Algunos cobraban a los judíos y los abandonaban a medio camino o multiplicaban sus beneficios entregándolos a los alemanes. Confiar en los *passeurs* era un juego peligroso, pero los fugitivos no tenían otra opción.

Charles se puso el abrigo nuevo de lana azul marino, besó a Annette y a Michèle, le revolvió el pelo a Cami y siguió a Maurice escaleras abajo. No llevaban nada que pudiera hacerlos sospechosos, solo dinero y algo de comida en los bolsillos. En cuanto salieron por la puerta, Kaila empezó a planear el éxodo del resto de la familia.

A pesar de su insistencia respecto a la invulnerabilidad de los Zelman, es probable que Maurice hubiera estado preparando un plan de huida, porque sabía adónde ir. En un pueblo cuyo nombre desconocemos contactó con un *passeur* de fiar y arregló las cosas para que Kaila usara la misma ruta. La nieve era una maldición para quienes cruzaban la frontera. Las huellas eran fáciles de ver y de seguir. Charles aún estaba débil. Pero Maurice tenía mucha fortaleza y ayudó a su hijo hasta que llegaron sanos y salvos a la zona libre.

En París, la familia esperaba impaciente la llegada de noticias. Seguían con sus tareas diarias y fingían que nada extraordinario ocurría, pero el retraso del servicio postal jamás había sido tan inoportuno. Habían pasado dos semanas cuando llegó una carta en código que decía que Maurice y Charles estaban a salvo con Guy en Limoges. Pero la situación estaba cambiando muy deprisa. «No perdáis el tiempo —advirtió Maurice a Kaila—. Venid mientras la vía siga abierta».

Esta vez dejaron atrás la lavadora. Los niños ni siquiera pudieron despedirse de sus amigos. Michèle se puso su vestido favorito y luego lo tapó con prendas más abrigadas y sensatas: una falda de lana y un jersey. Su madre ya había cosido dinero al dobladillo de su falda y la había obligado a memorizar la dirección de su nueva casa en Limoges en caso de que se separaran. Mientras Michèle se ataba los zapatos, oía a Annette y a su madre discutiendo. Kaila estaba disgustada, Annette tranquila.

«Tengo que terminar el trabajo para Eva. Y tenemos que llevar los cuadros a casa de Jean. No podemos dejarlos aquí. Son demasiado valiosos —explicó Annette—. Terminaré de empaquetar las cosas y os seguiré dentro de unos días. Será más seguro si vais solo tres. Cuatro llamaríamos mucho la atención».

Como de costumbre, Annette tenía una respuesta para cada argumento.

Kaila llamó a Cami y a Michèle. «Abrazad a vuestra hermana y despedíos», les dijo.

«Nos vemos dentro de unos días. —Annette los besó—. ¡Y no discutáis ni os dejéis atrapar!».

«No había tiempo para las emociones —recuerda Michèle—. Hicimos lo que teníamos que hacer».

La Gare de l'Est estaba a tiro de piedra del apartamento, pero también era una de las estaciones más grandes de París y estaba llena de alemanes. Otras estaciones principales —como la Gare d'Austerlitz, al sur de París, que era el punto de partida habitual de los trenes a Limoges— también tenían mucha vigilancia. Michèle no recuerda de qué estación salieron, pero casi seguro que fue una pequeña de las afueras. Desde allí, para disfrazar su viaje y sus intenciones, tomaron varios trenes más, todos de líneas regionales, haciendo una ruta en zigzag hacia la ciudad de frontera donde Maurice había dispuesto que se encontraran con su *passeur*.

Michèle recuerda una población llamada Cholet, pero Cholet estaba a cientos de kilómetros de la línea de demarcación: demasiada distancia para andarla en una noche. El paso del tiempo y quizá reprimir las emociones ha borrado algunos detalles. Pero otros recuerdos están muy claros. «Teníamos la dirección de un café donde nos reuniríamos con el *passeur* —recuerda—. Desde allí, nos llevaron a una granja en el campo, donde nos escondimos tres noches en el pajar».

La cuarta noche se pusieron en marcha «de madrugada. Yo no tenía miedo. Estaba con mi madre y con Cami. Por eso sabía que estaría bien. De todas formas, no podíamos mostrar el miedo. Teníamos que darle valor a nuestra madre».

El *passeur* explicó la mejor forma de cruzar el alambre de espino: había que levantarlo con un palo o un abrigo. No fue fácil adentrarse en un bosque sin linterna para iluminar el camino. Tenían que evitar pisar ramas que pudieran crujir y árboles jóvenes que les arañaran la cara o los ojos. Con tantos judíos intentando llegar a la zona libre, los alemanes habían aumentado la vigilancia. Las patrullas caninas eran las peores. El *passeur* los hizo parar a menudo por si oían ladridos. Solo los búhos hablaron por la noche. El cielo empezaba a iluminarse cuando el *passeur* se detuvo y dijo: «Solo queda un kilómetro».

Le dieron las gracias y se adentraron apresuradamente en una bruma gris.

En la frontera, Cami utilizó un palo y su abrigo para alzar el alambre de espino y dejar así que su madre y su hermana reptaran por debajo. Después él también se metió por debajo de la valla mientras los coros del alba anunciaban un nuevo día.

Todas las tardes desde que enviara su carta, Maurice había ido a la estación de tren de Limoges para ver si la familia estaba en el tren. Por tanto, sintió alegría y alivio al ver a Michèle y a Cami bajar al andén. Lo habían conseguido. Abrazó a Kaila y a los niños, miró hacia el interior del vagón y preguntó: «¿Dónde está Annette?».

Annette manipuló un negativo fotográfico para unir clasicismo y surrealismo.
«¡Acabo de pintar una "cura de juventud" desnuda (muy buena)! Estoy literalmente
asombrada conmigo y mi talento», escribió.

La familia Zelman posa ante la tienda de Maurice en Nancy en la década de 1920.
De izquierda a derecha: hombre sin identificar, Maurice Zelman, su hermana Hélène
y Kaila Zelman. En la escalera, empezando por abajo: Guy, Annette (con un lazo en el
pelo) y Charles. Las personas a la derecha no han podido ser identificadas.

De izquierda a derecha: niño sin identificar, Rachel Zelman (hermana de Maurice),
una hermana de Kaila y Henri Sierpinski ante el puesto de ropa Zelman en el mercado
de Nancy, junto al barrio judío.

Los niños Zelman posando en un estudio fotográfico de Nancy. De izquierda a derecha: Guy, Annette y Charles.

Y luego fueron cinco. De izquierda a derecha: Michèle, Camille, Charles, Annette y Guy.

Gracias al éxito de su negocio, Maurice compró un automóvil y llevó a la familia de vacaciones con sus primos. De izquierda a derecha: Robert Sierpinski, Guy, Annette, Charles, Max Wilf, Ginette Wilf, Camille y, apoyada a la izquierda, Michèle.

Michèle Zelman de colegiala en 1937, a los doce años, mostrando orgullosa su libro.

En la playa de Paramé, Bretaña, 1936. Desde arriba a la izquierda: Guy (16 años), Annette (15), Charles (13), Camille (12) y Michèle (11).

Una organización judía regional organizaba excursiones a las montañas cerca de Nancy. Annette es la segunda desde la derecha, junto a su hermano mayor, Guy.

A principios de 1941, Annette se matriculó en la prestigiosa École des Beaux-Arts de París. Aquí aparece abrazando la estatua del *Discóbolo* que tuvo que dibujar en el examen de ingreso.

Sumida en la desesperanza adolescente, Annette tomó una de sus últimas fotografías de la escuela y le puso un alfiler en la nariz para anclarla al papel.

Yannick Bellon, la hija de la famosa fotógrafa Denise Bellon, fue una de las primeras amigas de Annette en el Café de Flore. Aquí, Yannick contempla la estatua del *Discóbolo* en Beaux-Arts.

El invierno de 1940-1941 fue uno de los más fríos que se han registrado. Annette, envuelta en un abrigo, posa en el patio de la École des Beaux-Arts.

A Guy y a Annette les encantaba bailar en Nancy. Aquí están arreglados para salir un sábado por la noche.

Annette en el centro con su carné de baile (n.º 17) junto a otras judías en un baile en Nancy. Su amiga Paulette Matusiewicz está a su derecha.

Después de huir de París, la familia Zelman celebró las Navidades de 1943 en Limoges, en la zona libre. De izquierda a derecha: Cami Zelman, Kaila y Jean Jausion. Esperaban noticias de Annette.

Annette a los veinte años posando en París poco después de matricularse en Beaux-Arts.

El Café de Flore definió la vida de Annette, igual que la de tantos otros. Aquí, el exterior del café justo después de la guerra.

Jean-Paul Sartre y Simone de Beauvoir en la planta superior del Café de Flore, donde escribían y se reunían. Michèle y Cami iban a menudo a buscar a Annette al café para ir a cenar a casa. De izquierda a derecha: Jacques-Laurent Bost y su mujer Olga, Jean-Paul Sartre y Simone de Beauvoir, Jean Cau y Michelle Léglise-Vian (1950).

Jean Rouch hizo esta foto a su amigo Jean Sauvy (izquierda) y a su reciente pareja, Jannick Bellon (derecha), en Poissy, cerca de París, en septiembre de 1941.

La actriz Simone de Signoret, una de las habituales del Café de Flore, se pasea por la orilla del Sena con su marido Yves Montand.

Michèle boxea con su querido hermano Camille en el nuevo apartamento familiar de París en 1945.

Les Bains Deligny era el mejor lugar donde refrescarse en verano. Los niños Zelman pasaban allí los días de calor.

«Mi vecina de la rue St. Jacques. Muerta tras su deportación», escribió Jean Rouch en el reverso de esta foto de Bella.

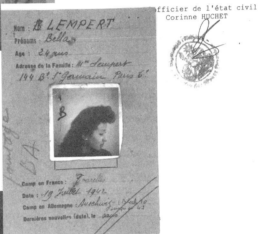

La tarjeta de detención de Bella Lempert. Después estuvo presa con Annette y Raya Kagan en Auschwitz.

Claude Croutelle con su perro Struppi. París, 1939.

Syma Berger tenía veintidós años cuando la detuvieron y estuvo en Tourelles desde el 18 de febrero de 1942. Ni ella ni su hermana Hélène, de catorce años, sobrevivieron.

Sulamitte Frailich fue detenida un caluroso día de junio. No sobrevivió a Auschwitz.

Annette Steinlauf nació en 1914. No sobrevivió a Auschwitz.

Eva Szuberski era belga y tenía veintiocho años cuando la deportaron. No sobrevivió.

Rosette Idzkowski, de soltera Barki, nacida en 1902. No sobrevivió.

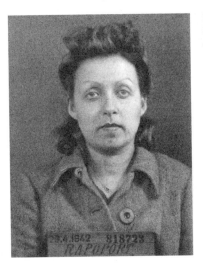

En sus memorias, Raya Kagan aportó información sobre la vida de Annette en Auschwitz.

En la celda de la prisión preventiva, la argelina Alice Heni, también conocida como Couscous, enseñó a Annette y a sus amigas danza del vientre. Su talento le ayudó a conseguir trabajo para un oficial de las SS. Sin embargo, no sobrevivió a Auschwitz.

En la prisión preventiva, Ida Levine (veintinueve años) compartió celda con Annette, Raya y Sonia. Fue una de las mejores amigas de Annette, y estaban juntas la última vez que Raya las vio con vida. Ida murió el 1 de septiembre de 1942.

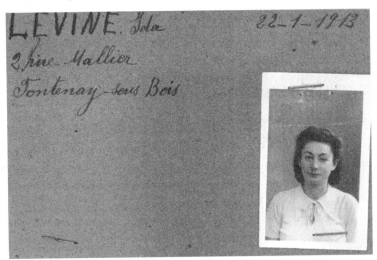

Tamara Isserlis fue detenida por ponerse una bandera de Francia bajo la estrella judía. Una «amiga de los judíos» encarcelada en Tourelles escribió de ella: «Tamara es una flor en medio del campo gris».

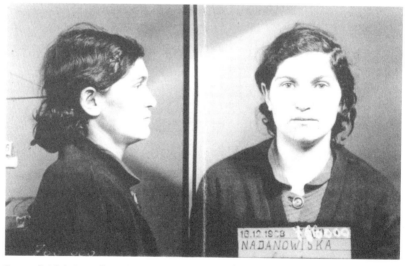

Foto policial de Szajndla Nadanowska. Tenía veintiocho años. No sobrevivió a Auschwitz.

Rachel Zalnikov tenía veinticuatro años. No sobrevivió.

Molka Goldstein tenía veinticinco años cuando fue deportada. No sobrevivió.

Syma Sylberberg era belga y fue detenida el 8 de noviembre de 1941. Fue trasladada a Tourelles el 18 de febrero de 1942. Tenía cuarenta años y no sobrevivió.

Sarah Gesik, nacida en 1909, no sobrevivió a Auschwitz.

Cypa Gluzmann tenía veintiún años y fue trasladada a Tourelles en marzo de 1942. No sobrevivió.

Pesia Gromann nació en 1920.
No sobrevivió a Auschwitz.

Chana Grinfeder fue trasladada
a Tourelles el 20 de abril de 1942.
Tenía veintiséis años. No sobrevivió
a Auschwitz.

Émilie Soulema nació en 1908.
No sobrevivió a Auschwitz.

Sara Tassemka (Boubi) tenía
diecinueve años y, durante su
estancia en Tourelles, su peinado
y sus pantalones cortos la hacían
parecer un niño.

Una «belleza peculiar».
Elise Mela fue detenida con su madre
el 8 de junio por no llevar la estrella
amarilla. Elise y su madre murieron juntas,
seguramente en la cámara de gas,
el 15 de septiembre de 1942.

Claudette Bloch Kennedy fue una de las pocas supervivientes del tercer convoy.
Se unió a la organización de veteranos judía AJEX en una marcha silenciosa en Londres
desde Marble Arch hasta la embajada alemana el 17 de enero de 1960 en protesta
contra el resurgimiento del nazismo en Europa. Claudette, presidente de la Asociación
de Supervivientes de los Campos Nazis de Gran Bretaña e Irlanda del Norte, protesta
ante la Embajada de Alemania vestida con el uniforme que llevó durante su encierro
en Auschwitz.

Otro asiento vacío: Sonia Gutmann estaba enferma la última vez que Raya Kagan la vio
con Annette el 18 de agosto de 1942. No sobrevivió y, como sucede con tantas otras
personas que murieron en Auschwitz, no hay fotografías de ella.

Primera fotografía de playa del circo Zelman sin Annette. De izquierda a derecha: de pie, Michèle y Guy, que arropa a su madre, Kaila, con el brazo. Sentados están Cami, Maurice y la esposa de Guy. Charles hizo la fotografía.

Michèle Zelman se casó con Gaston Kersz en 1951. Entrando del brazo de su padre en la sinagoga, pasa junto a la esposa del doctor Hubert Jausion (con gafas). Los Zelman descubrieron años después el oscuro secreto de los Jausion.

En 2020 acompañamos a Michèle a visitar el Café de Flore con sus dos hijas, Laurence (a la izquierda) y Valérie (a la derecha). Allí vimos el banco en el que Annette, Jean y sus amigos se sentaban en 1941.

Las tres hijas de Michèle, las sobrinas de Annette (de izquierda a derecha, de mayor a menor): Jocelyn, Valére y Laurence.

# Nido de amor en la rue Laugier

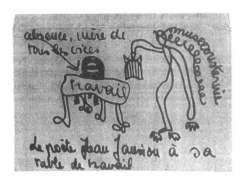

Primavera en París: una promesa, o un capullo de castaño, basta para que el corazón se enternezca.

ALBERT CAMUS

En cuanto su familia salió de París, Annette se mudó al estudio de Jean en la rue Laugier.

La mudanza del apartamento Zelman había sido en parte una treta. No quería que nadie en el barrio supiera que su familia había huido, así que mantuvo su horario. Salió del apartamento para ir al Flore a la hora habitual con sujetador, medias y braguitas en el bolso y el porfolio bajo el brazo; se dirigió al metro como si nada hubiera cambiado. Como siempre, Jean la esperaba en el Flore. De allí, exultantes de ilusión, se fueron al apartamento de él. Sin guardianes que vigilaran su comportamiento ni el cumplimiento del toque de queda, Annette por fin tendría la vida amorosa que deseaba.

Hoy en día, la calle donde Jean y Annette vivieron está bordeada por el río metálico del Périphérique, la congestionada autopista circular de París. Pero sigue siendo una calle tranquila y residencial que va de norte a sur desde la porte de Champerret hasta la avenue de Wagram. En 1940 era todavía más tranquila. El edificio de Jean servía de hogar a otros tantos artistas entre los que se encontraba el futuro actor y director Robert Hossein. El nido de amor de la pareja era un apartamento de una habitación con una cocina pequeña y una ventana que daba a un patio interior. Cada superficie estaba repleta de pilas de libros y discos. En las paredes colgaban obras de surrealistas conocidos por el respetado poeta. Había una cama pequeña pegada a una pared.

Respirándose entre sí, se dejaron caer en esa cama e hicieron el amor. Un revoltijo de labios y manos, muslos y caderas, caricias, botones desabrochados: esa era su luna de miel. A través de la ventana abierta, los coros de los amantes se fundieron con el canto de las aves nocturnas.

Incluso durante la ocupación, París en primavera era una ciudad para el amor. En el cercano Parc Monceau, los pegajosos capullos de castaño se estaban abriendo. Flores rosadas colgaban de los cerezos como algodón de azúcar. El aire era cálido y lánguido. Aquellos fueron días felices, un tiempo idílico que pasaron hablando, leyendo libros, escribiendo, dibujando, paseando de la mano a lo largo de la orilla izquierda y mirándose a los ojos en el Flore antes de regresar corriendo al apartamento a escuchar jazz, a cenar sus escasas raciones y a quitarse la ropa para volver a hacer el amor loca y apasionadamente. Y luego vuelta a empezar.

Ya nadie podía detenerlos. Ni los alemanes, ni sus padres; ni Claude, ni Bella. Habían huido de todos.

Annette siguió con su rutina de volver a su antiguo barrio, hacer tareas de bordado para Eva, la vecina de arriba, y ordenar los bienes familiares. En cada viaje, llenaba el bolso con algunas cosas y volvía a su nuevo hogar. Durante las siguientes semanas, Jean y ella llevaron los cuadros de uno en uno al apartamento de él, cargando con lienzos de Tapié, Picabia y Óscar Domínguez en el metro o en bici-taxi. Es difícil no imaginarlos asomándose por las ventanas del taxi surcando las calles, riendo agarrados a lienzos de «arte degenerado». El apartamento no tardó en parecerse a la galería de Bucher. En cada pared había imágenes surrealistas que lanzaban su mirada sobre las sábanas revueltas de los amantes.

Aunque no pudiera asistir a clases en Beaux-Arts, el Salón de Primavera le ofreció a Annette la posibilidad de visitar sus galerías con alguien que amaba la pintura tanto como ella. El día de la inauguración, Jean Jausion la acompañó a través de la multitud de estudiantes, profesores y oficiales alemanes. Allí estaba el director, Landowski. Allí estaba su profesor de pintura, su instructor de dibujo al natural. Condujo a Jean de la mano por los pasillos hasta el taller donde había pasado tantas horas trabajando con lo que ella llamaba «el valor de Miguel Ángel».

El taller abovedado tenía cuadros de los maestros colgando en las paredes sobre ellos. Aquí estaba el caballete; allí, la rejilla vertical donde ponía a secar sus óleos. ¿Dónde habían ido a parar? No tenía ni idea. Tendría que volver a buscarlos para colgarlos en el apartamento que compartían Jean y ella, entre el Picabia y el Ernst. Daba igual que Annette no hubiera pintado obras surrealistas en clase. Jean quería un original, un Zelman.

## MIÉRCOLES, 18 DE MARZO

En aquel estado eufórico de luna de miel, Jean y Annette entraron en el Flore y encontraron a Claude llorando, consternado, rodeado de parroquianos del café. La policía había invadido de madrugada el edificio de cinco plantas en el que vivía. Habían llamado a su puerta. Cuando él abrió, los gendarmes entraron a empujones, sacaron a Bella de la cama y la metieron en un furgón policial con prostitutas.

Dijeron que era una terrorista. Una comunista. Una judía extranjera.

La noticia de la detención de Bella resultó escalofriante para los floristas. Ella era uno de ellos. ¿Cómo podía ocurrir algo así?

Annette y Jean se sentaron con su viejo amigo. El asiento de Bella en la mesa estaba vacío como recordatorio de lo ocurrido. Tenían que idear una estrategia para salvar a Bella. Juntos, tenían que ayudar a Claude.

Claude reclutó a su padre y juntos se afanaron por sacar a Bella de Fresnes, una cárcel infame donde muchos espías de la Dirección de Operaciones Especiales (SOE) fueron torturados y ejecutados en los siguientes años. El objetivo era trasladarla a la cárcel de Tourelles, que tenía mejor reputación y permitía visitas a los presos. El 11 de abril, Bella fue finalmente trasladada a Tourelles, y Claude pudo visitarla dos veces a la semana. Se unió al grupo de familiares y amigos que esperaba ante la prisión los jueves y los sábados y le llevaba comida, ropa limpia, cariño y atención, cualquier cosa que pudiera animarla. Su padre y él contrataron a un abogado para que le retiraran los cargos por terrorismo. Pero había un problema. Aunque Bella no formara parte activa de la Resistencia, era una judía extranjera y podían deportarla.

Al menos Annette había nacido en Francia. Pero, si Bella era un objetivo, ¿en qué situación estaba Annette? Solo había una forma de protegerla. Tenían que cambiar su nombre y que fuera la esposa legal de Jean. Con un nuevo documento de identidad y sin el apellido Zelman, Annette podría gozar de la protección completa del apellido Jausion y de la posición de su suegro como reputado cirujano y colaboracionista.

## Viernes, 15 de mayo

En la *mairie* del distrito 10, no lejos del apartamento Zelman, Jean y Annette cumplimentaron la documentación necesaria y publicaron sus amonestaciones. Una hora más tarde, salieron de la *mairie* con una tarjetita de confirmación: #42-N.º 144-1000: «Matrimonio: Jausion-Zelman». La fecha de la boda se había fijado el 24 de mayo.

En el Flore, Boubal abrió una botella de espumoso y alzó la copa para celebrar su maniobra genial. Estaban superando la amenaza con astucia y eran héroes del Flore. Incluso Claude, a pesar de su preocupación respecto a Bella, se alegraba por ellos. Annette Zelman estaba a punto de convertirse en madame de Jausion.

El mismo día se inauguró con gran pompa en L'Orangerie, ubicada en el jardín de las Tullerías, una exposición de Arno Breker, el «escultor oficial estatal» de Hitler. Simone de Beauvoir apuntó en sus memorias que «casi todos los intelectuales franceses» desdeñaron la exposición. Pero eso no evitó que un número elevado de parisinos de la alta sociedad, artistas y escritores colaboracionistas asistiera al Hôtel Ritz a disfrutar de canapés y champán en compañía de altos cargos nazis. El poeta colaboracionista Jean Cocteau estuvo presente. Es probable que el doctor Jausion asistiera también a la inauguración.

Ver cómo se festejaba en París al artista favorito de Hitler era una muestra más del profundo dominio nazi sobre la vida cultural francesa. Breker era todo lo que combatían los surrealistas. No había nada lúdico o extravagante en su obra, ni ambigüedad sexual ni el misterio de la psique humana. Sus figuras sobredimensionadas, sobre todo masculinas, con pectorales y antebrazos abultados, eran «representaciones del consabido *Übermensch* y de su higienizada compañera femenina», según palabras de Laurence Bertrand Dorléac en *Art of the Defeat*.

Cinco días después de que se inaugurara la exposición de Breker y de que se publicaran sus amonestaciones, Annette solicitó cupones para comprar ropa y productos textiles que incluían un traje y un mantel. La razón: matrimonio. Firmó la solicitud: «A. Zelman».

Pero fuerzas maléficas se estaban movilizando. En marzo de 1942, Dannecker viajó a Auschwitz a ver los avances en los preparativos de la Solución Final. A su regreso a París, envió el primer convoy de judíos de ascendencia francesa —todos varones— de Compiègne a Polonia. Entre esos hombres estaba Pierre Bloch, detenido en diciembre.

Esa primavera, justo después de la Conferencia de Wannsee, que se celebró en secreto, el director de la Oficina de Seguridad del Reich, el *SS-Obergruppenführer* Reinhard Heydrich, principal patrocinador de Dannecker entre la élite nazi, llegó a París para discutir la escalada de deportaciones de judíos de Francia. Y la Solución Final.

En cuanto Heydrich dejó París, Dannecker empezó a supervisar los detalles logísticos de los trenes, los horarios y los guardias para deportar a cinco mil judíos. La reunión con Heydrich era el preludio de un beso de la muerte, tanto para el *SS-Obergruppenführer* como para los judíos de Francia. Antes de que acabara el mes, Heydrich resultaría mortalmente herido en un intento de asesinato en Praga. Para sumarse a la recargada actividad de Dannecker, la noticia del matrimonio entre Jean y Annette aterrizó en su mesa del cuartel general de la avenue Foch.

Dannecker quedó horrorizado al descubrir que el hijo del doctor Hubert Jausion quería casarse con una judía. Los matrimonios mixtos le parecían «una estrategia judía» para introducirse en círculos no judíos, una forma de travestismo que había que detener. Ya había sustituido al comisario de Asuntos Judíos, Xavier Vallat, por ser demasiado «blando», por un burócrata rabiosamente antisemita. Por malvada casualidad, el nuevo comisario vivía en el número 12 de la rue Laugier, a unos cientos de metros de los futuros monsieur y madame Jausion.

# El loro de Hitler

Casi todos los que murieron en Auschwitz fueron enviados allí durante el mandato de Darquier. La mayoría de los 11.400 niños fue enviada en su época.

CARMEN CALLIL

La historia de Louis Darquier, hijo de una familia bien avenida de Cahors, está marcada por la venalidad, el oportunismo y la brutalidad. Era un hombre bajo y corpulento, con rostro de púgil, voz de pito que desentonaba con su aspecto y un monóculo sobre el ojo izquierdo. Lo despidieron con deshonor del ejército francés en 1919 y pasó la mayor parte de su veintena viviendo de sus padres. Con el tiempo, gracias a conexiones familiares, encontró trabajo en el mercado de grano de Alsacia, regentado por comerciantes judíos. Su empleo lo llevó a varias ciudades europeas, incluida Londres. Por lo general vivía por encima de sus posibilidades, se ganó la reputación de vividor, se endeudó y en 1926 «dimitió» discretamente por robar de las arcas de la empresa.

Dos años después, todavía sin perspectivas, se casó con Myrtle Jones, una aspirante a cantante pechugona y de pelo negro venida de Tasmania. Fue un matrimonio forjado en el infierno. Al igual que su marido, Myrtle era una fantasiosa y una bebedora empedernida. Se había ido de casa para actuar a los veintitrés años y se había casado con un miembro de la compañía de Gilbert y Sullivan de origen británico, Roy Workman. Los únicos papeles que pudieron representar fueron los del señor y la señora Workman-Macnaghten de Belfast, que gorroneaban a ricos inocentones que revoloteaban por Europa. Myrtle conoció a Louis Darquier en Londres, abandonó a su marido actor y se casó al más puro estilo bígamo con su nuevo marido francés, convirtiéndose así en madame Darquier de Pellepoix.

Pasaron cuatro años en Inglaterra, bebiendo, asistiendo a fiestas y buscándose la vida. Para entonces, Darquier había adoptado el nombre de Pellepoix, que sonaba aristocrático, y se presentaba a sí mismo como si fuera un gran barón. La realidad de su vida en Londres era de todo menos grandiosa. Vivían en hoteles de mala muerte, de los que a menudo los echaban por no pagar la cuenta. Cuando registraron el nacimiento de su hija Anne, Darquier declaró que su ocupación era «terrateniente y barón francés», mientras que Myrtle se registró como «Myrtle Marion Ambrosene Darquier de Pellepoix, Lindsay-Jones de soltera». Después, y no solo para esquivar a sus acreedores, respondía a los nombres de Sandra Lyndsay-Darquier, Cynthia de Pellepoix y Myrtle Darquier de Pellepoix, y fue irlandesa, inglesa, estadounidense y propietaria de ranchos en Australia. Le gustaba más el título de baronesa que madame.

Eran unos padres infernales, pues estaban borrachos casi todo el tiempo. Su hija acabó en manos de una niñera inglesa, Elise Lightfoot. Cuando Louis fue convocado ante los magistrados londinenses por no inscribirse adecuadamente como extranjero, la pareja cruzó el canal de la Mancha y volvió a París, abandonando a su hija.

Una fotografía tomada en París muestra a Darquier de Pellepoix con el pecho hinchado, un monóculo sobre el ojo que había sufrido una herida durante la Primera Guerra Mundial y un sombrero de fieltro inclinado, como indicaba la moda. A su lado está Myrtle, con los pies separados, una falda hasta media pierna a juego con la chaqueta ceñida en la cintura, un collar de perlas grueso alrededor del cuello y una boina negra sobre el pelo corto y oscuro.

El auge político de Darquier comenzó como luchador callejero y agitador en grupos fascistas como Action Française, Croix-de-Feu y Jeunesses Patriotes. A finales de la década de 1930, se había convertido en un antisemita destacado y sus fondos provenían sobre todo de la oficina de propaganda de Goebbels. Incluso lo invitaron a Alemania y se convirtió en devoto propagandista de los *Protocolos de los sabios de Sion*. Como vicesecretario general del periódico de derechas *Le Jour*, Darquier emergió como uno de los portavoces de la propaganda nazi contra los judíos. Sus diatribas le ganaron el apodo de «el loro de Hitler».

Al igual que Dannecker, Darquier vio en la cruzada nazi contra los judíos una oportunidad para sacar beneficio propio y ejercer poder sobre otros. Ambos compartían el gusto por la buena comida, la bebida y el lado más sórdido de la noche parisina. Pero, mientras que Dannecker mantenía la ética laboral de un alemán, el paso de Darquier como comisario de Asuntos Judíos estuvo marcado por la venalidad, la corrupción y la pereza. Tenía un personal de mil miembros y delegó en sus colegas y subordinados, que eran en su mayoría criminales y sádicos, la puesta en práctica de sus medidas.

Para ser un hombre perezoso, generó mucha actividad. Organizó redadas contra judíos y deportaciones, creó un instituto que debía proporcionar las bases científicas de la selección racial y supervisó la «arianización» de empresas judías y la confiscación de propiedades judías. En total, cincuenta mil negocios judíos se redistribuyeron entre propietarios gentiles y se robaron doce millones de francos a los prisioneros retenidos en Drancy. El inventario del campo incluso incluía ocho mil pianos confiscados. El botín que sacaba Darquier se lo gastaba en los mejores bares y restaurantes de París con su mujer alcohólica y drogadicta. Incluso el mariscal Pétain despreciaba a Darquier, a quien llamaba «monsieur Torturador».

En una casa de tamaño medio y tres plantas de la rue Laugier, con una puerta azul y una aldaba maciza de bronce, Darquier dirigía la organización antisemita Club Nationale y el periódico racista *La France Enchaînée* (Francia encadenada). Presidía estrepitosas reuniones con sus seguidores fascistas en las que se predicaba la destrucción de la judería francesa. «¡Tenemos que resolver el problema judío con urgencia, ya sea mediante expulsión o masacre!».


Lo primero que hizo Maurice al llegar a Limoges fue hacerse con una máquina de coser. Apenas unos días después de asentarse en la casa, el ritmo del pedal llenó el aire. Michèle y Cami recorrían el mercado en busca de ropa barata de segunda mano y Maurice la recortaba y cosía para hacer pantalones cortos para niños. Luego llevaban los pantalones al mercado y los vendían. Michèle lo recuerda como una época feliz.

Limoges se había convertido en un refugio para judíos. Los Zelman tenían una comunidad consolidada a la que unirse, puesto que muchos refugiados habían venido de Nancy. La calle principal tenía callejones empedrados y casas con vigas medievales; era un lugar agradable donde corretear y estaba lleno de cultura. Limoges había sido un centro de literatura y arte desde la Edad Media, era la cuna del pintor Renoir y había sido el hogar de autores franceses de la talla de Balzac y Molière. La familia sabía que a Annette le encantaría en cuanto llegara.

Por supuesto, el Gobierno antisemita de Vichy se encargaba de la zona libre, pero los Zelman estaban mayormente a salvo. Por el momento. Y eso significaba que Maurice había vuelto a las andadas y pasaba muchas noches fuera.

Una familia de rusos que había conocido en París vivía en una población vecina. Maurice desaparecía varios días seguidos para beber vodka y cantar con ellos canciones rusas. En una ocasión estuvo tanto tiempo fuera que Kaila se fue a buscarlo con Charles. Recorrieron el pueblo hasta que encontraron la vivienda de los rusos y llamaron a la puerta. Cuando se abrió, Kaila pudo ver a Maurice sentado en un sofá junto a una joven rusa muy hermosa y bebiendo té de un samovar en compañía de otros tantos rusos. A Kaila no le importaba tener agujeros en el vestido; entró y agarró a Maurice del brazo. «¡Venga, Maurice, nos vamos a casa!». Maurice se levantó con obediencia, se inclinó ante sus anfitriones y salió sin mediar palabra.

Como de costumbre, Kaila tenía las manos llenas cuidando de la casa, cultivando verdura en el jardín, cocinando y vigilando a su marido. Al menos los niños ya eran lo bastante mayores como para ayudar. Guy y Charles se hicieron amigos de un grupo de jóvenes ricos y no tardaron en ser acompañantes muy valorados en partidas de póquer. Los dos eran buenos jugadores y a menudo volvían a casa con los bolsillos llenos de billetes. Entonces Michèle y Cami observaban a Guy hacer lo que mejor se le daba —engatusar a chicas guapas—, mientras que Charles recorría las librerías de la zona y se sentaba en un café a escribir a su hermana. ¿Cuándo iba a reunirse con ellos? Annette todavía no había contestado a sus cartas.

# A. Zelman

Las verdaderas tragedias no me ocurrieron a mí, pero me persiguen toda la vida.

SIMONE DE BEAUVOIR

## VIERNES, 22 DE MAYO DE 1942

He aquí Annette Zelman en el apartamento vacío del boulevard de Strasbourg. Su familia se ha ido, pero las paredes siguen resonando con sus voces coloridas y caóticas. Si cierra los ojos, puede oír su risa. Abrir los ojos no revela ni rastro del circo Zelman. Las paredes están desnudas. Solo queda el piano.

Esta es su última noche de mujer soltera. Quiere despedirse de la vieja Annette, la chica de los salones de baile, la coqueta, la adolescente insegura. Después de acabar unos bordados para Eva, se tumba en el suelo y dibuja en los pocos trozos de papel que ha encontrado. Pierde la noción del tiempo. Ha pasado el toque de queda. Como novia la noche antes de la boda, quiere poner distancia entre ella y Jean para que cuando vuelvan a encontrarse sea con todo el embeleso que pueden ofrecer veinticuatro horas de separación.

Mañana por la noche será su luna de miel, hasta que Sanary-sur-Mer, el pueblo de pescadores en la Costa Azul del que Jean no ha dejado de hablar desde su viaje de submarinismo, se haga realidad. Quiere expresarse en una carta o en un dibujo. ¿Qué trazo puede expresar esta transformación de niña a mujer? ¿Qué forma? ¿De qué color se está volviendo? Quiere que él experimente este momento de fusión: la niña, la adolescente, la mujer floreciente. Él la ha transformado. La ha hecho quien es. Una obra de arte. Ella está completa.

*No vengas a mí, cariño*, le dice en un mensaje que le manda con la mente. *Quédate donde estás y déjame que esta última noche explore mi soledad. Ese vacío en el que los pensamientos se expanden sin límite.* Entonces lo echa de menos. Desea estar con él en su apartamento, haciendo el amor, y no haber decidido quedarse en la crisálida de la infancia, agitando sus alas en la noche hasta que sean lo bastante fuertes como para llevarla de vuelta a los brazos de Jean.

Siente los pensamientos de él contra los suyos propios. Se tocan a través de una comunicación mental mística y silenciosa. Ella acaricia las ensoñaciones de él. Le revela su corazón. Luego se vuelve hacia la hoja de papel en el suelo y escribe un poco más. Hay tanto que decir... Tiene toda la noche para decirlo.

Se queda dormida con la cabeza en la almohada de su brazo y sueña con niños que entran y salen del apartamento, el constante sonido del alimentador de la máquina de coser mientras mueve el tejido de sus vidas hacia delante. Mientras la aguja entra y sale y los hilos se retuercen, forman aros y luego se tensan, oye la voz de Charles que le avisa. Y se despierta.

Oye pasos en el rellano. Llaman a la puerta.


Cabe asumir que los gendarmes estuvieron siguiendo a Annette durante varios días a la espera de la ocasión perfecta para echarle el guante. Una detención en la rue Laugier habría provocado una escena incómoda para la familia Jausion. Jean habría protegido a Annette y habría pedido ayuda a su padre, que vivía cerca. Los vecinos se habrían alertado. No, había que mantener la rue Laugier fuera de toda sospecha. Los agentes de la Sicherheitsdienst de Dannecker sabían qué hacer. Esperaron antes de actuar. Utilizaron a los franceses colaboracionistas para atraparla cuando estaba sola. Indefensa. En medio de la noche. En el boulevard de Strasbourg.


Annette se frota los ojos. Parpadea. Levanta el pestillo de la puerta de casa. Dos gendarmes la miran.

—Los papeles, por favor, mademoiselle.

—¿Por qué necesito los papeles? Estoy en mi casa.

Insisten.

Ahora está en apuros. Su documento de identidad ha caducado. Un vistazo a la fecha es suficiente.

—Venga con nosotros.

—¿Qué he hecho?

—Está detenida.

Annette recoge su bolso y los sigue fuera. La puerta del conserje se abre de golpe. Los ojos se asoman al oscuro rellano.

—Dígaselo a Jean Jausion. En el número 12 de la rue Laugier. ¡Que sepa que me han detenido!

El conserje cierra la puerta.


Fuera, esperando a Annette, está el famoso *panier de salade*, o «escurridor de lechuga», el término familiar usado para designar a los furgones policiales que todavía se utilizan hoy en día por las rejas con forma de panal que tienen en las ventanas. Annette se sube en uno de los estrechos compartimentos. No hay asientos, solo una barandilla en la que apoyarse. Las prostitutas se burlan de la recién llegada.

—¡No tienes pinta de hacer la calle!

Los adoquines repiquetean bajo el vehículo y la zarandean durante el viaje por las calles mal iluminadas y desiertas de París que tanto le gustan. Bajan por el boulevard de Magenta, una de las arterias principales de la capital, rodean la place de la République, donde sus hermanos se peleaban con jóvenes fascistas los sábados por la mañana, y luego toman la rue du Temple hacia el corazón de la ciudad durmiente. La silueta de los plátanos de sombra que están empezando a echar hoja son los únicos testigos de su paso. Con cada bache, el furgón se agita y oscila. Le tiemblan las rodillas.

El Sena es negro como el plomo cuando cruzan el pont au Change y bajan por el quai du Marché Neuf. Ante ellos se alzan las torretas de la enorme fortaleza del Palais de Justice. Rodeado por el Sena a ambos lados, las amenazadoras paredes calizas de seis pisos de alto con torres en cada esquina ocupan una manzana entera. A lo lejos, la sombra de Notre Dame se alza en el cielo nocturno.

Durante siglos, el Palais de Justice ha sido —y sigue siendo— el centro neurálgico de la justicia francesa. Durante la Revolución francesa se utilizó como tribunal. Allí fue donde se juzgó a Charlotte Corday después de asesinar a Marat en su bañera, y donde María Antonieta estuvo presa antes de pasar por la guillotina. En una famosa escena de *Los miserables,* de Victor Hugo, el inspector Javert se apoya en el parapeto sobre el Sena, mira el Palais en la otra orilla y llama a sus intimidantes torres «lineamentos de la noche». Sobre una puerta ornada en la esquina entre el boulevard du Palais y el quai des Orfèvres está el lema latino *Gladius Legis Custos*: «El poder siempre ha de estar al servicio de la ley», pero literalmente dice «La espada protege la ley».

La entrada principal en la rue de Harlay tiene una escalinata monumental de medio bloque de ancho que conduce a un pórtico enorme y a las atentas miradas de las estatuas neoclásicas que representan a la clemencia, la justicia y la verdad. Pero a Annette no la van a conducir allí, y no va a encontrar ninguna de estas cualidades. Los prisioneros destinados a los calabozos en el interior del Palais entran a través de una puerta enrejada de hierro en el quai de l'Horologe que conduce directamente al interior.

Al bajar de su jaula del «escurridor de ensalada», Annette entra en este nuevo mundo tenebroso a través de un patio interior abovedado. Una imponente puerta de bronce se alza ante ella. Bajo la enfermiza luz de las farolas parpadeantes, Annette sigue a las demás prisioneras a la prisión preventiva.

La nota que Theodor Dannecker envió a Darquier de Pellepoix fue corta y directa:

**Matrimonio entre judíos y no judíos:**
He sido informado de que un ciudadano francés (ario) [*sic*], Jean Jausion, estudiante de filosofía residente en el n.º 58 del Blvd. Strasbourg, pretendía casarse durante las vacaciones de Pentecostés con la judía Anna Malka Zelman, nacida el 06.10.1921 en Nancy... Por tanto, he ordenado la detención de la judía Zelman y autorizado su ingreso en el campo de Tourelles.

# La prisión preventiva

Todas aquellas que pasan por la prisión preventiva..., y son legión, la describen de forma similar como un lugar sórdido y sucio donde apesta a agua estancada.

FRANCE HAMELIN, *Femmes dans la nuit*

Era la una de la mañana cuando desnudaron a Annette para registrarla junto a las «fulanas» o mujeres de la calle detenidas en el Bois de Boulogne y la rue Saint-Denis. Registraron su bolso en busca de limas de uñas, tijeras o cualquier objeto puntiagudo que pudiera usar para librarse de la vida en prisión o para herir a alguien. Unas monjas incoloras, vestidas de gris y con aros llenos de llaves que rechinaban apuntaron el nombre de Annette en un libro grueso de páginas amarillas. Desde el siglo XIX, las hermanas de Marie-Joseph y de la Misericordia han vivido con las prisioneras en las celdas de la prisión preventiva, donde se retiene a las detenidas mientras esperan una fianza o una posible encarcelación. Las monjas, cuya residencia estaba encima de las detenidas, en el segundo piso del amplio dormitorio comunal al que llamaban el «oratorio», miraban con desaprobación a las presas como ángeles inclementes desde lo alto. «La gente más cruel que he conocido», dijo de ellas Claudette Bloch.

Las prostitutas entraron en el ventoso oratorio en el que resonaban tacones, lenguas afiladas y palabras ásperas. Sus medias rasgadas de rejilla y su ropa interior manchada olían a semen y a lujuria. La calderilla resonaba en sus bolsos. Se quejaron de su mala suerte y del frío y se tumbaron en nauseabundos colchones de paja con el aire experimentado de quien ya ha pasado por todo eso.

Annette retrocedió ante la mugre de los colchones de paja y las mantas de lana gastadas que olían a perfume barato y sudor. Descorazonada y asustada, contempló la oscuridad estigia cuando la vacilante luz del farolillo de una monja se ocultó tras el ruido de una puerta metálica. La bóveda de cañón del techo se sustentaba sobre un panal de columnas que servían de soporte a arcos góticos de los que colgaba una bombilla desnuda cual cuerpo debilitado colgando de un alambre.

Los sonidos del sueño entre desconocidas provocaron escalofríos que recorrieron la espalda de Annette. Un resoplido. Un ronquido. Una aspiración. Desconsolada, se puso en posición fetal y lloró. ¿Qué estaba haciendo en ese antro? ¿Qué delito había cometido? ¡Ninguno! Estaba segura de que, en cuanto Jean se enterara de lo ocurrido, la sacaría de allí. Todo era un error. Un detalle menor... ¿No tener documento de identidad en su propia casa? Ni que hubiera estado fuera en público.

Unas horas después, pronunciaron una lista de nombres de mujer en medio de la oscuridad. «Claudette Bloch, Josette Delimal...». Varias figuras sombrías se levantaron y se abrieron paso entre las mujeres que dormían en el suelo a su alrededor. Una puerta se abrió para engullir su partida.


La luz pálida y gris entró a través de las ventanas altas sobre sus cabezas. Entre las compañeras reclusas de Annette no todas trabajaban la calle: eran mujeres de toda condición social, jóvenes y mayores, bien y mal vestidas. Muchas eran judías. En un pilar en el centro del enorme dormitorio comunal había una representación de la Virgen María con el niño Jesús. Bajo su rostro misericordioso, tiradas en colchones de paja fríos y sucios dormían chicas de todas las formas y tamaños. A un lado había una pared de retretes. Al otro, una pequeña capilla tenía lavabos donde algunas mujeres aseaban sus cuerpos desnudos de la cabeza a los pies. Mientras que unas se lavaban sin pudor, otras estaban menos interesadas por la higiene y se echaban unas gotas bajo las axilas y se salpicaban con desgana entre las piernas. Annette dejó que el agua limpiara su cara manchada de lágrimas y esperó no oler demasiado mal cuando Jean viniera a rescatarla.

El desayuno consistió en media taza de Viandox templado, un tipo de potenciador de sabor a base de soja, levadura, ternera y apio. Allí lo servían como caldo con la adición de algunas hojas de repollo. Era repugnante. Después de ese mal llamado tentempié, las monjas ordenaron a las mujeres ir a una sección de la prisión masculina para un pase de revista y para que les asignaran una celda.

La celda 13 acababa de añadirse a la lista de calabozos para prisioneros políticos: comunistas, terroristas, luchadores de la Resistencia y *zazous*. Antes de eso, solo la celda 14 se destinaba a tal uso. Había tantas presas que llevaron a la nueva celda a un grupo de diez mujeres que incluía a Raya Kagan, Sonia Gutmann y Masha Lews.

En mitad de la noche habían liberado a Claudette Bloch y Josette Delimal, sus antiguas compañeras de celda. Corrieron rumores sobre su liberación, que producía una sensación de alivio y de esperanza. La detención de Claudette había tenido mucho eco entre las prisioneras. Después de meses sin noticias de su marido, se había cogido un día libre en el trabajo, había dejado a su hijo menor con la abuela y había ido al cuartel general de la Gestapo a hacer una consulta.

«¿Qué hace esta judía aquí?», gritó Theodor Dannecker. Con los ojos entrecerrados de desprecio, estalló soltando una lluvia de obscenidades. «*Juden! Juden!*». Si detenían a una mujer judía por preguntar por su marido, ¿por qué razón no iban a arrestarla?

Claudette recuerda que en la celda 8, donde había pasado sus primeros días de prisión, «apenas había sitio para tumbarse». Era una celda mucho más pequeña que las demás, no tenía luz natural y las mujeres estaban amontonadas unas encima de otras. Tenían que encajarse en camas de somier metálico o conformarse con el frío suelo de piedra. En consecuencia, crearon relaciones estrechas y se conocieron rápidamente entre sí, pero ahora dos de las compañeras habían salido. Dos nuevas tomaron su lugar.

Unas puertas más allá, en la celda 13, Annette no reaccionaba ante la presencia de ninguna de las otras doce mujeres encerradas con ella. Desesperada, se hundió en un rincón y lloró. Lo que Annette no sabía (y nadie se había molestado en explicarle) era que publicar su intención de casarse con un gentil la había convertido en prisionera política.

En torno a las nueve de la mañana, la mirilla de la puerta se abrió y las mujeres tuvieron permiso para ir a la cantina de la prisión. Puesto que las prisioneras solo recibían un pedazo de pan dos veces al día, ir a la cantina era el punto álgido de su rutina. Allí podían tomar una taza de sucedáneo de café o un tazón de judías, incluso una copa de vino, pero nada era gratis. Si una no tenía encima dinero en el momento de la detención, no podía permitirse los quince francos que costaba un mordisco de carne fibrosa o de lentejas pasadas.

No había *habeas corpus*. Las llamadas telefónicas no estaban permitidas. Nadie gozaba del privilegio de las visitas. El contacto con el mundo exterior no estaba permitido, salvo a través de cartas censuradas y paquetes. Annette no recibió ninguna de las dos cosas. A medida que pasaba el día, ella estaba más aletargada. Lo que de verdad necesitaba era un lápiz y un papel. Necesitaba dibujar. Necesitaba escribir. No hacía más que mirar al vacío.

El segundo día, Annette era un manojo de nervios y lágrimas. Temía que el mensaje apresurado que le dejó al conserje no hubiera llegado a Jean. Intentaba explicar obsesivamente su silencio: ¿la habría abandonado? ¿Sus padres habrían interceptado el mensaje y le habrían ocultado la verdad? ¿O le habrían prohibido ponerse en contacto con ella? ¿Le habría ocurrido algo terrible? No había forma de saberlo. Aterrorizada, escribió al conserje para saber si tenía alguna noticia de Jean.

Nadie contestó. Annette lloró mucho.

## LUNES, 25 DE MAYO

A esas alturas ya tendrían que estar casados. La noche pasada tendría que haber sido su luna de miel. En vez de eso, estaba en prisión y llevaba cuatro días sin noticias de Jean. Se hizo con un utensilio con el que escribir y algo de papel. Aunque no sabía si él podría leerla, empezó una larga epístola a su futuro marido.

La cama es un colchón de paja y no siempre es el mismo. Cada noche tenemos que ir a buscarlo, además de una manta. Todo se mezcla durante el día y a la noche siguiente no sabemos si estamos cogiendo las mantas y los colchones usados por fulanas o prostitutas. ¿Quién sabe qué llevan en el cuerpo?

Te echo de menos. Esta noche estoy muy triste. Cariño, me gustaría darte valor, mostrarte que tengo confianza, pero hoy, mientras esperaba que ocurriera algo nuevo, no ha ocurrido nada. Queridísimo Jean, cuídate, no olvides comer, no corras demasiado. Si no tengo noticias tuyas, sé que significa que estás muy ocupado, mi bien. Mi carta no puede remplazar mi ternura, mi amor, mi felicidad, mi dulcísimo. Dime que tú serás más valiente que yo.

Como las cartas sufrían censura, Annette no podía hacerle llegar a Jean información negativa sobre las condiciones de la prisión. En vez de eso, decoró el sobre con un collage de ideogramas y símbolos políticos codificados.

En la parte superior aparecen las palabras «*Annexe de la Maison MP* [Anexo de la casa MP]», una referencia al mariscal Pétain, líder del Gobierno de Vichy, el responsable en última instancia de su detención. Junto a un dibujo infantil de una casa aparecen las palabras «*Pavillon de la famille Zelman* [pabellón de la familia Zelman]».

Aparece una segunda referencia más marcada a Pétain en otro texto enmarcado. «*Et sur les marchés tutumulbants... les trois mousquetaires avec le quatrième supplément, tous quatre abbayi que le Maréchal Pétain a visité hier la fondation des orphelins exécutés* [Y sobre los tumultuosos escalones... Los tres mosqueteros con su cuarto suplemento, los cuatro asombrados de que el mariscal Pétain visitara ayer la fundación de los huérfanos ejecutados]».

La palabra «huérfano» aparece con frecuencia, lo cual refleja el estado de ánimo de Annette. ¿Con la frase «*orphelins néant l'évidence* [huérfanos que niegan la evidencia]» está haciendo referencia a los prisioneros judíos como ella? En otra parte, usando un lenguaje típicamente alegórico, habla de «*la fondation des orphelins exémateux* [la fundación de los huérfanos que sufren eccema]», quizá en referencia a los males cutáneos de los que el doctor Jausion era especialista.

Junto a otro dibujo de una casa escribe las palabras «*Le pavillon des nancéens* [el pabellón de los habitantes de Nancy]». En la ventana hay cuatro figuras: tres chicos con sombrero y una chica que representan a Michèle y a sus hermanos.

El lenguaje de Annette es surrealista pero no lúdico: «La luna es ancha y pálida / el Hombre Serpiente / con irónicas garras sin uñas / para asegurarse de no dormir / el cambiante musgo multiplica sus incandescentes miradas / la flor de la élite [Annette] / en calma erótica / pues carga en su interior con las Annette Zelman».

¿El Hombre Serpiente será una referencia al cuadro de Le Douanier Rousseau *El encantador de serpientes*?

Cita al pintor Watteau al describirse a sí misma como su *orphelin admirateur* (huérfano admirador). También hace una referencia literaria al «tío Tom», una figura metafórica de Cristo que, como ella, es condenado a pesar de su inocencia, y dibuja una cruz en una manzana: «*la pomme crucifiée* [la manzana crucificada]».

Ante estos textos e imágenes oblicuos, los censores debieron de considerarlos producciones demenciales de una mente enferma y los dejaron pasar. La carta y el sobre llegaron a Jean. En conjunto, los dibujos a tinta y las frases suman una descripción elocuente y codificada de la vida en prisión de Annette: una condena de sus perseguidores y la añoranza de su familia.

Se suponía que la prisión preventiva era un centro de distribución de prisioneros, una parada en el camino. Pero con tantas detenciones nuevas en toda la ciudad y con las demás prisiones abarrotadas, estaba a rebosar. Las celdas eran como mucho de diez metros cuadrados, y las prisioneras se pasaban el día en esos cubículos saturados. Una vez al día, las presas salían treinta o cuarenta y cinco minutos a hacer ejercicio en patios aislados a cielo abierto. Las mujeres aprovechaban este tiempo para jugar o bailar. Incluso se cantaban entre sí, haciendo que sus voces revolotearan como pájaros alados sobre las barreras de cemento que las separaban físicamente, pero no espiritualmente.

Ida Levine, una morenita con el pelo rizado de unos veintinueve años, no tardó en convertirse en la mejor amiga de Annette, pero al principio Annette no hizo migas con nadie. No tenía razón para hacerlo. En cuanto las autoridades entendieran el error cometido, la soltarían. Jean se encargaría de ello.

Muchas de las nuevas prisioneras habían cometido infracciones leves, como estar fuera después del toque de queda o no llevar consigo la documentación de identidad. Aquellas chicas no habían confraternizado con fabricantes de bombas ni con el mundo clandestino. Tenían que haber entrado y salido de prisión en cuestión de horas, pero, en lugar de eso, pasaron semanas encerradas. ¿Qué habían hecho ellas que resultara tan reprobable? Sus apuros atrajeron tanto la atención como la preocupación de las detenidas más veteranas.

Una de las prisioneras políticas de la celda 8 era una observadora atenta de las recién llegadas a la prisión preventiva. En la celda 13 «había una joven rubia delicada y muy femenina que estaba allí por una denuncia. Su novio era un ario francés, cuyo padre era profesor universitario». Y así fue como Raya Kagan conoció a Annette Zelman.


## JUEVES, 28 DE MAYO

Pasó casi una semana antes de que Annette tuviera noticias de Jean. Después de recibir un paquetito sin nota alguna, adoptó una actitud petulante y crítica, regañándolo por no haber enviado nada más. «Cuando traes aquí un paquete, puedes, según creo, dejar una carta en la oficina». Una carta cruzaría la censura más rápido y llegaría a las pocas horas, mientras que un paquete tardaba un día entero. Si Jean lo hubiera hecho antes, Annette no estaría en aquel estado de lágrimas y terror. Cualquier cosa habría sido mejor que nada. Incluso una frase le habría ayudado a romper su aislamiento.

«Quizá sí te ha escrito —le dijo alguien de la celda—. Si no pone la dirección en la carta, no la entregan». Seguramente esa fuera la verdad. O eso, o que los censores estaban de huelga, porque poco después de la llegada del paquete, recibió «tres cartas en el orden que utilicé para el concierto en re menor: ¡3-2-1!». Se refería a la escala dórica del jazz, además de la entrada que los líderes del jazz daban a su orquesta. Las cartas de Jean encendieron la chispa, y el ánimo de nuestra Zelman prendió fuego. La verdadera Annette emergió de su charco de lágrimas.

Suplicó a Jean que le diera noticias de la familia y de sus padres, pero no quería que supieran dónde estaba o qué había ocurrido. Se suponía que a esas alturas tenía que estar a salvo en Limoges. Su padre estaría enfadado al saber que había desperdiciado la oportunidad de escapar. Si supiera que Jean y ella habían publicado sus amonestaciones, estallaría de rabia. «Dile que estoy bien y que me da pereza escribir. Si no hay novedades el mes que viene, se lo contaré yo misma». ¡Como si alguien fuera a creerse que a Annette le daba pereza escribir!

«Amor mío, esta mañana estoy muy bien, tengo esperanza. Me gustaría que me trajeras horquillas para el pelo, dos pastillas de jabón, unas medias, uno o dos sobretodos, dos sujetadores y alguna otra cosa que ponerme».

Annette acababa de enviar su letanía de peticiones cuando llegó, «diez minutos después, un paquete con sujetadores, jabón, etc.». Jean se había adelantado a sus deseos y no solo había enviado cada objeto de la lista, sino que había incluido panecillos recién horneados y «un trozo de mantequilla especial de la panadería» que tanto le gustaba en la rue Théodore de Banville, donde vivían los padres de él, «y una salchicha de las bodegas Jausion. Me dio mucha alegría porque me imagino que las reservas de dinero están menguando».

Como cualquier esposa encargada del hogar durante su ausencia, Annette le dio instrucciones a Jean para que mantuviera la casa en orden, le recordó quién les debía dinero —«Lussac, la vendedora de la rue Gay, nos debe doscientos francos»— y sacó el tema de las cartillas de racionamiento de ella, que las estaba recibiendo Jean además de las que le correspondían a él, y Annette quería que las usara. Como la habían detenido con todas las cartillas de carne en el bolsillo, le preocupaba que Jean tuviera menos comida que ella misma en la cárcel. Sin embargo, él se las arregló para enviarle un pollo asado. «¿Al menos has probado el pollo que me has mandado?». En cuanto al «azúcar de uva, te ordeno que te quedes con la mitad. Lo mismo digo del chocolate del mes de junio. Por favor, no te prives de las cosas que te gustan. Cariño, quédate con la mitad del chocolate y los dulces. Mándame unos trocitos de azúcar. Solo unos pocos».

Annette intentaba evitar las referencias directas al trauma que su situación le estaba causando —puesto que tendía al dramatismo, no quería que su sufrimiento se malinterpretara como algo histriónico—, así que solo dijo de pasada que desde su detención «ya no sueño nada».

Annette la surrealista estaba destrozada por haber perdido el espacio nocturno, su «vía regia al conocimiento del inconsciente». Los sueños eran importantes para ella, tanto literal como metafóricamente. En una «Carta imaginaria o breve escena» sin fecha, escribió sobre dos personas que «se soñaban entre sí y seguían hablándose, viéndose y visitándose en sueños», una referencia a *Peter Ibbetson*, de George du Maurier, obra llevada al cine con el mismo nombre y con Gary Cooper y Ann Harding en los papeles principales. Cuando la película se difundió en Francia a mediados de la década de 1930, se convirtió en piedra de toque para los surrealistas. En el metraje, el personaje masculino, Peter, está en la cárcel y sueña con el tiempo que pasa con su amor perdido hasta que mueren.

Entonces la película le había encantado. Ahora la estaba viviendo. La única forma de tocar a Jean ahora era en sueños. A veces, las que la veían dormir percibían la sombra mínima de una sonrisa e imaginaban que soñaba con su amor. Perder aquel abundante mundo de ensueño estaba teniendo un coste psicológico elevado. La investigación actual demuestra que la fase REM del sueño ayuda a preparar el cerebro ante el estrés normal del día. Sin su vibrante vida onírica, Annette se sentía cada vez más agobiada y alicaída. «Lo echo mucho de menos. Sobre todo me gustaría soñar sobre ti, pero duermo como una piedra».

En la prisión preventiva nadie recibía visitas; ni siquiera los abogados podían hablar con sus clientes. Los presos dependían exclusivamente de cartas y paquetes y solo los recibían una vez a la semana, los lunes. Si nada llegaba el día designado, los prisioneros tenían que conformarse con no comer otra cosa que pan seco e insípido.


La cárcel fue una montaña rusa de emociones: cada castillo en el aire que se derrumbaba la devolvía de golpe a la realidad de su situación. Como explica su diario epistolar, sus párrafos se convirtieron en páginas cargadas de incongruentes recortes de su vida cotidiana, de reflexiones y de rabia. Mientras tanto, Jean cargaba con su mala conciencia. Se sentía responsable de los aprietos de Annette. Si hubiera insistido en que se fuera de París con sus padres en vez de casarse con él... Era culpa suya que ella estuviera en prisión.

«Al contrario —le aseguró Annette—, sufro al saber que estás preocupado por mí y que estás triste».

Jean había decidido que tenía que contarles en persona a los Zelman que Annette estaba detenida. Envió una carta en la que le aseguraba a Annette que estaría fuera dos días, tres a lo sumo. Hoy, el tren a Limoges tarda unas cuatro horas. En la Francia ocupada habría tardado más, sobre todo porque habría que verificar documentos de identidad antes de cruzar a la zona libre. No sabemos si Jean pudo cruzar legalmente, pero es probable que consiguiera un pase gracias a la influencia de su padre.

### Viernes, 29 de mayo

Una semana después de la detención de Annette, se anunció una nueva y onerosa ley para los judíos: la obligación de llevar la estrella amarilla. Con la estrella no solo se trataba de identificar y aislar a los judíos: servía para deshumanizar y generaba confusión interna, tanto entre jóvenes como entre ancianos. «Si la llevo —escribió Hélène Berr, la joven diarista judía—, quiero mantenerme elegante y digna en todo momento para que la gente vea lo que eso significa. Quiero hacer lo que sea más valiente». La ley angustió de igual manera a otra adolescente que acabó siendo conocida como «la amiga de los judíos». Su nombre era Alice Courouble.

La llegada de Jean Jausion a Limoges fue una sorpresa absoluta, sobre todo porque los Zelman esperaban a Annette. Ver al joven poeta andando por el camino a su casa no era una señal positiva. Nada más verle la cara, Kaila supo que algo no iba bien. Agotado emocional y físicamente, les comunicó la seria noticia y después, deshecho, se echó a llorar. «Estábamos destrozados —recuerda Michèle—. Habíamos sido como un círculo cerrado. De repente, faltaba un elemento. Y lo peor era que no sabíamos por qué la habían detenido».

Maurice decidió buscar de inmediato un abogado y empezó a desarrollar un plan para liberar a Annette. Le recomendaron una abogada parisina preeminente llamada maître Juliette Goublet. Le indicó a Jean que la contratara al llegar a París.

Goublet era la hija de un *préfet*, es decir, el gobernador de un departamento. Se había graduado en Derecho y Filosofía y la habían admitido en el Colegio de Abogados de París a la extraordinaria edad de veintidós años. En 1938 había viajado a España para apoyar la causa republicana en la Guerra Civil. También era una autora prolífica que había publicado numerosos libros infantiles y libros de texto y tenía un lado místico, pues a menudo salía de París de peregrinaciones para purificarse espiritualmente. Como abogada, maître Juliette Goublet era sobre todo conocida por representar a clientes pobres, comunistas y militantes de izquierdas. Maurice accedió a colaborar en el pago de sus honorarios.

Al día siguiente, Jean debía abordar el tren de vuelta a París, pero cayó enfermo de amigdalitis y lo llevaron a toda prisa al hospital más cercano. La operación de amígdalas hoy en día es bastante sencilla y suele acarrear una dieta de helado. En la década de 1940 era un procedimiento más complejo, y Jean había llegado ya sin fuerzas. A medianoche se despertó ahogándose en su propia sangre. Kaila intentó detener la hemorragia, pero él estaba febril y necesitaba regresar al hospital. Necesitó tres días para recuperarse. Probablemente la curación hubiera requerido de más tiempo, pero tenía que volver con Annette. Kaila le dio un termo con sopa de pollo y varios objetos que darle a Annette, y Jean cogió el primer tren a París.

Sin los envíos de Jean, Annette estaba condenada a comer «solo pan». Tenía hambre, estaba irascible y reprendió a Jean. No más repollo, que «no me gusta. Lo que estoy pidiendo es carne y algún que otro dulce. Sé que he recibido una ración de chocolate, pero, *excusez-moi*, ¡quiero más! Por favor, deja que sea difícil», dice, provocativa, y luego añade que, entre las delicias que añora, destacan «la fruta —un paquete de cigarrillos—, café caliente y dulce y ese termo hermoso».

La dieta insuficiente y el desgaste de las primeras detenciones de estrellas amarillas la estaban desmoralizando y le suplicó a Jean que la compensara. No era fácil estar a la merced de la policía, de los guardias y de la ley. La incertidumbre abundaba en la oscuridad húmeda y fría de la prisión preventiva. Quería que Jean la rodeara con sus brazos. Le echaba tanto de menos que sentía que se estaba poniendo enferma y, de un modo muy poco propio de los Zelman, empezó a sucumbir ante el desaliento de los condenados. También quería un cepillo para el pelo.

Jean no mencionó sus problemas de salud ni la razón de su retraso. No quería preocuparla. Le pidió que escribiera una explicación de su versión de lo ocurrido para que su abogada pudiera empezar a trabajar en su caso. Le explicó que la narración debería incluir cómo la detuvieron en mitad de la noche y cómo la trataron los gendarmes. Esa carta era importante porque maître Goublet no podía reunirse en persona con Annette. Toda correspondencia, incluida la de los abogados, tenía que pasar por los censores.

La respuesta de maître Goublet fue muy positiva. Estaba segura de que podría conseguir la liberación de Annette, pero explicó que las autoridades podrían exigir ciertas concesiones. Mientras tanto, Goublet haría lo posible para que transfirieran a Annette a Tourelles, un cuartel-prisión al este de París, «un paraíso relativo comparado con la prisión preventiva». Lo mejor de todo era que se permitían las visitas, así que los enamorados podrían volver a verse. Goublet había leído la orden de arresto y sabía quién había sido la *mouche* que había denunciado a Annette. Jean buscó a la parte responsable y le suplicó que se retractara de su denuncia.

También fue tarea de Jean recaudar fondos para la defensa de Annette y su posterior liberación. Annette le propuso a Jean que fuera «a la escuela dental (en el distrito 9) y a *Mer Anvers* [Mar Amberes]». La instrucción no tiene sentido si se lee de forma literal. Para dar cualquier información con una dirección postal y proteger al individuo en ese destino, Annette utilizó juegos de palabras y bromas para que su mensaje sorteara a los censores. Le estaba diciendo a Jean que «hablara con el belga» y que buscara las herramientas dentales que los Zelman habían adquirido para las clases de odontología de Cami. «Hay una que vale dos mil francos. Sería una pena perderlas. Creo que uno de mis cuñados [código para referirse a

Jacques Maillet] te las dará o te las mandará». Después preguntó: «¿Qué has hecho con la TSF?». *Télégraphie sans fil* era el nombre en código de la radio de la pareja.

Con las finanzas protegidas y la esperanza de la liberación o del traslado hecha realidad, la siguiente preocupación de Annette era la ropa limpia:

> Esto es lo que tienes que sacar de la maleta. Mi falda con las rayas grandes, la chaqueta beige, los zapatos de suela de madera, el bolso rojo, y la camisa azul marino o azul claro, para ti.

Quería parecer una mujer libre cuando volviera a ver a Jean.

> La falda marrón oscuro y la blusa que devolví, el cinturón rojo, el mono, los sujetadores, las galletas, las medias, la mantequilla en un tarro pequeño y una toalla de mano.
>
> Cariño, estoy de mejor humor, pero te estoy echando mucho de menos desde el martes y no me va tan bien cuando no sé nada de ti.

La melancolía de Annette retrocedía cuando llegaban herramientas de dibujo y libros, bien empaquetados junto a latas de sardinas y carne en conserva. Con el papel y los lápices que Jean le había enviado, empezó a practicar lo que llamaba «arte callejero en el lugar donde dormimos con una chica estupenda que es una modelo excelente». «Estoy leyendo *La náusea*, que es un libro de una inteligencia infinita. Sartre consigue mostrarse tan odioso como quería. Sartre es un personaje muy raro, pero es muy profundo. Me parece terriblemente extraño y adorable. Lo odio al mismo tiempo, y no es paradójico». Quizá Annette sintió cierta afinidad con el humanista autodidacta de la novela de Sartre.

Entre otros libros, Annette devoró *Las aventuras del buen soldado Švejk*, de Jaroslav Hašek, así como los relatos «alucinatorios y muy hermosos» de Kafka. Jean enviaba paquetes para el cuerpo y también para la mente. La mujer que entregaba los correos se dio cuenta de que Annette recibía más paquetes que las demás.

Los regalos de Jean la hacían sentir importante, mejoraban su reputación y permitían a Annette ser generosa con sus compatriotas.

«No te enfades porque le haya regalado uno de tus libros a una amiga de Colline. Ya lo he leído. En cuanto a *Choléra*, que también lo he leído, voy a dejarlo en la biblioteca que las prisioneras están organizando, que es extremadamente ecléctica».

El altruismo de Annette sí tenía algunos límites. Las prisioneras políticas querían crear una biblioteca en la prisión, y Annette deseaba apoyarlas, pero no quería que «un puñado de chicas ignorantes y sucias» leyeran las valiosas primeras ediciones de Jean. «Te devuelvo *Manhattan Transfer* porque no quiero que se estropee. Lo dejarían hecho polvo». Propuso que los siguientes ejemplares «fueran ediciones muy baratas. Me duele ver el trato que les dan a los libros que tanto te cuesta conseguir».

Da la sensación de que las detenidas políticas se sentían intelectualmente superiores a sus compañeras peor formadas. Sin duda, muchas de ellas eran estudiantes o graduadas de la Sorbona, pero Annette, que era autodidacta, no se dejó impresionar: «El 99 por ciento de estas políticas no entendería nada si tuviera que leer a Pierre Benoit (*La Atlántida*) o a Henry Bordeaux».

Entonces llegó a un punto en el que no estaba de humor para leer.

> Dibujo, bailo, canto. Queridísimo, sé que me quieres y que te preocupa mi evolución intelectual, pero ya he recibido demasiados libros. Envíame mejor otro cuaderno de dibujo. ¡Estoy dando mi obra a las demás! ¡Te besaré mil veces si lo haces!
>
> Mándame *biscotti di Prato*. ¡Me encantan! ¡Me encantas, querido mío!

Annette empezó a abrirse y a hacer nuevas amigas. Ida Levine, la muchachita de pelo oscuro con cara seria y perpleja, se convirtió en una de sus confidentes más cercanas. Su otra compañera de celda, Tamara Isserlis, cuyas largas y oscuras trenzas se retorcían como sogas envolviendo su cabeza, le llegó a decir a Annette que era «la mejor vestida» de todas las prisioneras. «Veo que me admiran», le dijo a Jean.

«Paula, muy 16 [el distrito más rico de París]», era una judía alemana a quien Annette había visto a diario en la piscina el verano anterior. «A Guy le gustaba mucho. Nunca habíamos hablado demasiado porque una vez, mientras jugaba a la pelota, le rompió un disco a Guy. Es muy guapa y muy infantil. Hablamos de jazz, y ella dice que tengo que darle clases de arte porque le parece que sé mucho, sobre todo de pintura. El otro día me oyó mantener una conversación ecléctica con otra judía alemana, Anne-Marie, que conoce a todos los surrealistas, y desde entonces Paula ha mostrado por mí una admiración ilimitada».

Anne-Marie había estado casada dos años con un gentil cuando sus suegros la denunciaron. Su situación era de algún modo similar a la de Annette. «Es muy enternecedora, porque su tristeza está muy fresca y yo, que tengo siete u ocho años menos que ella, la animo». Hablaron de «Erskine Caldwell, Max Ernst, Breton, Fra Angelico y Paolo Uccello» y vieron que tenían amigos comunes en el Flore. «Mi amor, te aseguro que nuestra conversación de ayer, tan intelectual y llena de refinamientos inútiles para una prisión, fue una diversión tan sorprendente que nuestra tristeza desapareció. Nos fuimos a la cama riendo a carcajadas y las demás empezaron a insultarnos porque nuestra risa inagotable no las dejaba dormir. Pero me daba igual... Hoy estoy de buen humor y no me importa nada. Te quiero, mi querido marido. Mi bien».

Además de las comunistas y las terroristas, había un tercer grupo de prisioneras: las inocentes, aquellas que habían sido denunciadas o que habían cometido delitos menores, como estar fuera tras el toque de queda o no llevar la documentación, cosas que, en un mundo normal, y en el peor de los casos, habrían recibido como consecuencia un aviso.

Las prisioneras políticas que llevaban más tiempo en la prisión preventiva que la mayoría sabían que las nuevas detenidas que llegaban directamente de la calle necesitaban ayuda. Sin dinero, estaban condenadas a no comer más que dos trozos de pan al día y una taza de caldo de Viandox. Ni siquiera podían comprar una taza de café. Para ayudar, las que tenían convicciones comunistas animaban a las demás a recolectar dinero y comida en las celdas. El dinero se destinaba a comprar alimento en la cantina para que toda la celda tuviera comida. Los productos recolectados también se dividían a partes iguales. Esos actos de solidaridad generaban una sensación de comunidad, mejoraban las circunstancias y demostraban compasión humana. Juntas eran más fuertes y muchas mujeres crearon vínculos profundos.

Casi todas colaboraban para ayudar a las menos afortunadas. Sin embargo, los paquetes de comida a menudo generaban tensión entre las prisioneras que no recibían nada. Nunca había suficiente y todas tenían hambre, así que recibir paquetes de comida creaba un dilema ético para sus receptoras. ¿Debía una esconder algo para sí misma? ¿O debía compartirlo todo con una amiga? ¿O más bien ceder hasta la última migaja y quedarse igual de hambrienta?

Otros asuntos de la vida comunal también requerían de solidaridad: los orinales en las celdas de día. Las celdas eran muy pequeñas, estaban abarrotadas y no tenían ventilación. Si las mujeres se comprometían a usar el orinal solo en caso de necesidad, la celda no olería como una cloaca. Pero algunas mujeres no podían contenerse. «Somos doce en una celda minúscula sin aire, pero con un sinfín de olores desagradables —le cuenta Annette a Jean—. Primero están los retretes y luego hay una vecina que suelta un olor pestilente cada vez que se mueve. Debe haber algo infectado o fermentando debajo de su falda. ¡Es la misma que ronca de noche como si se ahogara!».

Masha Lews, que había estudiado en la Sorbona, ideó un programa de estimulación intelectual para que las compañeras de prisión estuvieran animadas y con la mente fuerte. Organizó clases de idiomas, que incluían yidis y ruso, se hizo con periódicos de la cantina para que las mujeres pudieran hablar sobre los titulares e invitó a otras a que dieran clases de sus áreas de conocimientos.

Gracias a los envíos de libros de Jean, Annette empezó un grupo de literatura que ayudaba a las demás a discutir y analizar sus lecturas, igual que se hace en los clubes de lectura modernos. Además de literatura, hablaban de cine y arte. Incluso organizaron un coro. «Y yo disfruto dibujando», añade Annette.

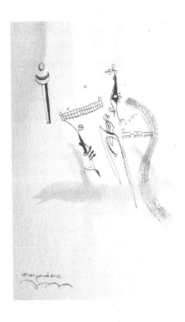

Annette se esforzaba por mantener el ánimo a través de las cartas que escribía a Jean, pues sabía que era importante mantener la conexión con el mundo exterior. Que estuviera en la misma situación en la que Charles había estado era una ironía cruel. Escribió tantas cartas que la prisión empezó a limitar su correspondencia a dos por semana. Y así sus cartas se convirtieron en diarios épicos de su actividad diaria, sus sueños y sus deseos:

> Cariño, tenemos una vida dura aquí. Por la noche dormimos en una habitación enorme y sucia (¡genial!) donde confluyen todas las celdas. Al menos allí puedo estar con Anne-Marie, que está en la celda 7. Yo estoy en la 13. Le gustaría leer *Odal* [obra escrita por el académico y lingüista Otto Behaghel; la runa «odal» se asocia con el nazismo]. ¿Todavía tienes ejemplares? Debes cuidarlos, porque sería una pena perderlos y yo no voy a estar siempre en prisión… Espero salir pronto.
>
> Mi amor, sé que has oído que estoy muy animada y que canto. Es cierto. Lo estoy. Tengo compañía, un grupo que me quiere mucho, al que dirijo y que coincide conmigo, como diría mi hermano pequeño, Cami.

Annette era una líder natural.

Las sirenas antiaéreas rompieron la paz de la noche o el tormento de los sueños. Furiosas por la pérdida de sueño y por el hecho de que tenían que poner a las prisioneras a salvo, las monjas abrieron la puerta del oratorio de golpe y gritaron a las mujeres que se apresuraran hacia el refugio.

Voces roncas de sueño y pánico voceaban en el pasillo: «*Vite! Vite! On y va! Allez!* ¡Rápido! ¡Vamos!».

Agitadas por el rugido de los aviones sobre ellas, las prisioneras sintieron una oleada de alegría. Bajo el cielo enardecido, desearon que las bombas británicas cayeran sobre el cuartel general de la Gestapo o sobre algún otro edificio nazi importante. No les importaba estar encerradas en el sótano de la prisión preventiva; los aviones traían el sonido de un mundo que seguía en guerra, no del mundo ocupado que encarcelaba a mujeres por infracciones de amor o por bailar después del toque de queda.

Medio despiertas, las mujeres bajaron corriendo al refugio antibombas en las profundidades de la prisión preventiva, donde las encerraron en celdas minúsculas y las dejaron hasta dos horas. La cercanía. El calor de sus cuerpos. Las lágrimas ahogadas y la carne sudorosa. El pánico en la oscuridad. Todo era sofocante. La explosión de bombas en lo alto ensordecía sus oídos. No había luz. El aire era denso y se espesó aún más. En un espacio que no debía de albergar a más de tres o cuatro mujeres, estaban amontonadas unas encima de otras. Las compañeras de celda de Annette eran «prostitutas espirituales, llenas de tacto, como puedes imaginar». Hicieron vulgares intentos de aligerar el miedo colectivo de las mujeres a morir aplastadas bajo tierra. «Conseguí no sufrir un ataque de nervios con cierta dificultad».

Como los días se solapaban entre sí, los monólogos de Annette no tienen fecha porque la fecha no tenía sentido alguno. La vida era una rutina interminable. Monotonía absoluta. Escasa luz del sol. Sin calendario. Cuanto más desconectadas de la realidad, más dóciles eran las detenidas y más fáciles de controlar. Solo dos días destacaban en el calendario de la prisión: martes y viernes, los días de los paquetes. El principio o el final de alguna semana. El desafío no era llevar la cuenta del tiempo, sino mantener la creatividad y la organización. Sus esfuerzos por recaudar fondos habían tenido cierto éxito. Jean había reunido trescientos francos y se los había mandado a Annette en una carta. Tuvo que sacrificar algo de dinero por uno de los paquetes. Algunas cosas que Jean le envió no llegaron a pasar la censura. «Lamento los discos, los libros —escribió Annette—. El agua que rechazaron en el paquete. Lamento Sanary, el mar, pescar».

La formulación aquí es peculiar, pues suena como si ella y Jean hubieran viajado juntos a Sanary, pero eso sencillamente era imposible. Para que Annette hubiera ido al sur más allá de Marsella tendría que haber viajado a la zona libre y luego de vuelta a París en el tiempo comprendido entre la huida de su familia a Limoges y su detención. Jean estaba tan enamorado de la región que le contó a Guy que había comprado una propiedad en la isla de Levant, una de las cuatro islas que forman las Hyères, para Annette y para él. Allí había una colonia nudista muy conocida (que sigue existiendo hoy en día). Jean soñaba con el día en que pudiera llevar a Annette allí, donde podrían vivir juntos como Gauguin, paseando por las playas de arena, haciendo el amor bajo las estrellas, desnudos como Adán y Eva.

Sin embargo, Annette tenía un mal presentimiento respecto a ese sueño. «Mi amor, hablas demasiado del mar y de Sanary-sur-Mer para que se haga realidad. Tendría que haber tenido una premonición indefinible de esta desgracia. ¿Acaso no tengo intuición? Éramos demasiado felices». Frustrada por el sueño de vivir en el mar, Annette ahora se concentraba en el sueño de que la trasladaran a Tourelles. Soñaba con ver y tocar de nuevo a Jean.

Cuando el cautiverio de Annette llegaba a la tercera semana, maître Goublet advirtió a Annette que corría el peligro de que Dannecker la convirtiera en un caso ejemplar. Le bastaba con citar la nueva ley que había aprobado el día después de la detención de Annette, que ilegalizaba los matrimonios mixtos entre judíos y gentiles. Alarmados, sus padres y Jean escribieron cartas para animar a Annette a que se mostrara «sumisa» mientras que Goublet intentaba que la trasladaran a Tourelles. Jean le aseguró a Annette que ambas familias estaban trabajando por su bien, pero le avisó de que tuviera cuidado. «No generes olas ni llames la atención. Los guardias están observando. Dannecker tiene espías», le advirtió.

El consejo le dio escalofríos al espíritu libre de Annette. «Espero que tus padres nos estén ayudando de verdad y que no nos estén contando historias. Estoy pensando en la libertad que se nos ha prometido. Y Tourelles se nos presenta como el Edén comparado con la prisión preventiva. ¿Tus padres están cuidando de mí?». La prisión la hacía sospechar de sus motivaciones. ¿Qué se le iba a exigir a cambio de la liberación? Pronto lo iba a averiguar.

Annette sabía que el doctor Jausion y su mujer eran antisemitas y no la aceptaban. Para ellos, Jean no solo se estaba casando con alguien por debajo de su rango, sino por debajo de su raza. No obstante, Jean acudió a su padre para pedir ayuda. Su apoyo no fue inmediato, pero al final el doctor Hubert Jausion cedió y pidió a su amigo, Georges Scapini, el embajador en Berlín en el Gobierno de Vichy, que interviniera a favor de Annette.

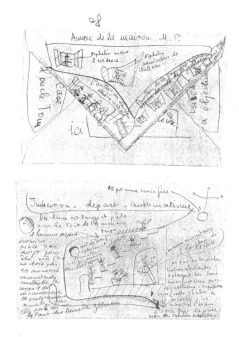

La maniobra funcionó, pero la siguiente carta fue un martillazo. Maître Goublet explicó que la indulgencia llegaría solo si Annette anulaba las amonestaciones y firmaba una declaración en la que aseguraba que nunca se casaría con Jean Jausion. Era la única forma de asegurar su liberación. Como parte de esa condición, tan pronto fuera liberada, Jean la llevaría con sus padres. No habría boda.

Estoy absolutamente destrozada y mi corazón sufre un dolor terrible. Te escribo, pero cada palabra me causa un dolor espantoso. Harás de mí una desgraciada. Me duele el codo. Ya no lo soporto. Tienes que explicármelo rápido. No puedo creer que sea posible. ¿Es este el aspecto sumiso del que hablabas? No podré vivir sin ti y después de mi estancia aquí (y aunque no quería decírtelo, es una estancia de lo más deprimente) tendré que volver con mis padres. Sin ti. ¿Y tú crees que eso es posible, Jean? Me haces un daño horrible... Estoy al límite de mis fuerzas y mi corazón está cada vez más débil. No me hagas daño. Eres toda mi vida. Rápido, explícamelo. No vivo hasta tu próxima carta.

No firmó con su nombre.

# Estrellas amarillas

No os preocupéis, después de la guerra podéis obligarnos a
llevar narices falsas.

JEAN COCTEAU a un judío que se quejó de llevar
la estrella amarilla

## SÁBADO, 6 DE JUNIO

«Era un sábado feliz, iluminado por la luz del sol», dijo la joven
Alice Courouble al recordar el día en que salió a la calle del brazo de
su mejor amiga, Suzanne, que era judía, a protestar contra las últimas leyes antisemitas. Habían tardado una semana en organizar las
protestas, pero por fin las calles de París estaban vivas con manifestantes y estudiantes. A las ocho de la mañana el primer grupo de
opositores «estrellas amarillas» llegó a la prisión preventiva.

Alice Courouble se puso la estrella amarilla sin ser judía, y la
metieron en un «escurridor de ensalada» con otras tantas manifestantes. Entre ellas se fijó en una adolescente detenida por ir al bu-
zón de correos «con el salto de cama». ¿Quién se pone una estrella
amarilla en el salto de cama? Una mujer llamada Lillian llevaba un
gallo amarillo —símbolo de la Resistencia francesa— sujeto con
un alfiler junto a una efigie de Juana de Arco, y otra «se había hecho un cinturón con ocho estrellas amarillas de cartón, cada una
decorada con una letra de la palabra "victoria"». Elise Mela y su
hija, Franceska Mela, fueron detenidas cuando iban por la calle a
comprar las estrellas amarillas. Las excusas de los judíos no eran
aceptables. Tampoco las de los amigos de los judíos. Hasta detu-

vieron a una mujer por poner la estrella amarilla a su perro. Dejaron al animal en libertad.

Jaleadas por el hecho de que los alemanes estuvieran deteniendo y agrediendo a los manifestantes, las prisioneras gritaban «*Courage!*» [¡Ánimo!] a las estrellas amarillas recién bautizadas como *Judenfreunde* (amigos de los judíos) que llegaron a la prisión preventiva. Se convirtieron de inmediato en celebridades.

La detención y la llegada a la oscura fortaleza de la prisión era una experiencia espantosa para los adultos. Para una adolescente como Alice Courouble, era aterrador. La etiquetaron de prisionera de guerra, que suponía una ofensa grave. Una monja le dijo a Alice que quizá podía estar en la cárcel «hasta el final de la guerra, o de por vida, ¡no se sabe!».

Espantada por su entorno, Alice Courouble se mantuvo cerca de las demás estrellas amarillas. Sin embargo, en cuanto les asignaron una celda, una mujer rechoncha, «ampliada por dos enormes pieles de zorro, se derrumbó en el banco como una bola de algodón... Emitió un profundo suspiro y dijo: "¡Me cago en mí!"».

Alice y las mujeres a su alrededor se echaron a reír.

Josepha, otra prisionera política detenida tres veces por llamar «*boches*» a los alemanes, se encargó de proteger a la adolescente. Josepha llamaba a Alice «su pollito» y le presentó a otras prisioneras políticas que pronto ofrecieron a Alice su cuidado colectivo.

«Cariño», le escribió Annette a Jean:

> Me gustaría mucho saber qué está pasando con estas historias de las estrellas. En el barrio hubo manifestaciones de estudiantes. Han detenido a estudiantes por haber llevado la estrella como parodia. Hay una chica a mi lado a la que le han dado una paliza bochornosa en los Campos Elíseos a la vista de todo el mundo por llevar una estrella amarilla con la palabra «cristiana» en vez de «judía». Está cubierta de moretones. «Me arrastraron del pelo por la acera hasta el coche alemán», nos cuenta. Según ella, había unas doscientas personas mirando y nadie hizo nada. Es cada vez más edificante. Hay muchas mujeres que han recibido palizas de los alemanes. Se han lavado desnudas delante de las demás y he visto que tienen las nalgas o la espalda entera

de color morado. Al parecer yo misma he tenido suerte de librarme. Y sabes que es verdad.

Cada vez hay más gente detenida. Cada día llegan grandes cantidades de mujeres. Judías que no llevaban la estrella. Una estudiante de medicina que la llevaba con un gallo tricolor debajo. A otra que iba a la policía en busca de alguien la pararon porque no llevaba la estrella amarilla en público. Es una locura. Por la cantidad de detenciones se diría que fuera cunde el pánico. Pero, por otro lado, sé que la gente sigue andando por la calle sin sospechar nada o sin preocuparse de verdad. Como prueba de esto, la cobardía de los franceses, que no reaccionan ante el espectáculo de dos alemanes enormes propinando una paliza a una muchacha rubia, frágil, bonita y elegante en medio de la calle.

Amor mío, ahora mismo prefiero estar encerrada. No soy una lameculos. Menudo espectáculo, menuda experiencia. Tu padre debería estar aquí para ver a estas mujeres a las que les han pegado por nada. Arias o judías… Querido mío, te mando besos con todo mi fervor. Te quiero. Tu mujer.

El número de manifestantes que llegó esa semana hizo que la prisión preventiva pasara de estar llena a estar abarrotada. A primera hora del martes 9 de junio, las monjas llamaron a un grupo selecto de prisioneras. En la oscuridad casi total del dormitorio comunal, Annette vio que sus compañeras de celda Masha Lews y Tamara Isserlis se marchaban por la puerta del oratorio. Las amigas se escrutaban unas a otras con miradas interrogativas. ¿Volverían a verse?

Ese día, Annette escribió: «Querido mío, te mando besos con todo mi fervor. Te quiero. Tu mujer. Ya no creo en mi liberación».

# Tourelles

Aunque los alemanes te griten que «¡vas a estar aquí hasta que se te rompa el corazón!», no se ha roto.

RAYA KAGAN citada por Alice Courouble

## MIÉRCOLES, 10 DE JUNIO

Las mujeres estaban aseándose por la mañana, lavando sus partes íntimas en el lavabo comunal y observando los moretones de las prisioneras nuevas. Se daban apoyo entre sí después de una noche sin descanso cuando la puerta del oratorio se abrió y un guardia empezó a gritar nombres: «¡Gutmann, Litvax, Levine, Kagan, las dos Mela, Zelman! Seguidme». Elise Mela y su madre reunieron sus posesiones del rincón del oratorio donde dormían y se colocaron a la cola con las demás mujeres nombradas. Annette recogió algunos de sus libros favoritos, todos sus cuadernos de dibujo y los lápices de carboncillo que Jean le había enviado. Junto a Ida Levine y Sonia Gutmann, miró el oratorio por última vez cuando las puertas se abrieron.

En el quai de l'Horologe había autobuses blancos esperándolas. No eran como los «escurridores de ensalada» en los que las mujeres habían llegado; esos autobuses tenían asientos y no separaban a las prisioneras entre sí. Al menos se les concedía esa pequeña comodidad.

Se dirigieron al sur, cruzando el Sena, hacia el boulevard Saint-Germain, donde Annette había vivido tanta felicidad en el Café de Flore. Debió de asomarse por la ventana deseando ver pasar al menos una cara conocida.

261

Del Sena soplaba una brisa con un olor reconfortante, salobre y urbano mezclado con pino, cedro y lavanda. La actividad de la mañana estaba en su punto álgido. Los tenderos barrían las aceras, desplegaban los toldos o cargaban con cajas o carretillas por la calle. Las mujeres llevaban cestas con verdura marchita y preciadas baguettes.

Los autobuses giraron hacia el norte rumbo a Île de la Cité y cruzaron de nuevo el Sena por el pont d'Arcole. Los arcos góticos de Notre Dame estuvieron a la vista y luego quedaron atrás, y entonces empezó a llover.

Pasaron por la rue Oberkampf, una zona semiindustrial donde faenaban trabajadores del metal y curtidores, y subieron la pendiente del distrito de Belleville, donde los Zelman habían vivido durante un tiempo.

Casi una hora después, los autobuses giraron por el boulevard Mortier, no lejos del famoso cementerio del Père Lachaise, donde se supone que descansan los huesos de los desafortunados amantes Abelardo y Eloísa. Y así fue como Annette y sus compañeras llegaron a Tourelles, un lúgubre conjunto de edificios de ladrillo de cuatro pisos que hoy en día sirve de cuartel general para la Direction Générale de la Sécurité Extérieure, el servicio secreto francés.

Condujeron a las mujeres al edificio administrativo, donde las registraron y cachearon. Les confiscaron los bienes, las armas y también el dinero. Las recién llegadas cruzaron acompañadas el patio de la prisión hasta un edificio de cuatro plantas. Allí entraron en una gran sala llena de amigas y antiguas compañeras de celda a las que creían en libertad. Encontrarlas tuvo un efecto brutal.

La prisión preventiva era un conducto unidireccional a Tourelles, no a la libertad.

Entre las mujeres que escrutaban las caras de las recién llegadas estaba Bella Lempert con el ceño fruncido. Había llegado el 15 de abril, ocho semanas antes que Annette, y ya se había acomodado a Tourelles y tenía un grupo de amigas. Miró a su excompañera del Café de Flore con la simpatía de un gato que acorrala a un pájaro. Con una sonrisa tranquila y astuta, Bella le puso la piel de gallina a Annette. En un año habían pasado de ser amigas del alma en lo más alto de la sociedad intelectual del estiloso Barrio Latino a ser archienemigas y compañeras de prisión.

«No voy a ser su amiga», escribió Annette a Jean más tarde.

Para Raya Kagan, encontrar a Bella Lempert en Tourelles no fue una sorpresa desagradable. Las dos mujeres se conocían de la Sorbona, donde habían estudiado Filosofía juntas. El París de entonces era como una ciudad pequeña.

Tourelles «estaba bastante bien», según recuerda Claudette Bloch. No solo el espacio para dormir era mejor, sino que las habitaciones eran más grandes y las mujeres podían moverse dentro del edificio para visitarse unas a otras. «Se parecía más a una escuela estricta que a una cárcel. Había unas cien mujeres. Divididas en dos grupos. Las que, como yo, habían sido detenidas por así decirlo, por nada, por ser judías». También estaban las comunistas, las «rateras» o carteristas, las vendedoras del mercado negro, las terroristas culpables de espionaje por haber insultado a un alemán o haberse enamorado de un gentil.

> Jean, amor mío:
>
> Estoy en Tourelles. Hoy me han traído aquí. Si tienes tiempo, intenta venir a verme. Las visitas son los jueves y los domingos de 1/4 a las 3 horas. Si recibes mi mensaje a tiempo, podrías verme mañana. Lo espero con todo mi corazón. Estoy muy triste, no sé por qué. Aquí hay demasiada gente y demasiada gente ocupada. La prisión preventiva me dejaba adormecida; aquí me siento todavía más confinada. A todo el mundo le parecería increíble porque Tourelles parece un paraíso comparado con la prisión preventiva.
>
> Ojalá puedas venir mañana (jueves). No albergo esperanzas de salir pronto. Me gustaría verte mañana. Si no, será el domingo.

El estricto protocolo exigía enviar una petición por escrito al director de la prisión antes de que una prisionera pudiera recibir visitas. Si alguien venía a visitar a una prisionera que no estaba en la lista de permisos, quedaba excluido de entrada para siempre. Annette escribió de inmediato al director para que Jean pudiera entrar.

El jueves después del mediodía, antes de la una, las mujeres empezaron a reunirse en el rellano junto a sus celdas. Nadie podía bajar las escaleras a menos que un guardia dijera su nombre. Se daban empujones unas a otras con ilusión, esperando con impaciencia. Para ver si Jean había recibido su mensaje, Annette se subió al alféizar de una ventana y se agarró a la barandilla con otras jóvenes ágiles. Los castaños que había en frente de la verja hacían imposible ver a quienes hacían cola, pero los que estaban junto a la verja apretaban la cara entre los barrotes y saludaban con la mano en dirección a las ventanas para que sus madres, sus enamoradas, sus hermanas o sus amigas pudieran verlos.

Annette palpitaba por los nervios. La silueta de un joven proyectó una sombra por las escaleras.

«¡Zelman!», gritó el guardia.

Annette bajó corriendo las escaleras y se lanzó a los brazos de Jean. Apretó su cuerpo contra el de él como si quisiera fundirse con su ser, aferrándose a él y él a ella. Las mujeres que sabían de su historia los observaban con lágrimas en los ojos mientras Annette y Jean iban paseando hacia el comedor sin dejar de mirarse. El vínculo entre ellos era tan poderoso que parecía una corriente eléctrica de comunión silenciosa que ninguna fuerza exterior podía romper.

Por las escaleras sobre el refectorio ascendían los «burbujeantes sonidos de la alegría» de las familias que se reunían. Entre ellas estaban Alice Courouble y sus padres y Claudia Bloch y su hijo. Abrazos y besos. Risa y llanto. Voces de niños. En la sala de visitas, Claude tomó asiento junto a Bella. Jean y él habían vuelto a ser amigos, a pesar de que sus novias no se hablaran. Juntos, los jóvenes desentrañaban las profundas aguas del sistema legal francés y se animaban entre sí a poner cara valiente ante sus novias. Los minutos pasaban y se acercaba el final de la visita. «El silencio asfixiaba las reuniones cuando se acercaba el terror de la separación —recuerda Alice Courouble—. Se acercaba la amenaza del silbato de los gendarmes... Los ceños se fruncían y la inquietud sustituía la alegría en todos los rostros. Las prisioneras y sus visitantes ya no podían ocultar su preocupación».

Cuando sonó el silbato, Annette desesperada abrazó y besó a Jean hasta que los guardias amenazaron con separarlos. Envolvió entre sus brazos el paquete que Jean le había traído: víveres, horquillas para el pelo, una muda de ropa interior y las valiosas páginas de la carta de su amor, llenas de poesía, añoranza y ánimo. Los amantes giraron la cabeza para mirarse a los ojos durante los últimos momentos de deseo cercenado, luego volvieron a abrazarse en busca de la última caricia en un paso a dos digno de Fonteyn y Nuréyev.

En las plantas superiores, las afortunadas que habían tenido visita extendían el contenido de sus paquetes en la cama y repartían lo que podían. Jo Massey, una de las manifestantes de las estrellas amarillas, recibió pastelitos caseros de su madre y los compartió con Bella y Tamara Isserlis. «Alice la Grande —la aristócrata robusta que tanta risa había provocado con su «me cago en mí» el fin de semana anterior— recibió una maleta de su marido llena hasta los topes: fiambre (¡un kilo entero!), docenas de huevos y un montón de mantequilla en una época en la que todas esas cosas estaban racionadas y a menudo no se podían conseguir, ni siquiera en el mercado negro». Alice Couroublé estaba asombrada por el festín y por el hecho de que Alice la Grande lo compartiera todo con todas. Hasta había miel y pan especiado.

Para Annette Zelman, las pocas cosas que Jean le había traído «eran lo único que le importaba en el mundo. Y la mantenían viva», explicó Raya. Las mujeres empezaron a llamar a Annette «la novia». Todas conocían su caso y estaban «sorprendidas y también indignadas» de que la trataran tan mal, «y es una reacción normal», le dijo a Jean.

Ver y tocar a Jean transformó la conducta de Annette:

> Desde ayer siento una euforia total y soy particularmente útil para animar a las demás. En mi celda también hay una chica que conocía porque trabajaba en la casa de Eva Singer. Dile a Eva que la chica se ha puesto enorme y que solo come y duerme. Es una deshonra para la comunidad. Sobre todo porque recibe paquetes tan descomunales que el encargado de traerlos [escaleras arriba] casi no puede con ellos, y luego no comparte con nadie. Amor, no me importa, porque tengo más que suficiente. Tú eres un amor, piensas bien de mí y te adoro. En cuanto a mis amigas, Anne-Marie (la surrealista) (la otra llamada Elise [Mela] es estupenda) es cada vez más conmovedora. Me va a resultar difícil dejar a todas estas chicas cuando

me liberen. Aquí cada una trata de ser amable y buena porque es la única forma de vivir. Nuestros paquetes se dividen entre dos o tres. Por mi parte, tengo otra buena amiga (Erna, una profesora de educación física). Es decir, que comemos juntas de sus paquetes o de los míos.

Cuando voy a la cama, te siento cerca de mí y gimo con suavidad para complacerte.

Te quiero muchísimo, mi dulce niño. ¡Te mando besos!

Tu Annette

Para evitar que las chicas languidecieran con la monotonía y el aburrimiento de la vida en prisión, Masha Lews ya había introducido el plan que había comenzado en la prisión preventiva: puso en marcha dentro de Tourelles una facultad femenina improvisada. Los días largos estaban llenos de lecciones de ruso y de yidis, de conferencias de antiguas profesoras y de clases de arte y canto. Las reclusas se enseñaban unas a otras canciones variadas de sus infancias: canciones rusas y polacas, alemanas e incluso argelinas. Annette entonaba canciones que había aprendido en Nancy, incluida una que a Jean le disgustaba porque era muy violenta y repetitiva. «La historia de una chica y su hermano que llega, que llega, que llega y da tres puñaladas, puñaladas, puñaladas». Erna retomó las clases de ejercicio físico que había impartido en la prisión preventiva, solo que ahora el tiempo de recreo tenía lugar bajo la frondosa sombra de un roble solitario y centenario que se alzaba en el patio de la prisión.

He aquí la juguetona camaradería de las mujeres jóvenes —unas todavía adolescentes, otras recién llegadas a la vida adulta, otras maduras— correteando por la hierba. Se tocan la cabeza unas a otras, se persiguen en círculos. Juegan a la ruleta, a las damas, al caballito del rey. Saltan, giran con los brazos abiertos como helicópteros. Corren en el sitio. Se sujetan los pechos para que no se muevan demasiado. Se ríen. Chillan. He aquí las delicias del aire veraniego. De la luz dorada y la brisa estival. De las migas de magdalena en una taza de té vacía.

Pocos días después de su llegada, Anne-Marie pidió a Annette y a Raya si querían asistir a la conferencia de una científica marina en una de las «salas de conferencias». Entre el público estaba Jo Massey, una de las manifestantes de las estrellas amarillas, quien reconoció de inmediato a la profesora Claudette Bloch de sus clases en la universidad. La bióloga habló de su investigación a un público cautivo. Annette no pudo evitar pensar que a Jean le encantaría conocer a Claudette y aprender más sobre ciencias marinas.

Después de la conferencia, Annette se volvió hacia una pelirroja muy atractiva que llevaba un vestido de noche y un abrigo de piel que estaba sentada a su lado. «¿A ti qué te ha pasado?». Alice Heni explicó que había entrado en un bar a hacer una llamada telefónica cuando el capitán Dannecker entró y se puso a pedir los documentos de identidad. Heni se encogió en su rincón y colgó el auricular, pero los ojos de águila del alemán la habían visto. Los judíos tenían prohibido llamar por teléfono.

«¿Has telefoneado? —vociferó—. ¡Al campo de concentración!».

Todavía vagaba con el vestido de noche porque nadie le había traído aún una muda.

Apodada Couscous por ser judía de Argelia, Heni empezó a impartir clases de danza del vientre por las tardes como parte del programa. Adornada con anillos pesados y pulseras que cascabeleaban mientras hacía ondas con las caderas y la cintura, podía doblarse hacia atrás y tocar el suelo con la cabeza mientras movía los brazos sobre su precioso pecho. Era la clase favorita de Annette.

Entre las reclusas del pabellón femenino había al menos dos pares de madre e hija: Elise y Franceska Mela y Hara y Sara Tassemka. Sara, a la que llamaban cariñosamente Boubi, tenía el pelo cortado como un chico y llevaba siempre pantalones cortos.

También había una condesa entre las mujeres. Lo más seguro es que fuera Alice Cahn, la cual había estado casada con un miembro de la Gestapo durante diez años, pero su marido la denunció por ser judía. No está claro qué hizo él con los hijos. Anne-Marie y Annette no eran las únicas traicionadas por amor.

La nueva rutina en Tourelles incluía visitas, una ducha bisemanal en la sección masculina y comunión católica los domingos, explicó Alice Courouble. «Cada día también tenía su cadencia regular. Los gendarmes pasaban revista, comíamos en el refectorio, dábamos un paseo, cenábamos a las seis, de nuevo pasaban revista», que se hacía siempre al pie de la cama. Al menos ahora tenían cama, pero la falta de higiene persistía. Podían limpiarse, pero les habían confiscado el jabón al llegar, al igual que las toallitas higiénicas y las compresas. Es difícil entender por qué a las mujeres se les negaba la higiene básica. «Era imposible conseguir agua caliente, ni siquiera para nuestras necesidades íntimas», se quejó Alice. En cambio, Annette pensaba que era maravilloso que las dejaran ducharse dos veces a la semana, después de la suciedad y el mal olor de la prisión preventiva.

La colada era otro problema. Entre la menstruación y la mala alimentación, la ropa limpia era imposible. «Comíamos repollo a diario. Durante meses, repollo por la mañana y luego repollo por la tarde. Se convirtió en asco colectivo», dice Alice Courouble. Por supuesto, el repollo causa gases y, cuando se consume en exceso, hinchazón. Solo había un retrete comunal en la planta baja al que llamaban «el pueblo», y su dieta a base de crucíferas causaba problemas serios. Era «nuestro mayor tormento», recuerda Courouble. Responder a necesidades urgentes no siempre era una cuestión respetada por los gendarmes, que tenían otras cosas que hacer por las noches, como dormir, y la urgencia de una mujer podía impedir la de otra. «Como consecuencia del repollo y del pan podrido, nos pasábamos el día entero haciendo cola en el pueblo».


Los días de visita eran el único «gran acontecimiento en nuestras vidas en reclusión», y los preparativos empezaban la víspera, escribe Alice Courouble. Las que tenían más de una muda se ayudaban entre sí a decidir qué ponerse. Alice, una adolescente que solo esperaba a sus padres, observaba maravillada el revuelo de actividad y las alegres preparaciones. Actuaban entre ellas como colegialas en una fiesta de pijamas. Se arreglaban las trenzas, se rizaban el pelo con pinzas o usaban calcetines para crear ondas largas y suaves.

En cuanto Annette despertaba, se preparaba para Jean. Se lavaba el cuerpo con agua fresca, colocaba en la cama el conjunto que se pondría para que desaparecieran las arrugas. Se ponía la ropa interior limpia, se abotonaba la cintura de la falda marrón y se metía la blusa azul por dentro antes de quitarse las horquillas para que el pelo ondulado le cayera sobre los hombros. Acababa de acicalarse en el reflejo de la ventana. No había espejos.

Alice la Grande —llamada así cariñosamente por su redondez y sus pieles— se recogía el pelo con tanta fuerza que parecía «una magistrada inglesa» y luego se vestía «como una coqueta» para su marido, luciendo «un vestido de verano decorado con flores multicolores, zapatos blancos y un chal de piel de zorro». A las mujeres les encantaban las excentricidades de Alice la Grande.

Las madres presas, como Claudette Bloch, se vestían para sus hijos, esforzándose por parecer felices y sanas, llenas de confianza y seguridad. El hijo de Claudette, que tenía el pelo negro y rizado y los ojos oscuros y brillantes de su madre, era un niño cuya emotiva presencia en la galería maravillaba a todas. Las lágrimas de Claudette no brotaban hasta que se quedaba de nuevo sola.

## Jueves, 18 de junio

La cola fuera era menos abundante que los domingos, pero Jean y Claude estaban en ella. Nadie podía evitar mirar el modo en que Jean y Annette se agarraban entre sí, pues era como si olvidaran que se estaban acariciando y besando en público. Su devoción era tan sincera, su separación tan cruel, que todas sentían su dolor.

Una sensación de virtud y también de ética imbuía a Annette, que se debatía con la concesión exigida por el tribunal. Ella, por no decir los dos, era víctima de una injusticia. ¿Cómo podían castigar a alguien por amor? A pesar de sus recelos, Annette había firmado la declaración en la que prometía no casarse con Jean Jausion. Entonces, ¿por qué Goublet no había conseguido liberarla?

*Será cualquier día de estos*, se aseguraban entre sí. *No abandones la esperanza. Saldremos de esto y huiremos a Sanary. Ascenderemos por los riscos de Calanques y nos zambulliremos en el mar. Nos pondremos una máscara de buceo y un tubo y visitaremos los campos de anémonas minúsculas que se agarran a las rocas, nos daremos la mano bajo el agua mientras las anémonas minúsculas amarillas, las que tienen forma de girasoles y las de color morado brillante y parecen lavanda en flor se mecen en la corriente, igual que sobre el mar, bajo el mar. Seremos libres. Viviremos como marido y mujer, aunque no podamos casarnos. Nuestro amor todo vencerá.* Jean, deseando poseer cada molécula del ser de Annette, deseando metérsela en el bolsillo y sacarla a escondidas, le besaba en los labios. En las mejillas. En la frente. «Escríbeme», le susurraba, dándole sus páginas de amor para alimentar las noches solitarias en que estaba sin él. Ella le dio a él su carta. Sus manos se enredaban como una enredadera.

Cuando se acercaba la hora de la despedida, Annette sentía que su valor flaqueaba. Lo había visto tres veces en un lapso de ocho días. No era suficiente. No podía dejar que Jean se fuera. Los gendarmes los separaron de nuevo. Annette volvió a su cama y se echó a llorar.

Annette y Alice Courouble estaban en el refectorio terminando su escasa comida de repollo aguado cuando los guardias gritaron: «¡Todo el mundo fuera!». Se levantaron con cautela, y Annette se dirigió al patio, bajo el roble viejo.

Raya Kagan se había estado preparando para dormir y salió en bata. Nadie la apremió ni se fijó en que se detenía al borde del grupo. Le pareció raro que las judías, al igual que las manifestantes de la estrella amarilla, se vieran forzadas a ponerse en fila.

Frente a ellas había tres SS uniformados y varios oficiales alemanes.

Heni murmuró entre dientes el nombre de Dannecker.

Dannecker no tenía el rostro de un ser humano. Sus ojos estaban velados, como si llevara una máscara de odio a todas las mujeres que tenía delante.

«¡Todas las judías entre dieciocho y cuarenta y dos, a un lado! —soltó Dannecker—. ¡Poneos en fila! ¡Las demás, daos la vuelta!».

Erna, que también estaba al borde del grupo, agarró instintivamente la mano de Raya. Estaban cerca de un pasaje no vigilado entre dos edificios que conducía a otro patio desde el que la libertad estaba a un muro de distancia.

Erna miró el pasaje y propuso con los susurros mínimos que escaparan. ¿En bata, sin documentación y sin dinero? Raya no se movió. Erna sí. Dio un apretón a Raya en la mano y se adentró en las sombras.

El comandante ordenó al resto de las mujeres que volvieran a su cuarto.

Con los nervios a flor de piel, Alice Courouble y las compañeras de celda restantes subieron y al llegar les ordenaron que se colocaran junto a sus camas.

«¡Ni una voz, ni una palabra, ni una señal, ni un movimiento!», gritó uno de los guardias. «Quedaos de pie en frente de vuestra cama. La primera persona que se mueva se irá con las otras. ¿Entendido?».

¿Irse? ¿Adónde se las llevaban? Alice miró las camas vacías intentando contar cuántas estaban ausentes mientras los gendarmes marchaban y formaban una barrera humana desde un lado de la habitación hasta la pared opuesta, donde había una puerta. Uno de los guardias la abrió. Estaba oscuro, pero Alice distinguió colchones en el suelo, ni sillas ni camas.

La joven Alice Courouble vio que Annette y la columna de mujeres entraban en la habitación. «Nuestro silencio formó una especie de pared a su alrededor. Todas estaban tranquilas. He aquí Sonia, Raya, he aquí Elise, tan rubia, luego una madre, luego una hija. Lloramos, pero intentábamos ahogar nuestros suspiros, y no nos atrevíamos ni a limpiarnos las lágrimas».

La puerta se cerró de golpe tras ellas y la cerraron con llave. Un gendarme se volvió a mirar a las mujeres que quedaban en frente de sus camas, gentiles o judías de edad avanzada, a las que Dannecker no había seleccionado. Levantando la barbilla con un movimiento rápido, les indicó que descansaran. Él no dejó su puesto.

Dentro de la habitación, Annette y las otras empezaron a hacerse a la idea de su pésima situación. Había dos salas adjuntas, pero el espacio era peor que el de la prisión preventiva, si es que eso era posible. Había colchones de paja sucios en el suelo. Ni una silla ni un taburete. Había latas que servían de retretes improvisados. Varias botellas de agua. Raya se fue a la ventana justo a tiempo para ver que Erna colocaba el abrigo sobre el alambre de espino y saltaba el muro. Tuvo la preocupante sensación de haber tomado la decisión equivocada.

Un gendarme entró y leyó en voz alta el nombre de las mujeres y se fijó en cada una. Cuando llegó al nombre de Erna, el guardia gritó una y otra vez bajo la tenue luz. Nadie dijo ni una palabra. Annette buscó a su atlética amiga, pero no estaba. Les prohibieron hablar mientras el gendarme salía. Fuera empezaron a retumbar las alarmas de fuga.

El resto de la noche, los gendarmes estuvieron zapateando con sus pesadas botas sobre los chirriantes tablones del suelo mientras hacían comprobaciones regulares de las camas con la linterna.

Al romper la mañana, Alice y las demás mujeres en la habitación exterior se arriesgaron a suplicar al guardia nocturno que abriera la puerta. «Monsieur, monsieur, sea bueno, monsieur. Sabemos que usted es un hombre bueno». Tenían un plato de galletas y algunas tartaletas para sus amigas. Sus hermanas. Sus hijas. La comida es amor en cualquier cultura.

«No puedo hacerlo. Las órdenes son las órdenes», dijo.

Franceska Mela se puso de rodillas en el suelo y acercó la boca a la cerradura de la puerta. «¡Hija mía, mi pequeña, Elise mía!».

Al otro lado, la voz de Elise sonó entre lágrimas. «¡Mamá! ¡Mamá! Te quiero».

«¡*Mon Dieu*, hija mía!». Franceska se derrumbó en la cama junto a la puerta. Sus amargos sollozos eran tan graves y sonoros como los de un hombre.

El guarda cedió y abrió la puerta un poco. Las mujeres se lanzaron hacia delante, haciendo presión contra los brazos del guardia. Alice pudo ver sus rostros turbados y manchados de lágrimas. Estaban Sonia, Raya, Ida y Annette; la hermosa condesa y Bella, la del cabello negro; Dvora, la etnógrafa; Couscous, la bailarina del vientre; las adolescentes Elise y Boubi; Tamara, la estudiante de medicina, y la profesora Claudette Bloch, cuyo hijo tanto les había hecho disfrutar.

Alice Courouble se quedó destrozada tras la escena dentro de la habitación. «Bajo la luz brillante había una multitud de rostros, algunos pelirrojos, otros de pelo negro, con las bocas abiertas, llorando, suplicando, y tendían las manos en actitud de súplica. Había tantas que era imposible saber qué cara correspondía a qué manos. Una maraña de cuerpos humanos, un coro suplicante: "¡Agua! ¡Llama a mi madre! ¡Pásame el bolso, rápido! ¡Deprisa!"».

Lágrimas e histeria. Sollozos y gemidos.

«*Ça suffit!* ¡Ya basta!». El gendarme las echó atrás y cerró la puerta de golpe.

Encerradas como estaban, las mujeres se dieron cuenta de que, si hablaban en voz baja, el guardia no podría oírlas, y así empezaron a conocerse unas a otras. Había una mezcla de culturas, de Argelia, Egipto, Italia, Grecia, Lituania y Rumanía, además de Alemania, Polonia, Checoslovaquia y Ucrania. No todas habían estado juntas en la prisión preventiva. Algunas, como Bella, llevaban meses en Tourelles. Dos mujeres, Chaya Messer, de treinta y dos años, y Syma Sylberger, de cuarenta, llevaban en prisión desde 1941. Una etnógrafa brillante, Dvora Lipskind, había sido alumna del profesor Marcel Griaule, del Musée de l'Homme, el mismo profesor con quien había estudiado etnología Jean Rouch. Algunas mujeres hablaban en ruso para que las otras no pudieran entenderlas. Bella y Annette mantenían las distancias, pero en un espacio tan estrecho les resultaba difícil evitarse por completo. Las mujeres formaban parejas, como hermanas. Raya y Sonia tenían un vínculo desde que las detuvieron a la vez. En las sombras, Annette e Ida se dieron apoyo mutuamente. Pasaron allí la eternidad de cuatro días. Aisladas, su ánimo se venía arriba o decaía con el agotamiento de la incertidumbre. Esperanza y desesperanza. Canto y duelo. Con la mirada puesta en la nada.

El viernes y el sábado por la noche vinieron y se fueron. No hubo ejercicio en el exterior. Alice Courouble «estaba haciendo cola para "el pueblo"» cuando vio «tres apestosas latas llenas de excremento con trocitos de papel flotando en su interior en precario equilibrio sobre un tablón». Su pensamiento y su corazón se dirigieron a la hermosa «condesa»; Alice sintió el dolor y la humillación de su amiga, cuyo destino, tras la traición de su marido, era estar encerrada en aquella habitación fétida y defecar en un orinal público. No podía dejar de pensar en «los enormes ojos de la condesa con lágrimas corriendo por sus mejillas».

Una vez al día, las mujeres aisladas tenían permiso para bajar al sótano a darse un baño frío sin jabón ni esponja. Incluso esa actividad estaba muy regulada. Cuando Annette y las otras salían para lavarse, un gendarme hacía sonar su silbato con fuerza para enviar a las demás prisioneras de vuelta a su cuarto. Cuando estaban dentro, los guardias cerraban las puertas, «aislándolas de sus excompañeras —recuerda Alice—. La prohibición de ver a las chicas [judías] daba la sensación de que ya estaban muertas».

El domingo por la mañana, un guardia entró de pronto y gritó un nombre. La mujer apelada se levantó como pudo y prácticamente salió corriendo de la sala. «Las demás, preparaos para un viaje».

Las mujeres pidieron saber adónde iban. No respondió. La puerta se cerró tras el guardia.

Con una ráfaga de conjeturas, intentaron adivinar por qué esa mujer de repente era libre. Concluyeron que alguien de fuera había pagado a los guardias con botellas de vino caras.

¿Tan fácil era comprar la libertad? La familia de Annette había contratado a una abogada muy cara, pero Goublet no había hecho nada más que sacarles el dinero. ¿Por qué Jean y ella no habían pensado antes en el soborno? Le envió un mensaje psíquico y rezó por que pudiera oír su voz con la mente.

Los guardias regresaron un poco más tarde, esta vez para registrar los bienes de las prisioneras.

Avisaron a las mujeres de que los alemanes les quitarían todo, por lo que debían desprenderse de sus artículos de valor. Prometieron entregárselos a sus familias.

¡Así que se iban a Alemania! Por fin un poco de luz sobre lo que les esperaba.

Pero las mujeres no confiaban más en los franceses que en los alemanes, por lo que la mayoría se negó a dejar atrás sus bienes. Los guardias les entregaron tazas de aluminio a las restantes sesenta y ocho mujeres y estrellas de tela amarilla grandes que tenían que coser sobre su corazón. El silencio ya no estaba a la orden del día. Se preocuparon en voz alta.

Con las horas de visita más cerca, el domingo se convirtió en una tortura. Annette andaba por toda la sala. No tenía forma de decirle a Jean que estaba encerrada. Bella se encontraba en un estado de agitación similar. Claudette, apartada de su hijo, estaba inquieta. A través de la única ventanita que había, se esforzaron por ver a los visitantes que andaban o esperaban fuera, pero la cola estaba al otro lado del complejo. Solo podían confiar en que sus amigas, que aún podían recibir visitas, les harían llegar el mensaje a sus seres queridos de que algo había pasado. Aunque nadie estaba seguro de qué.

En la calle nada era normal. Atormentados por lo desconocido y sin permiso para entrar, Jean y Claude debieron de enfurecerse y discutir con los guardias. ¿Por qué no podían visitar a sus novias, a sus prometidas? ¿Dónde estaban? ¿Reaccionaron los dos jóvenes con fanfarronería? ¿Amenazaron con vengarse y pronunciaron los nombres del doctor Hubert Jausion y maître Goublet? ¿O dieron vueltas nerviosas de modo inútil y gritaron al cielo los nombres de sus corazones?

—¡Annette!

—¡Bella!

La hora de las visitas terminó y nadie estaba contento. Separadas del amor que les levantaba el ánimo, Annette y Bella estaban hechas añicos.

Cuando la luz de la tarde iba declinando, la puerta se abrió. Uno de los gendarmes les dijo a las mujeres que se despidieran de sus amigas y sus madres y luego dio un paso atrás. Las mujeres trataron de mantener la compostura. Pero se produjo una cacofonía de voces. ¿Qué se dice ante el rostro de lo desconocido? *Bon voyage*? ¿Hasta pronto? Ningún tópico bastaba. Las mujeres del dormitorio intentaron reconfortar a las otras como mejor supieron, pero a su alrededor se anteponía la sensación de perdición. Annette y las otras rogaron a sus amigas que hablaran con sus seres queridos. Podemos imaginar sus súplicas:

—Decidle a Jean lo que ha ocurrido —debió de pedir Annette—. Su padre es el doctor Hubert Jausion.

—Contádselo a mi hijo y a mi suegra —debió de implorar Claudette.

—Claude Croutelle, por favor, hablad con Claude Croutelle —sin duda rogó Bella llorando.

—Escribiremos cartas —probablemente prometieron—. En cuanto lleguemos y sepamos dónde estamos, escribiremos.

Hara acunó a Boubi en sus brazos.

«Ya está bien —susurró el guardia, instándolas a separarse—. Daos prisa».

Franceska Mela envolvió a Elise en sus brazos y lloró. «Nos veremos por la mañana», le prometió.

Fue una noche muy larga. Cantaron para disipar la oscuridad que descendía sobre sus almas. Ni un solo guardia se quejó. Cuando los cantos se pausaron, seguramente Annette les dedicó el lamento de Maurice de «Ochi chórniye».

Antes del amanecer, la luz de unos faros delanteros fluyó a través del patio del complejo, iluminando el techo y el rostro expectante de Alice Courouble y el de las demás mujeres que no dormían en la habitación cerrada con llave. La puerta se abrió como un ataque de náusea.

Una vez más, Annette y las otras salieron de la habitación en silencio entre filas de gendarmes que las separaban de sus amigas. No fue posible ningún intento de comunicación final. Esta vez se iban.

Acompañadas fuera, temblaron con el frío del alba. Las luces entraron en el barracón masculino cuando las mujeres al otro lado del complejo abrían las ventanas. El olor veraniego a musgo y a hojas, a rocío y a polvo llenó la sala. Y entonces, a través de la pálida luz del amanecer, las mujeres oyeron las voces de sus compatriotas masculinos cantando «La marsellesa». Las voces de sus amigas se unieron a las de los hombres.

Annette y las demás sintieron crecer su valor y alzaron la voz con el himno nacional francés, hasta que incluso los pájaros parecieron unirse al cántico. Sus voces resonaban entre los muros de la prisión. Después hubo un silencio más profundo y grave mientras las prisioneras dirigían sus oraciones a deidades indiferentes. «Un gendarme estaba llorando», recuerda Claudette Bloch.

Las mujeres encerradas en el dormitorio entonaron la versión francesa de «Auld Lang Syne», una canción tradicional de despedida que resonó en todo el complejo. «*Ce n'est qu'un au revoir, mes frères*», no es más que un hasta la vista, hermanos, y sus rítmicas voces flotaban desde las ventanas abiertas como una bendición a sus amigas, y los hombres contestaron «*Ce n'est qu'un au revoir, mes sœurs*», no es más que un hasta la vista, hermanas. Al unísono cantaron: «¿Tendremos que irnos sin esperanza, / sin esperanza de volver, / tendremos que irnos sin esperanza, / de algún día volvernos a ver?».

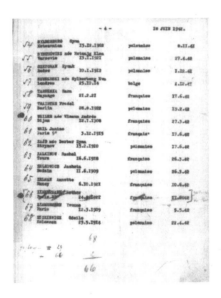

Cegadas por las lágrimas, como si las canciones vinieran de ángeles del cielo, las mujeres dudaron.

El humor de los gendarmes había empeorado. Los prisioneros habían puesto en evidencia que eran colaboradores en un crimen a punto de suceder. Gritaron y empujaron a Annette y a las demás hasta meterlas en los autobuses. Los vehículos expulsaron una humareda azulada al aire fresco de la mañana. En cuanto ocuparon sus asientos, uno de los guardias entró pisando fuerte en el autobús, miró una lista que tenía en la mano y tachó dos nombres. «¡Lempert! ¡Zimmerman! —gritó—. ¡Fuera!».

Esther Zimmerman, de veintiún años, se puso de pie y se abrió paso entre las mujeres con las que había pasado los últimos cuatro días. Bella la siguió. Annette debió de quedarse mirando la espalda de Bella cuando salía del autobús y quizá se preguntó cómo se las había arreglado para escapar de su destino. Quizá se preguntó si Claude la había salvado en el último minuto. Quizá se preguntó si Jean habría sido capaz de hacer lo mismo por ella. Quizá se preguntó si volvería a ver a su enemiga. Mientras los buses aplastaban la gravilla del patio antes de llegar a la carretera, los coros matutinos se volvieron poco a poco más distantes y luego el mundo se quedó vacío.

—¿Adónde nos llevan? —preguntó alguien en susurros.

Un gendarme les dijo que iban primero a Drancy.

Josette Delimal se espabiló. Sus hermanos estaban en Drancy, y Josette confió en volver a verlos.

# El tercer convoy

## LUNES, 22 DE JUNIO

Media hora después, los autobuses aparcaron frente a la estación Bourget, en Drancy. A través de las ventanas sucias del autobús, las mujeres miraron su apagado entorno. Lejos habían quedado el Barrio Latino y la Torre Eiffel, la belleza y las luces. Lejos de Annette estaban Cami y Guy, Michèle y su querido Charles. Los ojos azules de su padre. El consuelo constante de su madre. Lejos estaban Saint-Germain-des-Prés y el Sacré-Cœur. Lejos estaban Beaux-Arts y el Café de Flore. Allí, en las malintencionadas afueras, los hombres de corazón endurecido leían el infame panfleto *Je suis partout* y los niños escupían a los judíos.

Al llegar a Le Bourget, las mujeres recibieron la orden de bajar del autobús y colocarse en el andén del tren. Sobre ellas se alzaba la avejentada estructura gótica de la estación. En la vía había un tren muy largo con vagones de ganado. Cientos de hombres con mochila estaban abordando los vagones. Los hombres llevaban mantas; a las mujeres no les habían dejado llevar las suyas. Todo el mundo tenía cosidas estrellas amarillas con la inscripción *Juif* en el pecho. Fuera de cada vagón de ganado estaban estarcidas las palabras *8 chevaux*. Ocho caballos.

Los policías separaron a las mujeres en dos vagones. A cada una le dieron una baguette, un poco de queso, una rodaja de fiambre, una lata de sardinas y una lata de albaricoques en conserva. A fin de cuentas, seguían siendo francesas, aunque fueran judías. Sería poco civilizado enviarlas de viaje sin *pain et fromage* ni algo dulce. También les dejaron llevar la comida que hubieran recibido en las visitas.

Uno de los guardias franceses explicó que los dos cubos que había en el vagón, sobre todo el que estaba lleno de agua, tendría que ser racionado con atención. El otro estaba vacío y su uso quedaba claro. Esa era la única señal de que iban a hacer un viaje largo. Durante varias horas las puertas a los vagones permanecieron abiertas mientras cargaban a los hombres. Cuando los guardias no estaban mirando, las mujeres se cambiaban de sitio para acercarse a sus amigas. Al final cerraron las puertas y las sellaron con una barra de hierro.

A mil quinientos kilómetros de distancia, en Polonia, el comandante de Auschwitz, Rudolf Höss, recibió noticia de que mil judíos, de los cuales sesenta y seis eran mujeres, habían abordado un tren y habían salido de Le Bourget, Drancy, a las 9.20 de esa misma mañana.

«La atmósfera en ese tren era inimaginable», explica Claudette Bloch. Las mujeres encarceladas por razones políticas eran más fuertes y tranquilas. Otras gritaban histéricas. Otras estaban medio catatónicas. Las más fuertes cantaron un rato. A Claudette cantar le resultaba insoportable.

Fue uno de esos días sin nubes en los que el cielo parece infinito y la guerra parece imposible. Los rayos de sol se colaban a través de las ventanas enrejadas, rayando sus caras y sus cuerpos. Hacía un calor sofocante, y alguien se dio cuenta de que la cadena estaba suelta y que podrían deslizar la puerta para que entrara algo de aire y para poder mirar el exterior de su celda móvil. Más silenciosas, vieron pasar el paisaje francés.

El tren era largo y voluminoso y giraba o avanzaba con torpeza al pasar bajo puentes y a través de bosques. Cuando la locomotora redujo la velocidad para entrar en un túnel, se oyeron disparos. El tren frenó hasta detenerse y se balanceó sobre la vía. El peso del cargamento era tan ligero —los humanos pesan menos que el ganado o los caballos— que se chocaron unas con otras. Sonia se desmayó. Luego otra chica se desplomó.

—¡Necesitamos un médico! —gritaron las mujeres.

Fuera se oía a hombres alemanes gritando órdenes. Poco después un doctor francés joven con la cabeza rapada como un militar abrió el cerrojo del vagón y desencajó la barra de hierro. Colocó su maletín médico en el suelo del vagón y entró de un salto. Las mujeres se apiñaron a su alrededor cuando se inclinó sobre Sonia para medirle el pulso.

Querían saber qué había ocurrido y descubrieron que uno de los hombres había saltado del tren. Le habían disparado. Las mujeres se quedaron mirando al médico con incredulidad. ¿Sabía adónde las llevaban? Muchas eran sus voces, pero todas formularon la misma pregunta.

Estaba claro que el médico se preguntaba lo mismo. Era educado y típicamente francés. Alargó la mano y ayudó a Sonia a levantarse. Su piel parecía translúcida en el vagón de ganado. El médico intentó tranquilizarlas. Intentó explicarles que sería como estar expatriados. Algunos de nosotros hemos nacido en Francia, les dijo. Él solo era médico. Lo único que podía hacer era animarlas a ser valientes. Después salió de un salto del vagón con su bolsa y se despidió de ellas.

Junto a las vías pasaron soldados alemanes gritando y cerrando con fuerza las puertas, tensando las cadenas de los candados para que no hubiera forma de abrir las puertas, ni siquiera un poco. El calor del día aumentó y el aire en el vagón se volvió sofocante. Una brisa mínima se colaba por las minúsculas ventanas del techo. El tren avanzó un poco y cambió a otra vía. Pasaba el día y pasaban los pueblos, y alguien propuso que escribieran postales o cartas con la dirección de sus familiares. Annette tenía papel y lápiz. Claudette usó una lima de uñas que no le habían quitado para hacer un agujero en un nudo de la madera de la pared del tren y así, cuando el agujero fuera lo bastante grande, podrían tirar sus cartas a las vías.

Cuando el tren se detuvo en una estación, los soldados fueron a vaciar el cubo que usaban de orinal y a rellenar el de agua. Cuando el tren se volvió a poner en marcha, las chicas tiraron sus cartas a las vías. Entonces sintieron que crecía su valor y escribieron más. Quizá algún francés amable las encontrara y las llevara a correos. En todas las estaciones donde el transporte ralentizaba la marcha, las mujeres lanzaban notas desde el vagón. Claudette oyó a gente hablando en francés cuando tiró una nota.

«Vamos a un destino desconocido, algún lugar al este...», escribió. La dirección de sus padres estaba en uno de los pliegos del papel.

Sorprendentemente, los padres de Claudette recibieron su carta, y quien la envió fue con seguridad un trabajador del ferrocarril francés, pues muchos de ellos eran simpatizantes de la Resistencia. Jean no llegó a recibir la nota de Annette.

La noche descendió al cruzar la frontera con Alemania. Acurrucadas como gatitos, se tumbaron unas contra otras para darse consuelo y calor. Una de las mujeres le dijo a Raya que podía apoyar la cabeza en su hombro. La mujer habló entre murmullos de su marido y de su hijo y de cómo los dos habían huido a la zona libre. A ella la habían capturado en la línea de demarcación y había acabado en ese tren.

La noche fue larga e incómoda. Ojos vidriosos brillaban como ónix en la oscuridad. Cuando llegó el amanecer, proyectó una rejilla de luz carmesí sobre melenas revueltas y rostros con manchas de rímel. No les quedaba comida. Ni agua. Les dolía la tripa. Les ardía la garganta. Para romper la monotonía, se turnaron para mirar a través de la ventanita. Veían pasar los hermosos campos de Sajonia. Las poblaciones de habitantes alemanes observaban el tren con curiosidad. Las mujeres estaban en la tierra de sus captores. ¿Acaso sabían los alemanes que iban quedando atrás que aquel tren de ganado iba lleno de seres humanos?

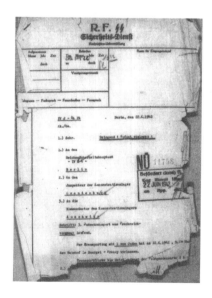

Desde que entraron en Alemania, cuando los soldados vaciaban el cubo de deshechos, no rellenaban el cubo de agua. En una parada había un grupo de enfermeras de la Cruz Roja alemana en el andén, perfectamente ataviadas con su uniforme gris y blanco. Las mujeres gritaron desesperadas en francés y en alemán:

—¡Agua! ¡Agua, por favor! *De l'eau, s'il vous plaît! Wasser, bitte!* —Ni siquiera la Cruz Roja les hizo caso.

La oscuridad descendió y la segunda noche reclamó sus sueños.

La mañana estuvo enmudecida por la niebla. No tenían sucedáneo de café ni baguettes ni albaricoques en conserva. Pero había un ritual que las mujeres francesas sí podían realizar. Abrieron sus bolsos y se limpiaron los círculos negros que tenían bajo los ojos de tanto llorar. Se volvieron a poner rímel, se empolvaron la nariz, aplicaron color en las mejillas, fruncieron los labios y los pintaron. No tenía sentido parecer pálidas además de hambrientas. Se cepillaron y recogieron el pelo. Se habían pintado las uñas como preparativo de los días de visita, y algunas ahora se retocaban el esmalte mientras otras reían por lo bajo. Nada como arreglarse un poco para volver a sentirse mujer.

El tren avanzó pesadamente entre pinares y bosques de abedules. Pasó frente a fábricas y chimeneas que lanzaban humo negro al cielo de la Polonia ocupada, ahora parte del Gran Imperio Alemán. «Creo que estamos en la Alta Silesia —dijo Claudette—. A mi marido lo enviaron a un lugar llamado Auschwitz. Ojalá pudiera ir allí».

Anya Litvac se preguntó qué harían al llegar a su destino. Otras voces se unieron a la suya. Dudaban. Si los hombres trabajaban en las minas, ¿se encargarían las mujeres de limpiar y cocinar? El médico había insinuado que seguirían juntas. Esa idea las alivió. Si podían seguir juntas, no sería tan malo.

# Auschwitz

Al otro lado de la minúscula ventana del tren había un cielo gris como una piedra. Pueblos pobres moteaban la llanura. Las mujeres deseaban estirar las piernas y respirar aire que no apestara al excremento y a la orina que salpicaban el suelo.

El tren frenó y se detuvo. Su cargamento humano chocó entre sí. Eran las once de la mañana cuando los frenos hicieron que el tren se parara. El vapor silbó. Llevaban dos días de viaje.

Fuera se oían órdenes en alemán. Había perros ladrando. Las barras de hierro resonaron cuando las quitaron del cerrojo. Las ruedas metálicas rechinaron cuando se abrieron las puertas correderas. Una ráfaga de aire. Pero no era fresco. Rancio. Calor. Sudor. Las mujeres se esforzaron por mantener el equilibrio. Entrecerraron los ojos y parpadearon rápidamente. Dolor y luz.

Rostros demacrados y pálidos alzaron la vista para ver a los recién llegados. Los perros guardianes, grandes y peligrosos, ladraban desde el perímetro. Los hombres en los coches vecinos salieron de sus vagones. Se detuvieron y observaron la escena que había ante ellos.

Annette y las demás miraron a través de las rejas del vagón y vieron criaturas que parecían espantapájaros recogiendo carbón con palas. Escuálidas y quemadas por el sol, les brotaban mechones de pelo de la cabeza y tenían calvas cubiertas de ampollas. Apenas parecían seres humanos.

Aquel no era el Auschwitz de las películas. La verja de la muerte no se alzaba ante los recién llegados; no había hileras de chimeneas lanzando humo. En su lugar, las francesas vieron un paisaje apagado, desprovisto del exuberante verde del verano. Una llanura monótona se extendía por doquier. Debía de haber sido un campo de cultivo de patatas y otras verduras de raíz. Pero allí no había vegetación. Los presos de guerra rusos se habían comido la hierba. Las chicas francesas aún no conocían ese tipo de hambre.

«¡Fuera! ¡Fuera! *Raus! Raus!*». Los SS sostenían sus rifles, dispuestos a usar la culata para aplastar cualquier desobediencia. «¡Dejad las bolsas!».

Saltar del vagón no era tarea fácil. Sufrían de *mal de débarquement* y náuseas. El suelo bajo sus pies ya no oscilaba, por lo que avanzaron vacilantes. El embarcadero del ferrocarril estaba empinado para evitar inundaciones y no había rampa. Ni ayuda. Una o dos de las mujeres más valientes saltaron de la puerta abierta del vagón y se volvieron para ayudar a las siguientes, que se volvieron a ayudar a las siguientes, hasta que todas estuvieron en el suelo. Se estiraron la falda y se arreglaron el pelo, eran lentas y educadas, no respondían a los ladridos, ni a los gritos, ni a los látigos que los SS estaban utilizando contra los prisioneros varones franceses. Cuando una de las mujeres se tropezó y se apoyó en el vagón, un SS señaló un camión y propuso que, si se sentía mal, podía ir en el remolque hasta el campo.

Las criaturas extrañas que parecían espantapájaros empezaron a balbucear en un tono de voz apenas perceptible. «*Za každú cenu chod*». Parecían hombres, pero sus voces eran más agudas y suaves. Cuando las mujeres francesas les hicieron caso omiso, uno de los espantapájaros habló en alemán. «*Gehen Sie! Gehen Sie! Auf jeden fall, gehen Sie!*». Rápidamente, las que hablaban alemán, quizá Heni o Raya, tradujeron para las demás. Les estaban diciendo que anduvieran. «*Marchez!*». Aunque se sintieran cansadas o enfermas. ¡Que anduvieran!

Las que en un primer momento se habían encaminado a los camiones les dieron la espalda y se unieron a las demás. Acababan de salvar sus vidas de un viaje a la única cámara de gas en funcionamiento en el campo.

«*Stellt euch in Fünferreihen auf!* Poneos en filas de a cinco. *Schnell! Schnell!* ¡Rápido! ¡Rápido!». Les gritaban las órdenes en alemán.

Las francesas, confundidas, de reacción lenta, sintieron el dolor de los látigos que les azotaban por encima del hombro.

«Tenemos que ponernos en filas de a cinco», tradujeron las mujeres que hablaban alemán. Aquellos no eran gendarmes franceses, eran SS —de mirada dura y corazón duro— y observaban a las recién llegadas con odio y repugnancia. Al menos en Francia las habían tratado como a seres humanos. Ahora no estaban seguras de qué eran. Annette y las otras se pusieron en filas de a cinco.

«*Abmarsch!* ¡En marcha! *Raus!* ¡Fuera!».

Con armas apuntándoles a la cara, 933 varones franceses y 66 mujeres empezaron una marcha polvorienta a través de campos en barbecho en los que seres humanos encorvados intentaban romper terrones de barro apelmazado y llevar carretadas de tierra por una terreno seco y agrietado. A pesar de llevar dos días de viaje en un vagón de tren, las mujeres francesas seguían pareciendo francesas. Tenían el pelo en su sitio. El pintalabios estaba reciente. Lucían los restos de su feminidad con la frente alta mientras dejaban atrás los rostros hipnotizados de los desanimados y desgreñados que las observaban.

Era un paseo de un kilómetro y medio hasta unos edificios rodeados por una maraña de alambre de espino. En una verja vigilada separaron a los hombres de las mujeres y los condujeron bajo un arco de hierro con palabras alemanas soldadas que para los franceses no tenían sentido. ¿Acaso las francesas que entendían alemán les susurraron su significado a las demás, o tenían demasiado miedo para hablar? *Arbeit macht frei.* El trabajo te hace libre.

Mientras miraban a los hombres que bajaban por un camino polvoriento asediado por edificios de ladrillo, ignoraban que menos de ocho semanas después solo 186 de ellos seguirían vivos. Claudette ignoraba que su propio marido, Pierre Bloch, ya estaba muerto, por lo que buscó su cara querida entre las formas cadavéricas con uniformes de rayas de los prisioneros varones que las miraban desde el otro lado de las alambradas.

Condujeron a las mujeres alrededor del perímetro del campo masculino, dejando atrás lo que parecía una fábrica subterránea con una chimenea que asomaba del suelo reseco y giraron a la derecha. Estaban en la entrada del campo femenino.

Annette y las demás permanecieron en filas de a cinco mientras los hombres de las SS entregaron el relevo a una mujer sencilla de mediana edad vestida con uniforme de las SS, con falda por debajo de las rodillas, zapatos cómodos, una gorra en la cabeza y el pelo recogido en un moño apretado. Aceptó a las detenidas con un gesto de la cabeza y ordenó a su equipo de *kapos* femeninas, mujeres de mirada seria que llevaban triángulos de colores en el pecho —verde, rojo, amarillo—, que se encargara de todo.

Restallaron los látigos. Las órdenes alemanas, severas y entrecortadas, sacudieron los oídos de las francesas. Esta lengua extranjera no solo confundía, sino que era aterradora. Pero los gestos eran obvios. *Entrad. Ese edificio. A través de esa puerta.* Los ojos de Annette apuntaron a Raya, luego a Ida. Las mujeres que hablaban alemán les dijeron a las otras que se unieran en una sola fila. Así lo hicieron, aferrándose a la mirada de las demás cuando no podían aferrarse a la mano de una amiga, y entraron en una sala pequeña y claustrofóbica. Con un techo bajo sobre ellas, entre lavabos y mesas, les ordenaron que se desnudaran.

—*Setzen Sie Ihr Geld und Wertvolles her!*

—*Entkleiden!*

Las traducciones eran susurros simultáneos. Tenían que dejar su dinero y sus bienes allí. Tenían que desvestirse. Era el colmo. Empezaron a brotar las lágrimas. El rímel negro comenzó a teñir mejillas maquilladas con esmero.

Jóvenes adolescentes con pantalones de algodón y las cabezas rapadas y rematadas por gorras de colores se acercaron a las mujeres y las examinaron como si no sólo fueran de otro país, sino de otro planeta. ¿Aquellos chicos nunca habían visto mujeres maduras? ¡Pero no eran chicos! Ahora que las francesas podían verlos de cerca, se dieron cuenta de que los espantapájaros eran en realidad chicas adolescentes sin pelo, erizos delgados sin una pizca de pecho. Annette y las otras se quitaron los vestidos y la ropa interior, y aquellas niñas se acercaron a ellas como un enjambre. Con tijeras en la mano, les raparon la melena bien peinada a las francesas, así como el vello de las partes privadas, donde solo se habían aventurado sus amantes o sus maridos. Annette y las demás aullaban y lloraban sin ocultarlo mientras las despojaban del pelo desde la raíz con tijeras sin filo. Los rizos exuberantes de Elise cayeron al suelo. Las trenzas pelirrojas de Heni rodearon sus pies. Annette ya no era rubia, ya no era femenina. La risa barítona de los fanfarrones que había fuera pausó el corte de pelo. El comandante Rudolf Höss acompañado de varios de sus compinches de las SS entraron ruidosamente en la sala de procesamiento para regodearse con la desnudez y fragilidad de las mujeres recién llegadas y examinar detenidamente el último cargamento de Francia. Su propio espectáculo de striptease. París por fin había llegado a Auschwitz.

El comandante y sus hombres de las SS señalaron las pedicuras de las mujeres y rieron a carcajadas.

Cubriéndose los pechos con la mano, Alice Cahn se acercó cautelosa a Höss y se dirigió a él en alemán en voz baja. Él le indicó con un gesto de la mano que se fuera, pero luego señaló a las chicas que estaban afeitando a las mujeres que le dejaran el pelo. Todas las demás no tardaron en estar esquiladas y calvas como un bebé. Si no hubieran visto la transformación ellas mismas, no habrían sido capaces de reconocerse entre sí. Después las *kapos* femeninas empezaron a gritarles que se metieran en una cuba enorme llena de agua fría y sucia que supuestamente servía para desinfectar. No había jabón. El agua les aguijoneó la piel afeitada y desnuda.

Mojadas y rapadas como ovejas, las condujeron a una última estancia donde les esperaban uniformes masculinos. Les tiraron abrigos rusos con agujeros de bala, camisas manchadas de sangre y pantalones embadurnados de heces. Las mujeres desnudas se aferraron a aquellas prendas asquerosas para evitar las ávidas miradas de Höss y sus mirones. Los uniformes de soldado eran para hombres grandes, no para mujeres menudas. El cuello les caía por los estrechos hombros. Las chaquetas, holgadas y abiertas, colgaban de sus cuerpos como sacos. No les dieron ropa interior. Ni sujetadores. Ni bragas. Ni productos de higiene femenina para contener la menstruación. Ni calcetines, ni medias. El calzado al que llamaban «sandalias» consistía en pedazos de madera plana con una única cinta de cuero que iba sobre el pulgar o el arco del pie. Estaba hecho por hombres y para hombres. No era para los pies delicados de las mujeres.

Annette y las demás salieron tambaleándose de la estancia gris de los apagados uniformes de color verde oliva y emergieron en un día veraniego soleado. En la *lagerstrasse*, o calle del campo, les dijeron que se pusieran en fila y las llevaron a un edificio de ladrillo donde recibieron cuencos rojos de sopa tibia e inidentificable. Olía tan rancia que casi todas les dieron aquella bazofia a las hambrientas niñas-espantapájaros, las cuales comieron con avidez antes de devolver los cuencos a sus nuevas propietarias.

—No perdáis el cuenco —les advirtieron las adolescentes calvas—. Si los perdéis, os moriréis de hambre.

Entre los edificios de ladrillo había casetas prefabricadas de metal corrugado. Indicaron a las francesas que entraran en una de esas casetas, donde encontraron literas forrando las abarrotadas habitaciones. Agotada, Sonia se metió en una litera a descansar. Ida y Annette se acurrucaron en una litera cercana. Poco después de que se hubieran tumbado, Roza Zimmerspitz, la jefa de bloque eslovaca, anunció a las recién llegadas que tenían que presentarse fuera. Daba las órdenes en alemán.

En la oficina de administración, las recién llegadas recibieron parches en forma de estrella de color amarillo anaranjado y un número de cuatro dígitos. Un rato después, las pusieron en fila frente a hombres macilentos en uniforme de rayas y las tatuaron con agujas afiladas que les introdujeron tinta azul negruzco bajo la piel del antebrazo izquierdo. Estos números sustituían sus nombres. Henriette Bolotin se convirtió en #8004; Claudette Bloch pasó a ser #7963.

El resto de la tarde, Annette y las demás fueron obligadas a subir y bajar escaleras cargadas con grandes sacos de colada al otro lado del campo. Cuando el sol comenzó a descender hacia el horizonte, comandos de eslovacas que parecían erizos empezaron a aparecer. Los espantapájaros y las francesas se pusieron en filas de a cinco. Esperaron. Y esperaron. Las *kapos* y las mujeres de las SS se pavoneaban entre las filas. Contaban. Y contaban.

Las adolescentes a su alrededor parecían salidas de una pesadilla infantil: tenían el rostro negro o azul de las palizas, hinchado por el hambre, la cabeza esquilada como la de una oveja y los ojos cautelosos como los de un ciervo. Las francesas intentaron darse la mano entre sí en busca de consuelo. En el fondo sabían que pronto ellas también tendrían el aspecto de las eslovacas a su alrededor.

En el momento en el que terminaron de pasar revista a las prisioneras, Annette y las demás se vieron rodeadas y bombardeadas por preguntas en alemán, eslovaco y polaco. Esas eran las únicas lenguas que se hablaban en el campo femenino en junio de 1942.

¿Qué está pasando en el mundo? ¿La gente sabe de la calamidad que ha caído sobre nosotras? Suplicaban saber algo. A pesar de sus rostros desesperados y de sus cuerpos famélicos, sus ojos estaban encendidos. Las francesas eran prueba de que el mundo seguía existiendo, prueba de que todavía había una guerra. Prueba de vida fuera de Auschwitz. «En nuestra imaginación, el concepto de "lo francés" se relacionaba con elegancia refinada —escribe en sus memorias Júlia Škodová, prisionera #1054—. Aquellas bellezas menudas parecían extremadamente tristes. Nos daban más pena que nosotras mismas».

Sin otra lengua que el francés y un poco de yidis, Annette se sentía perdida. Su amor por las palabras la traicionó, dejándola sin una esperanza multilingüe de comunicación. Su otra lengua, el arte, no se hablaba allí. Y tras la mutilación a la que las habían sometido, las habían dejado asexuales y despojadas de sus armas de mujer.

Algunas chicas eslovacas habían estado en París. Sus ojos se humedecían al recordarlo. No se habían imaginado que mujeres de otros países acabarían en Auschwitz. Pensaban que el campo era solo para eslovacas y polacas. Alguien mencionó que había oído decir que habían llegado un par de transportes de franceses, pero que la mayoría ya había muerto. Claudette oyó aquellas palabras y se preguntó si su hijo pronto sería un huérfano.

Las chicas y las mujeres hicieron cola para el pan, lo único que recibieron para cenar ese día. Una de las eslovacas les aconsejó guardar la mitad para la mañana, pues no comerían nada hasta la tarde siguiente.

Una aria rubia de rostro amable que llevaba un triángulo rojo miró a las francesas con cierta simpatía en la mirada. La kapo se presentó como Annie en francés y, aunque tenía un acento muy marcado, al menos hablaba francés. Ahora les tocaba a ellas hacer preguntas:

*¿Dónde estamos? ¿Qué es este lugar? ¿Dónde están nuestras cosas? ¿Cuánto tiempo tenemos que estar aquí?* Annie Binder, cuya amabilidad recordaron muchas supervivientes de Auschwitz, hablaba francés con entonación alemana. Respondió a sus preguntas mientras las condujo a la caseta de metal corrugado donde dormirían. Otra eslovaca francoparlante llamada Lison también se presentó. Había llegado en el segundo transporte judío el 28 de marzo. Lison había vivido en París varios años antes de la guerra y la acababan de seleccionar para hacer trabajos de oficina porque hablaba alemán.

La caseta de metal corrugado se llenó rápidamente de mujeres que se acostaron en los estantes de madera como si fueran camas. No había colchones, ni sábanas, ni almohadas. Después de veinticuatro horas sin comida ni agua, sin apenas comida el día antes y solo repollo aguado en Tourelles, las francesas ya estaban empezando a desgastarse. Parecía que había pasado un mes desde que Erna se había escapado, desde que las habían encerrado separadas de Alice Courouble y de sus amigas. Pero no había pasado ni una semana.

# Pase de revista

Cuatro de la madrugada. «*Raus! Raus!*».

«¡Levantaos! ¡Van a pasar revista!», gritaron Roza y Frida Zimmerspitz mientras sus otras dos hermanas golpeaban con palos las literas, así como las caderas y los hombros de las más rezagadas. Las francesas estaban acostumbradas a la prisión, pero no a esa forma cruel de despertar de madrugada perpetrada por otras prisioneras como ellas. Las adolescentes y las mujeres eslovacas se apresuraron. En Tourelles un retrete había servido a cien mujeres. En Auschwitz más de mil mujeres por barracón hacían cola y se empujaban para poder aliviarse. «Era imposible abrirse paso al cuarto de baño», recuerda una superviviente. Todo ese caos se producía en una lengua extranjera que Annette no entendía. Se pegó a Raya y a Sonia. Ida nunca se apartó de su lado.

En la puerta de la caseta había una tetera grande de hierro fundido, y dos chicas con la cabeza rapada usaban un cazo para llenar los cuencos rojos de algo que parecía té. Tras el primer sorbo venía una arcada. Aquello era peor que el Viandox de la prisión preventiva. No era té. No era café. Aquel líquido de olor pestilente, mezclado con bromuro, se usaba para sedar la libido de los prisioneros, reducir su apetito y provocar confusión mental. La sed era más fuerte que el asco, y las nuevas reclusas, como premio por bebérselo, tuvieron diarrea. Las veteranas sorbían su «té» y se preparaban para lo que estaba por llegar. Sed. Hambre. Agotamiento. Dos o tres horas de pie en fila para el pase de revista en la oscuridad hasta la salida del sol. Trabajo.

Las francesas siguieron a la fila de jóvenes prisioneras que salía a la *lagerstrasse* y cerraron los ojos cuando los reflectores que centelleaban por encima de ellas proyectaron luz sobre las sombras enrejadas de las vallas que las rodeaban. Esa mañana colgaban de las alambradas electrificadas alrededor del perímetro del campo algunos cuerpos chamuscados.

Miles de mujeres mal vestidas con sus uniformes rusos salían de los barracones de ladrillo y las casetas de metal corrugado que las rodeaban para alinearse en grupos de a cinco. Al otro lado de la valla, miles de prisioneros varones vestidos con uniformes de rayas llevaban a cabo el mismo ritual. Las francesas se miraron unas a otras. Se agarraron a la mano de sus amigas. «*Quelle horreur. Mon Dieu* [Qué horror. Dios mío]», susurraban.

Las mujeres de las SS desfilaban ante las prisioneras. Contaban. Contaban. No dejaban de contar. La condesa estaba al lado de la bailarina del vientre, que estaba detrás de la artista surrealista y al lado de la bióloga, en frente de la terrorista guapa que estaba al lado de la políglota. Las mujeres de las SS se detuvieron y miraron inquisitivamente a las francesas. Igual que habían hecho el comandante y sus hombres de las SS, señalaron los pies de las francesas y rieron. El pintaúñas rojo asomaba de debajo de sus pantalones masculinos. Si Annette todavía hubiera tenido laca de uñas, habría pintado todas las uñas de los pies del campo. Les habría hecho la manicura y les habría pintado las uñas de rojo. Rojo, una declaración política contra la opresión. Ojalá también hubieran tenido pintalabios.

El pase de revista terminó con un silbido y un grito. Las chicas eslovacas, muchas de las cuales apenas tenían dieciséis o diecisiete años, corrieron en medio del caos.

—¿Qué hacemos? —se preguntaron las francesas.

—Uníos a una tarea. ¡Daos prisa! Buscaos una buena —murmuró en alemán una eslovaca mientras corría frente a ellas rumbo a un grupo concreto.

Las francesas también intentaron apresurarse, pero no sabían adónde ir ni qué significaba «tarea». Procuraron quedarse juntas y avanzaron como una unidad al encuentro de un grupo de prisioneras.

La *kapo* les gritó y las apartó a empujones. Su tarea ya estaba al completo. Tenían que buscar una tarea vacía que pudiera ocupar a sesenta y seis mujeres. Una tarea imposible.

Solo una *kapo* casi no tenía prisioneras en fila detrás de ella. Por una buena razón.

De un modo similar a la letra escarlata de Hester Prynne, el sistema de triángulos designaba y hacía público el crimen de una prisionera. Las prostitutas llevaban un triángulo negro. Las prisioneras políticas, es decir, las comunistas y cualquiera que se opusiera al régimen nazi, llevaban uno rojo. A menudo eran las mejores *kapos* para las que trabajar. Irónicamente, las asesinas recibían el color de la afirmación de la vida: el verde. En su papel de *kapos*, esas sociópatas tenían carta blanca para hacer lo que quisieran con las personas a su cargo. A nadie le importaba que mataran a judías. Para un asesino en serie, Auschwitz era el paraíso. «Las prisioneras "verdes" [*kapos* con triángulos verdes que cumplían pena por asesinato] eran de una naturaleza especial —escribió el comandante Höss en su diario—. Superan con creces a sus homólogos masculinos en dureza, sordidez, rencor y depravación».

«*Raus! Raus!*», gritaban las mujeres de las SS y las *kapos*.

Cada orden era un grito y cada grito significaba «¡ahora!». No había un «más tarde» o «dentro de un rato». «*Schnell! Vite!* ¡Deprisa!*». Los látigos están listos. Las francesas se separan, huyen para unirse a las únicas *kapos* que no tienen trabajadoras alineadas a su alrededor, las *kapos* que llevan los triángulos verdes, que ya están repartiendo sentencias de muerte.

Organizadas por tareas, miles de mujeres cruzaron la verja al final de la *lagerstrasse*. Entonces ocurrió algo extraño. Cuando se acercaban a la verja vigilada, las chicas se descalzaron, liberándose de las «sandalias».

El guardia de las SS gritó a las francesas «*Aus! Aus!* ¡Fuera! ¡Fuera!*». Se llevó una mano a la oreja mientras que con la otra agitaba el rifle en el aire. Parecía un perro rabioso. La *kapo* alzó su bastón, golpeando a cualquiera que llevara calzado. Más tarde aprendieron la lección. El sonido de la madera golpeando contra sus talones molestaba a los guardias. Si no se quitaban los zapatos, les dispararían.

Las chicas eslovacas llevaban andando descalzas desde marzo, incluso con nieve o hielo.

Un coro antifonal de pájaros lejanos acompañó a los siete mil pasos que los tiernos pies femeninos dieron sobre el suelo reseco, todavía caliente del día anterior. Unas horas después, un sol de justicia veraniego golpeó sus cabezas recién rapadas. La gruesa lana de invierno y el algodón áspero picaban más que la ropa interior de seda a la que estaban acostumbradas. Les estaban saliendo costras en los pezones, irritados y doloridos sin la protección del sujetador. El sudor se formaba bajo sus pechos caídos. Entre la lana y las picaduras de las pulgas o los piojos, que ya se habían alojado en sus axilas y en la entrepierna, todo les picaba. Unos pocos días más tarde, cuando les volviera a crecer el vello púbico, picaría todavía más. Y no les estaba permitido rascarse.

El suelo inhóspito alrededor de Auschwitz variaba entre dos extremos: pasaba de ser barro profundo a arcilla dura. Básicamente, era bueno para cultivar patatas y hacer ladrillos. Algunas francesas fueron a un área designada para fabricar ladrillos. Las demás estaban en la tarea de *Planierung*, o desmonte. En ambas tareas era necesario el uso de herramientas. Pararon en una caseta de camino; allí las eslovacas y las polacas cogieron las herramientas más pequeñas. Las palas pequeñas fueron lo primero en desaparecer, luego las azadas y los rastrillos. Dejaron las palas grandes, los azadones y las piquetas para las francesas.

En marzo de 1942, cuando llegó el primer transporte judío a Auschwitz, su principal tarea fue demoler las casas polacas, confiscadas por los alemanes, que habían forzado a los residentes a abandonar sus hogares y sus granjas sin ofrecerles compensación alguna. Después de volar las casas con dinamita, las adolescentes se vieron obligadas a desmantelarlas, a derrumbar paredes de ladrillo y reunir los ladrillos del suelo. Era un trabajo peligroso que costó muchas vidas. Les cayeron ladrillos en la cabeza. Las paredes colapsaban sobre las desafortunadas. Algunas se cayeron de los tejados. No sabemos cuántas murieron. En la primavera y el verano de 1942 nadie anotó las muertes de las mujeres ni de las jóvenes. Solo se registraron las muertes de los varones.

Los ladrillos de las casas demolidas se usaron para construir los nuevos bloques de la prisión. No solo hacían falta más ladrillos, sino que la tierra tenía que volver a su lisura original. Lo cual significaba que en ambas tareas había que cavar. El suelo era igual de desigual y duro que una cordillera en miniatura. Trabajar con la piqueta no era una tarea para una delicada chica de ciudad, pero eso era lo que Claudette y las demás tuvieron que hacer.

Las piquetas reglamentarias del ejército en 1942 no diferían mucho de las utilizadas en jardinería hoy en día. Las piquetas tienen una cabeza de hierro forjado, en un extremo tienen un pico puntiagudo y en el otro un cincel. El azadón tiene un pico y una azuela o extremo horizontal plano. Las dos herramientas se usan para levantar la tierra y tienen mangos de madera de tamaño estándar de algo menos de un metro. El trabajador debe alzar la herramienta y dejarla caer desde arriba. El peso del trabajador, en combinación con la fuerza centrífuga, afloja la tierra. Las azadas, las piquetas y las palas se habían utilizado mucho durante la Primera Guerra Mundial para cavar trincheras. Pero eran herramientas para hombres fuertes, casi el doble de grandes que el mango de la piqueta y capaces de levantar la pieza de hierro de más de un kilo por encima de su cabeza sin perder el equilibrio... Algo que ni Claudette, ni Annette ni ninguna otra parisina podía hacer.

La mayoría de las jóvenes del campo medían más o menos metro y medio. Annette medía un metro sesenta y cinco. La única forma que tenían de usar aquellas herramientas era sujetarlas a la altura de la cadera y golpear en el suelo. En cuestión de minutos les salieron ampollas en las tiernas manos. El sudor se les metió en los ojos. Lo que quedaba de rímel les irritó los ojos. Se les resecó la garganta. Los labios se les agrietaron con el calor seco.

Horas después, cuando el sol alcanzó su cénit, los hombres llegaron cargando calderos muy pesados llenos de la habitual comida de Auschwitz: una sopa de sabor repugnante a base de repollo agrio y carne de caballo podrida. A las afortunadas les caía en el cuenco un trozo de piel de patata o de carne. No había agua para beber. Quemadas por el sol. Agotadas. Con las palmas de las manos pegajosas por las ampollas reventadas y por la sangre. Los pezones y las entrepiernas a carne viva por los ásperos uniformes de lana. Aquello no era como la vendimia del año anterior. Era trabajo forzado brutal, un trabajo impío. No había pausa para ir al baño.

En cuanto las recién llegadas probaron la sopa, aparecieron los primeros calambres de diarrea. Pedir ir al baño era razón suficiente para recibir una paliza. Bastó que una de ellas lo hiciera para que todas descubrieran ese hecho. Ver a una compatriota azotada fue tan doloroso como si ellas mismas recibieran los golpes. Pero las demás contuvieron las tripas u ocultaron su vergüenza cuando su cuerpo se soltaba.

Las sádicas al mando disfrutaban con cada ocasión para atormentar a las «Oh-là-là», ya fuera con el dorso de la mano o con la punta del látigo.

—Pronto habrá una parisina menos que cuando llegaron —se burlaban las *kapos*.

—¿Quién será la primera que va a morir?


Imaginemos que alzamos una piqueta por encima de la cabeza. Golpeamos con ella el suelo duro. Una y otra vez, clavando el metal en la arcilla dura hasta que se desprendan terrones, y entonces otras mujeres más afortunadas levantan la tierra con palas y la ponen en carretillas que después llevan por un terreno irregular sin la comodidad de las traviesas de ferrocarril temporales. El único alivio es empujar la carretilla con las demás y confiar en que alguien se encargará del trabajo duro mientras se descansan las manos, lamer la sangre de las ampollas antes de recoger la pala y descargar la carretilla en un montículo creciente de arcilla y tierra que otro equipo de trabajo deshará y tamizará a través de una malla de alambre, y el polvo resultante se mezclará con agua para construir barracones que albergarán a más prisioneros, más judíos eslovacos, más judíos franceses, más números desconocidos que seguirán llegando.

Es un día interminable. No hay siesta ni momentos de desahogo o de descanso. «No lo vamos a conseguir», susurra una de ellas.

Pasan doce horas. Solo cuando el sol veraniego empieza a descender hacia el horizonte, las *kapos* gritan que se pongan en fila de a cinco. Las francesas a duras penas pueden levantar las doloridas piernas. Vuelven al campo arrastrando los pies. Separadas unas de otras desde la mañana, están transformadas de un modo tan drástico por la suciedad del sudor, el polvo y el hambre que apenas se reconocen. En el momento en el que reciben permiso para retirarse, corren desesperadamente a la caseta de metal corrugado donde agarran una jarra de agua y se turnan para beber. Se dejan caer en las literas que ahora consideran camas.

«¡Pase de revista! ¡Poneos en fila!», gritan las *kapos*. Las jefas de bloque golpean las literas, despertando a las mujeres exhaustas.

Las prisioneras vuelven a la *lagerstrasse* y se ponen en fila en la calle cubierta de polvo. Aún están sedientas. Aún hambrientas. Aún necesitadas.

A pesar de la deshidratación, las vejigas gotean. El hambre las roe. Casi es de noche cuando las *kapos* les gritan: «*Hau ab!* ¡Marchaos! ¡Largo de aquí!», y miles de chicas y mujeres agotadas corren a los bloques, donde cada una recibe un pedazo de pan del tamaño de la mano de una mujer. La cena. Y reciben un colchón de paja sobre el que dormir.

Día uno terminado. Día dos a unas pocas horas de distancia.

La segunda mañana, las SS seleccionaron «a doscientas mujeres judías eslovacas y francesas» para trasladarlas a la colonia penal de Budy. Las seleccionadas no podían cambiarse por otras ni tuvieron la oportunidad de despedirse.

A primera vista, este traslado podría parecer algo positivo que mejoraría su esperanza de vida. Auschwitz I estaba a punto de sufrir una epidemia muy grave de tifus que mataría indistintamente a SS y a prisioneros. La sobrepoblación es amiga de la enfermedad. El campo subalterno de Budy aisló a las prisioneras de la enfermedad, al menos por un tiempo. Pero las *kapos* de Budy «eran unas desalmadas y no tenían sentimientos de ningún tipo», escribió el comandante Höss en su confesión de posguerra.

No sabemos qué mujeres francesas fueron trasladadas a Budy el 25 de junio, pero sus tareas incluían vadear los estanques, quitarles el fango, cortar juncos con hoces y cavar acequias para que el agua fresca llegara a los estanques para el ganado. Sin embargo, varios meses después del traslado, «las verdes atacaron a las judías francesas, las hicieron pedazos, las mataron con hachas y las estrangularon...», escribió el comandante Höss. Hasta a él le había perturbado la masacre. «No me quito de la cabeza el baño de sangre de Budy».

Las demás mujeres del tercer convoy salieron a los campos por segundo día a cavar con piquetas. A Claudette Bloch le quedó claro que ninguna sobreviviría mucho tiempo bajo aquel régimen. Corrían al trabajo, corrían por comida y solo disponían de un número mínimo de horas de sueño. La vida en prisión tenía una rutina brutal que molía mentes bien educadas y las reducía a la supervivencia mínima. La estudiante de filosofía Raya Kagan estaba más familiarizada con el análisis de la *Crítica de la razón pura* de Kant o con la famosa máxima de Descartes *Je pense, donc je suis* [pienso, luego existo]. Ahora se enfrentaba a un dilema mucho más existencial: la necesidad de comer.

Una tarde, una amiga eslovaca señaló unas cajas pequeñas donde pensó que podrían ocultar el pan para que ninguna compañera de bloque se lo robara en mitad de la noche.

Las prisioneras solían hacer dos cosas con la comida. O la devoraban de inmediato o comían la mitad por la noche y guardaban la otra mitad para la mañana. Por supuesto, quien la guardaba para la mañana se arriesgaba a que le robaran el pan mientras dormía. «Tenías que dormir con el pan en la mano, como si fuera una almohada —recuerda Judith Spielberger Mittleman, del primer transporte judío a Auschwitz—. ¡Pero nos robábamos entre nosotras!». Era una cuestión shakespeariana: «Ser o no ser».

El último día de junio, las SS registraron que 2.289 hombres judíos habían muerto en los complejos del campo. Además, habían matado a tiros o gaseado a 1.203 prisioneros gentiles polacos después de «declararlos incapaces de trabajar». No había registros de cuántas mujeres murieron durante el mismo periodo. Pero morían. Annette, Ida y Sonia seguían adelante. Elise, Mela, Sara Tassemka y Tamara Isserlis seguían vivas. Pero «cada día alguna de nosotras moría», afirma Claudette.

## SÁBADO, 4 DE JULIO

La primera selección de judíos «la llevó a cabo la administración del campo en la plataforma ferroviaria» y fue con un transporte de Eslovaquia. Hicieron con ellos lo que con el tiempo se convirtió en el protocolo habitual: los separaron por sexos, hombres y chicos por un lado, mujeres y chicas por otro. Después hubo otra criba realizada por un comité de recepción compuesto por médicos del campo y altos cargos de las SS, los cuales evaluaban la edad y la condición física de los recién llegados. «Hombres [en este caso 264] y mujeres [108] jóvenes, sanos y fuertes fueron conducidos al campo. A los viejos, los niños, las madres con niños y las mujeres embarazadas les dijeron que los llevarían en un vehículo».

Los camiones, repletos de cientos de familias, avanzaron trabajosamente por los campos y cruzaron a un complejo de edificios rectangulares amplio, casi vacío y vallado. Pararon en una «casa» a la que llamaban búnker 2 y que estaba operativa desde hacía poco. A la sombra de los abedules, los recién llegados descendieron de la plataforma de los camiones y recibieron la invitación de darse una ducha comunal. Eso no era inusual en las comunidades de la década de 1940. La mayoría de las poblaciones tenían casas de baño donde se disponía de agua caliente para lavarse. Después de un largo viaje en tren, ¿quién no iba a querer lavarse? La antesala servía de vestuario. Las mujeres desvistieron a sus hijos, pusieron sus propios vestidos y su ropa interior en perchas y accedieron a las duchas.

Ese fue el primer asesinato masivo con gas registrado inmediatamente después de la llegada de un transporte judío. No tomaron nota del número de hombres, mujeres y niños ejecutados. Sin embargo, ese mismo día se creó un nuevo *kommando*. Compuesto por hombres judíos, el Sonderkommando se vio obligado a cavar una fosa común masiva donde enterrar los cuerpos de los judíos eslovacos recién gaseados. Cuando terminaron la tarea, separaron a esos hombres del resto de la población de reclusos y los aislaron del campo para que no contaran lo que habían visto.

# Operación Viento Primaveral - París

Algo se está cociendo, algo que será una tragedia, o quizá la gran tragedia.

HÉLÈNE BERR

## PARÍS, JUEVES, 16 DE JULIO

A las cuatro de la madrugada, un grupo de unos nueve mil franceses compuesto de policías y miembros del Parti Populaire Français (PPF), divididos en 880 equipos separados de seis hombres cada uno, empezó a peinar la ciudad distrito a distrito en busca de familias judías. Las autoridades de Vichy habían identificado los hogares judíos mediante los registros obligatorios y las restricciones de movimiento que se aprobaron en febrero.

A las seis de la mañana, forzaron a salir de su apartamento a Sarah Lichtsztejn-Montard, de catorce años, y a su madre y sellaron la puerta. Fuera, en el distrito 20, cientos de judíos llegaban a la fuerza a las calles. «Algunas personas pusieron sus cosas en sábanas, otras llevaron los colchones para niños. Los padres estaban aterrados y tenían un aspecto espantoso. Cargaban con sus hijos, que estaban despiertos y lloraban rodeados de policía. Fue una conmoción terrible».

A salvo por el momento en su barrio de clase media de las afueras, Hélène Berr escribió furiosamente en su diario tratando de dejar por escrito todos los horrores que sus amistades le habían contado. Una mujer había logrado ocultarse, pero volvió y se cruzó con el conserje «justo cuando la policía iba a buscarla... En Montmartre ha habido tantas detenciones que las calles estaban abarrotadas. Han separado a madres de sus hijos... Una mujer ha perdido la cabeza y ha tirado a sus cuatro hijos por la ventana». Otra mujer saltó. Una familia abrió la llave del gas y murió en el apartamento. Era como si hubieran visto el destino que les esperaba y habían usado el mismo método que los nazis, pero al menos murieron por decisión propia y dándose la mano. Los barrios judíos, como el boulevard de Strasbourg, recordaban al sitio de Masada.

La operación Viento Primaveral, dirigida por Theodor Dannecker y llevada a cabo por sus compinches —Darquier de Pellepoix, nuevo comisario de Asuntos Judíos, y Réné Bousquet, secretario general de la policía francesa—, era el nombre en código alemán de lo que ahora se conoce como la Redada del Velódromo de Invierno. Situado cerca de la Torre Eiffel, en el boulevard de Grennelle y en la rue Nélaton, el Velódromo había acogido en su interior el Tour de Francia original, que se celebró en su pista de ciclismo cubierta. Hemingway dijo que «su luz atravesaba capas y capas de humo» al final de la tarde.

En 1940 se había pintado el techo de azul oscuro para ayudar a camuflar el complejo de bombarderos y después «emitía una luz glauca», por lo que «la gente en su interior adquiría un tono verdoso», recuerda la joven Sarah. Desde una verja en lo alto del estadio, los soldados alemanes miraron a la gente que se apiñaba abajo. Algunas personas se sentaron o se tumbaron en el suelo; muchos gritaban. Un joven superviviente judío recuerda que de vez en cuando «se veía algo cayendo desde los balcones. Entonces no entendía qué pasaba, pero era gente que cometía suicidio, que saltaba para morir».

En medio del sofocante calor de julio, la gente necesitaba aire, pero todas las ventanas estaban cerradas y no había escapatoria. La policía se había posicionado en la entrada. La madre de Sarah Lichtsztejn-Montard le dijo a su hija que tenían que escapar. Sarah lo logró andando marcha atrás a través de la muchedumbre que entraba; su madre se puso en contacto con un barrendero que la sacó llevándola del brazo. Para los que quedaron dentro, el Velódromo se convirtió en una celda sin ventilación, con cinco retretes, poca comida y poca agua. Una persona afirmó que los alemanes incluso habían cortado el agua y el gas.

Retenida durante cinco días en condiciones tan insalubres e inhumanas, esa masa de gente solo tuvo alivio cuando la llevaron en autobuses abarrotados a Pithiviers y Beaune-la-Rolande, en Loiret, o a la cercana Drancy. Durante las semanas siguientes la transportaron a Auschwitz. De los casi trece mil judíos detenidos, cuatro mil eran niños. Solo varios supervivientes escaparon gracias a que un policía hizo la vista gorda, o gracias a otros actos de valor que les permitieron escapar de la red de Dannecker.

En mitad de aquella granizada de detenciones por toda la ciudad, Claude se quedó sin nadie a quien visitar en Tourelles. Bella había vuelto a desaparecer. Ahora estaba en la misma posición que Jean un mes antes. Siguió viajando a Asnières, donde insistió a los padres de Bella en huir a la zona libre. Estos respondieron que no se irían hasta que Bella regresara. Claude volvió a su casa con intención de visitarlos, pero no los encontró.

Movidos por el deseo de salvar a Bella y Annette pero sin poder para lograrlo, Claude y Jean se pasaban el tiempo en el Café de Flore con los nervios a flor de piel por el dolor de su pérdida. Al volver a sus respectivos apartamentos, se encontraban la ropa de las chicas desaparecidas todavía colgando de una silla o de una percha, el aroma de su perfume, peines con su pelo todavía enredado en sus púas.

En la rue Laugier, el diario a pluma y lápiz de Annette titulado *Solutions tardives* yacía abierto sobre la mesa del estudio de Jean.

# Himmler inspecciona Auschwitz

Un convoy de Mercedes negros con esvásticas ondeando en el capó aparcó frente a la verja de *Arbeit macht frei* de Auschwitz I, y las brillantes botas del líder de las SS, el *Reichsführer* Heinrich Himmler en persona, pisaron la polvorienta calle del campo. Los guardias de servicio lo saludaron. Aquella era la segunda visita que hacía al campo. En la primera había acordado la creación del campo femenino como preparativo para el primer transporte oficial de judíos que llegaría el 26 de marzo con 999 adolescentes y mujeres jóvenes judías de Eslovaquia.

El objetivo de su visita a mediados de año era llevar más lejos sus intereses operacionales para erradicar la judería europea y supervisar los últimos diseños arquitectónicos y los planes de expansión del campo de exterminio perfecto. Himmler quería asegurarse de que todos los elementos funcionarían al unísono, pues se pretendía aumentar la eficiencia de la maquinaria de matar.

Su visita duró dos días. Tenía un programa muy apretado que comenzó con la llegada de los dos primeros transportes de Holanda. Las SS llevaban dos semanas seleccionando judíos en la rampa del tren e interpretaron el protocolo para que el *Reichsführer* les diera el visto bueno. Sin duda, Himmler participó haciendo indicaciones con el pulgar: a la izquierda o a la derecha, gas o trabajo forzado. De los 2.000 judíos de Westerbork y Amersfoort «se registraron en el campo 1.251 hombres y 300 mujeres». Los demás 449 hombres, mujeres y niños acabaron en la cámara de gas, donde Himmler los vio desnudarse y morir gaseados. Después observó al Sonderkommando despejando la cámara de gas. Dadas las dificultades de enterrar tantos cuerpos en tan poco tiempo, animó al comandante Höss a construir crematorios. Después de un día ajetreado, hubo una recepción en honor al *Reichsführer*.

A la mañana siguiente, como de costumbre, Annette y las demás mujeres se alinearon para el pase de revista. Fue lo único habitual aquel día. Cuando el sol abrasador se alzó, no les dieron permiso para romper filas.

«¡Quitaos el uniforme!», les ordenaron las mujeres de las SS y las *kapos* a las mil prisioneras en posición de firmes.

Su primera reacción fue la incredulidad. Estaban fuera. En frente del campo masculino. Blanco fácil de miradas lujuriosas. Para las que llevaban cuatro semanas sometidas a palizas, esa última orden no era más sorprendente que cualquier otra. En cambio, las nuevas estaban espantadas. Poco a poco, las mujeres se desabotonaron la chaqueta o la camisa de los prisioneros rusos y desanudaron la cuerda con la que se ceñían el pantalón hasta quedar desnudas a la intemperie. El sol golpeaba su delicada piel en la coronilla, la nuca, los hombros y las pálidas nalgas. La mayoría de las chicas se miraba los pies. Como ratones en un experimento, no tenían más opción que obedecer. El calor era sofocante.

A media mañana, la verja del campo se abrió y un grupo de SS, rodeando a su *Reichsführer*, acompañó a Himmler a la sección femenina del campo principal. Con los SS estaba la *SS-Oberaufseherin* Johana Langefeld. Aunque fuera más baja que los hombres, Langefeld era una mujer imponente de pelo blanco. En una de las pocas fotos que se conservan de la esquiva mujer, tomada en Ravensbrück un año antes, Langefeld tenía el pelo negro. Auschwitz le había blanqueado el pelo prematuramente.

Después de hacer lo posible por organizar el campo femenino, Langefeld trabajó en las circunstancias difíciles de quien no entendía el verdadero alcance de la Solución Final. Luterana devota y nazi, no era blanda con los judíos, pero tampoco estaba cómoda con el asesinato masivo. Quizá por esas reservas morales, el comandante Höss minó su autoridad como directora del campo femenino.

Himmler se paseó en medio de un desfile de SS, examinó a las *kapos* femeninas y después volvió su atención a las prisioneras judías.

Las mujeres de las SS gritaron órdenes, obligando a las jóvenes a desfilar ante Himmler, Höss y los demás miembros de las SS mientras realizaban con el brazo el saludo hitleriano. Es difícil imaginar a parisinas independientes y con carácter obligadas a algo tan degradante sin rebelarse, pero el hambre y el agotamiento pueden coaccionar a los ánimos más fuertes. Y el «té» que les servían cada mañana ya había afectado a su cerebro. Descalzas, con las piernas al aire, con las partes íntimas expuestas, Annette y sus amigas desfilaron ante los SS. Aún quedaban algunos restos de esmalte rojo en sus pies.

A la mañana siguiente, ordenaron a catorce de las mujeres del tercer convoy a ponerse en fila ante las oficinas de las SS en lugar de salir a trabajar. Permanecieron tres horas de pie en medio de un vendaval. De vez en cuando, los SS se asomaban por la ventana a mirarlas. Cuando Langefeld por fin salió, interrogó a las francesas y eligió a Henriette Bolotin, Heni (Couscous), Leonore Kaufman y Raya Kagan para hacer tareas de oficina. Las cuatro mujeres hablaban alemán.

Les dieron camisas de rayas blancas y azules, delantales negros y gorras blancas para cubrir sus cabezas recién rapadas. Y, para colmo de lujos, les dieron ropa interior: medias, calcetines y zapatos.

Para las demás, la rutina de trabajo duro continuaba.

A las cuatro de la madrugada, Annette corría al baño, luego tomaba té. Se ponía en fila para el pase de revista junto a Ida, Sonia, Tamara, Claudette y Anya. Al acabar el recuento de prisioneras, con la esperanza de escapar de las «verdes» a las que habían sufrido el primer día, corrían hacia las *kapos* «más seguras», que llevaban triángulos rojos o negros. Veían cómo pegaban o mataban de una paliza o de un disparo a desconocidas por la menor infracción. Se ponían en fila para la pausa de treinta minutos en la que comían sopa podrida, trabajaban o morían trabajando, regresaban al campo, se ponían en fila para el pase de revista, hacían cola para el pan e iban a dormir. A las cuatro de la madrugada las despertaban y todo volvía a empezar.

«Las francesas eran incapaces de asimilar la suciedad, el frío [y el calor] y el hambre espantosa que había. Los zuecos se les caían de los pies», recuerda Júlia Škodová.

¿Quién iba a pensar que echarían de menos la prisión preventiva? ¿Qué no harían por un poco de caldo de Viandox y por pasar un día sentadas en la celda sin nada que hacer aparte de un poco de ejercicio fuera? La monotonía de la vida en esa prisión era suficiente para que cualquiera se lanzara a la valla eléctrica que zumbaba constantemente alrededor del perímetro. El sonido de su sirena prometía alivio del dolor y del hambre, de la degradación y de la tristeza. Resistir aquella noche oscura del alma requería fuerza de voluntad y fe en algo que estaba más allá de las vallas y por lo que valía la pena vivir. Annette se aferró a su amor por Jean. Algún día volverían a estar juntos.

## MARTES, 21 DE JULIO

Tres días después de la partida de Himmler de Auschwitz, Bella llegó en el séptimo convoy de Francia. De los 879 hombres y las 121 mujeres de su transporte, seleccionaron de inmediato a 375 hombres para morir en las cámaras de gas; todas las mujeres fueron registradas en el campo. Los tatuajes de los prisioneros informaban de la fecha de llegada y del transporte en el que habían viajado. El tatuaje de cuatro dígitos de Bella debió de estar entre el #9703 y el #9823. En ese transporte, junto a Bella, estaba la madre de Elise Mela, Franceska, y la hermana pequeña de Syma Berger, Hélène, que tenía quince años. Syma había llegado en el tercer convoy con Annette. Su hermana no duró más de un mes en Birkenau. No hay fecha de muerte para Syma, pero tampoco sobrevivió.

De las nueve mil mujeres que llegaron a Auschwitz desde marzo, las que seguían vivas se apelotonaban en un espacio que no debería haber albergado a más de cinco mil. «La gente vivía fuera», cuenta Linda Reich Breder, #1173. «Estaba todo tan abarrotado que teníamos que pisar a la gente que estaba sentada fuera». No era fácil reconocer a amigas o enemigas entre las recién llegadas. Despojada de su melena negra, Bella no era más que una joven algo alta con la piel de color crema. Habían desaparecido sus gafas de sol características y su ropa *zazou*. En su lugar, llevaba un uniforme ruso que no era de su talla. Igualadas por el campo de Auschwitz, Annette y Bella ya no eran rivales. Tenían solo un enemigo en común: la muerte.

# Birkenau

En las tres semanas después de la llegada de Bella, más de seis mil mujeres fueron deportadas a Auschwitz procedentes de Francia, Holanda, Eslovaquia y Polonia. Sin el registro de muertes es difícil saber cuántas mujeres se concentraron en el abarrotado campo, pero se estima que eran quince mil. Los prisioneros varones rondaban los cuarenta mil. Los tatuajes de Annette y Bella de cuatro dígitos eran algo del pasado. Las recién llegadas se vieron forzadas a dormir fuera, en el suelo. Formar filas para el pase de revista de la mañana era casi imposible.

El 6 de agosto a las cuatro de la madrugada todo eso cambió. A una porción de las mujeres, en vez de permitirles buscarse una tarea, las apartaron del resto y las llevaron al otro lado de la verja. Amigas y primas se vieron repentinamente separadas. Asustadas, se llamaron entre sí y se arriesgaron a recibir golpes de bastón para que no se dispersaran.

—¿Adónde se las llevan? ¿Adónde van? —preguntaron las chicas a las *kapos*.

La respuesta no era de mucha ayuda.

—A otro campo.

Las chicas y mujeres tuvieron que recorrer cinco kilómetros, cruzando carreteras duras y cubiertas de polvo y dejando atrás los campos donde los polacos habían plantado patatas y coles. Ni un árbol solitario había sobrevivido en esa extensa llanura. Conducidas al otro lado de más alambradas electrificadas, asignaron al primer grupo de mujeres a bloques de ladrillo de una sola planta, ladrillo de las casas que las jóvenes eslovacas habían demolido o fabricado con sus propias manos. Los bloques tenían suelo de tierra y tablones de madera colocados en tres hileras. Eran estanterías dormitorio embutidas entre paredes de ladrillo del tamaño de un establo de caballos. No había colchones. Eran claustrofóbicas, húmedas y antihigiénicas.

En Auschwitz I había baños dentro de los barracones. En Birkenau había una letrina comunal en el extremo del campo. Esa zanja de excrementos estaba cubierta de moldes de cemento con agujeros grandes que servían de asiento. Algunos agujeros eran tan grandes que las mujeres menudas se caían dentro y se ahogaban en las aguas fecales de su interior. Junto a la letrina había una especie de abrevadero, supuestamente para lavarse, pero el agua estaba contaminada. Repartían jabón una vez cada varios meses y solo duraba unos días.

Birkenau engulló a los miles de mujeres que desfilaron por su verja. Los guardias les gritaron las nuevas reglas: cualquier persona que estuviera fuera de su bloque después de la puesta de sol recibiría un disparo. *¿Y si tengo que ir al baño? ¿Y si estoy enferma?* Ese no era el lugar en el que se podía alzar la mano para pedir explicaciones. Las únicas respuestas a las preguntas eran disparos y palizas.

De las francesas supervivientes del tercer convoy, sabemos que Annette, Ida, Sonia, Claudette y Elise estuvieron juntas en el mismo bloque. En los bloques «nuevos», heredaron mantas harapientas que los veinte mil presos de guerra rusos habían gastado antes de morir trabajando o ejecutados durante los dos años anteriores. A ellos les habían pertenecido los uniformes que llevaban las chicas.

Aquel primer día en Birkenau las chicas limpiaron los dormitorios recién construidos, intentaron localizar los bloques de sus amigas y pasearon por ese nuevo infierno en aturdido silencio. A la mañana siguiente llegaron a Birkenau varios miles de mujeres y chicas del «campo madre» —Auschwitz I—. Reubicar a todas las mujeres llevó cuatro días. El 10 de agosto, Auschwitz I volvía a ser el campo de varones. La pared que había dividido los campos masculino y femenino se echó abajo.

En Birkenau cambiaron los uniformes de las mujeres por vestidos de rayas. No tener que sufrir el picor de la lana directamente en la piel fue solo un alivio temporal. Todavía no les habían dado ropa interior y, sin acceso cómodo al baño, era imposible no defecarse encima. Los transportes enviaban a miles de judíos a Auschwitz/Birkenau. Los recién llegados sufrían tanto por la disentería que la diarrea les corría por las piernas. Los SS disfrutaban sobre todo al ver a las sofisticadas mujeres de París o Ámsterdam y se preguntaban cuánto iban a aguantar.

«Las eslovacas y las polacas eran duras» —explica Linda Reich Breder en su testimonio para la USC Shoah—. Estaban más familiarizadas con la deshumanización. Las holandesas y las francesas, que venían de la ciudad, no tenían la fuerza física de las granjeras. El impacto de Auschwitz golpeaba a todas las mujeres al llegar, pero al haber sufrido años de antisemitismo como las polacas [y las eslovacas], estábamos más preparadas».

Annette y las primeras francesas se fundieron con las masas que llegaban a diario de toda Europa. Las sesenta y seis chicas del tercer convoy estaban desapareciendo muy deprisa. Del esmalte de uñas rojo no quedaba ni rastro.

Aunque no existen registros fiables de las muertes de las mujeres que llegaron a principios de 1942, sabemos que esos datos existieron porque el equipo secretarial rellenaba tarjetas de defunción. Júlia Škodová y Lenka Hertzka trabajaron con Raya Kagan registrando muertes de prisioneras. Estas secretarias fueron mucho más que meros testigos del exterminio masivo a medida que la maquinaria de la muerte se aceleraba rumbo a la Solución Final. Eran quienes almacenaban la información.

En 1961, Raya Kagan aportó pruebas fundamentales contra Adolf Eichmann con un testimonio particularmente negativo sobre su tiempo en Auschwitz. Su trabajo era espantoso, pues veía los nombres de sus amistades y familiares pasar por su mesa. Los prisioneros que recibieron inyecciones de fenol se ponían en la lista de «fallecidos». Los que eran seleccionados para morir en las cámaras de gas: «fallecidos». En enero de 1945, cuando el frente ruso se acercaba por el nevado horizonte después de la liberación de Cracovia, esas pruebas y la mayoría de los registros de muertes de mujeres se destruyeron en hogueras, lo cual hizo que las declaraciones de testigos como Raya Kagan fueran mucho más importantes.


La primera «selección» de prisioneras tuvo lugar el 15 de agosto. La palabra «selección» no significaba nada aquella mañana. Al final del día era el horror que todas temían. En fila para el pase de revista, las mujeres en grupos de cinco esperaron que los SS y las *kapos* las contaran y les dieran permiso para ir a trabajar. En vez de eso, les pidieron que se quitaran la ropa y permanecieran desnudas, igual que un mes atrás, cuando el *Reichsführer* Himmler inspeccionó el campo. Poco a poco, las filas avanzaron hasta que las que estaban en la parte de atrás pudieron ver a sus compañeras moviéndose frente a un grupo de hombres de las SS, de una en una, y les indicaban que fueran a la derecha o a la izquierda.

La doctora Manci Schwalbová (del segundo transporte, #2675) fue testigo «de la primera selección [de prisioneras] despiadada y terrible». Antes de aquello, a las prisioneras condenadas a la cámara de gas solo las llevaban desde el *Schonungsblock*, el hospital de prisioneros. A pesar de la premeditada falta de registros de muertes de mujeres, la doctora Schwalbová informa: «El 80 por ciento [de las chicas del campo] fueron sentenciadas a muerte, además de todas las mujeres mayores del campo». No hay información formal en el archivo de la primera selección de prisioneras en Birkenau, pero sabemos la fecha por los pocos documentos que nos han llegado y que muestran que veinte chicas eslovacas del primer transporte murieron ese día.

De las francesas, sabemos que Annette, Ida, Sonia, Heni (Couscous), Sara (Boubi), Tamara, Dvora y Claudette sobrevivieron la primera selección. Así como Bella Lempert.

Por entonces ya habían llegado a Auschwitz diecisiete transportes de Francia y más de tres mil doscientas francesas habían sido admitidas en el campo. En total habían tatuado y registrado a más de quince mil. Por supuesto, de esas quince mil no todas seguían vivas.

El campo femenino de Birkenau estaba dividido por una calle del campo o *lagerstrasse*. Las judías que hacían las tareas más duras vivían a un lado, en bloques de ladrillo que hacían pensar más en establos que en viviendas. Las prisioneras gentiles y las funcionarias judías, que trabajaban en alojamientos de las SS, vivían al otro lado de la calle en barracones verdes. Recibían más pan —dos pedazos al día en vez de uno— y su sopa no era la porquería que repartían a la mano de obra esclava. Cada mañana, las secretarias y demás funcionarias recorrían los cinco kilómetros de vuelta a Auschwitz I, donde trabajaban en el edificio grande y blanco de tres plantas que servía de alojamiento de las SS.

Otras tareas también implicaban volver al «campo madre» cada tarde. Una era la de clasificar y la llamaban pañuelos blancos o pañuelos rojos, porque las chicas y mujeres jóvenes que trabajaban en esta tarea podían ponerse pañuelos blancos o rojos para identificarse. La tarea de clasificación era una de las mejores. No solo se realizaba bajo techo, y no a la intemperie, sino que implicaba clasificar ropa interior, calcetines y blusas en vez de dar golpes de piqueta a un suelo inclemente. A menudo aparecían pedacitos de comida en los bolsillos de los abrigos. Las chicas atrevidas aprendieron a llevarse las migajas a la boca o al bolsillo para comérselas después, tras el pase de revista. A quien pillaban comiendo le daban una paliza, pero el hambre era más poderosa que el miedo. Con el tiempo, la tarea de clasificación acabó recibiendo el nombre de «Kanada», un tributo al lejano país y al sueño de libertad.

La tarea de clasificación estaba llena de chicas eslovacas que se conocían entre sí de su hogar y que habían estado en Auschwitz desde sus comienzos. Las francesas albergaban pocas esperanzas de trabar amistad con aquellas adolescentes veteranas. Los productos básicos como zapatos o los lujos como la ropa interior requerían de algo con lo que negociar, además de los contactos para poder hacer el intercambio. Si una no podía comunicarse con la otra, ¿cómo iba a negociar? El yidis era la lengua común, pero muchas urbanitas no habían aprendido esa lengua.

Luego estaba la pregunta: ¿qué se podía intercambiar? El pan valía tanto como el oro, pero también era el único producto básico. Renunciar a la rebanada de pan significaba que una podía estar demasiado débil para trabajar al día siguiente, y eso acarreaba una paliza o, todavía peor, sufrir una lesión, lo cual podía conducir a la muerte. Cada acción podía ser fatal. Cada inacción podía ser fatal. Ese era el dilema de Auschwitz.

## LUNES, 17 DE AGOSTO

Annie Binder, conocida como la «*kapo* amable» por muchas prisioneras, hizo saber a Claudette y a Raya que su compañera deportada Anya Litvac estaba en el hospital de la prisión. Unos días después, Anya murió. Con mucho pesar, Raya volvió al campo cuando los últimos rayos de color escarlata teñían un cielo dramático. Al otro lado de la *lagerstrasse* vio a Ida y a Annette.

«¡Hermanas!», exclamó Annette. De la masa de mujeres emergieron Ida, Sonia y Elise. Sucias y agotadas por el trabajo duro, abrazaron a su amiga.

La llamaban hermana. Hermanas eran.

«Ya lo sabes —empezó a decir Annette. Las lágrimas caían de sus ojos—. No es el dolor [del hambre]... Eso da igual».

Raya contuvo sus propias lágrimas y se esforzó por hablar a pesar del nudo de tristeza que le apretaba la garganta. Ida lloró sobre el hombro de su querida amiga Raya y la abrazó. Los huesos de Ida sobresalían por debajo de la ropa de prisionera. Sonia estaba enferma, su belleza se la habían robado la suciedad y el hambre, la enfermedad y el trabajo brutal. Tenía un aspecto espantoso. Elise estaba demacrada y agotada.

¿Por qué Annette no había conseguido un trabajo en la tarea de la sastrería o en la lavandería? Tenía sin duda la formación y la habilidad para ello, pero ¿habría dejado atrás a Elise, Ida y Sonia? Annette nunca cedía.

Había más de diecinueve mil mujeres en Birkenau a mediados de agosto. Las palizas y el hambre todavía no habían reducido a la inutilidad a esta reciente fuerza de trabajo. Todavía no estaban demasiado enfermas para trabajar. Cada selección se llevaba otras mil o dos mil chicas o mujeres exhaustas a la cámara de gas para hacer sitio a las nuevas.

Una mañana durante el pase de revista, la SS Elizabeth Hasse señaló hacia el humo que salía del crematorio que ya estaba funcionando al borde de Birkenau. En ese humo estaban Anya y tantas otras. «Mirad. —Hasse señaló al humo y murmuró a Rena Kornreich, #1716—. Las modelos francesas están que arden».

## MARTES, 18 DE AGOSTO

Después de trabajar, Raya cruzó la *lagerstrasse* hacia la puerta donde Annette ya la estaba esperando. Tenía sopa para Sonia en el cuenco rojo. Todavía estaba caliente. «Pasa —le dijo Annette—. Todas nuestras amigas están aquí». Siguió a Annette a otro mundo: el mundo de las condenadas.

El bloque estaba oscuro. Poco importaba que el sol de agosto vertiera su luz oblicua e hiciera que las sombras se alargaran al final del día. Allí no entraba la luz. Ni el aire. Los ladrillos del muro exterior se asaban al sol de agosto, creando una especie de horno. Los cuerpos exhaustos yacían en estantes inhóspitos. El aire denso olía a sudor.

Como buena hermana mayor que era, Annette había estado cuidando y reconfortando a sus amigas desde su llegada. Compartía lo poco que tenía, apoyaba a sus hermanas de *lager* y su ánimo brillaba en medio del oscuro destino de sus vidas.

Sonia estaba febril y sedienta. Raya quería ayudar a su querida amiga y le había pedido a Annette que fuera con ella. Las dos mujeres salieron deprisa. Desesperada por encontrar algo, Raya entró de un empujón por la puerta de su bloque. No era un misterio lo que ocurriría si no hacía nada. *Agua para Sonia. Algo. Lo que sea para Sonia.* La tetera de té matutino estaba en las sombras. Metió una calabaza vacía en el líquido rancio y se fue corriendo para cruzar la *lagerstrasse* hasta donde Annette esperaba con las manos abiertas.

Mientras volvían al bloque donde Sonia e Ida las esperaban, las *kapos* gritaron: «*Appell!* ¡Pase de revista!». Por todas partes del campo las prisioneras salieron corriendo de sus bloques para ponerse en fila. Raya siempre buscaba a sus amigas del tercer convoy, pero no era fácil encontrar a la gente entre tantos miles de rostros quemados por el sol. Al pasar por delante de una hilera de mujeres ya colocadas para el pase de revista, se detuvo. Ruth y Nadine estaban frente a ellas. Corrió a abrazarlas y de inmediato la rodearon varias mujeres a las que les acababan de rapar el pelo: figuras pálidas del tercer transporte de Malines, Bélgica.

Oír hablar en francés animó a las recién llegadas, que asediaron a las veteranas con preguntas y pidieron ayuda. Raya, impotente, se disponía a darse la vuelta cuando sintió los ojos de una mujer al fondo de la fila que la miraban con atención. Era casi imposible reconocer a la «joven alta con la piel de color crema» de la Sorbona. Bella Lempert estaba en Auschwitz. Había llegado en el séptimo transporte el 21 de julio. Habían tardado casi un mes en verse. Las viejas amigas se abrazaron. Las *kapos* gritaron: «*Appell!* ¡Pase de revista!».

La *lagerstrasse* era un mar de miles de mujeres en fila para que las contaran. Raya no tuvo tiempo de volver al bloque a ver a Sonia. Tenía que regresar a su propio pase de revista. Fuera del bloque 2, Annette intercambió el cuenco rojo por la calabaza. En medio del caos, las dos amigas se mantuvieron inseparables llevando en brazos entre ellas el regalo del té de la mañana.

«*Merci*», susurró Annette antes de que la engullera el mar de mujeres perdidas.

Je fais avec tous les regards
une couronne tiède
je la pose sur ton front
et t'admire de loin.
Je versifie les fleurs
et harmonise le ciel
et je peins sur tes lèvres
la forme de mes baisers.
je danse avec les arbres,
à un rythme de folle.
et je repose sur ta bouche
mon haleine épuisée.

*Un poema de Annette superpuesto en una fotografía de Birkenau realizada por su sobrino Jacques Sierpinski.*

# CUARTO ACTO

# 1944-1945

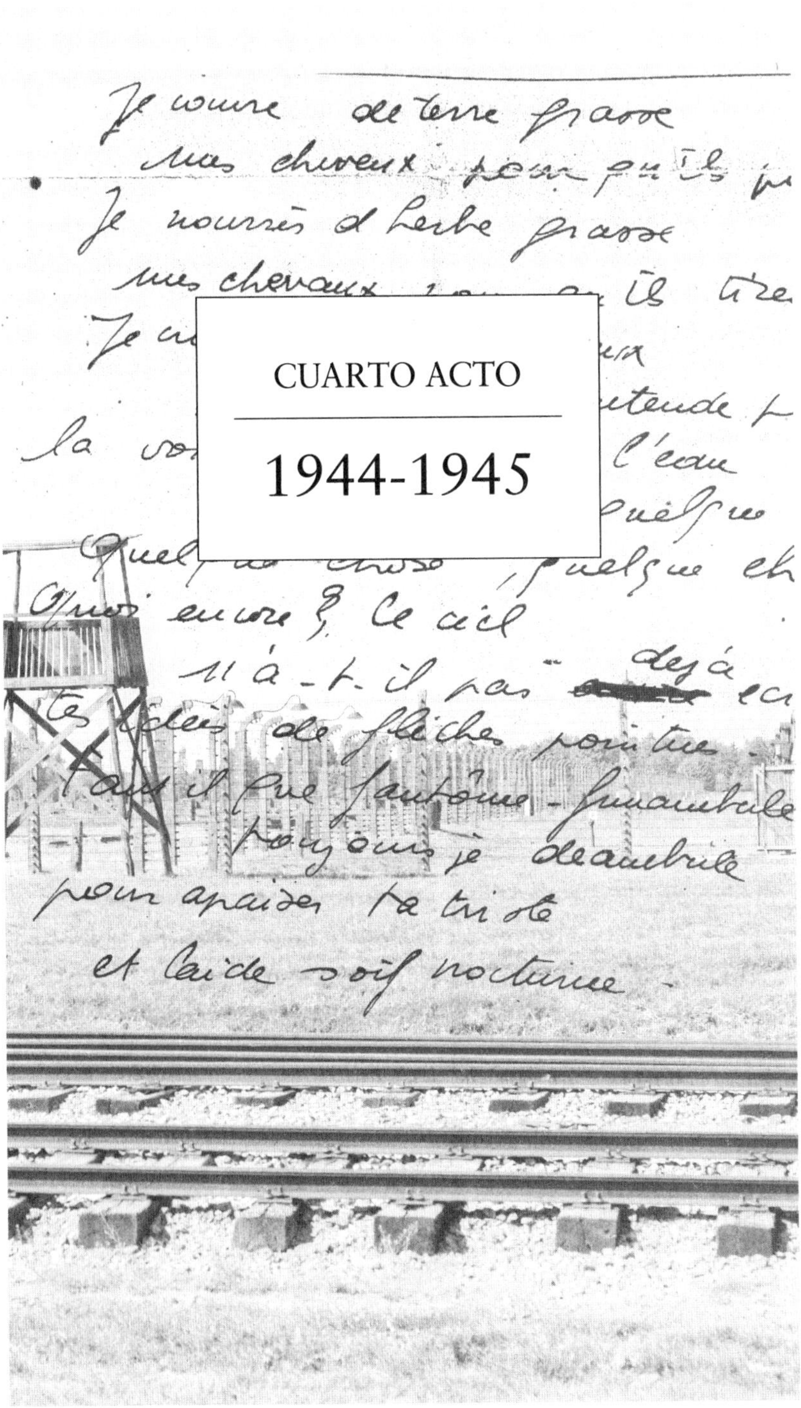

# El asiento vacío

*Tristeza*
*Alberga una calma de témpano de hielo plano*
*Sufre de bigamia sentimental*
*Estrella rancia de la muerte*
*Estrella roja*
*Estrellas araña*
*Barítono sin costuras en la espalda*
*Tengo hambre*
*Crueldad vagabunda*
*Posee mi alma lánguida*

JEAN JAUSION

El Café de Flore se puso serio cuando Claude y Jean entraron y tomaron asiento en su mesa habitual. Al otro lado del establecimiento, Simone de Beauvoir sentía su pérdida y los compadecía. «El modo en que estas chicas alegres y hermosas han desaparecido, sin una palabra, es en sí mismo aterrador. Jausion y sus amigos siguen viniendo al Flore... —escribió—. Pero no había nada en la banqueta roja que señalara el espacio vacío a su lado. Eso era lo que me parece más insoportable de cualquier ausencia: que era, precisamente, una nada. Pero los rostros de Bella y la checa bonita nunca desaparecieron de mi memoria: eran el símbolo de millones más».

Entre los miles de deportados que no volverían a París ni al Café de Flore estaba la amiga de Man Ray, la diseñadora y modelo Sonia Mossé. Había sorteado la Redada del Velódromo de julio, pero en febrero de 1943 las denunciaron a ella y a su hermana por negarse a llevar la estrella amarilla «y frecuentar lugares públicos». Simone de

Beauvoir supuso que Sonia fue «víctima de los celos de otra mujer». En un acto típico de Sonia, consiguió enviar un mensaje a través del Flore pidiendo que alguien le trajera un suéter y unas medias de seda a Drancy, donde estaba interna. Las francesas siempre quieren estar bien vestidas. Incluso en prisión.

El 25 de marzo de 1943, Sonia y su hermana fueron enviadas de Drancy al campo de concentración de Sobibor, cerca de la ciudad polaca de Lublin. Sobibor ya estaba liquidando a prisioneros con un método de ejecución diferente al Zyklon B empleado en Auschwitz. Lo que hacían era bombear monóxido de carbono por un tubo. A las mujeres les rapaban la cabeza justo antes de la ejecución. Según las fuentes, hay fechas de muerte contradictorias para Sonia, pero ninguna sugiere que sobreviviera al mes de marzo. La hermosa modelo lesbiana que había inspirado a los maestros surrealistas, que había cenado con Picasso y Dora Maar y que había enamorado a tantas personas sufrió una muerte agónica.

Jean intentó mantenerse ocupado escribiendo artículos para el periódico *Le Rouge et le Bleu* y su novela titulada *El hombre que recorre la ciudad*. Pero su corazón no estaba entregado a estas tareas. En agosto escribió a Guy, que seguía en Limoges:

> Querido Guy: todavía no hay noticias de Annette. He hecho todo lo humanamente posible por sacarla de allí y por averiguar algo. Hallé la puerta cerrada y sus caras cerradas. La gente teme actuar. Voy arrastrando mi cadáver. El trabajo no me distrae. Estoy terriblemente triste, y la cosa no mejora. Compro libros. Estoy haciendo una biblioteca para cuando Annette vuelva a casa. También estoy preparando un entorno agradable para ella. En cuanto tenga algo de dinero, compraré muebles para un apartamento agradable. Pero todo esto sin ella no es nada. Si supieras cuánto la quiero, querido Guy. ¿No me dices si has recibido el arcón de mimbre? No voy a enviar la TSF entre zonas. Es muy frágil. Iré a la zona libre en Navidades y tendré ocasión de llevarla [su radio] entonces. Te mando un beso, querido Guy. Tu desdichado hermano Jean.

Igualmente turbado, Claude eligió una estrategia diferente a Jean para aliviar su corazón roto. Como Georges Hugnet, ya estaba falsificando documentos de identidad, pero su sorpresa y su rabia por la detención de Bella le empujaron a tomar decisiones más drásticas para derrotar a los alemanes. Se hizo mensajero de los maquis, los guerrilleros de la Resistencia francesa. Era un trabajo peligroso. Llevaba mensajes entre París, Niza y Marsella, arriesgándose a que lo detuvieran o incluso a que lo ejecutaran. Sin Bella, no tenía nada que perder. Como todos los operativos de la Resistencia, recibió un nombre distinto y una identidad nueva: Claude Loursais. Usaría este nombre el resto de su vida.

Cuando las hojas empezaron a caer sobre las calles de París y los días se hicieron más cortos, Jean decidió viajar a Limoges antes de lo previsto. Echaba de menos a los Zelman y pensó que estar con ellos le acercaría a Annette, aunque fuera en alma. Llevó consigo la radio y el inicio de su novela.

El circo Zelman estaba más sedado que de costumbre. Se hablaba poco sobre Annette, pero su espíritu flotaba en todas las reuniones familiares como una niebla que no se disipaba. Por las mañanas, Jean trabajaba en la novela y luego entregaba las páginas a su amanuense, Michèle. Mecanografiar los manuscritos de Jean con una máquina de escribir prestada hizo que Michèle se sintiera más cerca de su hermana. Jean adoraba a Michèle y la mimaba. No hacía falta que le insistiera mucho para que Jean contara sus aventuras submarinas o hablara con elocuencia sobre la colonia nudista frente a la costa de Sanary. Algún día Michèle visitaría a Jean y a Annette allí, aunque ella no estaba muy convencida de la parte del nudismo.

Una fotografía tomada en la casa de Limoges muestra a Jean Jausion junto a Kaila y Cami. Vestido como siempre, con traje y corbata, Jean se apoya en una persiana vieja con la mano izquierda en el bolsillo. Las sombras de un emparrado sobre su cabeza oscurecen en parte su rostro. Kaila sonríe bajo una gorra. Su pelo corto está más cano. Cami tiene la picardía de un adolescente, como si se supiera el final de un buen chiste. Solía ser el caso.

La novela de Jean era una reflexión metafórica y lúgubre de su propia experiencia de pérdida, con varios elementos de su historia compartida con Annette transportada en la narración. Ambientada en las calles empedradas y los bares llenos de humo del puerto de Le Havre, con un trasfondo de realismo social descarnado, cuenta un triángulo amoroso en torno a un estibador brutal y alcohólico que ha perdido su trabajo, a su infiel esposa Madeleine y a su amigo, un hombre solitario con el significativo nombre de Jean que tiene una aventura con Madeleine. El marido muere en circunstancias misteriosas al caer en un dique seco. Madeleine denuncia a su amante en una carta anónima y después se suicida abriendo el gas de la estufa. Mientras la policía investiga, el Jean ficticio se queda solo en la ciudad, rondando las calles, pensando en su amante fallecida y reflexionando sobre el sentido de la existencia.

Los Zelman se habían convertido en la familia sustituta de Jean. Hasta empezó a aprender yidis con Maurice. Cuando no estaba escribiendo, sus días se llenaban con las travesuras de Cami o en compañía de Charles y Guy. Se habían convertido en auténticos hermanos. Charles había recuperado el sentido del humor y trataba de hacer reír a Jean disfrazándose de payaso o llevándolo a cafés.

Annette no escribió nunca.

Lo único que sabían era que estaba en alguna parte de Europa oriental, quizá trabajando en una fábrica alemana. Charles esperaba que el trabajo no fuera tan inclemente como la vendimia. Jean prometió que, en cuanto encontrara una forma de viajar al este, iría a buscarla. La ausencia de la risa y de la animada voz de Annette flotaba sobre la familia mientras los días se acortaban y la oscuridad se cernía aún más sobre Francia.

Michèle estaba mecanografiando el manuscrito de Jean cuando aparecieron noticias de que los alemanes habían ocupado la zona libre. Dos días antes, el 8 de noviembre, las tropas aliadas habían tomado tierra en el norte de África, amenazando la costa mediterránea francesa, que era parte de la zona libre. Los alemanes no podían permitir que los Aliados pusieran el pie en Europa, así que eliminaron la línea de demarcación. Francia quedó de inmediato dividida entre Italia y Alemania, con una frontera que iba aproximadamente desde Marsella hacia el norte rumbo a Lyon y luego al noreste hacia Suiza. Grenoble y la Provenza cayeron en la jurisdicción italiana. Todo al oeste de la frontera recién creada estaba bajo control alemán. El Gobierno de Vichy se mantuvo, pero sin poder alguno. De sus hilos tiraba el Tercer Reich.

Limoges no tardó en sentir los ecos de las marchas militares y del rumor del diésel de los vehículos de guerra. A finales de año, la nieve cubrió los campos alrededor de la ciudad y cuajó sobre la pétrea mitra de la estatua de san Miguel en la place Saint-Michel.

Como cada año, Maurice confeccionó un abrigo para cada miembro de la familia. El de Jean era una cazadora de cuero con el cuello de lana, conocida como «canadiense». Poco después de Año Nuevo, Jean decidió regresar a París. Su novela estaba casi terminada y tenía mucho que hacer. «Debo volver», les dijo a Kaila y a Maurice. Besó a Michèle en las mejillas y abrazó a sus hermanos. En sus cartas, Annette había escrito: «Soy tu mujer». No necesitaban una ceremonia para concluir su compromiso. Él guardaba sus palabras en el corazón. Tomando las manos de sus queridos suegros, los miró a los ojos y dijo: «Voy a buscar a Annette. La encontraré».

# Dispersión

## INVIERNO DE 1943-1944

Después de la partida de Jean, la situación de los Zelman se volvió cada vez más precaria. Los alemanes estaban intensificando la actividad contra la población judía de Limoges, así que la familia se mudó a un apartamento en el centro urbano. Igual que hicieron en Burdeos, esperaban mezclarse con los otros cien mil habitantes de la ciudad.

El apartamento estaba abarrotado. Además de los seis Zelman, allí se refugiaban sus primos, Ginette y Max Wilf. Max tenía dieciséis años, y Ginette era tres años mayor que Michèle; la joven estaba tan traumatizada por la detención y deportación de sus padres en Burdeos que casi nunca hablaba. Cuando Kaila descubrió tintas de diferentes colores, papel y sellos ocultos bajo su cama, se puso como una furia. La callada Ginette estaba fabricando documentación falsa para una célula de la Resistencia local.

«¿Qué haces? ¿Ponernos a todos en peligro? —gritó Kaila—. ¡No puedes hacer eso aquí!». Ginette abandonó el apartamento y se unió formalmente a la Resistencia. Su valor no pasó desapercibido para los chicos Zelman.

La Gestapo volvió a intensificar sus redadas contra los judíos, echando mano de listas compiladas con la ayuda de las autoridades de Vichy. Registraban direcciones donde las familias judías vivían o habían vivido. Interrogaban a los vecinos y a los tenderos, a los propietarios de cafés y a los camareros. Había informantes por todas partes.

Los Zelman casi nunca salían, pero cada semana que pasaba su situación se volvía más insostenible. Había llegado el momento de actuar. Guy decidió huir por los Pirineos a España con la esperanza de subirse a un barco rumbo a Casablanca, donde se estaban concentrando las fuerzas de Charles de Gaulle. Consiguió cruzar los Pirineos, pero fue capturado en España e internado en un campo. Les dijo a las autoridades que era francocanadiense y que quería regresar a Canadá. No le creyeron y lo embarcaron a Casablanca. Como de costumbre, Guy consiguió lo que quería.

Charles fue el siguiente en marcharse. Cruzó los Pirineos con éxito, evitó que lo capturaran y también se embarcó a Casablanca. Allí, en un giro del destino, se encontró con su hermano en la casba. «Charles iba por las calles de Casablanca haciendo el silbido familiar —dice Michèle con una carcajada, y luego interpreta el silbido que habían utilizado toda su vida para encontrarse—. ¡Así se encontró con Guy!».

Los hermanos se alistaron juntos. Cuando le preguntaron qué papel quería tener en la guerra, Guy dijo: «Quiero unirme a la fuerza aérea». Lo enviaron a los Estados Unidos a formarse con los USAAF como parte de las fuerzas francesas libres en Norteamérica. Charles fue a Inglaterra a formarse con la RAF como artillero de cola.

Cami también estaba deseando hacer su parte, pero los pasos fronterizos de los Pirineos se estaban volviendo demasiado peligrosos. Así pues, al igual que Ginette, Cami se unió a la Resistencia.

Limoges y la región de Limosín eran un centro de operaciones de los maquis. El grupo ayudaba activamente a niños judíos a huir. Sus actividades bien organizadas las pagaba la Œuvre de Secours aux Enfants (OSE), que dependía en gran medida del dinero recaudado por judíos estadounidenses. Cada red de resistencia tenía personal clave local que conocía el terreno y sabía qué ciudades o cruces convenía evitar.

Ernest Balthazar, también conocido como Saint-André, era uno de los hombres que ayudaban a los niños a escapar a Suiza por el pueblo de Annemasse, en la frontera con Suiza. Regentaba un centro de acogida para «campamentos de verano» que actuaba de tapadera para los *passeurs*, hombres y mujeres que llevaban clandestinamente a niños judíos al otro lado de la frontera. Pero primero los niños tenían que llegar hasta la frontera.

Era una tarea peligrosa. Si los pillaban, los *passeurs* podían ser ejecutados, pero esa amenaza no impidió que una hueste de hombres y mujeres jóvenes intentara salvar a los niños judíos de la Solución Final. Cuando atraparon a Mila Racine, una de las *passeuses*, a veinte metros de la frontera y la enviaron a Ravensbrück, una joven de veintidós años llamada Marianne Cohn (también conocida como Marie Colin) la sustituyó como *passeuse* de niños.

En las sinagogas locales se colgaban avisos que informaban a los padres de a quién contactar si querían que sus hijos salieran de Francia. Kaila estaba aterrada de perder de vista a otra hija, pero cuando la joven Camille Goldman, que siempre tocaba la armónica, desapareció de forma abrupta, tuvo más miedo de dejar a Michèle en Francia. «Mi madre se acercó a mí y me dijo: "Tienes que irte" —recuerda Michèle—. Me inscribió en una lista que circulaba en la escuela. Era para niños entre ocho y catorce. Yo tenía quince, pero mentí y dije que tenía catorce».

A los Zelman les indicaron que llevaran a Michèle a la sinagoga sin más ropa que la puesta. Michèle ya estaba acostumbrada a ese protocolo, pero era el comienzo de la primavera y todavía hacía frío por la noche. Para que estuviera caliente, Kaila la vistió a capas. «Llevaba dos faldas puestas. Una blusa, un jersey, un abrigo. Nadie cargaba con bolsas o maleta porque habría resultado sospechoso».

De la sinagoga fueron andando hasta la estación de tren. «Nuestra coartada era una excursión escolar a un campamento de vacaciones. Había otros diez niños. La mayoría eran pequeños, mucho menores que yo. Así que Marianne (Marie Colin) me dijo: "Como tú eres la mayor, tú me vas a ayudar con los más pequeños"».

Era el turno de Michèle de ser hermana mayor y aceptó la tarea. «No me daba miedo porque tenía que cuidar de los niños pequeños y ser valiente por ellos».

Para evitar sospechas, tomaron una ruta enrevesada hacia Toulouse. Usaron trenes de pasajeros regulares por vías locales. Las estaciones más pequeñas no tenían controles. Michèle no recuerda la ruta completa. Si alguien les preguntaba, «teníamos que decir que íbamos de vacaciones. Hasta los pequeños lo decían».

Una niña pequeña no dejaba de soltar: «¡Nos vamos a Suiza!», ignorando despreocupadamente que pretendían pasar desapercibidos. Gracias a la experiencia con sus cuidadores Annette y Charles, Michèle tenía un arsenal de juegos en la cabeza y se le ocurrían ideas originales de los Zelman para entretener a los niños, además de los habituales «veo, veo» y el juego de adivinar personas famosas. Sus juegos calmaban los nervios de todos. Cuando el «veo, veo» incluyó montañas, Michèle supo que el viaje se acercaba a su fin.

Annemasse era un pueblo precioso, con plátanos de sombra alineados en las aceras y un tranvía que iba y venía por las calles. Todo estaba limpio y ordenado, haciendo un alarde de lo mejor de las influencias francesa y suiza. Pero ciento cincuenta SS estaban posicionados en la frontera. Realizaban registros frecuentes en el hotel, la estación de tren y los bosques circundantes. Había carteles que advertían de castigos severos a quienes cruzasen la frontera. Los tanques patrullaban las carreteras y el alambre de espino protegía la frontera. Pero el pueblo también tenía una red de resistentes y simpatizantes. Incluso el alcalde de Annemasse se mostraba amistoso con la Resistencia y había conseguido salvar a varios de los niños que habían sido detenidos con Mila Racine.

Al bajar del tren, Michèle y los demás niños siguieron fingiendo ir de vacaciones cantando el himno nacional de Vichy. Marianne les dijo que cantaran con la frente alta. Moviendo los brazos al ritmo de la canción, Michèle dirigió el desfile callejero de francesitos de Vichy orgullosos que cantaban a pleno pulmón, aunque algo desafinados.

Saint-André los esperaba con comida y bebidas en el centro de la recepción y les permitió jugar y corretear, como cabía esperar en niños que iban de vacaciones. «En torno a las nueve de la noche, nos fuimos hacia el bosque», señala Michèle.

«Tenemos que ir en silencio», les advirtió Marianne. Fueron de la mano bajo las oscuras copas de los árboles. Michèle sintió el primer apretón de manos al internarse en el bosque. Después sintió el segundo. Marianne enviaba pequeños apretones por la cadena de manos a su cargo. Parecía un juego y les ayudó a sentirse seguros y tranquilos.

En la oscuridad, otro *passeur* apareció y susurró: «Manda a los niños».

Marianne soltó la mano que había sostenido y susurró una despedida. El nuevo *passeur* ocupó el lugar de Marie y siguió adentrando a los niños en el bosque. «Avanzamos una hora», cuenta Michèle. Una sola fila. De la mano.

Al final, el *passeur* llamó a Michèle con un gesto. «Solo quedan cincuenta metros —explicó en un susurro—. Cuando lleguéis a la alambrada de espino, sáltala y ayuda a los pequeños a cruzar. El pueblo está todo recto. Id andando hasta allí». Michèle hizo una pausa para mirarlo. «Adelante», dijo el *passeur* señalando el rumbo y se dio la vuelta, dejando a los niños solos.

Michèle avanzó a oscuras con la esperanza de no perderse. Ayudó a los niños a saltar la valla. Al otro lado había una zanja profunda. Michèle bajó, se volvió, ayudó a los más pequeños a bajar el terraplén y luego los fue empujando de uno en uno cuesta arriba hacia el otro lado. Cuando los niños estuvieron a salvo, ella subió la cuesta a su encuentro. Nada más llegar a lo alto, vio a dos soldados frente a ellos.

Presa del pánico, Michèle agarró a los niños que tenía más cerca de la mano y trató de huir.

«*Komm! Komm! Ici Schweiz!* —gritó el soldado—. ¡Ven! ¡Ven! ¡Esto es Suiza!».

Ella se detuvo. Su corazón batía a toda prisa. Los niños se aferraron a ella.

«*Suisse?*», preguntó Michèle en francés.

«*Ja! Ja! Schweiz!*», respondió el hombre en alemán suizo.

Por fin estaban a salvo.

Llevaron a los niños a un campo donde «pudimos registrar nombre, edad y dirección» y recibieron leche caliente antes de que los acostaran para disfrutar de un sueño bien merecido. Por la mañana «nos dividieron por sexo y edad y nos pusieron en edificios diferentes». Michèle estaba en un dormitorio con adolescentes que habían cruzado la frontera y habían dejado atrás a sus familias.

Se estima que entre febrero de 1943 y abril de 1944 mil niños judíos cruzaron la frontera suiza ilegalmente. Michèle y su grupo tuvieron suerte de llegar cuando lo hicieron, el 29 de abril de 1944. Un mes después, Marianne Cohn fue detenida con casi treinta niños. Los encerraron en la Prison du Pax, de la Gestapo, conocida como una de las peores prisiones de la Alta Saboya. Interrogaron a los niños, pero ninguno admitió ser judío, ni siquiera después de que les dieran palizas.

«Cada mañana se llevaban a Marianne para interrogarla y cada tarde la traían de vuelta con la cara roja e hinchada después de que la sometieran a baños calientes y fríos, entre otras formas de tortura —recuerda Renée Bornstein, nacida Koenig, que estaba entre los niños detenidos—. Su cara se fue deformando con el tiempo. Marianne no flaqueó ni se rindió. Tuvo la oportunidad de dejarnos, de salvar su propia vida, y de revelar nuestra verdadera identidad, pero no hizo ninguna de las dos cosas». Jean Deffaugt, el alcalde de Annemasse, intentó ayudar a Marianne, pero ella le prohibió divulgar su estatus clandestino en caso de que hacerlo pudiera poner en peligro a los niños. Marianne murió de sus lesiones el 7 de julio de 1944. Dos semanas después, el alcalde logró liberar a los niños y ponerlos a salvo en Suiza.

Michèle se acostumbró a su nueva vida en Suiza. Puesto que era una de las mayores, ayudaba con la administración, limpiaba los pasillos y recogía después de las comidas. Estas tareas le hacían sentir normal y parte de la comunidad. La casa donde dormía incluía a «chicas de mi edad venidas de toda Europa. Muchas de ellas ni siquiera sabían dónde estaban sus padres». Michèle tenía ese consuelo. O al menos pensaba tenerlo.

En realidad, Kaila y Maurice habían huido del apartamento de Limoges y se habían refugiado en un granero en el campo. Los granjeros que ocultaban a los Zelman debían de conocer a Maurice. Michèle imagina que les prometió pantalones gratis de por vida.

Era un desafío reunir tanta comida en la granja sin alertar a las autoridades. Los adultos dependían de los hijos para conseguirlo. Uno de los hijos iba al mercado de la ciudad y negociaba para conseguir comida, quizá a cambio de alguna prenda Zelman, y luego volvía al granero. Los adultos casi nunca salían, salvo de noche, y siempre extremando la precaución. No había juergas, pero sí se contaban historias, además de canciones rusas de Maurice interpretadas *sotto voce*. «No eran infelices —dice Michèle—. Estaban allí con otros miembros de la familia y todos adoraban a mi padre».

Estuvieron ocultos nueve meses.

# ¡A las barricadas!

En el agua, blancuzca, la niebla empezaba a levantarse. No
había ni un soplo de viento. La sirena de niebla empezó a sonar a intervalos regulares.

JEAN JAUSION

A los franceses les habían robado las libertades más esenciales: comer, vivir, amar y opinar. Los informantes y denunciantes habían
infectado los cafés y las calles de París. Pero el hechizo maligno que
había caído sobre la ciudad estaba empezando a desaparecer. Se estima que en 1944 la Resistencia francesa contaba con cien mil miembros que activamente destruían vías de tren y atacaban a las fuerzas
alemanas.

En el Café de Flore, el dueño tenía radios ocultas y seguía informando de las noticias diarias emitidas por la BBC. Los alemanes cada vez sufrían mayor presión de las tropas aliadas en la
cabeza de playa de Anzio, en Italia. Los aviones estadounidenses
y británicos bombardeaban las ciudades alemanas por el aire.
Corrían rumores de que habría una invasión aliada. París contenía la respiración.

## MARTES, 6 DE JUNIO DE 1944, DÍA D

En el mayor desembarco anfibio jamás realizado, más de 7.000 na-
ves tocaron tierra en las playas de Normandía, con 150.000 tropas
británicas, canadienses y estadounidenses. Fue la primera vez que los
Aliados tenían presencia militar en el norte de Europa desde la eva-

cuación de Dunkerque en 1940 y supuso un punto de inflexión decisivo en la guerra.

En París, Simone de Beauvoir celebró el Día D en una fiesta cuyo anfitrión fue Charles Dullin, el director del Théâtre de la Ville. Con ella en la celebración estaban Sartre y otros artistas y escritores, incluidos Albert Camus, que bailó un pasodoble. «Escuchamos discos, bailamos, bebimos y pronto nos fuimos por todas partes, como de costumbre», recuerda.

La liberación seguía a meses de distancia, pero era cuestión de tiempo. A mediados de agosto, las fuerzas aliadas avanzaron hacia la capital, y el control férreo de los alemanes sobre París se fue aflojando. El 17 de agosto, la Wehrmacht empezó a retirarse de la ciudad. Los convoyes de tanques y camiones pusieron rumbo al este. Un grupo de bañistas en el Sena vieron pasar los panzer y les sobrevino una sensación de júbilo. «¿Por fin se marchan? —escribió el estudiante Yves Caszaux en su diario—. No nos atrevemos a creerlo. Hemos pasado mucho tiempo esperando, soñando este momento».

En las afueras de París, Alois Brunner, el sádico comandante de Drancy, desertó de su puesto tras enviar un último tren lleno de prisioneros.

Esa noche el Gobierno de Vichy también huyó.

Por la mañana, la multitud cantó desafiante «La marsellesa» en las calles de París. Los trabajadores de correos hacían huelga por la rue de Rivoli gritando: «¡Pan! ¡Pan!». En los Campos Elíseos, donde Hitler se había pavoneado triunfal en junio de 1940, los soldados alemanes derrotados huían del avance del ejército aliado. Por fin eran los franceses quienes descorchaban botellas de champán, no los alemanes.

Muchas tropas de la Wehrmacht permanecieron en la capital y la lucha continuó. Durante la noche del 18 de agosto, las fuerzas de la Resistencia francesa tomaron el ayuntamiento, situado a tiro de piedra del estudio de Jean. Él siempre había apoyado una filosofía pacifista. Los poetas no tenían que tomar las armas. Pero no era momento para debates estéticos. Era el momento de golpear a las fuerzas del mal que le habían arrebatado a Annette. A la mañana siguiente, las banderas tricolor volvieron a izarse en los edificios públicos y cayeron las banderas con esvásticas. Jean se unió a una marcha de cientos de resistentes, periodistas y otros parisinos que iba a ocupar la prefectura.

Los combatientes eran muy heterogéneos. Llevaban bandas en el brazo y boinas francesas, y de su cinturón colgaban armas confiscadas a los alemanes. Las armas incluían desde subfusiles y granadas de mano hasta palos de escoba y cualquier cosa entre medias.

En la prefectura, Jean y sus compatriotas se entregaron a una batalla feroz en la que, parapetados en el quai Saint-Michel, disparaban contra los tanques alemanes. La lucha estalló por toda la ciudad mientras las fuerzas alemanas que quedaban intentaban mantener su control cruel de la ciudad. Simone de Beauvoir vio a veinte soldados alemanes que dispararon contra la muchedumbre en la rue de Seine y alcanzaron a dos mujeres. Después, alguien se las llevó en camillas y un conserje salió a la calle con un cubo y una fregona a limpiar la sangre. «El sonido de la revolución estaba en el aire —escribió un testigo—. Los perros ladraban y los silbatos resonaban por todas partes».

En el caos de la prefectura capturaron a Jean. No está claro qué ocurrió después ni cómo, pero lo más seguro es que el doctor Jausion pasara a la acción, presionando a sus muchos contactos influyentes entre las fuerzas de ocupación para liberar a su hijo. Según Michèle Kersz, se ofreció incluso a tomar el lugar de su hijo. En cualquier caso, Jean fue puesto en libertad y colaboró en la construcción de la barricada del boulevard Saint-Michel, no lejos del Café de Flore.

«El barrio entero está aquí —escribió Camille Villain en su diario—. Hombres determinados en mangas de camisa arrancan los adoquines del suelo, las mujeres y los niños forman una cadena humana para pasar las piedras... Los acompañan tenderos, oficinistas, trabajadores, el jefe de una fábrica de galletas y mujeres de toda clase». La gente taló plátanos de sombra y usó muebles, chatarra, coches quemados y hasta estufas de cocina para erigir las más de seiscientas barricadas de escombros de París.

La noche del 22 de agosto, la Resistencia francesa retransmitió una llamada a las armas en la radio cada quince minutos que acababa con «La marsellesa». En el Palais Royal, donde los caballos del circo Houcke estaban estabulados temporalmente, la policía francesa disparó a un convoy alemán que pasaba a su lado. Los alemanes respondieron enviando dos tanques Tiger, un coche armado y dos tanques Goliath teledirigidos que detonaron setenta y cinco kilos de explosivo. Salía humo del tejado y las ventanas. Cuando los artistas sacaron a los animales fuera, un caballo recibió el impacto de las balas y se desplomó en la avenue Montaigne. Los parisinos hambrientos corrieron y lo despiezaron hasta que de él no quedó, según un testigo, «más que un montón de entrañas y una cabeza con ojos de mirada lechosa».

La ciudad estuvo alborotada durante días, pero, al final, el 24 de agosto repicaron las campanas de Notre Dame tras cuatro años de silencio. Por toda la ciudad «sonaron las campanas de las iglesias, ahogando el sonido de los cañones. La libertad y Francia vuelven a empezar», apuntó en su diario el ensayista y miembro de la Resistencia Jean Guéhenno.

Dos días después, bajo un cielo claro y un sol caliente, el general Charles de Gaulle dirigió las fuerzas francesas libres a la ciudad con la División Armada Francesa del general Jacques-Philippe Leclerc y la Cuarta División de Infantería de los Estados Unidos.

Un amplio mar de humanidad, de veinte personas de profundidad, se alineaba en los Campos Elíseos. Las chicas llevaban vestidos de color rojo, blanco y azul y flores en el pelo; los padres llevaban a sus hijos a hombros; la gente se asomaba a las ventanas y se subía a los tejados para ver la bandera tricolor izada en lo alto de la Torre Eiffel, sustituyendo la esvástica del Reich que tanto detestaba. En el Arco de Triunfo, el general De Gaulle subió a un podio y saludó a la muchedumbre. Olas de voces entonaron «La marsellesa» y recorrieron los Campos Elíseos. «Los besos, los gritos y los autógrafos eran casi abrumadores —escribió el veterano periodista estadounidense Ernie Pyle—. El pandemonio de París libre y amable reina de nuevo».

La larga pesadilla de la ocupación había terminado. París era libre.

Doce días después, Jean partió en busca de Annette.

# El camino a Lorena

No había tumba, ni cuerpo, por no haber no había ni un hueso. Era como si nada hubiera ocurrido, absolutamente nada.

SIMONE DE BEAUVOIR

## MIÉRCOLES, 6 DE SEPTIEMBRE

«Todo fuego, todo llamas, cubierto de revólveres y bandas en los brazos», así iba vestido Jean Jausion. En la puerta de la galería de Bucher, su querido amigo Georges Hugnet le deseó a Jean suerte en su búsqueda de Annette. Apoyado «en el lado de un coche, con el viento agitándole los mechones sobre la frente», Jean Jausion irradiaba seguridad y determinación, según recuerda Hugnet.

Poco quedaba del hijo del médico burgués vestido como un pincel. Jean ahora era un luchador de la Resistencia maduro que trabajaba de corresponsal de guerra tras conseguir un puesto en el periódico *Franc-Tireur*, el diario de la Resistencia. Ahora llevaba el pelo revuelto y largo, una barba rubia y la chaqueta «canadiense» de cuero que Maurice le había hecho en 1942. Junto a otros dos luchadores de la Resistencia y una reportera, Jean se despidió de Hugnet con «una sonrisa enorme en la cara».

Para identificarse como grupo de prensa, los reporteros habían pegado un cartel de *Franc-Tireur* en la parte de atrás de su Citroën 11. El tercer ejército de Patton ya había salido de París. El Citroën fue pisándole los talones por la vieja route nationale 4, que recorría el valle del Marne y pasaba por la ciudad medieval de Provins. Hoy en día, viajar hacia el este rumbo a Metz y a la frontera alemana por la misma ruta —sin tanques ni camiones obstruyendo el paso, ni en caminos de tierra o de grava— lleva unas cinco horas y media, incluida la parada para un pícnic en el lago junto al Château de Baye o una degustación de champán en Épernay. En 1944 era un trayecto largo y difícil.

Había huellas de tanques que levantaban los bordes de la carretera, prueba de que las tropas de Patton habían seguido esa ruta unos días antes en su apresurada persecución de los restos de las tropas alemanas. Las carreteras estaban obstruidas por vehículos del ejército estadounidense atascados. Había camiones sin combustible a los lados de la carretera. La escasez de gasolina era crónica.

Gran parte del país estaba en ruinas. En ciudades y pueblos, los supervivientes rebuscaban entre los escombros de sus propias casas derruidas. Las tumbas recién excavadas de los soldados alemanes estaban señaladas con filas de cascos. En Provins había una hilera de vehículos alemanes quemados y abandonados después de sufrir el ataque de aviones estadounidenses. Las fuerzas francesas libres habían saqueado su contenido —documentos, cajas de munición, armas—. Según ciertas informaciones, los soldados alemanes «luchaban entre sí por conseguir medios de transporte... Bicicletas, caballos, carretillas, codiciaban cualquier cosa que sirviera para moverse». Se imponía una sensación de euforia y de alivio. Los lugareños felices saludaban tanto a los soldados aliados como a los periodistas, regalándoles remesas ocultas de coñac, flores frescas y hasta besos frescos. Francia volvía a ser francesa.

El paisaje en torno a Provins es plano como una mesa de billar. Los campanarios se clavan en el horizonte; las granjas de tejas rojas sobresalen en medio de los campos. Comenzaba la cosecha del trigo y del heno. Había carros tirados por caballos compitiendo con tanques y camiones en un intento por almacenar la cosecha en el granero antes de que la lluvia la arruinara. El tiempo estaba empeorando, y las fuertes tormentas convirtieron las carreteras de tierra y las cunetas en barrizales. Al pasar junto a la iglesia de Saint-Ayoul, del siglo XI, las ruedas del Citroën retumbaron sobre los adoquines de la calle principal, conocida ahora como la Voie de la Liberté. Provins había sido un centro de la Resistencia, y las bodegas de algunas casas se habían utilizado para ocultar tanto a maquis como a judíos. Una red de túneles conectaba algunas casas para proporcionar una vía de escape hacia el bosque.

Tras subir una cuesta empinada en las afueras de la ciudad, los viajeros podrían haber visto prados verdes y abundantes de no haber sido por las huellas de los tanques que parecían masticar el paisaje. Había soldados estadounidenses acuclillados y agotados al borde de la carretera, con rifles en el hombro y fumando Lucky Strike o Camel. Algunos avanzaban con cansancio, cargados con su equipo, y muchos de ellos se ponían la máscara cuando pasaban los coches blindados, los afustes y los tanques rumbo al este. Grandes montones de bidones de gasolina y combustible moteaban los campos. Al parecer, Patton había gritado, movido por la irritación: «¡Mis hombres pueden comerse el cinturón, pero mis tanques necesitan combustible!».

El Citroën 11 en el que Jean y su grupo viajaban tenía un maletero espacioso y tracción en las ruedas delanteras. El barro no era un problema. Seguramente llevaban un bidón de gasolina adicional en el maletero.

Como corresponsal de guerra, Jean debió de llevar consigo un cuaderno en el que escribía escenas de la guerra para el artículo que tenía que entregar. Quizá tuviera también una cámara. Es probable que usaran la *Guide Michelin* para orientarse. El «Librito rojo» había dejado de publicarse en 1939, pero los Aliados lo habían vuelto a publicar para uso militar en 1944. Así que Jean y sus camaradas debían de tener un mapa. Los nombres de las carreteras ahora estaban en alemán, por lo que los mapas eran fundamentales, sobre todo donde los monumentos estaban destruidos y no servían de referencia clara.

A partir de Provins, el Citroën fue hacia el este hasta Épernay, la localidad más grande y rica de la zona. Esta ciudad, en lo alto de una colina y con vistas a viñedos dorados, tiene edificios de piedra caliza anaranjada y es el epicentro de la región del champán, hogar de Perrier-Jouët, Moët & Chandon, Veuve Clicquot, Dom Pérignon y otras bodegas familiares más pequeñas. La calle principal que recorre la ciudad todavía se llama avenue de Champagne.

La producción se había mantenido durante la ocupación, a pesar de la escasez de trabajadores varones, que habían ido a parar a campos de trabajo en Alemania. Para mantener el oro líquido lejos de las manos de los alemanes, gran parte del champán se ocultó en bodegas emparedadas. A finales de 1943, los maquis ampliaron su actividad en la región. Por un chivatazo de que había un grupo de la Resistencia dentro de la bodega Moët & Chandon, los alemanes detuvieron a sus cabecillas. Paul Chandon-Moët fue deportado a Auschwitz. Al conde Robert-Jean de Vogüé lo condenaron a muerte, lo encarcelaron en una fortaleza y solo se libró por los pelos de la ejecución. Deportaron a muchos otros comerciantes y productores de vino. En la bodega de Piper-Heidsieck, la bebida favorita de Hemingway, los alemanes hallaron paracaídas británicos usados.

El ejército de Patton había liberado Épernay la semana antes de que Jean y su grupo pasaran, pero los alemanes habían dejado atrás minas. La red de resistencia local guio a las tropas estadounidenses para evitar esas secciones, ahorrándoles tiempo y vidas. Y así fue como con alegría y alivio los habitantes de la zona dieron la bienvenida a los estadounidenses y probablemente también al grupito de periodistas franceses con los que Jean viajaba.

Desde Épernay, el Citroën se topó con el río Marne y de allí debió de dirigirse hacia Reims, pisándoles los talones a los convoyes estadounidenses. En 1942, familias enteras de judíos de la región de Marne habían acabado en Drancy y de allí los habían llevado a los campos de la muerte en el este.

La magnífica catedral de Notre Dame de Reims, del siglo XIII, es uno de los mayores ejemplos de arquitectura gótica francesa. Los grandes arbotantes a los lados de la catedral están «rematados por esbeltos tabernáculos en forma de cabina [y] chapiteles». Y el rosetón crea un baño de luz y de cristal añil que hace que cualquiera retenga la respiración con admiración y sobrecogimiento. Hoy en día, los visitantes pueden ponerse al pie de las ventanas de Chagall y sentirse inundados por su tributo a la belleza espiritual, muy lejos de la violencia y el conflicto de las guerras que han hecho mella en esta ciudad y en esta catedral. En la Primera Guerra Mundial casi quedó destruida cuando el tejado de madera prendió fuego y el calor rompió las valiosas vidrieras de la catedral.

Es posible que Jean y los demás periodistas pasaran la noche en Reims, o que durmieran al raso con estadounidenses, o que descansaran en alguna pensión o en algún pajar o granero vacío con compatriotas franceses. La noche que Jean y su grupo pararon a descansar, Patton cambió de rumbo hacia el sur, rodeó Metz y liberó Nancy, el lugar de nacimiento de Annette. El 7 de septiembre, las brigadas del Tercer Ejército avanzaron por la orilla occidental del río Mosela hacia Metz, donde había focos de la división Panzergrenadier de las SS que luchaban en la última gran barrera antes de la frontera alemana.

Cuando Jean despertó llovía mucho. En su avance hacia Verdún, el Citroën pasó por viñas, luego bosques, y la arquitectura se fue haciendo más germánica, con gabletes en el tejado y torres de iglesia de tipo *Zwibelturm*, es decir, con cúpula bulbosa. Los ecos de la Gran Guerra estaban por todas partes, desde las murallas defensivas de Verdún hasta el Ossuaire de Douaumont, la tumba con los huesos y los cráneos desnudos de miles de hombres —franceses y alemanes— que habían muerto en *die Hölle von Verdun*, el infierno de Verdún.

La reciente retirada alemana resonó en una comunidad devastada por luchas encarnizadas. Muchos edificios habían quedado destruidos, el ejército alemán había detonado los puentes, los archivos municipales habían ardido y la Gestapo había ahorcado a dieciséis personas en la plaza. El único puente utilizable era el de Beaurepaire. El francés Fernand Legay había decidido encargarse personalmente de tirar los explosivos alemanes al río Meuse antes de que detonaran. Su acto de valor fue crucial para permitir a Patton continuar hacia el este.

A unos ochenta kilómetros estaba Metz, la ciudad más fortificada de toda Europa, el lugar clave de la defensa de Hitler: la Línea Sigfrido o el Muro del Oeste. Este último baluarte alemán en Francia estaba protegido por una línea de trampas para tanques, dientes de dragón y treinta y cinco mil soldados alemanes posicionados alrededor de la ciudad. Hitler dio orden de que retuvieran Metz «hasta que cayera el último hombre».

«El alto mando alemán se prepara para actuar contra cualquier nuevo avance de Patton en Alsacia y Lorena», informaron por cable los corresponsales de guerra a los canales de noticias británicos. Entre la emoción de los informes de guerra, un texto pequeño en la columna central de la primera página del *Daily Herald* incluía un mensaje que se estaba emitiendo en la BBC y que invitaba «a los trabajadores extranjeros esclavizados en Alemania a actuar tanto para acelerar la derrota nazi como para salvar la propia vida». Era una llamada a la revuelta ingenua, aunque pudo haberse propagado hacia el este incluso hasta Auschwitz, donde el movimiento de presos clandestino estaba planificando detonar las cámaras de gas. Mientras tanto, en el último transporte de Westerbork, Holanda, Ana Frank y su hermana Margot habían llegado a Auschwitz, donde más de 80.000 mujeres y 200.000 hombres, prisioneros judíos y gentiles, habían sido registrados para trabajar como esclavos y para ser asesinados en cantidades incontables.

Grandes extensiones de campos de trigo y heno se extendían a ambos lados del Citroën a su paso por la carretera D603 hacia el pueblo de Gravelotte. La confrontación había sido intensa en la zona. Muchos tanques estadounidenses de la Séptima División Blindada habían quedado destruidos. Las bajas humanas también eran elevadas. Uno de los jugadores de béisbol de las ligas menores más populares de los Estados Unidos, Les Wirkkala, había fallecido allí cuando su unidad se topó con las fuerzas alemanas. Jean Jausion y sus camaradas estaban en la línea de frente.

La granja Mogador se sitúa en un alto por encima de Gravelotte. Patton se había estacionado allí durante dos semanas después de que sus tanques se quedaran sin combustible. El día antes de que el Citroën pasara por allí, sus tropas se habían vuelto a movilizar y se dirigían hacia el sur para liberar Nancy. La granja había quedado abandonada.

En tiempos de paz, este anodino pueblo rodeado de campos ondulantes sobresale poco. Pero, en tiempos de guerra, Gravelotte siempre ha sido escenario de batallas sangrientas. Es por la geografía. Situado en una zona muy escarpada a unos cincuenta kilómetros de la frontera alemana, Gravelotte controla la carretera al río Mosela, que desciende por gargantas estrechas hasta Metz. En terminología de ajedrez, es el peón que protege a la reina. Durante la guerra franco-prusiana a finales del siglo XIX, los campos se regaron con la sangre de treinta mil soldados.

El camino que lleva a Gravelotte se curva cuesta abajo en medio de campos abiertos. Esa misma carretera era la que recorría el Citroën la tarde del 7 de septiembre. Mientras las nubes de tormenta se acumulaban al este, un arcoíris cubría el cielo. Sin duda un buen augurio de lo que tenían por delante. A Jean, que estaba cansado de viajar, le mantenía a flote la idea de que estaba cerca de la frontera alemana. Estaba seguro de que en algún lugar tras esa línea encontraría a Annette y volverían a estar juntos.

El conductor del Citroën fue desembragando en la cuesta abajo para ahorrar combustible y pasó junto a un roble centenario a la derecha, un testigo silencioso de dos guerras mundiales. A la sombra del árbol había una tumba con fecha de 1870. A la izquierda, la granja Mogador estaba vacía, salvo por los cadáveres abandonados de soldados alemanes. Por delante, oculto al final de la cuesta, había un pelotón de una de las unidades más aguerridas del ejército alemán.

He aquí el ra-ta-ta de las ametralladoras. El cristal se rompe. El metal cruje. Chirrían los frenos. Una mujer grita. He aquí un chorro de sangre. Salpica la tierra gastada. El último aliento. Luego nada.

La dirección de *Franc-Tireur* agradece a cualquier persona que pueda proporcionar noticias sobre la desaparición de uno de nuestros colaboradores, Jausion.

Jean Jausion, nacido el 20 de agosto de 1917 en Toulouse, hijo del doctor Jausion, del n.º 21 de la rue Théodore de Banville, París (distrito 17), combatió con las FFI en las barricadas de St. Michel durante la semana de liberación de París.

Partió el 6 de septiembre como reportero de *Franc-Tireur* junto a un grupo joven de maquis veteranos conocidos como «les Leconte», en un Citroën 11 negro, tracción delantera, matrícula n.º R.N. 6283, con un cartel blanco en la parte trasera de *Franc-Tireur*. Desde entonces, no se ha puesto en contacto ni ha dado noticia de su paradero ni al periódico, ni a la familia ni a sus camaradas.

Vestía un traje azul oscuro y abrigo tipo canadiense de tela beige y cuello de lana. Llevaba zapatos amarillos. En el pliegue del codo tiene una cicatriz larga y transversal.

Llevaba consigo varios documentos de identidad, entre ellos la tarjeta reglamentaria de un certificado de las FFI St. Michel y la confirmación de su misión para *Franc-Tireur*. El día antes de su partida, les dijo a sus padres que tenía que ir al norte de Francia y al frente.

## ON RECHERCHE

La direction de *Franc-Tireur* serait reconnaissante à toutes personnes pouvant donner des nouvelles sur la disparition d'un de nos collaborateurs.

Jean _____ né le 20 août 1917, à Toulouse, fils du docteur _____ 21, rue Théodore-de-Banville, Paris (XVII°), était F.F.I. de la barricade Saint-Michel, où il a combattu pendant la semaine de Paris.

Il est parti, le 6 septembre, comme reporter de *Franc-Tireur*, avec un jeune ménage d'anciens maquisards, les Leconte, dans une Citroën 11 noire, traction avant, immatriculée R.N. 6283 et portant à l'arrière l'inscription blanche *Franc-Tireur*. Depuis cette époque, il n'a pas reparu et n'a donné de nouvelles, ni au journal, ni à sa famille ni à ses camarades.

Il était vêtu d'un complet bleu marine et d'un survêtement genre canadienne, en drap beige, avec col de fourrure. Il portait des souliers jaunes. Il avait au pli du coude (droit ou gauche) une longue cicatrice transversale.

Il était muni de divers papiers d'identité, dont la carte réglementaire, d'une attestation du P.C. F.F.I. St-Michel, et d'un ordre de mission de *Franc-Tireur*.

Il a dit à ses parents, la veille de son départ, devoir se diriger vers le Nord de la France et le front.

# Regreso a la ciudad de las luces

No te haces una idea de lo triste, deprimente y desgastada que
está París… Te parecería que todos hemos envejecido veinticinco años. Todavía no nos hemos quitado del todo el sentimiento de ser un país ocupado.

Carta de ROGER MARTIN DU GARD
a Jacques Schiffrin

## LUNES, 11 DE SEPTIEMBRE

«La liberación de Limoges ha sido una operación gloriosa», infor-
maba el periódico *Combat*. «Las FFI [Fuerzas Francesas del Interior]
rodean la ciudad por completo y solo tienen que intensificar la presión cuando llegue la orden de ataque. Las luchas en los arrabales
son duras; al final, los alemanes derrotados se rinden… Un oficial
aliado llega en coche frente al cuartel general alemán. Ante los ojos
de los centinelas enemigos en posición de firmes, la muchedumbre,
avanzando con entusiasmo, se lanza sobre el coche, abraza y besa al
enviado, que logra salir, no sin dificultad».

Y así, la extraordinaria familia Zelman salió de su escondite.

La Cruz Roja ayudó a los parisinos a volver a su casa o a encontrar un hogar nuevo. Maurice y Kaila se mudaron a un nuevo apartamento en la rue de Cléry, en el barrio de Sentier, el centro de comercio textil de París. Muchos judíos supervivientes, sobre todo los
de tradición sefardí, se estaban asentando en esa conveniente comunidad de personas tristes y agotadas por la guerra. Algo similar al
gueto judío de Venecia, este barrio tenía edificios de cuatro y cinco

pisos que ofrecían espacio para las tiendas, así como alojamiento para las familias.

*Kaila y Maurice, en torno a 1950.*

Otro atractivo era la geografía del barrio. Encajonado por largos bulevares, el barrio de Sentier era un laberinto de calles estrechas y serpenteantes famoso por sus atascos. Después de pasar gran parte de los últimos cinco años huyendo de un lado al otro y de ser presa de los nazis y de los reveses del destino, una familia judía no podría encontrar un lugar mejor para echar nuevas raíces que entre su propia gente en ese mundo casi hermético de Sentier.

El apartamento de rue de Cléry, con techos altos y estancias espaciosas, era el mejor alojamiento que había tenido la familia desde su primera llegada a París. No está muy claro de dónde provenía el dinero de Maurice, pero de nuevo había sacado un conejo de la chistera para asegurarse de que su familia empezaba con estilo un nuevo capítulo de su vida.

Cami fue el primero de los hijos en volver a casa. El muchacho que había dejado a su familia para luchar se había convertido ya en un hombre. Una fotografía suya apareció en el periódico del sur de Francia para celebrar a los luchadores de la Resistencia. Apuesto, de una belleza masculina, lleva una gorra en la cabeza y una ametralladora en la mano. El titular decía: «*Ils ne sont pas morts en vain* [No han muerto en vano]».

Como hijo responsable que era, ayudó a sus padres a establecer la nueva tienda y la nueva vivienda. Después de años de racionamiento de tela, todo el mundo necesitaba ropa. Maurice y Kaila pronto volvieron a darle al pedal de una máquina de coser nueva. Zelman Vétements reabría sus puertas.

Ese enero cayeron metros de nieve en Europa. En Bélgica hubo montones de hasta dos metros. Los Aliados combatieron en el frente oriental con un metro de nieve. A pesar de las condiciones adversas, los rusos tomaron Cracovia y el 27 de enero liberaron a 7.000 prisioneros —4.000 de ellos mujeres— de Auschwitz. Diez días antes, el equipo de secretarias de Auschwitz se había visto obligado a quemar montañas de documentos, incluidos los registros de muertes. Después, sus miembros fueron obligados a unirse a la población regular de presos e hicieron la marcha de la muerte a Alemania. Entre los miles de mujeres que tuvieron que salir en medio de una tormenta de nieve la noche del 18 de enero estaban las únicas cuatro supervivientes del tercer convoy de Francia.

En Francia, los periódicos publicaban un mapa diario de los cambios en la línea del frente. La mayor parte de Polonia y la República Checoslovaca eran libres o lo estarían al cabo de pocos días. Como otros parisinos, los Zelman leían los titulares y escuchaban a los corresponsales de la BBC que informaban desde sus posiciones junto a las fuerzas aliadas.

El invierno era frío y había poco combustible, pero al menos ya no se veían alemanes en los bulevares de París.

Cuando se derritió la nieve, los padres judíos que seguían vivos se pusieron en contacto con sus hijos en Suiza. Michèle estuvo entre los afortunados que pudieron ser repatriados con ayuda de la Cruz

Roja. Otros niños se quedaron atrás a la espera de recibir noticias de sus familiares.

En la rue de Cléry, Cami vio que su hermanita había crecido, pero su vínculo era más fuerte que nunca. Los dos hermanos ayudaron juntos a sus padres y al negocio mientras esperaban que la guerra terminara. Maurice se hizo con una línea telefónica, pero la verdadera razón no era el negocio. Esperaba oír algo. Lo que fuera. De Annette.

Y un día el teléfono sonó.

Michèle dejó lo que estaba haciendo y fue al vestíbulo a escuchar.

«Doctor Jausion. —Maurice parecía algo sorprendido—. ¿Cómo está? ¿Y su mujer? ¿Y Jean?». Hubo una pausa. Un grito ahogado. Michèle fue hasta la puerta. Su padre tenía lágrimas en los ojos. «Siento mucho su pérdida». Michèle sintió el ardor en sus propias lágrimas. «Sí —dijo Maurice—, venía a menudo a nuestro apartamento en el boulevard de Strasbourg. Queríamos mucho a Jean, muchísimo». Maurice debió de añadir algo, pero Michèle no podía soportar más de lo que ya había oído.

Se dio la vuelta y vio el rostro descompuesto de Kaila.

La última vez que se habían visto, Jean estaba lleno de vida y de esperanza, escribía su novela y planeaba buscar a Annette. Michèle se había escondido y había escapado, había tenido miedo y había sido valiente, pero no se le había pasado por la cabeza la idea de la muerte. La muerte resultaba muy extraña. Muy definitiva.

Aturdido y en silencio, Maurice colgó el teléfono.

## VIERNES, 20 DE ABRIL DE 1945

El periódico *Combat* informó de que Buchenwald, el campo «donde estaba la mayoría de los héroes», tenía «más de seis mil deportados franceses esperando ser repatriados». Muchos de ellos estaban enfermos y requerían tratamiento y cuidados. Se compilaron listas de nombres y, «una vez completas, se harán públicas. Sin embargo, debido al estado del transporte en ese sector del frente, no es posible garantizar un regreso rápido a los liberados». Entre las personas liberadas estaba Claudette Bloch, que había escapado recientemente de un campo satélite de Leipzig, cerca de Buchenwald. Raya Kagan estaba en ese mismo campo, junto con otras dos del tercer convoy: Rachel (quizá Szepsman) y Dvora Lipskind.

El final del Reich de los Mil Años, cuando por fin llegó, fue rápido. Al igual que cuando Jean lo había visto seis meses antes en Lorena, el Tercer Ejército de Patton barrió todo a su paso, haciendo que ciudades como Darmstadt y Mannheim cayeran como fichas de dominó. Virando hacia el sur, Patton entonces atacó Baviera y capturó Múnich, la ciudad donde Hitler había empezado su mortífero ascenso al poder.

El mismo día en que el ejército alemán se rindió en Italia, Mussolini y su amante, Clara Petacci, fueron ejecutados y sus cuerpos quedaron colgados de los pies en la plaza de Loreto de Milán, donde una turbamulta furiosa les escupió y atacó con martillos y cuchillos. Al día siguiente, oculto en su búnker, Adolf Hitler disparó a sus queridos pastores alemanes, dio varias pastillas de cianuro a su amante Eva Braun y después se disparó a sí mismo. Una semana después, Alemania se rindió incondicionalmente.

## Martes, 8 de mayo

Para muchos supervivientes judíos de los campos, los días antes del 8 de mayo fueron mucho más que el preludio del Día de la Victoria en Europa; eran fechas de un nuevo nacimiento que los supervivientes honrarían el resto de sus vidas.

En uno de los edificios más grandiosos de París, el lujoso Hôtel Lutetia, se instaló un centro de recepción para recibir a los miles de deportados que regresaban a la ciudad. El Hôtel Lutetia, un complejo tributo a la arquitectura de estilo *art nouveau* construido en 1910, era uno de los primeros establecimientos de París con grifos de agua caliente y teléfonos en todas las habitaciones. Durante los alocados años veinte muchos escritores y artistas pasaron por el vestíbulo y el bar del hotel. James Joyce tocó el piano del vestíbulo y escribió partes de *Ulises* en el hotel. Tanto Picasso como Matisse se alojaron allí en la década de 1930. Hemingway bebió en el bar con Gertrude

Stein. Entre otros huéspedes, estaban Charlie Chaplin, Henri Matisse, Joséphine Baker e Isadora Duncan. Charles de Gaulle pasó allí su noche de bodas.

Su resplandeciente historia había quedado mancillada cuando los alemanes lo requisaron para la Abwehr (servicio de contraespionaje) y usaron una habitación con vistas a la prisión de Cherche-Midi para interrogar a franceses sospechosos de ser miembros de la Resistencia. Quizá por eso De Gaulle lo eligió como el lugar donde acomodar a sus compatriotas. Repartidas en siete pisos, las trescientas cincuenta habitaciones del Lutetia alojaron a las mismas personas que los nazis habían intentado exterminar.

Deseando dar con Annette, Michèle y su madre se unieron a otros cientos de familias esperanzadas que acudían a diario ante las puertas giratorias del hotel. Entre las personas que esperaban se encontraba Claude Croutelle, que estaba agotado por la batalla y ahora respondía al apellido de Loursais, y Richard Mela, que buscaba a su mujer Franceska y a su hija Elise.

Lo que empezó como una ocasión esperanzada cambió en cuanto ante la muchedumbre empezaron a salir supervivientes cadavéricos y medio muertos de hambre.

Miles de ellos llegaban en autobús, y muchos todavía llevaban los uniformes de rayas que habían vestido en Buchenwald y Bergen-Belsen, dos de los primeros campos de la muerte liberados. Al llegar, los exprisioneros pasaban por una desinfección, los médicos les hacían un chequeo y después los entrevistaban para documentar sus experiencias, para que sus torturadores pudieran algún día ser ajusticiados. Los oficiales estaban muy atentos para localizar a colaboracionistas o exmiembros de las SS que intentaban presentarse como víctimas y se ocultaban entre refugiados. A muchos (como Irma Grese, la SS y guardiana de campo de concentración) los habían sorprendido haciéndose pasar por prisioneros. A Heinrich Himmler lo detuvieron después de que usara un documento de identidad de la Inteligencia Militar Británica.

La ironía de que se utilizara aquel establecimiento de lujo para hospedar a los luchadores de la Resistencia y a los supervivientes del Holocausto no pasó inadvertida para quienes volvían a casa, que a menudo no tenían ni hogar ni familia que los esperara. Los dueños del Lutetia estaban más acostumbrados a esmóquines que a uniformes carcelarios. Las fotos de los prisioneros liberados muestran las caras atormentadas de huéspedes que no saben cómo actuar cuando se les sirve una merienda completa con té. Después de haber dependido del cuenco rojo para comer, beber y a veces incluso para hacer sus necesidades, la porcelana fina era un material ajeno.

Cada mañana, la radio francesa «leía la larga lista de deportados que llegaban al Lutetia», recuerda Christiane Umido en una entrevista para la BBC. Cuando oyó el nombre de su padre en esa lista, corrió al hotel. Al llegar a «la plaza grande» en frente del establecimiento, se abrió paso entre la multitud «de familias que esperaban. Solo recuerdo aquel edificio grande en frente de mí y aquel silencio. Todo era muy emotivo y triste».

Varias semanas después de la liberación de Europa, Charles llegó de Inglaterra con un elegante uniforme de la RAF. Ya no era el prisionero roto y asustado de Fort du Hâ: se había enfrentado al enemigo y había recuperado el ánimo. También había vuelto a bromear.

Se unió a Michèle y a su madre en su vigilia ante el Lutetia. Una tarde, nada más volver a casa, un coche grande aparcó frente al bloque de los Zelman. Su conductor empezó a tocar la bocina como loco. Michelle y Cami corrieron a la ventana y vieron a Guy salir del coche saludándolos con la mano. Estaba más guapo que nunca con el uniforme de piloto estadounidense. Desde la ventana del quinto piso, Michèle observó emocionada a su hermano, que sacaba una enorme montaña de maletas llenas de ropa estadounidense, discos de jazz e incluso un par de botas de vaquero. Guy, fiel a sí mismo, había ganado un montón de dinero jugando al póquer.

Durante días, la familia intercambió historias de sus experiencias en torno a la mesa del comedor. Charles desfilaba por todo el apartamento con el uniforme de la RAF o recitaba el nombre de los cuarenta y ocho estados de los Estados Unidos, que se había aprendido de memoria como pasatiempo en la cárcel. Volvía a ser gracioso, a resultar entretenido, y estaba desesperado por encontrar a su hermana mayor entre los refugiados que regresaban. Guy describió la vida en los Estados unidos como «llena de coches enormes y chicle, de whisky de Tennessee y bares clandestinos». Cami contaba los terribles castigos sufridos por los colaboracionistas. En una ocasión, su pelotón de maquis entró en el castillo de una mujer aristócrata conocida por colaborar con los alemanes y la ejecutaron a sangre fría.

Los Zelman no solo eran una familia. También eran una empresa. Así pues, cuando todos estuvieron asentados, Maurice convocó una reunión familiar. Sentados en torno a la larga mesa, idearon un plan de acción. Maurice y Kaila continuarían con el negocio familiar de sastrería. Charles y Cami trabajarían en el negocio de la moda con su padre. Michèle volvería a la escuela. Guy no dijo nada. Maurice preguntó:

«Guy, ¿qué te propones hacer?».

«Oh, ya sabes que a Guy no le gusta trabajar demasiado —dijo Kaila sonriendo a su hijo favorito—. Déjalo en paz».

Guy se encogió de hombros y sonrió. Todos rieron.

Pero aún faltaba la risa de una persona.

De abril a mayo de 1945, entre dieciocho y veinte mil supervivientes de los campos de concentración llegaron al Hôtel Lutetia, algunos en camilla, casi todos esqueléticos y enfermos. Una foto muestra a supervivientes varones sentados en sillas doradas con terciopelo en el excelente comedor, fuera de lugar entre tanto lujo. Les servían «carne, mantequilla, pan, té de azahar, café, mermelada, queso y pan especiado», y en algunos pies de foto se afirma que les servían champán.

Pero la disociación entre ese lujo y sus experiencias vividas era un abismo que muchas mentes no podían cruzar. «Muchos se vieron solos por primera vez en años y no lograban dormir en una cama después de años de privaciones», escribió Charlotte Delbo, que estuvo en el primer transporte de luchadoras de la Resistencia francesa deportadas a Auschwitz en enero de 1943. A ella el encierro en el Hôtel Lutetia le resultó devastador. «Había soñado con la libertad durante toda la deportación. Esa era la libertad, aquella soledad intolerable, aquel cuarto, aquel agotamiento».

REGRESO A LA CIUDAD DE LAS LUCES

Maurice Cling tenía dieciséis años cuando lo deportaron con sus padres. Al regresar a Francia pesaba solo veintiocho kilos, la mitad del peso normal de un chico de su edad. Al entrar por las puertas giratorias del gran edificio del Lutetia, le bañaron con polvo de DDT para matar piojos o pulgas portadores de tifus. En las paredes se colocaron hileras de fotografías de miembros de familias desaparecidos.

A diario Kaila y Michèle buscaban a Annette entre los regresados. Pasaban al lado de familias desesperadas que repetían los nombres de sus seres queridos a los supervivientes, pidiendo cualquier información. «¿Conociste a tal y tal?», preguntaban una y otra vez, mostrando fotos «de gente normal con cara regordeta, con pelo... Nosotros solo recordábamos caras vacías y cabezas rapadas», explica Joseph Bialot, un joven que acababa de regresar. Nadie tenía ni idea de cuántos millones de judíos habían entrado en los campos y habían muerto. Los que volvieron estaban enfermos de ánimo y repetían a las familias desesperadas: «No, no lo he visto. No la conocí. Nunca los he visto».

En la comunidad judía de París, los campos de la muerte se convirtieron en el tema más importante del día. La gente compartía información, mostraba fotografías y escuchaba con sobrecogimiento las historias de terror que contaban los supervivientes. Las noticias, tan lejos de la realidad experimentada o imaginable, resultaban difíciles de creer. Hizo falta tiempo para digerir el verdadero alcance del genocidio de los nazis. Nadie quería creer que sus seres queridos habían sido gaseados. Nadie quería creer que seres humanos podían perpetrar un genocidio a una escala masiva o que la humanidad había permitido que ocurrieran crímenes tan monstruosos como aquellos.

El Lutetia fue escenario de milagros, además de disgustos. Cada día traía escenas tanto de reunión como de desilusión. Entre los afortunados que salían por las puertas del hotel estaban la madre y la hermana de la cantante Juliette Gréco, Marceline Loridan, que acabó convirtiéndose en una escritora y directora de cine reconocida, y su amiga Simone Veil, que llegó a ser una de las figuras políticas de posguerra más veneradas de Francia.

Entre la multitud de supervivientes que llegaban al hotel cada día, la madre de Annette encontró a una de sus primas de la familia

Wilf. Solo una. Un día, confiaban los Zelman, Annette atravesaría esas puertas giratorias y regresaría a sus brazos. Los Zelman se negaban a abandonar la esperanza. Los días se convirtieron en semanas. Las semanas se convirtieron en dos meses. Charles, Michèle y su madre iban a diario. Esperanzados.

Esta placa en memoria de los escritores que murieron por Francia durante la Segunda Guerra Mundial se encuentra en el Panteón de París. Jean Jausion figura debajo del nombre del poeta Max Jacob, un amigo de Picasso.

QUINTO ACTO

1942

# Polonia

## SÁBADO, 22 DE AGOSTO DE 1942

Cuatro días después de que Raya llevara té a sus amigas, a ella y a las demás secretarias y funcionarias las enviaron a vivir de vuelta al «campo madre», en el *Stabsgebäude* (el sótano del cuartel general de las SS). No poder cuidar de las mujeres que se quedaban atrás la torturaba. Sus amigas de la prisión preventiva y Tourelles estaban «condenadas a desaparecer», escribió, «y nada puede salvarlas». Las jóvenes del *Stabsgebäude* eran un grupo de élite entre las prisioneras. Tenían acceso a una ducha y a dos retretes. Recibían una porción adicional de comida y dormían en colchones de paja en literas compartidas. Nadie intentaba robarles las mantas o el pan cuando dormían. Incluso se les permitió dejarse el pelo largo. Y, lo más importante: no se enfrentaban a selecciones aleatorias.

Birkenau era otro mundo.

Perder el contacto con su amiga del tercer convoy debió de ser un golpe devastador para Annette y las demás parisinas. Ver a Raya cruzar la *lagerstrasse* les había dado una pizca de esperanza. Incluso el consuelo del té había significado para ellas un mundo cuando intentaban salvar a Sonia de la muerte.

## MARTES, 15 DE SEPTIEMBRE

Cuando Franceska, la madre de Elise Mela, llegó a Birkenau, tuvo suerte de encontrar a su hija entre los miles de adolescentes de cara flacucha que llenaban el campo femenino. Franceska no duró mucho, pero murió con su hija. El mismo día que la bella Elise Mela y su madre fueron seleccionadas para morir en las cámaras de gas, Claudette Bloch se trasladó al *Stabsgebäude*. Había estado trabajando en Rajsko, la estación de cultivo de plantas y laboratorio donde se experimentaba con dientes de león para aumentar la elasticidad y durabilidad de la goma de los neumáticos. Su trabajo se consideraba uno de esos lujos que ofrecían a los trabajadores una pizca de seguridad y quizá de supervivencia, pero el tifus seguía descontrolado.

Janina Kukowska, #7453, una de las prisioneras polacas que trabajaba con Claudette, murió de la temida enfermedad, igual que la mujer del director agrícola, Joachim Caesar. Para evitar más infecciones, Caesar hizo que las trabajadoras de su laboratorio se trasladaran al *Stabsgebäude*. Su decisión pudo haber salvado la vida de Claudette Bloch. Allí es donde Claudette se encontró con su antigua compañera de celda, Raya Kagan.

A las dos francesas les costó mucho asumir el destino de sus amigas. Claudette, que había pasado más tiempo en Birkenau, había visto a sus amigas ir a la cámara de gas o morir en el bloque 25. Josette Delimal había muerto.

Couscous, la bailarina del vientre, había encontrado empleo como criada de uno de los SS. A pesar de haberse librado del trabajo duro, no sobrevivió. Sara Tassemka, o Boubi, de veintiún años, encontró trabajo separando ropa con los pañuelos blancos en Kanada. Pero tampoco sobrevivió.

La etnógrafa Dvora Lipskind consiguió trabajo fuera de Birkenau, quizá en Harmenze, la granja donde se producía la comida que iba a las cocinas. Esa era otra tarea bastante segura, dirigida por una mujer de las SS que era considerada con las prisioneras. ¿Por qué Dvora, Raya y Claudette tuvieron tanta suerte? ¿Acaso existía tal cosa en Auschwitz? Algunos supervivientes lo achacan al concepto judío de *bashert*, la predestinación. En realidad, no había respuesta.

El resto de las supervivientes de su convoy podían contarse con una mano, afirma Claudette. Y eso fue en otoño de 1942.

De las mujeres que murieron en 1942 solo han quedado algunos registros. Tamara Isserlis, de la que escribió Hélène Berr y que había sido la mejor amiga de Claudette, consiguió trabajo en el pabellón hospitalario, «donde la vida era más posible para los médicos», recordó Claudette en su testimonio de posguerra, pero la joven que se había equivocado de vagón de metro «enfermó de tifus y sufrió el mismo destino que las demás prisioneras o víctimas de la enfermedad». Ida Levine y ella murieron el 1 de septiembre. Bella Lempert murió también en septiembre, pero la fecha de su muerte no se registró. No hay datos de la muerte de Sonia Gutman. Eso significa que Annette podía haber vivido más tiempo en el campo y que estaba sola. «Nadie sobrevivía en Auschwitz por sí misma —dice Edith Grosman, #1970—. Necesitabas una hermana de *lager* para ayudarte a seguir adelante».

No sabemos cómo fueron los últimos momentos de Annette. ¿Enfermó de tifus y se marchitó en el bloque 25, tan febril y delirante que no sabía si su último aliento era de polvo o de gas? ¿O recibió una paliza de muerte de una *kapo* o de un guardia de las SS? ¿Acaso miró las vallas eléctricas en el perímetro del campo y se dirigió a su propia muerte, interpretando su último baile en solitario? ¿La seleccionaron para el gas con las mil del 1 de octubre, o las dos mil del 2 de octubre, o en la histórica «gran» selección de *Sabbat Januká*, en la que diez mil mujeres fueron a las cámaras de gas y dejaron Birkenau casi desierto y despojado de su sororidad el 5 de diciembre? ¿O fue voluntariamente con sus hermanas de *lager* Ida y Sonia para consolarlas en la muerte?

¿Cuáles fueron las circunstancias en torno a la muerte de Annette?

Si al menos tuviésemos una fecha. Si al menos supiésemos. Pero no sabemos. Por tanto, debemos detenernos aquí y pensar en la propia Annette: la chica que empezó esta historia y la mujer que la terminó. Tenía más que hacer. Lo sabía. Nosotros lo sabemos. Y por eso no podemos dejar que la figura de Annette Zelman se disuelva en la nada. Nada de lo que hizo Annette estaba vacío.

# Epílogo

No estoy muerto. Solo estamos separados.

BOURLA, citado por Simone de Beauvoir

## CAFÉ DE FLORE, DOMINGO, 26 DE JULIO DE 2020

«Annette solía sentarse ahí. —Michèle señala una banqueta roja a la derecha de la entrada lateral del Café de Flore—. Simone de Beauvoir se sentaba allí». Señala al rincón opuesto.

Es un día caluroso de verano, con el tipo de tiempo que marchita las flores, pero no a Michèle. Con noventa y dos años, es vivaz, activa y hermosa. Y, como todas las parisinas, viste con elegancia, con un traje de verano rojo. Sus hijas gemelas idénticas, Valérie y nuestra querida amiga Laurence, han quedado con nosotros en el Flore para visitarlo con su madre.

Miramos dentro el diorama creado por Charles Matton en las escaleras. Contiene fotografías de los artistas y escritores más famosos del Flore, periódicos antiguos doblados en las mesas o tirados en el suelo y, por supuesto, las banquetas rojas. Mientras escuchamos el sonido de los ajetreados camareros, aún vestidos de blanco y negro, solo falta la estufa de cerámica en el centro y el patrón, monsieur Boubal, al otro lado de la barra. Hay demasiadas sillas vacías que contar.

Desde el Café de Flore, vamos en coche al boulevard de Strasbourg, donde los Zelman vivieron antes de huir a Limoges. Se ha alterado la configuración del edificio, la entrada tiene un sistema de cierre automático y el conserje no contesta al telefonillo. Fuera, en la calle, Michèle señala el lugar donde Cami y ella patinaban, donde Ben Guigui, el argelino, vendía fruta y verdura. Salvo por el toldo de colores brillantes y la variedad de productos, los carretones y puestos son muy parecidos a los de la década de 1940. Michèle sonríe con cariño. «El apartamento, la calle, el colegio, todo esto era mi mundo».

Mientras habla, alguien sale del edificio. Heather lleva a cabo su famoso movimiento neoyorkino de poner el pie en la puerta antes de que se cierre. Michèle aplaude encantada mientras sujetamos la puerta para que ella entre. El portal tiene un gran espejo y es moderno, pero las escaleras de mármol son estrechas y están desgastadas en la parte central. Casi se puede oír al circo Zelman subiendo y bajando a toda prisa. Arriba, llamamos a la puerta del antiguo apartamento de Michèle. Un niño de la edad de Marcel en 1942 abre la puerta. Michèle sonríe.

La madre del niño, una mujer africana con vestido de colores brillantes y un turbante, atareada con sus hijos, que juegan en casa, mira con suspicacia las máscaras contra la COVID-19 que cubren nuestras caras sonrientes. No nos permite entrar. Teniendo en cuenta que estamos en medio de una pandemia, no nos sorprende.

En el patio, Michèle señala a las ventanas abiertas del piso. «Ese era el comedor. Y ese el dormitorio de mis padres». Las voces agudas de los niños felices vienen de arriba y casi podemos oír a Camille tocando con fuerza la armónica de Cami. Pero no hay humo de las comidas olvidadas de Annette. Cuando nos disponemos a salir del patio, Michèle señala un trastero. «Eso era la letrina».

Bajando un poco la calle nos detenemos ante unos baños públicos donde Annette y el resto de la familia se daba una ducha semanal. En frente está el colegio al que iba Michèle. Todavía sigue siendo una escuela femenina. Junto al cartel de *École de filles* hay una placa que conmemora a los cinco mil niños en edad escolar del distrito 10 que fueron deportados y murieron. Conteniendo una lágrima, Michèle dice: «Me resulta muy conmovedor volver aquí».

Nuestra última parada es el número 31 de la rue de Cléry, donde la familia vivió después de que se reunieran en París. El edificio donde vivieron los Zelman todavía tiene un negocio textil en la planta baja, pero hay veinticuatro apartamentos encima.

«Después de la guerra, cada sábado los jóvenes judíos se iban a bailar —recuerda Michèle fuera del antiguo taller de los Zelman—. Así fue como conocí a mi marido». Gaston y Michèle tuvieron tres hijas en el mismo apartamento en el que ella vive hoy en día, donde hemos pasado más de un mes escuchando la historia de Annette y del circo Zelman. Desde las dos enormes ventanas que se abren a la plaza de Clignancourt, una brisa ligera acaricia la piel de nuestro dálmata. Es una parte tranquila y elegante de Montmartre, uno de los barrios judíos arrasados por el Holocausto.

En las paredes a nuestro alrededor hay fotos enmarcadas de la familia: Maurice con el uniforme completo de cosaco; Kaila y su hermana Loupa; el abuelo Wilf con los ojos azul claro; fotos de las hijas de Michèle y de sus numerosos nietos. La larga mesa del comedor está cubierta de archivos y documentos —el archivo que Michèle conserva de Annette—, diarios, pinturas, dibujos y cartas.

## ¿Y QUÉ HAY DE JEAN JAUSION?

En agosto de 2020, nos vamos de París a Nancy para conocer al sobrino de Michèle, Jacques Sierpinski. Nuestro plan es seguir la ruta que Jean hizo con el Citroën desde París tras el avance del general Patton. Hoy en día esa ruta es conocida como la Voie de la Liberté, la Vía de la Libertad. En Nancy nos reunimos con Jacques y visitamos el homenaje de la ciudad a Annette Zelman y nos encontramos el viejo escaparate de la tienda de ropa Zelman. Calle abajo, en el apartamento donde vivieron, hay una placa a Annette colgada encima de los buzones. Al día siguiente, vamos en coche hasta Gravelotte con Jacques y su mujer.

La granja Mogador sigue allí. Cuando llamamos a la puerta, una mujer mayor vestida con la tradicional ropa negra de las campesinas francesas nos abre. Explica que su marido y ella no eran los propietarios en 1944. Pero hace algunos años, nos cuenta, un historiador canadiense que investigaba para un libro sobre la campaña del general Patton en Lorena le dijo que el general estadounidense se alojó en la granja Mogador casi dos semanas.

Señala un montón de equipamiento del ejército estadounidense junto a la verja. «Encontramos esas cosas en el patio y en los campos». Hay dos proyectiles de tanque M42, una cantimplora de agua del ejército estadounidense, una pala plegable. No sabe nada de Jean Jausion.

Durante siglos, los campos en torno a Gravelotte se han regado con la sangre y los cuerpos de miles de soldados. Pero los cuerpos de Jean y sus camaradas nunca aparecieron. La única información sobre las circunstancias de la muerte de Jean proviene de una investigación dirigida por el doctor Hubert Jausion y que este compartió con Guy en febrero de 1945. «Jean, herido de gravedad en la granja, debió de caer allí mismo —escribe Hubert Jausion—. La granja Mogador estaba sembrada de cadáveres de alemanes. Pero lo único que encontramos de Jean fue su chaqueta, llena de agujeros y de sangre. Se le debió de perforar el pulmón derecho. ¿Murió? ¿O lo evacuaron a Alemania, como sugiere el hecho de que le quitaran la chaqueta para vendarlo?».

Esa era la esperanza a la que se aferraron durante meses monsieur y madame Jausion.

Pero Jean no volvió a casa después de la guerra, y su muerte sigue siendo un misterio. Algunos pensaron que se lanzó con el coche intencionalmente contra la patrulla alemana en un suicidio aparente. Incluso Simone de Beauvoir propone esta idea melodramática. Pero ¿Jean Jausion se habría suicidado además de acabar con la vida de sus compatriotas? No. Jean creía en su causa. Estaba decidido a buscar a Annette y a reunirse con la mujer a la que amaba. Tenía razones para seguir viviendo.

Después de la guerra, el doctor Jausion continuó su distinguida carrera en el hospital franco-musulmán como especialista en enfermedades de la piel. Y aunque las familias Jausion y Zelman no se conocieron cuando sus hijos vivían, sus vidas se cruzaron en la posguerra. Cuando Guy se casó, el doctor Jausion regaló a los recién casados el estudio de Jean en la rue Laugier. Un año después, Maurice tuvo una enfermedad en la piel y acudió al especialista.

«Fue entonces cuando el doctor Jausion preguntó si podría asistir a mi boda —cuenta Michèle—. Nos sorprendió mucho, pero dijimos que sí».

Dos fotografías tomadas en la sinagoga muestran a madame Jausion con cara de amargura mirando a Michèle, que, entusiasmada y vestida de blanco, va del brazo de su padre.

Dos años después, a Maurice le diagnosticaron cáncer de estómago. «Yo estaba embarazada cuando fui al hospital —dice Michèle—. Me tocó el vientre y dijo: "Oh, mi hija está embarazada. Qué feliz soy"». Tenía sesenta y dos años cuando murió. Nueve años después, el doctor Jausion murió. Su terrible secreto casi murió con él.

«Un día, a principios de la década de 1960 —recuerda Michèle—, una mujer vino a la tienda y dijo: "¿Sabes quién traicionó a tu hermana? Está en un libro del historiador Henri Amouroux"». Así que fuimos a comprar el libro. Y así nos enteramos».

*La vie des Français sous l'occupation* contenía documentos originales escritos por el *SS-Hauptsturmführer* Theodor Dannecker en los que hablaba de la detención de Annette que la familia Zelman nunca había visto. En una carta a Darquier de Pellepoix del 23 de mayo, un día después de la detención de Annette, Dannecker escribe bajo el siguiente encabezado:

**Matrimonio entre judíos y no judíos.**

Los padres de Jausion han querido evitar este matrimonio a toda costa, pero hasta ahora no han tenido ocasión de hacerlo. Por tanto, he ordenado la detención de la judía Zelman y he autorizado su internamiento en el campo de Tourelles.

Lo que empezó siendo incredulidad pronto se convirtió en conmoción e indignación. El hombre que había entregado a Annette a los nazis no era un *mouche* cualquiera, ni un *corbeau* vengándose de una vecina. A Annette la había entregado el hombre que tenía que haberse convertido en su suegro, el mismo hombre que había pedido que lo invitaran a la boda de Michèle, el padre del hombre al que más amaba en el mundo: el doctor Hubert Jausion la había denunciado.

No está claro si el doctor Jausion acudió directamente a Dannecker a denunciar a Annette o si solo rellenó una queja formal. Pero él y su mujer precipitaron la tragedia de los amantes y quizá lo más doloroso de todo es que Annette lo sabía. «¡Ah! ¡Tu padre, tu padre! —le escribió a Jean desde la prisión preventiva—. Odio a tus padres copiosamente y ten por seguro que nunca querré verlos y que recordaré su cobardía el resto de mi vida... ¡Cuánto los odio! A él lo odio todavía más puesto que yo sé que lo quise y no voy a poder vengarme de él».

Jean debió de estar destrozado por el hecho de que sus padres hubieran traicionado a Annette. ¿Cómo iba a mirarles a la cara? Sin embargo, intentó que su padre se retractara de su denuncia para que Annette volviera a ser libre.

Una nota de los archivos de la Comisaría General para las Cuestiones Judías revela que, aunque el doctor Jausion quizá se retractó de su denuncia, también se aseguró de que los enamorados estuvieran forzados a hacer todo contra lo que Annette se había opuesto con tanta vehemencia.

[Los] dos prometidos han declarado por escrito abandonar cualquier plan de unión, de acuerdo con los deseos del doctor Jausion, que expresó su voluntad de que los disuadieran y de que la joven Zelman sea entregada a su familia sin más consecuencias.

Por supuesto, Dannecker no estaba dispuesto a entregar a Annette a nadie que no fueran los nazis.

Después de la guerra, Boris Vian, el famoso trompetista de jazz, autor y amigo de Jean y Annette escribió: «Pobre Jausion, cuya novia... acabó deportada por petición del padre de Jausion, quien les dijo a los alemanes: "Asustad a la chica, o se casará con ella". Así que la mataron a sustos».

Además de la traición de los Jausion, los Zelman descubrieron que la importante abogada de Annette, maître Goublet, también los había engañado. Goublet fue conocida por defender a los enemigos de los nazis por un lado y por actuar como informante de la Gestapo por otro. Mientras afirmaba estar luchando por salvar a la hija de los Zelman y se quedaba con su dinero, sabía perfectamente que Annette estaba condenada.

«Las repercusiones de la detención y desaparición de Annette fueron muy fuertes en nuestra familia —dice Michèle—. Cada uno sentía una cosa. Pero yo no veía que habláramos de Annette. Seguíamos como antes, siempre el circo Zelman, pero sin Annette. Nuestra familia no practica mucho la emoción de la tristeza. A veces mencionábamos a Annette. Pero era un asunto cerrado. Yo creo que era demasiado doloroso. Mi padre era el que más sufría, porque se había interpuesto en su matrimonio».

Una extraña mirada de despedida aparece en sus ojos. «Mi padre era un hombre vivaracho y alegre. Siguió tocando el piano y cantando. Pero había momentos en los que parecía lejos y lleno de melancolía. Creo que se sentía culpable por haber impedido que Annette se convirtiera en la mujer de Jausion. De haber permitido que se casara, quizá todavía seguiría viva. Pero esas cosas se las guardaba para sus adentros. Hablar del tema era demasiado duro para él».

La primera mujer de Guy, Madeleine, no tenía padre y se convirtió en una especie de sustituta de Annette. Sin embargo, diez años después de la desaparición de Annette, cuando Maurice falleció, todos los Zelman dijeron: «*Il va chez Annette* [Ha ido a reunirse con Annette]».

Tras la muerte de Maurice, Kaila se mudó a un apartamento en Montmartre cerca de Michèle. «Venía a cenar con nosotros todas las tardes —recuerda Michèle—. Mi cuñada le compraba ropa bonita. Era una princesa». Al igual que su marido, Kaila murió de cáncer de estómago en 1967. El hambre de los años de la guerra pasó factura. Tenía setenta y siete años.

El doctor Hubert Jausion permitió a Guy heredar el contenido del apartamento de Jean, incluidas las obras de arte que había coleccionado y regalado a Annette. A precio de mercado actual, los lienzos que Annette y Jean pasearon entre el boulevard de Strasbourg y la rue Laugier costarían millones de dólares. En algún momento, Guy debió de darle a Charles las cartas de amor de Annette, que las conservó junto a sus propias cartas de Annette.

Los hijos Zelman mantuvieron una relación estrecha. El negocio de Guy como importador textil prosperó. Pero, siempre un *bon viveur*, gastó la mayoría de sus ganancias en restaurantes, ropa y viajes al extranjero. En 1970 compró una casa de campo grande al norte de París que acabó conociéndose como la «Maison Zelman». En torno a su enorme mesa del comedor, la familia creciente celebró cumpleaños, días festivos y Yom Kipur.

Charles siguió trabajando en el negocio de la moda con su padre, donde supervisó el taller y al personal hasta que se casó con una mujer hermosa y adinerada que le ayudó a establecer su propia tienda de ropa con Cami. «Se llamaba Sidur —cuenta Michèle—. Charles se hizo rico. Se iba a esquiar en invierno y vivía en la parisina rue de Pelouze, en un apartamento grande, lleno de muebles antiguos y espejos». Pero su lado excéntrico no le abandonó. En las bodas familiares a veces se levantaba y bailaba solo. En frente del quiosco, moviéndose al son de la música, perdido por completo en su mundo, acunaba una rosa en las manos. Esa rosa era Annette.


Mientras trabajaba con Charles, Cami decidió mudarse al apartamento que había un piso encima del de Michèle y así quedó emparedado, como de niño, entre Guy y Michèle. «Todos queríamos a Cami. Era guapo y amable y bajaba a vernos todas las tardes con Guy».

Al igual que sus hermanos mayores, Cami ascendió hasta alcanzar una posición prominente en el movimiento de la francmasonería. Pero incluso en el ocaso de su vida, mantuvo el espíritu infantil. «Cami se compró una moto cuando ya era bastante mayor y, una tarde, mientras cenábamos, me dijo: "Venga, Michèle, vamos a dar una vuelta". Eran las nueve, pero nos fuimos por todo París, y yo iba sentada detrás, agarrándome a él. Así era, como un niño pequeño».

Aunque Michèle dice que la familia casi nunca hablaba de Annette, en 1992, en el quincuagésimo aniversario del día que ella y Jean publicaron sus amonestaciones, Cami retomó el caso de su hermana. Escribió al Centro de Documentación Judío Contemporáneo, en París, y preguntó por qué el doctor Hubert Jausion nunca se enfrentó a la justicia por su papel en la deportación de Annette a Auschwitz y su muerte.

Uno a uno, los hermanos de Michèle siguieron a Annette y a sus padres a la tumba. Cami fue el primero en fallecer, a los setenta y dos años, en 1996. «Soñaba con todas las cosas que iba a hacer, pero murió de un tumor cerebral antes de poder hacerlas. Yo fui al hospital a diario. Cuidé de él con su mujer hasta el final».

Charles fue el siguiente, en 2008, a los ochenta y cinco años. El último fue Guy, que murió en 2013 a los noventa y tres años. «Enterré a mis tres hermanos, con los que había compartido todas esas experiencias —dice Michèle—. Pienso en ellos constantemente, miro sus fotos. Siempre he pensado que me reencarnaré siendo Cami. Pero no pienso en la muerte. ¡No me da tiempo!». Tiene que ir a jugar al bridge o al golf.

Durante siete décadas, Michèle no tuvo documentos ni recuerdos con los que rememorar a Annette. Todo eso cambió con la muerte de Charles. «Su hija, que también se llama Annette, encontró cajas llenas de documentos y me las dio. Entonces descubrí su existencia. Me trajo un paquete y me dijo: "Creo que esto deberías tenerlo tú"».

«¿Por qué no nos contó nada de las cartas? —se pregunta Michèle. Levanta las manos en un gesto de incomprensión—. Supongo que salió de la cárcel de Burdeos y regresó con ellas a París, luego a Limoges, y las guardó el resto de su vida. Sin decírnoslo a ninguno, aunque nos viéramos todo el tiempo». Niega con la cabeza. «Y solo eran copias. ¿Dónde están los originales? A esa pregunta no he podido contestar. Charles siempre fue un poco peculiar».

Una teoría es que guardó las cartas en una caja fuerte y no dijo su localización. Quizá se las llevó a Sanary y se las entregó al mar. En cualquier caso, han desaparecido, como su hermana. Pero el repentino descubrimiento de casi ochenta cartas fotocopiadas de Annette transformó la imagen que Michèle tenía de su hermana. «La llegué a conocer de verdad cuando recibí estos documentos —dice, dando un toque al montón de páginas protegidas por fundas de plástico que tiene delante—. Antes no la conocía. Era una niña. Y ahora he descubierto quién era. Y también he conocido a Jean. Es como otra Annette. Me ha asombrado. ¿Cómo pudo escribir esas cartas extraordinarias en la mesa del comedor? Me hace pensar que estaba con nosotros, pero no con nosotros. Tenía tantas cosas en la cabeza… una segunda Annette, una Annette secreta».

Además de las cartas, Charles había acumulado un tesoro de dibujos y pinturas de Annette, muchos de los cuales aparecen en este libro. A pesar de nuestros intentos por recuperar su obra de Beaux-Arts, no hemos podido encontrar los cuadros que hizo allí. Quizá Paul Landowski los escondió. Quizá los tiraron cuando interrumpió sus estudios.

La suerte de los papeles y efectos personales de Jean es igual de desconocida. Sus libros, cartas y cuadros seguían en el apartamento de Guy cuando este vivió allí. Michèle los vio cuando lo visitó en la rue Laugier. Cuando Guy se mudó unos años después, se llevó los cuadros, pero de los papeles de Jean no quedó ni rastro. Y el archivo del doctor Hubert Jausion es de carácter médico, no personal. Los miembros de la familia que visitaron a Guy en Saint-Raphaël, en la Costa Azul, recuerdan un «rincón de Jean Jausion» en la biblioteca de Guy. Pero cuando nos pusimos en contacto con la viuda de Guy en 2020, ella insistió en que solo había unos cuantos libros y nada más.

Claire Jortner, la viuda de Claude Croutelle (también conocido como Loursais), confiesa que, cuando Claude y ella se enamoraron, él le pidió que ella vaciara su apartamento en el Barrio Latino. Él no había sido capaz de deshacerse de nada desde la guerra. Para ayudarlo, ella tiró por la ventana del apartamento «*chambre de bonne*» montones de papeles y recuerdos, incluida (por error) la medalla de honor de la Resistencia. «De vez en cuando —recuerda Claire—, como venidos de la niebla, cuando no podía dormir, Claude pronunciaba los nombres de "Bella" y "Jausion". Eran como fantasmas que lo atormentaban».

Por tanto, hemos sido incapaces de localizar documentos personales relativos a Jean, salvo las pocas cartas que Michèle tiene en su archivo. Aparte de la fotografía de Limoges en 1942, no parece haber ni una sola imagen de Jean, y ninguna de la pareja junta.

«Es difícil imaginar quién podría haber sido Annette —dice Michèle—. Sin duda, alguien del mundo del arte. Escribía todo el tiempo. Dibujaba todo el tiempo. Practicaba la escritura automática. Nunca dijo que quisiera tener hijos. Quizá lo pensara». Michèle sonríe. «Sin duda se habría casado con Jean. Yo siempre lo consideré mi cuñado».

En nuestra última tarde en París, llevamos las memorias de Raya Kagan al apartamento de Michèle para leer con detenimiento las secciones en las que menciona a Annette y a Bella. Nos preocupa el impacto emocional que estas revelaciones podrían provocar en ella, pero Michèle insiste en que quiere saber la verdad.

Vestida de blanco inmaculado con una camiseta y unos pantalones de algodón, Michèle toma asiento junto a la mesa de su comedor. Tiene montones ordenados de carpetas llenas de su historia familiar —de los Wilf, de los Zelman, de Annette— en el extremo de la mesa. Para inmortalizar el momento, Heather coloca su cámara para grabar a Michèle leyendo con atención las páginas que hemos señalado cuidadosamente. Son las últimas ocasiones en las que Annette fue vista con vida. Heather explica que la fecha debió de ser «pocos días antes del 22 de agosto, cuando Raya Kagan se trasladó al *Stabsegbäude*». Hasta entonces, la familia siempre había creído que Annette había muerto el día de su llegada a Auschwitz. Sin embargo, no hubo selecciones de prisioneros en junio de 1942, así que sabemos que esa fecha es errónea. Las memorias de Kagan demuestran que Annette sobrevivió allí dos meses, quizá más.

«Acompañé a Annette por la *lagerstrasse* —lee Michèle en voz alta—. Me abrazó. "Merci", me dijo antes de desaparecer en la multitud de mujeres». Una sombra cubre los ojos de Michèle, pero no llega a llorar. La familia Zelman no practica la emoción de la tristeza.

«¿Cómo pudo una chica tan bonita y creativa morir así? —se pregunta con un suspiro profundo—. Tenía veinte años. No tuvo la oportunidad de cumplir veintiuno. Siento más que rabia. Es una sensación de injusticia». Poniendo la mano en la mesa, Michèle nos mira directamente. «Tenía tanto por delante... Pero no pudo construir su futuro. Este libro será un monumento para recordar a Annette».

# Posdata
## Resumen biográfico de algunas personas mencionadas en el libro

**Camille Goldman,** el pelirrojo guapo que tocaba la armónica, fue detenido en un tren de camino a Limoges en 1944. Iba a ver a una chica. Deportaron a Auschwitz a nuestro galán, donde murió el 20 de mayo de 1944. El resto de la familia Goldman —Hélène, Henri y su hija Simone— sobrevivieron.

**Ginette Kobrinec,** su marido Henry y su hija Eliant sobrevivieron.

**La familia de Léon Wilf al completo murió en Auschwitz.** El 11 de septiembre de 1942, Léon, Karolina, Jean y Abraham partieron de Francia en el trigésimo primer convoy y fueron asesinados en las cámaras de gas al llegar, el 16 de septiembre de 1942. Léon y Lejbas, la hermana de Kaila, iban con ellos. Los otros dos chicos fueron deportados a Auschwitz en el octavo convoy de Pithiviers. El 25 de julio de 1942, Joseph, de veintidós años, fue a la cámara de gas con su hermano Maurice, de diecisiete.

**Ginette y Max Wilf,** los hijos de Sruel y Louba Wilf, sobrevivieron. Sus padres murieron en Auschwitz.

**Surèle y Marcel Singer,** los vecinos de arriba de los Zelman en el boulevard Strasbourg, sobrevivieron. Lo mismo que su madre, Eva. **Theo Hecht** sobrevivió.

**Hélène, Alte y Dora Zelman** (las hermanas de Maurice) sobrevivieron.

**Eso** (la otra hermana de Kaila) sobrevivió. En cambio, Israel, su otro hermano, no. No tenemos fecha de muerte para él. En total, Kaila perdió once miembros de la familia en el Holocausto.

## El círculo de Jean y Annette

**Yannick Bellon,** amiga de Annette del Café de Flore y enamorada de Jean Rouch, acabó convirtiéndose en una directora de cine muy conocida. En 1943 empezó su carrera en el Centre Artistique et Technique des Jeunes du Cinéma

(CATJC) de Niza. Para entrar tuvo que ocultar sus orígenes judíos, omitiendo el nombre de soltera de su madre Denise Bellon, que era Hulman, y utilizando el del segundo marido de su abuela, Lemoine. Su primera película en solitario, *Goémons*, ganó el Grand Prix de documentales en la Bienal de Venecia de 1949. Durante su carrera hizo muchas otras películas, la mayoría en torno al tema de la liberación de la mujer, que incluyen *La femme de Jean*, *L'amour nu* y *La triche*. «Si a través de mi trabajo se concluye que me da asco la injusticia —dijo en una entrevista en 1961—, y que la dignidad me parece la virtud más importante, tanto mejor». Falleció en 2019 a la edad de noventa y cinco años.

**Loleh Bellon:** Después de la guerra, la hermana pequeña de Yannick, que había compartido el idílico verano de 1941 en Brunet con Jean Rouch y sus amigos, se convirtió en una actriz y dramaturga aclamada. Se estrenó en el escenario en 1945 con *Dangerous Corner*, de J. B. Priestley, y después actuó en muchas películas, incluidas *The Perfume of the Lady in Black* (1949), *Quelque part quelqu'un* (1972) y *Jamais plus toujours* (1976). También ganó fama como dramaturga y en 1976 ganó el Premio Ibsen por *Les dames du jeudi*. En 1999 murió con setenta y cuatro años en París.

**Claude Croutelle:** Después de la guerra, Claude retuvo el nombre que le habían dado al trabajar en la Resistencia, Claude Loursais, y llegó a ser un director de televisión y escritor famoso. La serie de detectives que creó en 1958, *Les cinq dernières minutes*, se convirtió en el programa de televisión francesa que más tiempo ha estado en antena.

Los acontecimientos de la guerra lo atormentaron, pero nunca habló de sus recuerdos con Claire Jortner, su mujer. Hacia el final de su vida, Claude sufrió trastorno bipolar además de insomnio y tuvo problemas con el alcohol. En 1988 se ahogó en la piscina de un hotel en Avignon tras una noche sin dormir cuando asistía a un festival de teatro. Tenía sesenta y ocho años.

Nunca habló de Annette.

**Georges Hugnet:** Después de la guerra, Georges Hugnet desarrolló una carrera fascinante como autor y tratante de manuscritos y libros raros. También continuó creando *collages* y montajes fotográficos de (sobre todo) mujeres desnudas, e insistía en que «la desnudez femenina es más sabia que la sabiduría de un filósofo». En 1950 se casó con Myrthle Hubert, de diecisiete años (Hugnet tenía cuarenta y cuatro). Tuvieron un hijo, Nicolas Hugnet. En 1969 publicó *Huit jours à Trébaumec*, un viaje erótico imaginario basado en fotografías que había hecho en Bretaña en 1947. Murió en 1974, a la edad de sesenta y ocho años, en Saint-Martin-de-Ré, en la costa occidental de Francia.

**Pierre Ponty:** Pierre Ponty, cuya propiedad familiar sirvió de escenario para el idílico verano de Yannick Bellon y Jean Rouch, mantuvo la amistad con Rouch y Jean Sauvy el resto de su vida. En 1946, viajaron juntos por el curso del río Níger en canoa y balsa para filmar un documental. Ponty se hizo escritor y autor de libros infantiles. Murió en París.

**Jean Rouch:** «Pienso en mis amigos de ese periodo cruelmente excéntrico», recuerda Jean Rouch con ternura. «Anne o Bella, ya no estáis aquí para recordar las camisas con bolsillos en las mangas y las corbatas multicolores que inventasteis para nosotros antes de que desapareciéramos, pues nos fuimos a África y a la guerra. Las detuvieron y desaparecieron en los campos de concentración».

Rouch permaneció en África el resto de la guerra, donde sirvió en una unidad de zapadores del ejército francés en África y donde dio buen uso a sus conocimientos de ingeniero construyendo pontones. Después sirvió brevemente en Alemania, en Berlín, en agosto de 1945.

En 1946, Rouch regresó a África con sus amigos del Café de Flore, Jean Sauvy y Pierre Ponty para realizar el descenso del río Níger en canoa. Rouch, un apasionado del cine, llevó consigo una cámara Bell and Howell de 16 mm. La grabación se convirtió en su primera película: *Au pays des mages noirs* (*En el país de los magos negros*).

Rouch se acabó convirtiendo en uno de los directores de cine más destacados de Francia y usó sus estudios etnográficos sobre África para crear lo que él dio en llamar «etnoficción», en la que combinaba grabaciones etnográficas reales con escenas de actores a sueldo. Su inventiva y sus innovaciones cinemáticas, como el uso de la cámara portátil, influyeron en directores de la Nouvelle Vague francesa, como Jean-Luc Godard y François Truffaut, así como a una nueva generación de directores de cine africanos. En 1960, Rouch acuñó un nuevo término para su método: «*cinéma verité*» o cine de realidad.

Yannick Bellon y él siguieron siendo amigos. Él no habló nunca de Annette. Murió en 2004, a los ochenta y seis años, en un accidente de coche en Níger. Le sobrevivió su segunda mujer, Jocelyn Rouch.

**Jean Sauvy:** Después de descender el río Níger con Rouch, Sauvy se hizo un escritor y periodista de éxito. Entre sus numerosos libros destacan *12 aventures qui ont forgé mon caractère* (*12 aventuras que forjaron mi carácter*) y *Mon parcours dans le siècle: 1947-2001* (*Mi viaje por el siglo: 1947-2001*). En 2013, a los noventa y siete años, publicó también unas memorias, *La maladie d'Alzheimer vécue à deux* (*La enfermedad de Alzheimer vivida en pareja*), en las que recuerda los diez años que su mujer sufrió de esta enfermedad. Murió en París en 2014.

**Michel Tapié:** Miembro de Les Réverbères, buen amigo de Jean y después de Annette, acabó convirtiéndose en uno de los artistas y críticos franceses más celebrados de la posguerra. En su libro *Un art autre* (*Un arte diferente*), apoyó la idea de «arte informal» que buscaba generar una ruptura radical con las formas tradicionales de composición. Desarrolló la práctica de *tachisme*, o tachismo, una forma de pintura abstracta francesa que presentaba manchas y toques de color que para muchos fue una respuesta europea al expresionismo abstracto. También se convirtió en promotor e inversor itinerante de arte. Con su pipa y su monóculo característicos, viajó por el mundo, organizó exhibiciones y promocionó la obra de otros artistas, incluidos Willem de Kooning, Jackson Pollock y Alfonso A. Ossorio. El amor por el jazz que compartía con Jean Jausion continuó a lo largo de su vida y también siguió tocando el clarinete. Es célebre por haber dicho: «En palabras de san Juan de la Cruz: "A lo desconocido se llega a través de lo desconocido". El academicismo... está acabado, ¿verdad?». En 1987 murió con setenta y ocho años en París.

## EL ENEMIGO

**Theodor Dannecker:** En agosto de 1942, tres meses después de enviar a Annette a morir, Dannecker perdió su posición en París por una ofensa menor: no encender las luces laterales, como exigía la policía militar alemana, cuando aparcó su coche una madrugada en los Campos Elíseos. La verdadera razón fue que Helmut Knochen, el líder del Servicio de Seguridad y jefe de Dannecker, se había hartado de él, pues lo consideraba problemático e insubordinado. Poco después, Dannecker abandonó París y continuó sus políticas genocidas en Bulgaria, Italia y Hungría, donde supervisó la deportación de más de once mil judíos. Entonces, cuando comenzó la implosión del Reich de los Mil Años, Dannecker mismo se convirtió en el cazado.

Estaba en Budapest con Eichmann cuando el ejército soviético tomó la capital húngara. Los dos nazis se quitaron el uniforme de las SS, se pusieron el uniforme ordinario de la Wehrmacht y huyeron a Berlín. Ilse Dannecker no había recibido noticias suyas desde febrero de 1945, así que decidió ir a buscarlo a Berlín con sus dos hijos, donde acudió al cuartel general de la Wehrmacht a preguntar.

En la capital alemana corría el rumor de que los rusos habían llegado a las afueras de la ciudad. Llegaban también historias de violación y asesinatos por ajuste de cuentas. Temiendo por su seguridad y sin haber dado con su marido, Ilse Dannecker partió rumbo a Múnich en uno de los últimos trenes que salieron de la ciudad.

Dannecker también se había dado a la fuga. Llevaba en Berlín desde mediados de marzo. Con ayuda de su asistente, vació el apartamento familiar de Müllerstrasse y ocultó las posesiones familiares en un sótano. Pero el 18 de marzo la casa recibió el impacto de un ataque aéreo aliado y sus posesiones fueron destruidas. Dannecker informó por carta a su mujer de estos acontecimientos. Es el único objeto personal suyo que ha sobrevivido a la guerra.

Los meses siguientes, Dannecker se mantuvo oculto. Pero, en diciembre de 1945, después de que su hermana le informara del paradero de su mujer, viajó hasta Bad Tölz, donde se reunieron. Pero el encuentro duró poco. La pareja que vivía al lado de los Dannecker en la pensión hizo lo que él había hecho tantas veces a los demás: lo entregó a las autoridades. Al día siguiente, la policía militar estadounidense detuvo a Dannecker y lo encarceló con instrucciones de que era peligroso y que había que vigilarlo de cerca.

El 10 de diciembre de 1942 lo interrogaron y le dieron una máquina de escribir y papel para que elaborara un relato detallado de su vida. También escribió una última nota a su mujer. La firmó con las palabras: «Con infinito dolor y el mayor de los amores». Al día siguiente, cuando recibió la visita del director de la prisión y de un médico, lo encontraron colgado de los barrotes de su celda, ahorcado en posición erguida con el cordón que servía para abrir y cerrar la ventana al cuello.

Ilse Dannecker quiso seguir sus pasos cuando intentó envenenarse con sus dos hijos. Pero los gritos de Bernd, el hijo menor, alertaron a los vecinos. El niño menor sobrevivió, pero su hermano mayor, llamado Theodor en honor a su padre, murió. Ilse Dannecker fue detenida y acusada de asesinato. No obstante, la liberaron porque, dado su estado mental, consideraron que estaba exenta de responsabilidad. En febrero de 1949 se casó con un empresario húngaro llamado Vilmos Bernath y emigró a Australia con su hijo superviviente, que cambió su nombre a Ben y vive en Nueva Gales del Sur.

**Maître Juliette Goublet:** En 1942, después de traicionar a la familia Zelman fingiendo ayudar a Annette cuando estaba informando a la Gestapo, Goublet se convirtió en la líder de la sección femenina de Jeunes de l'Europe Nouvelle, un grupo que fomentaba la colaboración entre jóvenes franceses y alemanes para apoyar los esfuerzos de guerra de los nazis. En mayo de 1943 incluso viajó a Alemania de forma voluntaria para trabajar de aprendiz de metalúrgica. Una foto de Roger-Viollet muestra a un policía francés despidiéndola con la mano en la estación, y ella aparece vestida con un conjunto de estilo militar, una mochila y saco de dormir a hombros. En marzo de 1945, la sentenciaron a cinco años de trabajo forzado y a degradación nacional de por vida por su colaboración con los nazis. La liberaron en 1947 y la rehabilitaron posteriormente.

**Louis Darquier de Pellepoix:** Darquier de Pellepoix fue relevado de su cargo como comisario de Asuntos Judíos en 1944, después de que sus jefes nazis se hartaran de su pereza y corrupción. Para entonces, había asistido a Dannecker en el transporte y asesinato de decenas de miles de judíos. En total, entre 1941 y 1944, organizaron 74 convoyes, deportando a 73.853 judíos, la mayoría a Auschwitz. Una décima parte eran niños y más de la mitad fueron gaseados al llegar. Después del fin de la guerra, menos de tres mil supervivientes volvieron a Francia.

Para entonces, Darquier de Pellepoix había escapado a la España de Franco y se asentó en Madrid hasta su muerte en 1980, donde se ganó la vida como traductor autónomo. Lo condenaron a muerte *in absentia,* pero nunca lo extraditaron. En 1947 su mujer Myrtle fue a su encuentro y tuvieron un segundo hijo, pero se hundió aún más en el alcoholismo. Myrtle murió en 1970.

En 1978, Darquier de Pellepoix concedió una entrevista a un periodista francés en la que reiteró su inquina contra los judíos y negó la existencia del Holocausto. Cuando le preguntaron si tenía remordimientos, replicó desdeñosamente: «¿Remordimientos por qué? No entiendo la pregunta».

**Xavier Vallat:** Después de que Darquier de Pellepoix lo sustituyera como comisario de Asuntos Judíos, Xavier Vallat fue nombrado jefe de Vichy Radio, plataforma que utilizó para emitir sus opiniones antisemitas. Lo detuvieron en Vichy en 1944 y lo trasfirieron a la prisión de Fresnes, donde muchos judíos habían estado encarcelados. En diciembre de 1947 lo juzgaron y sentenciaron a diez años de prisión, después de que intentara sin éxito apartar a uno de los jueces del juicio porque era judío. Rechazó cualquier responsabilidad en la deportación de judíos franceses. Recibió una amnistía en 1954 y regresó a la agitación antisemita convertido en editor de una publicación de extrema derecha llamada *Aspects de la France*. En su funeral en el sur de Francia en 1972, los legendarios cazadores de nazis franceses Serge y Beate Klarsfeld causaron sensación cuando llegaron a la iglesia cargados con una corona enorme en forma de estrella amarilla, el símbolo que Xavier Vallat y los nazis habían obligado a llevar a los judíos franceses.

# Agradecimientos

Nuestro agradecimiento más sentido a Michèle Zelman Kersz por las muchas horas que ha pasado compartiendo con nosotros la historia de su hermana y de su familia durante dos olas de calor y una pandemia. Aunque sea nonagenaria, los recuerdos de Michèle son sorprendentemente detallados; nunca ha inventado o embellecido nada y siempre ha señalado las lagunas de su memoria. Los documentos y las imágenes abundantes de su archivo, sobre todo las casi ochenta cartas de Annette, son el tesoro de este libro. Pero sin la voluntad de Michèle de sentarse y llevarnos a sus recuerdos, la historia de Annette no sería más que una historia. Michèle, has prestado un gran servicio a la memoria de tu hermana y a la de tu familia.

También queremos dar las gracias a Laurence, la hija de Michèle, por decirnos durante años que teníamos que escribir un libro sobre su tía Annette. El libro de Laurence titulado *La cuisine de nos grands-mères Juives-Polonaises* es una incorporación maravillosa a la biblioteca de todo aquel que quiera cocinar como Michèle y Kaila. Benditos sean también la pareja de Laurence, Ronald Crooks, uno de los amigos más viejos y más queridos de Heather, y sus hijos Elliot y Gregory, que son parte de nuestra vida desde que eran niños. Esperamos pasar muchos más veranos juntos en la playa. Y gracias a Gregory por descifrar la letra cursiva de su tía y mecanografiar todas sus cartas para que pudiéramos traducirlas con mayor facilidad. Y lo hizo en el móvil, nada menos. *Merci!*

Conocimos a nuestro brillante agente, Scott Mendel, por casualidad en el quinto centenario del gueto judío de Venecia —un encuentro afortunado— y le agradecemos mucho su compromiso con nuestro trabajo. También queremos dar las gracias a nuestra excelente editora de Kensington Citadel, Michaela Hamilton, que se ha esforzado por que este libro sea tan hermoso como es; al equipo de producción, incluidos Arthur Maisel, Rebecca Cremonese y Sherry Wasserman; y a nuestro equipo de edición en Kensington: Lynn, Jackie, Vida, Ann, os merecéis otra botella de nuestra bebida favorita: Lágrimas de Escritor.

Al sobrino de Michèle Kersz, Jacques Sierpinski, y a su mujer Hélène, gracias por pasar con nosotros varios días en las calles de Nancy y por explorar con nosotros Gravelotte. Jacques, tus maravillosos fotomontajes crean un poderoso testamento de las familias Zelman y Wilf y de nuestros amantes con mala estrella, Annette y Jean.

Los escritores necesitan apoyo, y yo siento una gratitud sincera hacia Caroline Moorehead, que me ayudó con *Las 999 mujeres de Auschwitz* y me animó a visualizar un camino profesional para mis sueños durante una tarde tomando té. A mi grupo de escritura, Suki y Felicia, os quiero y estoy deseando ver adónde vamos desde aquí.

Gratitud especial merece Raphael Villaneuva, nuestro investigador en París, cuyas pesquisas infatigables en los Archivos Nacionales y más allá nos han aportado información valiosísima sobre Annette y la École des Beaux-Arts después de que nuestros intentos resultaran fallidos.

Por su brillante análisis de la escritura y las cartas de Annette, quisiéramos dar las gracias a Andrea Paganini, de la Fundación Jean Rouch, por desenmarañar las referencias culturales y literarias francesas, a veces complejas, a veces lapidarias, que aparecen en las cartas de Annette y que a nosotros con frecuencia se nos escapaban.

Jocelyn Rouch, la viuda de Jean Rouch, compartió generosamente con nosotras sus recuerdos sobre su difunto esposo. Gracias también a Barberine Feinberg, del Comité du Film Ethnographique/Festival International Jean Rouch.

Desde su hermosa casa en Bretaña, Claire Jortner nos contó recuerdos personales de su exmarido Claude Loursais (Croutelle) y su papel en las vidas de Annette, Bella y Jean Jausion.

Nuestra querida amiga Akiva (su madre y sus tías estuvieron en los primeros transportes de Eslovaquia a Auschwitz) y Sara Ischari ayudaron a Heather a traducir del hebreo el testimonio de Raya Kagan en el juicio a Eichmann. En la misma charla por Zoom mencionaron las memorias de Kagan. Ese libro lo cambió todo para la familia Zelman y lo poco que sabían de lo que le ocurrió a Annette en Auschwitz, y nos permitió además compartir con Michèle la verdad sobre la desaparición de Annette.

Entre los muchos historiadores cuya obra nos ha ayudado e inspirado, quisiéramos mostrar nuestra gratitud a los autores y cazadores de nazis franceses Serge y Beate Klarsfeld: su obra es seminal, igual que su profundo conocimiento sobre la persecución de judíos en Francia. También estamos en deuda con el historiador francés Laurent Joly, uno de los primeros escritores que investigó la historia de Annette y Jean y cuyo libro *Dénonciation des Juifs sous l'occupation* fue un texto clave para nosotros.

Gracias a Eric Le Roy, cuyo trabajo sobre Yannick Bellon y Jean Rouch nos ayudó a situar a Annette en ese círculo; a Claudia Steur y Rachel Century por darnos información valiosa de la vida y la carrera de Theodor Dannecker; y al hijo vivo de Dannecker, Ben, que compartió con nosotros por correo electrónico sus propios recuerdos de su padre.

También queremos dar las gracias a Juliet Everzard, que compartió generosamente un capítulo de su próximo libro sobre Michel Tapié y Les Réverbères; y a Annette Finley-Croswhite, que nos envió su artículo sobre los ataques a la sinagoga de París de octubre de 1941.

¡Gracias al doctor Colin Roust, musicólogo de la Universidad de Kansas, con quien tuvimos la entrevista más divertida de nuestra vida! Con acompañamiento musical incluido. «*Clopin-clopant!*».

Por las fotos y los documentos relacionados con las prisioneras de Auschwitz, incluida Bella Lempert, queremos dar las gracias a Alain Alexandra y a Florence Letablier del Département des fonds d'archives/Services historiques de la Défense, Caen. ¿Qué habríamos hecho sin los investigadores maravillosos que nos han ayudado por el camino? A Dorothie Baichard, del Paris Mémorial de la Shoah, que nos dio una copia del testimonio de Alice Courouble, además de ayudarnos a encontrar fotografías de unas cuantas mujeres del tercer transporte francés, cuyos rostros y nombres estaban totalmente perdidos hasta ahora; *merci* también a Cécile Lauvergeon. Como siempre, gracias a Georgiana Gomez, la supervisora de acceso de la USC, y a Stephen Vitto, del United States Holocaust Memorial Museum, por ayudarme a investigar a distancia mientras los archivos estaban cerrados. Vuestro apoyo, vuestro ánimo y vuestros correos electrónicos fueron de gran ayuda. *Aussi, merci à vous*, Anaïs Dupuy-Olivier, de la Bibliothèque Richelieu, por ayudarnos a surcar el archivo de Jean Rouch y realizar uno de los descubrimientos más emocionantes de nuestra investigación: la fotografía de Bella.

Gracias a Valentine Gay, del Louvre, por enviarnos su tesis doctoral de la École des Beaux-Arts durante la Segunda Guerra Mundial, lo cual nos proporcionó información valiosa sobre el director, Paul Landowski. También queremos dar las gracias a Sophie Boudon Vanhille y a Alice Thomine-Berrada, de Beaux-Arts; a Véronique Flambard-Weisbart de la Universidad Loyola Marymounth, por ayudarnos a interpretar las cartas de Annette; a Jordan Walker, por ayudarnos con las notas al pie; a Sara Gordon, por sus valiosas opiniones a partir del primer manuscrito; a Boris Khalvadjian, nuestro abogado en París; a Adriana Gelter, de la Bibliothèque Kandinsky, en París, por ayudarnos a localizar imágenes relacionadas con Les Réverbères; y a Ali Rhabri, de la Office du Tourisme, Saint-Germain-de-la-Rivière, por la información sobre La-Lande-de-Fronsac.

Gratitud de última hora a Zvi Erenyi de la Gottesman Library, en la Universidad Yeshiva, y a Elliot Wrenn, de USHMM, del mostrador de referencia de la biblioteca y los archivos. Gracias a los dos por vuestras rápidas respuestas a nuestras últimas pesquisas sobre fuentes bibliográficas. Gracias a Madene Schacar, del Ghetto Fighter's House, y a su serie de conferencias titulada «Talking Memory», y a la doctora Hanna Yablonka por recuperar las memorias de Júlia Škodová. La serendipia parece seguir esta historia, y estamos eternamente agradecidos a los testimonios de las supervivientes —como Júlia, Raya y Claudet-te—, que han dado a Annette y a otras mujeres jóvenes del tercer convoy la oportunidad de ser recordadas.

*Merci, mon «pote»* Serge Alonso, por ser el anfitrión de nuestro viaje de investigación a Sanary-sur-Mer: ¡fue duro, pero alguien tenía que ir a esas pla-yas! Heather también quiere agradecer a Cassis Calanques Plongée por enseñar-le el mundo submarino de Calanques en el que Jean Jausion buceó y sobre el que escribió, un mundo tan vivaz como la Provenza. Y a Vlado, el hijo de Serge, que nos ayudó con varias cuestiones técnicas en el archivo de la BnF.

Por alquilarnos el maravilloso estudio con jardín en Montmartre el verano de 2020, gracias, Karin y Erik Blum. No habríamos podido quedarnos en París dos meses durante una pandemia sin vuestro olivo para calmarnos los nervios y algunas botellas de excelente vino rosado.

A nuestro dálmata, Dylan Thomas Waggle-Bottom, que ha viajado por todo el mundo y acompaña a Heather a un lado y al otro del Gran Charco y más allá. Gracias por esperar pacientemente a que te saquemos a pasear y por no causar demasiados problemas en París. Un gran «guau-guau» a nuestros amigos —perrunos y humanos— del parque canino de Les Poilus de la Butte Montmartre, donde pasamos muchas horas felices a la sombra del Sacré-Cœur a lo largo de los años y donde esperamos pasar muchas más.

John y Janet Macpherson, nuestros padres COVID-19 de Inglaterra, que nos disteis un espacio seguro donde trabajar y mantuvisteis nuestro ánimo (lite-ralmente) con gin-tonics, os adoramos a los dos.

También queremos dar las gracias a Nick Worrall, el hijo de Simon, por su apoyo y por creer en nuestro proyecto, y a Josephine Perl y a Donna Snyder por sus jóvenes vidas llenas de talento.

Por último, los autores quieren darse las gracias entre sí por evitar todo impulso homicida (aunque hubo momentos...) y por hacer que esto fuera una novela de misterio y no una historia de amor. Por favor, que no se olvide que cualquier error en este libro es de nuestro cónyuge.

# Archivos

| | |
|---|---|
| AA | Arlson Archive |
| AGRB/RB | Archives générales du Royaume Bruxelles |
| AN | Archives Nationales (Pierrefitte-sur-Seine) |
| AU | Państwowe Muzeum Auschwitz-Birkenau |
| BNA | British Newspaper Archive |
| BNF-G | Bibliothèque Nationale de France - Gallica |
| CAEN | Caen Centre Historique des Archives/Service Historique de la Défense |
| CDJC | Centre de Documentation Juive Contemporaine (Mémorial de la Shoah, France) |
| FFA | Frank Falla Archive |
| STIWOT | Stichting Informatie Wereldoorlog Twee |
| USC | University of Southern California Shoah Foundation Visual Archive |
| USHMM | United States Holocaust Memorial Museum |
| YV | Yad Vashem, the World Holocaust Remembrance Center, Jerusalem |

# Créditos fotográficos y artísticos

Acto uno    Fotografía de Salvatore Baccarice; montaje fotográfico © Jacques
            Sierpinski.
Acto dos    *Zazou*, © Albert Harlingue/Sonia Mosse © Gaston Paris - Ro-
            ger-Viollet.
Acto tres   Annette Zelman y Jean Jausion, fotógrafos desconocidos; mon-
            taje fotográfico © Jacques Sierpinski.
Acto cuatro Birkenau, fotografía de Jacques Sierpinski, texto de Annette
            Zelman © Jacques Sierpinski.
Acto cinco  Fotografía de Jacques Sierpinki © Jacques Sierpinski.
21          *Café de Flore, gouache* y tinta, 1941, de Annette Zelman.
27          *Tres caras*, carboncillo, 1941, de Annette Zelman.
32          Monoimpresión de Aline Gagnaire. *Les Réverbères* © CNAC/
            MNAM, Dist. RMN-Grand Palais/Art Resource, N.Y.
36          *Abstracto, gouache* y tinta, 1941, de Annette Zelman.
57          *Conversaciones, gouache* y tinta, 1941, de Annette Zelman.
78          Cartilla de racionamiento de tela, 19 de junio de 1941, con
            permiso de Michèle Kersz y nuestra gratitud.
83          *Bosquejo de la luna*, pluma y tinta, 1941, de Annette Zelman.
86          *Bosquejo de Buda*, pluma y tinta, 1941, de Annette Zelman.
102         *Dibujo automático - Charles prison*, pluma, 1941, de Annette
            Zelman.
108         *Pêche sous marine, gouache* y tinta, 1941, de Annette Zelman.
            *Cent ans de modestie française*, 1941, Cornil, *Cent ans de mode
            française, 1800-1900*, y la autora, Annette Zelman.
118         *La luxure* o *Lujuria, gouache* y tinta, 1941, de Annette Zelman.
125         Pablo Picasso, de Bucher Éditions, *Cabeza*, del libro ilustrado
            *Non vouloir*, 1942 © Succession Picasso/DACS, Londres, 2022;
            © ARS, N.Y, 2021.
132         *On ne badine pas avec l'amour*, o *El amor no es un juego*, gou-
            che y tinta, 1941, de Annette Zelman.
139         *Monsieur Suzanne*, 1941, imagen publicada en Cornil, *Cent
            ans de modes françaises 1800-1900*, y escritura de Annette
            Zelman.

382

Un relato surrealista de Annette muestra no solo su sentido del humor, sino también su astucia política, pues se burla del mariscal Pétain y de Cocteau imaginándolos en la cama juntos, menciona a Chiang Kai-shek en China y hace un guiño a su futuro amante. Acaba cargándose a Cocteau por abrazar la nueva versión nazi de la independencia de Francia con una metáfora mezclada que conecta a «Marianne» con la Virgen María.

La modestia testaruda de Louis Philippe se transmite setenta y seis veces al año. Los dieciocho carniceros equinos con su perfil de yegua autista se encuentran con el músico *dithyzáutico*, el cual comprime los latidos de su corazón aterrado al ver aquellos fetiches ecuestres. Monsieur Philippe Pétain, muy ansioso y muy galante a la francesa, ofrece a su cuenta y riesgo un anillo a una jovencita ruborizada. ¡Golpe de efecto! Esta joven resulta ser Jean Cocteau disfrazado, el cual, para seducir a Zepuelly ha adoptado un aire tierno y aterrador. Sin embargo, resulta que monsieur Chiang Kai-shek, líder de las revueltas de la oficina central de correos de Nancy y ansioso por desempeñar un papel en la historia, se apresura al encuentro de Francis Crémieux, que ha venido con la esperanza de conocer la moda parisina. Su pasión por Berthe, vestida de tafetán blanco, y compuesta por pequeños que le dan forma, ofrece Jean Jausion. Al final, el mismo Jean Jausion está confuso, porque una piedra que rueda no garantiza la impureza. En cuanto a Jean Cocteau, cae de lo alto de la roca de la Virgen.

| | |
|---|---|
| 187 | *Tapage Nocturne* o *Escándalo nocturno, gouache* y tinta, 1941, de Annette Zelman. |
| 194 | Membrete del Flore, bosquejo de Annette Zelman, 1941. |
| p. 207 | Desnudo azul: arte fotográfico de Annette Zelman, agosto de 1941. Permiso concedido por Michèle Kersz. |
| p. 208-9 | Permiso concedido por Michèle Kersz para todas las fotografías de familia. |
| p. 210 | Fotografía de Annette con la estatua del *Discóbolo*, de Salvatore Baccarice. |
| p. 211 | Fotografía de Yannick Bellon con la estatua del *Discóbolo* y fotografía de Annette en el patio de la École des Beaux-Arts. Ambas fotografías de Salvatore Baccarice. |
| p. 212 | Fotografía de Annette posando, de Salvatore Baccarice. |
| p. 213 | Fotografía del Café de Flore justo después de la guerra, de Robert Doisneau/Isabelle Sadys Responsable Edition & Expositions. Derechos concedidos por Gammo Rapho. Fotografía de Jean-Paul Sartre y Simone de Beauvoir en la planta superior del Café de Flore. Derechos concedidos por adoc-photos. Fotografía de Jean Sauvy (l) y Yannick Bellon. Fotografías realizadas por Jean Rouch, con permiso de la Bibliothèque Nationale de France, @Jocelyne Rouch. |
| p. 214 | Fotografía de Simone Signoret con su marido Yves Montand. Derechos concedidos por adoc-photos. Fotografía de Les Bains Deligny en verano. Derechos concedidos por Roger Viollet. |
| p. 215 | Fotografía de Bella Lempert (con gafas de sol) hallada en la BNF, en el archivo de Jean Rouch, 1940 (Photo 8c NAF 28464); La fotografía de la detención de Bella proviene de CAEN. Fotografía de Claude Croutelle. Cortesía de Claire Jortner. |
| p. 216 | Sulamitte Frajlich, Syma Berger, Annette Steinlauf, Rosette Idzkowski, y Eva Szuberki halladas en CDJC, @Mémorial de la Shoah. |
| p. 217 | Raissa Rappoport (Raya Kagan) hallada en CDJC, @Mémorial de la Shoah. |
| p. 218 | Alice Heni hallada en CDJC, @Mémorial de la Shoah; Ida Levine y Tamara Isserlis halladas en CAEN; Szajndla Nadanowska hallada en @Mémorial de la Shoah; concedidos todos los derechos. |
| p. 219 | Rachel Zalnikov y Molka Goldstein halladas en CDJC, @Mémorial de la Shoah; Syma Sylberberg, © National Archives of Belgium. Concedidos todos los derechos. |
| p. 220 | Sarah Gesik, Cypa Gluzmann, y Chana Grinfeder halladas en CDJC, @Mémorial de la Shoah. |

p. 221  Pesia Gromann, Emilie Soulema, y Sara Tassemka halladas en CDJC, @Mémorial de la Shoah.

p. 222  La imagen de Elise Mela se halló en YV @YadVashem. Fotografía de Claudette Bloch Kennedy, de Albert Strobel. Créditos fotográficos: Albert Strobel/Alamy para Süddeutsche Zeitung Photo.

223  Sobre de Ausencia, madre de todos los vicios, 1942, de Annette Zelman.

227  Amonestaciones de Annette Zelman y Jean Jausion, 1942, archivo de la familia Kersz, con permiso de Michèle Kersz y nuestra gratitud.

253  *Correspondence, gouache* y tinta, 1941, de Annette Zelman.

256  Los sobres de la prisión preventiva, 1942, de Annette Zelman.

275  Lista de transporte del tercer convoy, Zelman Annette, 22 de junio de 1942, VCC 87b ordner Nr 24/BB11179563_0_1.jpg/ Acceso en AA, 18 de noviembre de 2020.

282  Comunicación de la oficina del Sicherheitsdienst (Servicio de Seguridad de las SS), Zelman Annette, 22 de junio de 1942, / BB11179555_0_1.jpg/ Acceso en AA, 18 de noviembre de 2020.

342  *Franc Tireur* © BNF.

344  Maurice y Kaila Zelman, 1950, fotógrafo desconocido, probablemente uno de sus hijos, con permiso de Michèle Kersz y nuestra gratitud.

# Notas

### *Annette*

Los recuerdos de Michèle Kersz sobre su hermana, combinados con el abundante archivo de cartas, dibujos y diarios de Annette, forman la columna vertebral de esta historia. También hemos consultado numerosas obras históricas, biografías y memorias de la época que nos han permitido ambientar la historia de Annette en su contexto social y político. Cuando hay lagunas en los textos de Annette, hemos improvisado escenas siguiendo técnicas del género de la no ficción literaria, y para ellos nos hemos basado en lo que sabemos de su personalidad, su ingenio y su lenguaje personal, así como nuestro trabajo de campo y el contexto histórico de Annette.

**21**  **He aquí Annette.** Usamos la expresión «he aquí» como instrumento literario para presentar personajes y crear escenas basadas en la investigación, los hechos históricos y el trabajo de campo. Algunas de estas escenas han sido reconstruidas mediante la imaginación improvisada para crear una paleta vivaz que represente a estas personas reales y sus vidas. Aparecerá la frase «he aquí» en varias citas de los textos de Annette y de Alice Courbouble, así que nuestro recurso literario posee además autenticidad histórica.

¿El día de la admisión de Annette en Beaux-Arts fue el mismo día en que Salvatore hizo las fotos? No podemos estar seguros, pero sí sabemos que la admisión fue en invierno de 1941, y hemos recreado la escena a partir de las fotos, las cartas de Annette, la investigación bibliográfica e histórica de la zona, los recuerdos de Michèle, que nos llevó por la ruta diaria de Annette al Flore, y a partir de la imaginación improvisada.

**24**  ***Haricots verts:*** Ronald C. Rosbottom, *When Paris Went Dark: The City of Light under German Occupation, 1940-1944* (Nueva York: Back Bay Books, 2015), p. 111.

**25**  **campana de celuloide:** Simone Signoret, *Nostalgia Isn't What It Used to Be* (Nueva York: Penguin Books, 1979), p. 15.

25 **Tener frío es tan habitual:** Christophe Durand-Boubal, *Café de Flore: L'esprit d'un Siècle* (París: Editorial Lanore, 2004), p. 44.

*Petit matin du Flore - La madrugada en el Flore*

La información sobre Jean Rouch proviene del libro de memorias *Jean Rouch tel que je l'ai connu*, de Jean Sauvy, su compañero de estudios en la École Nationale des Ponts et Chaussées y posterior explorador, así como de una entrevista personal con la viuda de Rouch, Jocelyn, en su apartamento parisino en julio de 2020.

27 **Una de las nuevas realidades:** Ian Ousby, *Occupation: The Ordeal of France, 1940-1944* (Nueva York: Cooper Square Press, 2000), p.109.

30 **Los hombres *zazous*:** Alan Riding, *And the Show Went On: Cultural Life in Nazi-Occupied Paris* (Nueva York: Alfred A. Knopf, 2010), p. 102.

30 **lo untaban con brillantina para darle brillo y forma:** Simone de Beauvoir, *Prime of Life: The Autobiography of Simone de Beauvoir*, traducción al inglés de Peter Green (Londres: Andrea Deutsch and Weidenfeld and Nicolson, 1963), p. 279.

30 **«nuestra única arma»:** Jean Sauvy, *Jean Rouch tel que je l'ai connu* (París: L'Harmattan, 2006) p. 59.

31 **parece más una empollona que una seductora:** En el Archivo Rouch de la Bibliothèque Nationale de France, en agosto de 2020, fotografía 8c NAF 28464 A (3)-Bela Lampert [*sic*]. Con la misma cara de sorpresa al vernos como la nuestra al verla a ella, el rostro de Bella asomaba del fondo de una caja de fotos de 1940 en el Archivo Jean Rouch de la Bibliothèque Richelieu. Parece tranquila. A la espera. Inteligente. Llena de confianza en sí misma, como si supiera que algún día la encontraríamos allí, que a alguien le importaría. Se me saltan las lágrimas. Mis sollozos interrumpen el silencio de la biblioteca. A mi derecha una mujer que examina un manuscrito iluminado alza la vista con preocupación. «¡Bella!» grito. «¡Bella!». Mi marido se apresura a ver lo que he encontrado. No hay pañuelos por ninguna parte. Estoy muy emocionada. Se diría que ya tendría que estar acostumbrada a esto, a desenterrar fotografías de chicas desaparecidas, pero no me acostumbro. Estamos buscando fotos de Jean o de Annette. Hasta este momento, no teníamos ni idea de que Bella y Jean Rouch fueran amigos. La narración de la historia que estamos desvelando cambia delante de nuestras narices. Bella no fue solo una rival amorosa. Formó parte del grupo del Flore. Fue amiga de Jean Rouch.

31 **«checa bonita»:** Simone de Beauvoir, *The Prime of Life* (Harmondsworth, Inglaterra: Penguin, 1986), p. 401.

31 **«la brigada de asalto»:** *Ibid.*, p. 278.

## Les Réverbères

Las imágenes de este capítulo son del primo de Michèle Kersz, del fotógrafo Jacques Sierpinski, de la Bibliothèque Kandinsky del Centro Georges Pompidou y de la Colección de Artes Gráficas de la Firestone Library en la Universidad de Princeton. También tuvimos una maravillosa entrevista por Zoom con el doctor Colin Roust, director del grado de Música en la Universidad de Kansas, que interpretó para nosotros una selección musical y nos explicó con emoción las técnicas jazzísticas y la síncopa de la época. Tocó además una versión original de «The Pelican Dance».

33    «adoptaba el aspecto del sarcasmo»: Georges Ribemont-Dessaignes, *Déjà jadis: ou du movement dada à l'espace abstrait* (París: Rene Juillard, 1958), p. 74.

35    «La Virgen con una blanca sonrisa»: Jean Jausion, *Polypheme ou l'escadron bleu* (París: Les Réverbères, 1939).

36    «De repente, todo había desaparecido»: Cita de Andrea Paganini en Jean Rouch y Andrea Paganini, *"Saluts d'irrémédiable!" & autre saluts, homages, et portraits* (Montreal [Seine-Saint-Denis]: Éditions De Loeil, 2021).

36    «los ritmos sincopados»: Carta a Michel Tapié, cita del libro de Juliette Evezard en su próxima obra, *Un art autre: le rêve de Michel Tapié* (París: Les Presses des Réel, 2023).

37    Geneviève la Haye: M. Michel Fauré, *Histoire du surréalisme sous l'Occupation: les Réverbères, La Main à Plume* (París: La Table Ronde, 2003), p. 11.

38    El equipo de propaganda alemán aplaudió: *Ibid.* y Arthur Rimbaud, Paul Schmidt, y Robert Mapplethorpe, *A Season in Hell* (Nueva York: Little, Brown, 1997). Después de este espectáculo fallido, en una escandalosa reunión en el Café de Flore, apareció un nuevo grupo como escisión de Les Réverbères. La Main à Plume se oponía al dadaísmo de Les Réverbères. *«La Main à Plume vaut la main a charrue* (La mano con la pluma es igual que la mano con el arado)».


### *Hitler y Annette*

Nuestra descripción de la ciudad de Nancy se basa en el material recogido durante un viaje en 2020. Con la ayuda de Jacques Sierpinski, el sobrino de Michèle Kersz, visitamos los lugares relacionados con la infancia de Annette, incluido el apartamento en el barrio judío donde vivió su familia.

39    como en una novela mala: Albert Speer, *Inside the Third Reich - Memoirs by Albert Speer*, traducción al inglés de Richard y Clara Winston (Nueva York: Macmillan Company, 1970).

40    arte decadente: Laurence Bertrand Dorleac, *Art of the Defeat: France 1940-44* (Los Ángeles: Getty Research Institute, 1949), pp. 9-11.

40    apenas tres horas: Maksym Chornyi, «War-Documentary - Travel Your Own History», en *War Documentary - Travel Your Own History* (blog), 4 de abril de 2021.

45    Édith Piaf: Jürgen Brendel, «Édith Piaf: The Dark Life of the Singer of Love» Deutsche Welle, diciembre de 2015.

49    Las comunidades rurales pequeñas se sintieron inundadas por gente de fuera: Shannon Lee Fogg, «Denunciations, Community Outsiders, and Material Shortages in Vichy France», en *Proceedings of the Western Society for French History* 31 (2003).

51    aprendiz de costurera: Laurent Joly, *Dénoncer les Juifs sous l'Occupation: Paris, 1940-1944* (CNRS, 2017), p. 88.

52    *Statut des Juifs*: Michael R. Marrus y Robert O. Paxton, *Vichy France and the Jews*, segunda edición (Stanford, California: Stanford University Press, 2019), p. 3.

53    8 de diciembre de 1941, un escuadrón masivo: Cristiano D'Adamo, «Bombardments of Bordeaux», www.regiamarina.net (Direzione Generale del Personale Militare: Regia Marina Italiana, 1996).

### El circo llega a la ciudad

Para la información meteorológica hemos usado diversas fuentes, como memorias, periódicos y artículos, así como la historia de la meteorología (https://www.infoclimat.fr). Nuestra descripción del apartamento de los Zelman en el boulevard de Strasbourg proviene de las memorias de Michèle Kersz y de visitar con ella el barrio en verano de 2020.

58    Colette alababa las propiedades caloríficas: Ousby, p. 122.

58    periódicos colaboracionistas: Riding, *And the Show Went On*, p. 60.

58    *Jüdisches Gesellschaft* y *Entreprise Juive*: Ibid.

58    Me pareció repugnante: de Beauvoir, *Prime of Life*, p. 381.

58    la Cruz de Lorena: «What Is Cross of Lorraine - History and Meaning», Symbol Sage, agosto de 2020.

59    Por primera vez: De Beauvoir, *Prime of Life*, p. 376.

59    banderitas tricolores: Ousby, pp. 207-208.

### Una visita sorpresa

Por restricciones de la COVID-19, no pudimos realizar una visita personal a la École des Beaux-Arts, así que tuvimos que recurrir a entrevistas personales y a imágenes online. Todas las escenas y los diálogos provienen de los diarios de Landowski, recogidos en la tesis doctoral de Valentine Gay titulada *La Défaite Récupérée Nationale Supérieure des Beaux-Arts*.

65 **tramos del Sena se congelaron:** Bernard J. Toulgoat, «Life in Paris under Nazi Occupation (May 1940-August 1944, Part 2: 1941)» HubPages, diciembre de 2012.

65 **Capitán Heinrich Ehmsen:** Armin Zweite, *Fritz Hofmann und die Städtische Galerie 1937: Eine nationalsozialistische Museumskarriere, ihre Vorgeschichte und Konsequenzen*, en Ausst. Cat. *The "City of Art" Munich, National Socialism and "Degenerate Art"* (Staatsgalerie moderner Kunst, Múnich, 1987), pp. 262-278.

66 **gran patio acristalado del Palais des Études:** Lee F. Mindel y FAIA, «Tour Paris's École Des Beaux-Arts, the Venerable Art School That Trained Some of History's Top Artists and Designers» *Architectural Digest*, diciembre de 2014, https://www.architecturaldigest.com/gallery/tae-ecole-des-beaux-art-slideshow.

68 **La misión del departamento de propaganda nazi:** Julian Jackson, *France: The Dark Years, 1940-1944* (Nueva York: Oxford University Press, 2003), p. 199.

68 **el embajador alemán, Otto Abetz:** Riding, p. 52.

69 **Théâtre Sarah-Bernhardt:** Ousby, p. 171.

69 **«¿Tus compañeros de estudio son patrióticos?»:** Valentine Gay. *La Défaite Récupérée Nationale Supérieure des Beaux-Arts*. Tesis doctoral, 2011, p. 90.

70 **Landowski recaudó fondos:** *Ibid.*, p. 101.

71 **los alumnos judíos como Annette:** *Ibid.*, p. 80.

71 *auditrice libre* **o asistente libre:** correo electrónico de Raphael Villaneuva, 12 de octubre de 2020.

71 **el 64 por ciento de los estudiantes:** Gay, p. 99.

71 **el 3 por ciento de los estudiantes:** *Ibid.*, p. 79.

71 **«cazar a todos los judíos»:** *Ibid.*, pp. 61-69.

### Ser una florista

En 2020 también visitamos el café en compañía de Michèle Kersz, que compartió con nosotros sus recuerdos y nos enseñó la banqueta en la que Annette y Jean se habían sentado hace tantos años.

73 **El café parisino tiene su propia cultura:** Riding, *And the Show Went On*, p. 18; Carole Seymour-Jones, *A Dangerous Liaison: A Revelatory New Biography of Simone de Beauvoir and Jean-Paul Sartre* (Nueva York: Overlook Press, 2009).

73 «jamás cederían»: De Beauvoir, *Prime of Life*, p. 381.

74 colillas y ceniza»: *Ibid.*, p. 400.

74 «sonrió a la chica nueva»: Signoret, *Nostalgia Isn't What It Used to Be*, p. 57.

74 «todos los hombres»: *Ibid.*, p. 57.

75 **Paul Boubal, el propietario del Café de Flore:** Christophe Boubal, *Café de Flore, l'esprit d'un siècle* (París: Lanore, 2004), p. 52.

75 **«decididamente hostil»:** Frederic Spotts, *The Shameful Peace: How French Artists and Intellectuals Survived the Nazi Occupation* (New Haven, CT: Yale University Press, 2008), p. 22; De Beauvoir, *Prime of Life*, p. 376.

### Los zazous

Aunque fuimos incapaces de desenterrar los ejercicios exactos que Annette y sus compañeros de estudios siguieron como parte del currículo de Beaux-Arts en 1941, nos hemos basado en los ejercicios realizados por los estudiantes del Pratt Institute en 1978; nuestra fuente ha sido Ronald Crooks, yerno de Michèle y amigo cercano de Heather. Michèle no recuerda todas las técnicas de costura que utilizó cuando ayudó a su hermana, así que hemos pedido a profesionales que nos ayuden a entender el plisado. Entre ellos estaba Donna S. Vassalotti, la prima de Heather. Las escenas del último tren provienen de experiencias personales en los metros de Nueva York y París de madrugada.

78 **Usó una cinta de medir:** Donna Vassalotti, entrevista personal. Delaware, 20 de marzo de 2022; y vídeos de YouTube de Kim Dave, «How To: Make Full Circle Skirt Pattern», febrero de 2018, y «How to: Draft Box Pleated Circle Skirt Pattern», marzo de 2018.

78 **circunferencia exacta de su cintura:** Courtney Nicole, «DIY: How to a Sew a Pleated Skirt!». YouTube, junio de 2015.

79 **«Piensa en A, B y C»:** *Ibid.*

80 **«Zazou hey hey!»:** Paul McQueen, «Remembering the Legacy of France's World War 2 Punk Culture», *Culture Trip*, 6 de agosto de 2017.

81 **«el declive de facultades críticas»:** Larry Portis, *French Frenzies: A Social History of Popular Music in France* (College Station, TX: Virtualbookworm.com, 2004).

81 **«¡Descabellemos a los *zazous*!»:** *Ibid.*

81 **Eddie Barclay:** David Drake, *Paris at War: 1939-1944* (Cambridge, MA: Belknap Press, 2015).

82 **el sonido más candente de la ciudad:** Michael Dregni, *Django: The Life and Music of a Gypsy Legend* (Nueva York: Oxford University Press, 2006).

### La luna prepara su aseo nocturno

84 **«A Rouch le gustaban»:** Jocelyn Rouch, entrevista personal, París, 20 de agosto de 2020.

84 **«La persona que soy»:** Signoret, *Nostalgia Isn't What It Used to Be*, p. 55.

85 **«El surrealismo sugería»:** André Breton, *Le surréalisme au service de la révolution: [Numéros 1 à 6, Juillet 1930 à Mai 1933: Collection Complète]* (París: Jean Michel Place, 2002); *Surrealism* y *Manifeste du surréalisme - poisson soluble* (París: Éditions du Sagittaire chez Simon Kra, 1929).

85 **«las normas opresivas de la sociedad moderna»:** Elena Martinique, «The Avant-Garde Nature of Surrealist Manifesto», *Widewalls*, 18 de diciembre de 2016, https://widewalls.ch/magazine-Surrealist-manifesto.

### Pulga en una jaula de cristal

Las escenas y dibujos forman parte del archivo de Annette, en manos de Michèle Kersz. La información sobre Les Bains Deligny provienen de los recuerdos de Michèle, de varios artículos online y de fotografías de archivo.

87 **Rouch insistió:** Tras el armisticio firmado en junio de 1940, Francia quedó dividida en dos zonas: la *zone libre* (zona libre) y la *zone occupée* (zona ocupada). En diciembre de 1940, los alemanes cambiaron el nombre de la primera por «zona no ocupada». Los franceses las apodaban *«zone O»* y *«zone Nono»*.

88 **la piscina más famosa:** «The Swimming Pool That Sank and Other Watery Tales», *Paris Is Invisible*, enero de 2013, http//parisisinvisible.blogspot.com/2013/1-the-swimming-pool-that-sank-and-other.html.

89 **«Sucia, turbia, a menudo pestilente»:** Eugene Briffault, *Paria dans l'eau* (París: 1844; reimpresión, France: Collection XIX, 2016).

92 **«no era tan difícil cruzar»:** De Beauvoir, *Prime of Life*, p. 389.

92 **«Por la tarde, una mujer»:** Jean Rouch, prefacio, en Justin-Daniel Gandoulou, *Entre Paris et Bacongo* (París: Centre Georges Pompidou, Centre De Création Industrielle, 1984).

92 **se habían tomado medidas:** Ministerio de Defensa, «The Demarcation Line Ministry of Defence General Secretariat for Administration Directorate of Memory, Heritage and Archives», p. 7.

93 **Annette y Bella les confeccionaron:** Jean Rouch, prefacio, en Justin-Daniel Gandoulou, *Entre Paris et Bacongo* (París: Centre Georges Pompidou, Centre De Création Industrielle, 1984).

### El hombre de Eichmann en París

Nuestra principal fuente ha sido el libro alemán de Claudia Steur profusamente documentado sobre Theodor Dannecker. También entrevistamos a Rachel Century, autora de *Female Administrators of the Third Reich*, que nos proporcionó información valiosa sobre Ilse Dannecker, nacida Warnecker, y Ben, el único hijo superviviente de Theodor Dannecker.

97    eran «parásitos» y «escoria»: Claudia Steur, *Theodor Dannecker: Ein Funktionär der «Endlösung»* (Colonia: Klartext-Verlag, 1997), p. 156.

97    Eran «material»: *Ibid.*, p.157.

97    El antisemitismo era una ruta: *Ibid.*, p. 40.

98    «Plan Nisko»: *Ibid.*, pp. 30-33.

99    Ilse Warnecker: Entrevista con Rachel Century, abril de 2021.

99    Ilse recordaría: Entrevista con Ben Dannecker, 19 de septiembre de 2020.

99    Reichsbräuteschule: Entrevista con Rachel Century, abril de 2021.

100   esfínter esofágico: Steur, p. 45.

100   «cuerpo de élite»: *Ibid.*

100   otras medidas antijudías: *Ibid.*, p. 58.

### Crisis familiar

No hemos sido capaces de establecer definitivamente la fecha de la detención de Charles, pero los datos de las cartas de Annette sugieren que fue en agosto de 1941. La información de las actividades en el mercado negro proviene de nuestras propias deducciones y de entrevistas con Michèle Kersz. Recurrimos a fotos de Roger Berson y a la propaganda antisemita de *Le Juif de la France*, la exhibición antijudía del palacio Berlitz de París en 1941, para describir las escenas. Las cartas de Annette: I.

105   constitución de hierro y de infierno: Annette juguetea con la rima francesa de *fer* (hierro) y *enfer* (infierno) a modo de broma.

106   *Le Juif et la France*: Rosbottom, *When Paris Went Dark*, p. 245.

107   Una foto de Roger Berson: Roger Berson/Roger-Viollet/Granger 0764193.

107   Los tratantes de arte judíos: Camille Mauclair, «Nuestros artistas deben redescubrir la fe y el sentido común de la solidaridad artesana», *Le Matin*, 18 de septiembre de 1941.

107   Fort du Hâ, en Burdeos, tenía muy mala fama: Jacky Tronel, «Au sujet des atrocités commises par les Allemands à la prison militaire de Bordeaux...» *Histoire pénitentiare et justice militaire*, julio de 2010.

### Relaciones peligrosas

Simone de Beauvoir menciona cruzar la frontera en 1941 con Jean Jausion y la «checa bonita, además rubia», pero sabemos que eso es imposible, pues en aquella época Annette estaba ocupada escribiendo cartas a su hermano desde París. Hay que tener en cuenta que escribió sus memorias casi veinte años después de la guerra, y algunos recuerdos quizá no sean precisos. Por ejemplo, se equivoca respecto a la fecha de detención de Bella, que fue antes que la de Annette. Creemos que Jausion viajó con Claude porque Annette menciona que volvieron juntos de un viaje en otoño de 1941. Carta de Annette: 40.

### Topografía del terror

Este capítulo surge de los recursos de Annette Finley-Croswhite y Gayle K. Brunelle «Creating a Holocaust Landscape on the Streets of Paris: French Agency and the Synagogue Bombardings of October 3, 1941», en *Holocaust and Genocide Studies*, además de Steur, *Theodor Dannecker*.

**114** Esa tarde, Himmler escribió: Steur, p. 62.

### Desintoxicación

Las cartas de Annette describen con viveza su viaje a las *vendanges* o vendimia. Para los detalles sobre las condiciones de trabajo, nos hemos basado en los recuerdos del propio Simon, que trabajó en un *château* cerca de Burdeos siendo estudiante en la década de 1970. Tras contactar con la Cámara de Comercio de La Lande-de-Fronsac, concluimos que seguramente el cura con el que Annette trabó amistad fue el padre Jean Maurice Lamarque, párroco de la iglesia de St. Pierre. No logramos encontrar información sobre él, pero sabemos que estuvo en la iglesia durante toda la Segunda Guerra Mundial y permaneció allí hasta su muerte. Las cartas de Annette: 9, 17b, 22b y 23.

### Juguetona como una gata

Estamos en deuda con Andrea Paganini, el biógrafo de Jean Rouch, por su análisis del estilo de la escritura de Annette. Cartas de Annette: 2b, 19, 23, 24.

**120** *Les caprices de Marianne*: Este clásico del teatro francés fue la inspiración para la película de Jean Renoir *La règle du jeu (La regla del juego, 1939)*, prohibida por el Gobierno de Vichy.

122  **Andrea Paganini:** correspondencia por correo electrónico con Paganini, julio de 2021.

123  *Entartete Kunst*: Anne Sebba, *Les Parisiennes* (Nueva York: St. Martin's Press, 2017), p. 312. Desafiando a los alemanes durante los cuatro años siguientes, Buchner comisarió veinte exposiciones de artistas como Picasso, Miró, Kandisnksy y otros modernistas cuya obra fue tildada de arte degenerado.

124  **Un estudiante de medicina:** *Ibid.*, p. 286.

124  **Non vouloir:** El poema de Georges Hugnet estaba en la parte izquierda; un grabado sin título de Picasso se enfrenta al poema. Creemos que la imagen se parece mucho a la foto que Man Ray hizo de Hugnet en 1934.


### Me da miedo convertirme en mujer

No hemos sido capaces de establecer la identidad exacta del misterioso monsieur Suzanne que aparece varias veces en las cartas de Annette, pero, por las referencias a Charles y a sus amistades, asumimos que era un contrabandista y el hombre para el que trabajaba Charles cuando lo detuvieron. Cartas de Annette: 95, 18.


### Solo soy buena cuando pienso en un chico

Para obtener información sobre el Salón de Otoño en Beaux-Arts, fuimos a la hemeroteca de la BNF-Gallica. Estamos en deuda con nuestro investigador intrépido en París, Raphael Villaneuva, por los demás materiales de referencia sobre Beaux-Arts. Las cartas de Annette incluyen: 8, 22a, 23.

133  **se entregaron los premios:** «*L'information universitaire: journal hebdomadaire*», BNF-Gallica, 18 de octubre de 1941, p. 6.

134  *El misántropo*: Robert Le Vigan, uno de los actores más celebrados de su generación, acabó siendo conocido por ser colaboracionista y denunciar a sus colegas a la Gestapo. Después de la guerra, se exilió primero a España y después a Argentina.

134  **«La garza y el pez»:** de La Fontaine, «La fille, le héron».


### Reentusiasmo por un chico

Estamos en deuda con Andrea Paganini, el biógrafo de Jean Rouch, por el análisis de la película de culto *Drôle de drame*. Cartas de Annette: 41, 16, 17a, 92, 54, 96.

136 **le estaban encargando obras de arte:** Michèle no sabía que a Annette le estuvieran encargando trabajos, y no hay datos de encargos ni de quién los encargó.

137 **guarida popular para** *zazous*: Nick Heath, «The Zazous - 1940-1945», en *Organise! The Theoretical Journal of the Anarchist Federation*, p. 59.

137 **Michel Simon:** correo electrónico de Paganini, 12 de julio de 2021. Andrea Paganini escribe que: «Michel Simon fue uno de los mejores actores del cine... Para Jean Rouch, las películas de Carné de finales de la década de 1930 (que pronto se convertirían en clásicos), como *Drôle de drame*, y las siguientes, como *Le quai des brumes, Hôtel du Nord, Le jour se lève* e incluso *Les visiteurs du soir* (en la que Jouvet está muy presente) fueron fundamentales».

137 **Postal válida para las dos zonas:** Ministry of Defence, «The Demarcation Line Ministry of Defence General Secretariat for Administration Directorate of Memory, Heritage and Archives».

### Me alegro como una ladrona

La descripción de la visita de Rouch y sus amigos a Burnet con Yannick y Loleh Bellon proviene de *La mirada de frente*, de Eric Le Roy, por el que nos sentimos en deuda por habernos cedido, además, los derechos de la foto de Rouch con Yannick en brazos. Cartas de Annette: 21 y 39.

142 **Yannick de Rouch y Loleh:** Annette se equivoca aquí. El «parque familiar» estaba en el château de Brunet de la familia de Pierre Ponty; y fue Jean Sauvy, no Pierre, quien se enamoró de Loleh Bellon, que entonces tenía dieciséis años.

### Solutions tardives - *Soluciones tardías*

Diario de arte de Annette, titulado *Solutions tardives*, y sus cartas: 17a, 19, 54 y 96.

146 **Muy fuerte nunca falla:** expresión inspirada en un proverbio francés antiguo. Rouch, citado en un correo electrónico de Paganini, 5 de julio de 2021.

### Una carta latosa

Desenmarañar las referencias difusas contenidas en las cartas de Annette fue tarea de Heather Dune y Andrea Paganini. Cartas de Annette: 2c, 5, 12, 29 y 90.

148 «muñequitas»: Annette hace una referencia a las muñecas que cerraban los ojos simulando dormir que se popularizaron en la década de 1940. Las muñecas tenían párpados y ojos de cristal que se cerraban cuando las tumbaban para dormir y los abrían cuando las colocaban en vertical.

### Le système D

La información sobre el clima en invierno de 1941 proviene de *Dora Bruder*, del premio Nobel de Literatura Patrick Modiano. La información sobre las condiciones de la prisión de Fort Du Hâ, en Burdeos, donde Charles estuvo preso, proviene del archivo Frank Falla.

152  el interior de la *mairie*: Ousby, p. 117.

153  en las colas también había: Rosbottom, *When Paris Went Dark*, pp. 192-194.

153  entre 1.200 y 1.500 calorías: Ousby, p. 118.

153  no era seguro cocinar gato: Ousby, p. 127.

153  La tasa de mortalidad: Marrus y Paxton, *Vichy France and the Jews*, p. 125.

153  «el rugido del estómago»: *Ibid.*, p. 238.

153  «Hay que comprar cosas»: Citado en *Ibid.*, p. 128.

153  Cuando Simone de Beauvoir recibió: De Beauvoir, *Prime of Life*, p. 413.

154  La llegada del invierno: Patrick Modiano, *Dora Bruder* (París: Gallimard, 1999), p. 61.

154  en esa cárcel infestada de ratas: Roderick Miller, «Bordeaux Fort Du Hâ Prison». Archivo Frank Falla, s. f.

### Pereza, madre de lirios

Las anécdotas y citas directas de la vida familiar en el boulevard de Strasbourg y de Annette frecuentando el café La Capoulade provienen de las cartas 30, 31 y 90.

### El método Zelman

Cartas de Annette: 26 y 2a.

161  pero la separación afectó mucho: *Ibid.*

161  Croque Fruit: Eric Le Roy, *Yannick Bellon: La Mirada de Frente* (San Sebastián: Euskadiko Filmategia-Filmoteca/Vasca, D.L, 2019), p. 43.

162 «Joseph está en Pithiviers»: A los veintiún años, Joseph fue apresado con su hermano menor, Jean (once años) y su padre, Léon. Su madre, Karolina, y sus dos hermanos, Maurice (diecisiete años) y Abraham (catorce años), fueron encarcelados posteriormente en Drancy.

### Nom de Dieu

El material de este capítulo proviene de la carta 20 de Annette.

### La hora de la verdad en el Flore

Las descripciones maravillosas de Annette de este momento decisivo de su vida provienen de sus cartas. Después de meses de embustes y rivalidad con Bella, por fin había elegido al hombre al que amaba y con el que planeó casarse. Las cartas de Annette citadas en este capítulo incluyen: 15, 20, 25 y 37.

170. banquetas de cuero de imitación: Signoret, p. 57.

### La felicidad ilumina mi futuro

Hallamos el artículo de Jean para *Paris-soir* en la hemeroteca francesa de Gallica BNF. En verano de 2020, visitamos el Museo Frédéric Dumas en Sanary-sur-Mer, que proporcionó el material para este capítulo. Hay también información valiosa en *El mundo silencioso*, de Jacques-Yves Cousteau y Frédéric Dumas. El material para este capítulo también proviene de las cartas de Annette: 93, 14 y 45.

178 «columna del perro aplastado»: Paganini, correo electrónico del 7 de agosto de 2021.

### Azul como todo lo que quiero

De las cartas de Annette en el archivo de Michèle Kersz, 93, 14 y 45. La número 100 es el maravilloso poema de Annette.

### El capítulo de la ropa

El material para este capítulo proviene de las cartas 7 y 13b de Annette.

### Tú eres el elegido

La información sobre los cuadros que Jean Jausion le dio a Annette provienen de Michèle Kersz, que los recuerda en las paredes del apartamento del boulevard de Strasbourg. No tenemos una lista completa, pero incluían obras de Óscar Domínguez, Francis Picabia, Michel Tapié y Max Ernst. A precio de mercado hoy valdrían millones de dólares, pero en aquella época no eran más que regalos para Annette de los pintores del círculo social de Jean. Cartas: 4, 15 y 47.

188 **El Djazaïr:** Abierto en la década de 1930, fue uno de los primeros cabarets que ofrecían espectáculos de danza del vientre en París. Muchos otros clubes lo siguieron, entre los que destacan La Night, Tam-Tam y Bagdad. Esos cabarets exóticos pronto atrajeron a artistas y músicos. La clientela más rica, que incluía «a representantes de la diáspora árabe, a parisinos, a turistas europeos y, tras la invasión, a nazis», frecuentó estos clubes donde las fantasías exóticas y el atractivo sexual se servían con comida y bebida. Annette conocía bien las influencias musicales que introdujeron estos cabarets y menciona la poesía de sonido «oriental». De hecho, estas influencias, que sobre todo provenían de la Argelia francesa, «vieron surgir una nueva generación de cantantes que no dudaba en combinar el estilo musical francés con el árabe además de añadir ritmos latinos (rumba, chachachá, tango, etc.) e incluso canciones de jazz, y también para crear versiones de variedades francesas que se han descrito con los términos de "francoárabe", "arabofrancés" o sencillamente "oriental"». Paganini, «Análisis», 7 de agosto de 2021.

190 **«Tenemos ante nosotros un año de decisiones»:** *Paris-Midi*, 12 de diciembre de 1941, p. 1.

190 **En diciembre hizo un frío penetrante:** Modiano, *Dora Bruder*, p. 55.

190 *Au Pilori:* Spotts, *The Shameful Peace*, p. 54.

192 **«os oponéis a él»:** Esta discusión proviene por un lado de la carta en la que Annette describe el incidente y por otro de los recuerdos de Michèle.

### El efecto buey

En verano de 2020, Heather Dune buceó las calas del sur de Francia para ver el mundo submarino de Jausion y describe los acantilados calizos y la abundante vida submarina que vio.

194 **«París casi sería una ciudad encantadora»:** Spotts, *The Shameful Peace*, p. 11.

195 **Papá Noel era una metáfora:** James Travers, «Review of the Film *L'assassinat du père Noël* (1941)» frenchfilms.org, 2002.

196 trescientos de los prisioneros más prominentes: Marrus y Paxton, *Vichy France and the Jews*, p. 226; Claudette Bloch Kennedy. (2 de 6) "The Living Memory of the Jewish Community - Jewish survivors of the Holocaust," Oral history, British Library - Sounds, entrevista de Natasha Burchardt, Sounds.bl.uk, 7 de diciembre de 1988.

197 «antisemitismo de Estado»: *L'Action Française*.

197 *Annals of Dermatology and Syphilis*: Dr. Hubert Jausion, *Annals of Dermatology and Syphilis* (1942).

197 la seudociencia nazi consideraba a los judíos: Henri Nahum, «2013/1 the Annette Zelman Affair or the Dramatic Consequences of Ordinary Anti-Semitism» *Cairn* 46 (May 2013). El resto de la información sobre el doctor Hubert Jausion procede de *Mémoire de mon bonheur*, de Renee Birman (Paris: L'Harmattan, 2004) y de documentos consultados en el Archivo Nacional de París.

198 el periódico antisemita *Je suis partout*: Marrus and Paxton, Vichy *France and the Jews*, pp. 43-44.

198 «invertidos, adictos a la morfina, alcohólicos y obsesos sexuales»: Dorléac, *Art of the Defeat*, p. 54.

198 «*J'irai le dire à la Kommandantur*»: [Voy a informar a los alemanes] Ousby, p. 146.

### Huida a Limoges

Los recuerdos de Michèle sobre la huida se han ampliado con ayuda de material y fuentes adicionales, puesto que algunos detalles se han difuminado. El itinerario y los horarios se basan en sus recuerdos. Los detalles sobre el padre de Simone Signoret provienen de sus memorias. La historia de la detención del padre de Hélène Berr proviene de *The Journal of Hélène Berr*.

200 Union Générale des Israélites de France: Marrus y Paxton, *Vichy France and the Jews*, p. 109.

201 Venimos a buscarte: Michèle Kersz, entrevistas personales, París, julio y agosto de 2020.

202 cinco mil judíos al otro lado: Marrus y Paxton, *Vichy France and the Jews*, p. 103.

202 un espantoso golpe en la puerta en medio de la noche: *The Journal of Hélène Berr* (Nueva York: Weinstein Books, 2008), p. 67.

204 Cruzar la línea de demarcación: Ousby, p. 69.

204 red de *passeurs*: Ministerio de Defensa de Francia «Remembrance and Citizenship», Demarcation Line, Series 7, Directorate of Memory, Heritage, and Archives, s.f.; y Vincent Dozol, «Annemasse, ville frontière 1940-1944», Institut d'Etudes Politques de Lyon (Lyon: Université de Lyon, 2010).

### Nido de amor en la rue Laugier

Nuestra descripción de la rue Laugier y sus alrededores proviene de una visita con Michèle Kersz en verano de 2020 y de fuentes documentales adicionales. Los datos biográficos del doctor Hubert Jausion provienen de las memorias de uno de sus colegas, Renée Birman, y de periódicos descubiertos en el Archivo Nacional en París. La descripción de la detención de Bella se basa en el relato de Simone de Beauvoir en sus memorias, nuestra entrevista con Claire Jortner, la ex mujer de Claude Croutelle, y de documentos obtenidos en los archivos del Service Historique de La Défence, en Caen. Los documentos que recogen las amonestaciones de Jean y Annette, así como la solicitud de ropa para la boda, provienen de Laurent Joly. Puesto que Annette escribió que deseaba ir al Salón de Beaux-Arts con alguien que no fuera Dora, con alguien que amara el arte tanto como ella, hemos deducido que Annette llevó a Jean en primavera al Salón y de allí suponemos que lo llevó al taller de arte.

224 **futuro actor y director Robert Hossein:** Michèle recuerda que Hossein vivía allí cuando Guy estuvo en el apartamento. Intentamos ponernos en contacto con Robert Hossein en 2020; por desgracia, falleció de CO-VID-19 antes de que pudiéramos dar con él.

224 **bicitaxi:** Hay fotos de archivo de bicitaxis realizadas por Robert Doisneau y el Ministerio de Información, división fotográfica, 1945 — «Parisian Traffic, Spring 1945: Everyday Life in Paris, France, 1945». Imperial War Museums, 1945 — que revelan que había «bicitaxis caseros... con parabrisas de celofán, descapotables, con dos ruedas viejas de bicicleta y un cuerpo de madera», aunque también circulaban versiones de fábrica. La tarifa de un viaje en bicitaxi era de unos cuatrocientos francos o dos libras esterlinas por kilómetro y medio, aproximadamente lo mismo que un taxi a motor: «Los taxistas a motor, que reciben reproches por sus tarifas altas, contestan que tienen que comprar la gasolina en el mercado negro, mientras que los taxistas en bicicleta explican que ellos también tienen que comprar allí su comida».

225 **miércoles, 18 de marzo:** De Beauvoir, *Prime of Life*, p. 423. No citamos parte de esta sección porque De Beauvoir se confunde con el orden de las detenciones de las chicas. Bella fue detenida casi dos meses antes que Annette, el 17 de marzo de 1942. La descripción del apartamento de Claude proviene de la entrevista con Claire Jortner, su segunda esposa.

225 **Dijeron que era una terrorista:** El dossier de Bella Lempert proviene de Caen Archives et Collections du Mémorial y en él se afirma que fue detenida por formar parte de «un grupo de la Resistencia». Lo más seguro es que llevaran a Bella primero a la prisión preventiva antes de enviarla dos días después a la cárcel de Fresnes (conocida por ser el lugar donde encerraban a agentes aliados y a miembros de la Resistencia). Está claro que

Bella y Raya Kagan se conocían de la Sorbona; ambas estudiaban Filosofía. Sus caminos probablemente no se cruzaron en la prisión preventiva antes de que Bella fuera transferida a Fresnes y de nuevo después a Tourelles el 15 de abril. Raya Kagan fue detenida poco después, el 29 de abril.

226 **Fresnes, una cárcel infame:** Ben Macintyre, *Double Cross: The True Story of the D-Day Spies* (Nueva York: Random House, 2012).

227 **pectorales y antebrazos abultados:** Dorléac, *Art of the Defeat*, p. 117.

228 **La razón: matrimonio:** Joly, *Dénoncer les Juifs sous l'Occupation*, p. 92; y Archivo de la Familia Kersz.

228 **«una estrategia judía»:** Joly, *Dénoncer les Juifs sous l'Occupation*, p. 231.

## El loro de Hitler

En 2020, visitamos la rue Laugier para ver el estudio de Jean y encontramos el cuartel general de Darquier de Pellepoix en el n.º 12. La aldaba de metal sigue allí. Michèle Kersz aporta la información sobre la llegada de la familia a Limoges y su vida allí.

229 **Casi todos los que murieron en Auschwitz:** Carmen Callil, *Bad Faith: A Forgotten History of Family and Fatherland* (Londres: Jonathan Cape, 2006), pp. 303-304.

230 ***Protocolos de los sabios de Sion:*** Infame tratado antisemita que culpaba a los judíos de todos los males del mundo. Se cree que apareció en Rusia en 1903, pero en 1921 el *Times of London* demostró que era un vulgar plagio de un libro francés (que ni siquiera mencionaba a los judíos). En la década de 1920, el periódico de Henry Ford *The Dearbaron Independent* difundió en los Estados Unidos algunos capítulos de *Protocolos*. Más tarde, Hitler y Goebbels lo recuperaron y lo difundieron en Alemania, donde el partido nazi publicó al menos veintitrés ediciones entre 1919 y 1939. USHMM.

231 **comisario de Asuntos Judíos:** David Coward, «Monocled Baron Charged», *London Review of Books*, 8 de junio de 2006.

231 **la organización antisemita Club Nationale:** Callil, p. 145.

231 **Tenemos que resolver el problema judío:** Nicholas Fraser, «Toujours Vichy: A Reckoning with Disgrace», *Harper's*, octubre de 2006, 89-91.

## A. Zelman

La hora de la detención de Annette proviene de la obra de Lauren Joly *Dénoncer les Juifs sous l'Occupation*. Los pormenores de su viaje en el «escurridor de ensalada» se han compilado a partir de muchas fuentes, entre ellas los testimonios de Raya Kagan y Claudette Bloch, las descripciones de detenciones halladas en el libro de France Hamelin *Femmes dans la nuit: l'internement à la la Petite Roquette et au camp des Tourelles* y trabajo de campo. En agosto de 2020, nos metimos en el coche a medianoche y recorrimos la ruta que probablemente hizo el vehículo celular desde el boulevard Strasbourg hasta el Palais de Justice. París nunca duerme, pero las calles alrededor del Palais estaban oscuras y en un silencio inquietanté cuando nos acercamos a pie bajo las paredes imponentes y nos asomamos por las verjas de hierro a la entrada de prisioneros. El material adicional se basa en un tour con un abogado, Boris Khalvadjian, en agosto de 2020. Construimos el diálogo basándonos en la descripción de Annette de la detención. De ahí que no utilicemos comillas de cita.

236 «He sido informado»: Theodor Dannecker, «Lettre du 23/05/1942 de Theodor Dannecker, chef de la Section Juive de La Sipo-SD à Louis Darquier de Pellepoix, commissaire général aux questions juives, et réponse de ce dernier en date du 03/06/1942, à propos des mariages mixtes, et notamment celui d'Annette Zelman avec monsieur Jean Jausion (Non-Juif)», *Mémorial de la Shoah* CXVIII-2a. CGQ-J - CXVIII (23 de mayo, 1942).

*La prisión preventiva*

La fuente primaria de este capítulo es la carta 49 de Annette a Jean Jausion. También hemos consultado un vídeo que muestra las celdas: *Plongée au cœur du dépôt de Paris*. También las memorias testimoniales combinadas de Alice Courouble, Claudette Bloch Kennedy, J. O. Massey y Raya Kagan. Las descripciones del oratorio donde dormían las mujeres proviene de las cartas de Annette, así como de las memorias de Alice Courouble y Raya Kagan.

239 «¿Qué hace esta judía aquí?»: Claudette Bloch Kennedy, Kennedy, Claudette, 1910- (2 de 6), The Living Memory of the Jewish Community—Jewish survivors of the Holocaust—Oral history, British Library—Sounds, entrevistado por Natasha Burchardt, Sounds.bl.uk, 7 de diciembre, 1988, Transcripción p. 36.

239 en la celda 13: Raya Kagan, זגכ היערר y Lubich, S. מונהיגה תכשלב מישנ ]בתכמ-  דיה ש. ץיבויל. Women in the Chamber of Hell. *Nashim Be-lishkat Ha-Gehinom* / *[mi-ketv-ha-yad Sh. Lyubits]*. Merchavyah: Ha-Kibuts Ha-artsi Ha-shomer Ha-tsa'ir, 1947, p. 36.

240 la cantina: *Ibid.*

245 «vía regia al conocimiento del inconsciente»: frase usada por Sigmund Freud.

245 la fase REM: Rubin Naiman, «Dreamless: The Silent Epidemic of REM Sleep Loss», *Annals of the New York Academy of Sciences*, 1406, n.º 1 (15 de agosto de 2017): pp. 77-85.

246 **una nueva y onerosa ley:** Theodor Dannecker, «Lettre de Theodor Dannecker à Louis Darquier de Pellepoix, 23 mai 1942. Le Commissariat général aux questions juives répond qu'une telle mesure est à l'étude», *Centre de Documentation Juive Contemporaine* (CDJC) CXVIII-2a. AJ38 9, 3 de junio, 1942.

246 **la joven diarista judía:** *Journal of Hélène Berr*, p. 50.

250 **En cuanto a *Choléra*:** Novela escrita en 1932 por Joseph Delteil. «Cuenta la historia de un chico y sus aventuras amorosas con tres chicas encantadoras. La primera novela de Delteil, *Sur le fleuve amour*, atrajo la atención de Louis Aragon y André Breton. De hecho, Breton lo cita en su *Manifiesto surrealista*. Delteil participó en la primera edición de *La révolution surréaliste*, pero tras una entrevista en la que afirmó que nunca soñaba, recibió una carta de ruptura de Breton». Sí mantuvo una larga amistad con Henry Miller y otros poetas, actores y escritores destacados.

250 ***Manhattan Transfer:*** «Recoge una denuncia fervorosa a una sociedad que subsume y aplasta al individuo», escribió Jay McInerney en su introducción a la nueva edición de Penguin Modern Classics. Escrita por John Dos Passos, *Manhattan Transfer* salió el mismo año que *El gran Gatsby*, de F. Scott Fitzgerald, pero no llegó a alcanzar el mismo reconocimiento.

250 **el 99 por ciento:** Henry Bordeaux, *Images du Maréchal Pétain* (París: Sequana, 1941).

251 **Paolo Uccello:** Andrea Paganini señala en su provechoso análisis que Paolo Uccello [Annette se equivocó al escribir su nombre] «tuvo un enorme impacto en los escritores franceses, desde el simbolista Marcel Schwob hasta los dadaístas y surrealistas como Tristan Tzara, Phillippe Soupault, André Breton o Louis Aragon. Y, por supuesto, también en Antonin Artaud, que le dedica dos poemas en prosa a "su amigo, su quimera", textos más que asombrosos, sobre todo el que tiene a Uccello como protagonista: "Paul les Oiseaux [Paulo Uccello] ou la place de l'amour" (1925), publicado posteriormente en *L'ombilic des limbes*. ¿Y sabéis qué? A Rouch también le gustaba Paulo Uccello (en los setenta incluso habló de él en televisión)».

255 **isla de Levant:** Los datos sobre esta parcela provienen de Michèle Kersz. Su hermano Charles y ella visitaron la isla después de la guerra en busca de información, pero no consiguieron nada.

### Estrellas amarillas

El material para este capítulo proviene de la carta 53 de Annette a Jean Jausion. Otras fuentes incluyen los archivos del Mémorial de la Shoah, Yad Vashem, del archivo visual de la USC Shoah Foundation, del US Holocaust Memorial Museum, del Service Historique de la Défense, de las memorias de Alice Courouble, Claudette Bloch Kennedy, Raya Kagan y de los recuerdos de prisioneras recogidas en el libro publicado por la editorial France Hamelin titulado *Femmes dans la nuit: l'internement à la Petite Roquette et au camp des Tourelles: 1939-1944*.

258 **Entre ellas se fijó:** *Alice Courouble, Amie des Juifs* (París: Bloud & Gay, 1946), p. 25.

259 **«¡Me cago en mí!»:** *Ibid.*, p. 24.

## Tourelles

La descripción de la ruta hasta Tourelles desde la prisión preventiva proviene de nuestra propia recreación del viaje en verano de 2020, cuando también visitamos la prisión. Hoy en día es el cuartel general del Servicio Secreto francés, por lo que, obviamente, nos fue imposible entrar. Usamos la lista del transporte para identificar el país de origen de las primeras francesas en Auschwitz, así como su edad y las fechas de su detención.

Los testimonios de Alice Courouble y Raya Kagan difieren en cuanto al momento en que las chicas fueron separadas de las demás reclusas (Courouble dice que fue por la mañana; Kagan afirma que fue por la noche). Kagan escribe que Jean y Annette se vieron cada dos semanas, pero solo estuvo en Tourelles una semana y media, por lo que resulta imposible. Seguramente se vieron solo una o dos veces antes de la deportación. Kagan también recuerda la fecha y afirma que les sirvieron sopa de repollo, algo que parece más probable en el menú de la cena. Por tanto, creemos que Annette y las demás se separaron el jueves, después de las visitas.

264 **«El silencio asfixiaba las reuniones»:** Courouble, p. 25.

265 **Jo Massey, una de las manifestantes:** France Hamelin, *Femmes dans la nuit: l'internement a la Petite Roquette et au camp des Tourelles: 1939-1944* (París: Renaudot et Cie, 1988), pp. 251-253.

268 **«gran acontecimiento en nuestras vidas»:** Courouble, p. 30.

269 **«una magistrada inglesa»:** *Ibid.*

270 **«¡Todas las judías entre dieciocho y cuarenta y dos, a un lado!»:** Bloch, Kagan y Courouble difieren en cuanto a las horas de la separación, pero las órdenes son idénticas.

271 **junto a sus camas:** Esta escena fue presenciada y grabado por Alice Courouble, pp. 33-34.

271 **«Ni una voz, ni una palabra»:** Courouble, p. 32.

272 **«Hija mía, mi pequeña»:** Alice Courouble describe esta escena entera, junto con el diálogo, en su testimonio, p. 33.

274 **tazas de aluminio:** Bloch Kennedy, Transcripción p. 23.

275  **sin permiso para entrar:** Esto es una suposición basada en la lógica. Claude y Jean debieron sentirse destrozados por el repentino cambio de acontecimientos. Bella debió de ser capaz de adivinar qué había ocurrido al ver a Claude en su siguiente visita (si es que pudieron verse; no podemos saberlo).

276  **«Un gendarme estaba llorando»:** Bloch Kennedy, Transcripción, p. 22.

277  **«¡Lempert! ¡Zimmerman!»:** USHMM. Una lista de transporte muestra que ambos nombres estaban tachados. Puesto que Kagan y Bloch cuentan que los gendarmes sacaron a dos mujeres del autobús antes de arrancar, sabemos de quiénes se trataba.

278  **Josette Delimal:** Claudette, citada por Kagan, p. 53

### El tercer convoy

Las imágenes del primer párrafo provienen del poema escrito por Simon el día en que recorrimos Drancy y las estaciones de tren. También citamos la circular de la oficina de la Sicherheitsdienst (el Servicio de Seguridad - Agencia de Inteligencia de las SS) hallada en el dosier de Annette del United States Holocaust Memorial Museum (USHMM). En cuanto al viaje a Auschwitz, las memorias de Claudette Bloch y Raya Kagan, así como la investigación de Heather Dune sobre los campos femeninos en 1942 para sus libros *Las 999 mujeres de Auschwitz* y *Rena's Promise*, han sido las fuentes que dan forma a los tres próximos capítulos. Se han consultado también datos climáticos y hemos usado el mapa del viaje de tren disponible en Yad Vashem para hacer un seguimiento de las estaciones por las que pasó el convoy a través de Alemania hasta Polonia.

280  **las puertas a los vagones:** Bloch Kennedy, Transcripción, p. 23.

280  **a las 9.20 de esa misma mañana:** Danuta Czech, *Auschwitz Chronicle 1939-1945* (Nueva York: Henry Holt, 1997), p. 184.

280  **«La atmósfera en ese tren»:** Bloch Kennedy, Transcripción, p. 23.

281  **Claudette usó una lima de uñas:** *Ibid.*

283  **«¡Agua! ¡Agua!»:** *Ibid.*

283  **«Creo que estamos en la Alta Silesia»:** *Ibid.*

283  **un lugar llamado Auschwitz:** *Ibid.*

283  **Anya Litvac:** Citado por Kagan, *Women in the Bureau of Hell*, p. 54.

### Auschwitz

Para recrear los próximos tres capítulos hemos usado varias fuentes, incluidas las memorias de Raya Kagan y Rena Kornreich Gelissen, el testimonio/transcripción de Claudette Bloch Kennedy, testimonios de Visual History Archive

USC Shoah y entrevistas personales dirigidas por Heather Dune en su investigación para el libro *Las 999 mujeres de Auschwitz* y el documental basado en ese libro, así como en *Auschwitz Chronicle 1939-1945*, de Danuta Czech. Usamos las lenguas habladas en Auschwitz en aquella época para que los lectores puedan hacerse una idea de la realidad y entiendan lo difícil que era sobrevivir en un mundo en el que no se hablaba la lengua materna de los prisioneros; las traducciones alemanas y francesas son obra de Simon Worrall; la versión eslovaca y la polaca se han hecho con ayuda de DeepL.

286  **solo 186 de ellos:** Czech, *Auschwitz Chronicle*, p. 186.

288  **La risa barítona de los fanfarrones:** Bloch Kennedy, transcripción de la entrevista Casete 4, Cara A. Carrete 2, Cara 1, p. 24. «Höss... Como Rudolf Höss... Querían disfrutar las vistas de las primeras francesas que llegaron al campo. Acudió con su séquito. Y disfrutó sobre todo de las que teníamos pintaúñas en los pies». Hacemos referencia a la laca de uñas para mostrar el paso del tiempo y la degradación de sus vidas y sus cuerpos.

289  **Roza Zimmerspitz:** Prima de Eta Zimmerspitz, entrevistada en 2019, era jefa de una de las casetas de metal corrugado, dato confirmado por Claudette Bloch y Raya Kagan. Roza y sus hermanas tenían una reputación pésima entre las prisioneras. Más sobre la historia de las hermanas y sus primas se puede ver en el libro de Heather Dune Macadam *Las 999 mujeres de Auschwitz*.

289  **cargadas con grandes sacos de colada:** Bloch Kennedy, Casete 4, Cara A. Carrete 2, Cara 1, p. 25.

290  **«en nuestra imaginación»:** Júlia Škodová. «"Three Years without a Name" by Júlia Škodová: A Chapter to Read» Haartz.com, 27 de abril de 2022.

### Pase de revista

292  **«Era imposible abrirse paso al cuarto de baño»:** Manca Schwalbová, *Vyhasnute Oči* (Bratislava: Marenčin Pt, 2011).

292  **mezclado con bromuro:** Este dato proviene de muchas fuentes, incluida Rena Kornreich Gelissen, coautora de *Rena's Promise: A Story of Sisters in Auschwitz*, y lo respalda con elocuencia Edith Valvo en su testimonio de la USC Shoah.

294  **«Las prisioneras "verdes"»:** Rudolf Höss, *Commandant of Auschwitz: The Autobiography of Rudolf Höss* (Londres: Phoenix Press, 2001), p. 135.

294  **llevaban andando descalzas:** Edith Grosman. Entrevista personal para el libro *Las 999 mujeres de Auschwitz* y para el documental basado en el libro. (Toronto, Canadá, marzo-julio de 2017).

296 **Las piquetas tienen una cabeza:** descripción basada en la entrada del término inglés «Mattock», Wikipedia, Wikimedia Foundation, 24 de julio de 2019.

298 **la colonia penal de Budy:** Czech, *Auschwitz Chronicle*, p. 186, y Piotr Cywiński, Jacek Lachendro, y Piotr Setkiewicz, *Auschwitz from A to Z: An Illustrated History of the Camp* (Muzeum Auschwitz, 2021), «Budy».

298 **«el baño de sangre de Budy»:** Höss, *Commandant of Auschwitz*, p. 135. A pesar de nuestros esfuerzos por averiguar qué personas del tercer convoy fueron asesinadas ese día, no hemos sido capaces de dar con sus nombres.

299 **«Tenías que dormir con el pan»:** Judith Spielberger Mittelman, Entrevista personal para la película documental 999. (Nueva York: 29 de noviembre de 2021).

299 **«declararlos incapaces de trabajar»:** Czech, *Auschwitz Chronicle*, p. 189.

299 **«cada día alguna de nosotras moría»:** Bloch Kennedy, Casete 4, Cara A. Carrete 2, Cara 1. p. 26. Tanto en Caen como en Yad Vashem hay fechas de muerte inexactas; indican las fechas de muerte de seis de las mujeres del primer convoy entre el 25 y el 27 de junio. Annette es una de las víctimas erróneamente incluidas en la lista. Gracias a las memorias de Raya Kagan, hemos podido confirmar que Annette estaba viva en Birkenau en agosto de 1942. Es importante señalar que los testimonios de Claudette Bloch y Raya Kagan no mencionan que murieran miembros de su grupo durante los primeros días. Si alguna hubiera muerto tan pronto seguramente recordarían el incidente y lo habrían incluido en el registro histórico. Por tanto, concluimos que esas fechas son erróneas. Hasta agosto de 1942 no se llevaba el registro de las mujeres muertas.

299 **La primera selección de judíos:** Czech, pp. 191-192.

299 **Sábado, 4 de julio:** *Höss, Commandant of Auschwitz*, p. 184, y Czech, *Auschwitz Chronicle*, pp. 191-92. «Entre los judíos registrados en el campo, los hombres recibieron los números comprendidos entre 44.727 y 44.990; y a las 108 mujeres les tatuaron del 8.389 al 8.496».

### Operación Viento primaveral - París

Se han utilizado muchas fuentes para esta sección, incluida la penúltima historia de Serge y Beate Klarsfeld, *French Children of the Holocauste (Le bulletin de liaison des fils et filles des déportés Juifs de France)*, recuerdos de testigos y artículos.

301 **Parti Populaire Français (PPF):** Claude Cattaert y Liliane Grunwald, *Le Vel' d'Hiv', 1903-1959*.

301  Sarah Lichtsztejn-Montard: Stéphanie Trouillard, «The Vél d'Hiv Roundup: 75 Years On, a Survivor Remembers», *France* 24, 15 de julio de 2017.
302  **«su luz atravesaba capas y capas de humo»**: Ernest Hemingway, *A Moveable Feast* (Nueva York: Vintage, 2012), pp. 64-65.
302  **«emitía una luz glauca»**: Trouillard, «The Vél d'Hiv Roundup».
303  **trece mil judíos detenidos**: «Vel D'Hiv Roundup of Paris Jews Remembered, 78 Years Later». Algemeiner, 16 de julio de 2020.

### Himmler inspecciona Auschwitz

304  **Viernes, 17 de julio:** Czech, pp. 198-99.
305  **Langefeld trabajó:** *Höss, Commandant of Auschwitz*, p. 138, y Heather Dune Macadam, *999* (Nueva York: Kensington Citadel, 2020), p. 191.
307  **Bella llegó:** Caen Archive, AC 21 P 262544 y AC 21 P 475969.
307  **Hélène Berger, Syma Berger:** Según el archivo de Yad Vashem, Hélène murió el 18 de agosto, lo cual es imposible, pues esa es la fecha en la que fue deportada a Auschwitz. Hélène llegó en el convoy vigésimo primero, el 21 de agosto. De los 1.000 judíos de ese transporte, 817 fueron gaseados al llegar, y de ellos 373 eran niños menores de trece años. Hélène tenía trece y lo más seguro es que fuera directamente a la cámara de gas. No hay fecha de muerte para su hermana Syma. En 1978, su hermano Ferdinand, superviviente, presentó la *Feuille témoignage, à l'Institut Commémoratif des Martyrs et des Héros* en Yad Vashem de Jerusalén, con la esperanza de encontrar más información sobre sus hermanas.

### Birkenau

310  **En 1961, Raya Kagan:** Sesiones n.º 70, 73, 75, 82, 87, vídeo de YouTube *EichmannTrialEN*, 9 de marzo de 2011.
311  **el 15 de agosto:** Czech, p. 186. En 2014 Macadam analizó el registro del primer transporte judío, comparó la lista original con la lista de llegadas redactada en el campo y con los datos de muertes (de ese momento) disponibles en el Museo de Auschwitz y en Yad Vashem. Debido al excesivo número de muertes el 15 de agosto y a los testimonios de supervivientes que indican que las primeras selecciones se produjeron en agosto, su conclusión es que el 15 de agosto de 1942 es la fecha de la primera selección de prisioneras. Más adelante, los investigadores quizá analicen las listas de deportación y descubran más información sobre la fecha, la primera selección de prisioneras y el número de mujeres seleccionadas para morir.

311 «**de la primera selección despiadada y terrible**»: Manca Schwalbová es una de las supervivientes, que escribió sobre esa primera selección en sus memorias, p. 29.

313 **lunes, 17 de agosto:** llegamos a esta fecha comparando el testimonio de Kagan con los registros de llegada de checos a Auschwitz-Birkenau. La última vez que Raya Kagan vio a Annette y a sus amigas fue cuatro días antes de que la trasladaran al *Stabsgebäude*; menciona un nuevo transporte de judíos francoparlantes presente durante el pase de revista. El único transporte que llegó la semana antes de su traslado fue el tercer convoy de Bélgica, que lo hizo el lunes, 17 de agosto.

314 **Ruth y Nadine estaban frente a ellas:** Kagan, p. 86. Ruth podría ser Ruchla Plewa (de diecinueve años, de origen franco-polaco) o Ryuak (Rachel) Szepsman (de veintiún años, polaca). No había ninguna Nadine en el tercer convoy, pero podría tratarse de un apodo.

315 **tercer transporte de Malines, Bélgica:** *Ibid.*, y Czech, *Auschwitz Chronicle*, p. 185. El tercer transporte de Bélgica llegó el 17 de agosto de 1942 con mil judíos de Malines; de las 486 mujeres del transporte, 205 fueron registradas en el campo. De forma extraordinaria, se registró también el número de niños que llegó: gasearon a 86 chicos y 66 chicas, probablemente con sus madres.

315 «*Merci*»: Annette citada por Kagan, p. 86.

### El asiento vacío

La información sobre el campo de concentración de Sobibor proviene del Museo de la Memoria de Sobibor y de los Arlson Archives en Alemania.

319 «**chicas alegres y hermosas**»: De Beauvoir, *Prime of Life*, p. 423.

319 **la diseñadora y modelo Sonia Mossé:** Eugene Briffault, *Paris dans l' eau* (Gallica.bnf.fr Colección XIX, 2016).

320 «**víctima de los celos de otra mujer**»: *Ibid.*

320 *Le Rouge et le Bleu*: Un «periódico de pensamiento socialista» semanal fundado por el político de izquierdas Charles Spinasse en 1941. Aunque se lo considerara una publicación colaboracionista, es decir, que aparecía con el consentimiento de los alemanes, no cumplía con las reglas nazis. Dejó de publicarse en septiembre de 1942, lo cual podría haber sido una de las razones por las que Jean fue a Limoges ese otoño.

321 **Una fotografía tomada en la casa:** Se trata de la única foto que hemos conseguido de Jean Jausion. Lo más seguro es que Claude Croutelle tuviera fotos de su mejor amigo, quizá también de Annette y Jean juntos, pero en una limpieza de su apartamento de estilo *chambre de bonne* todo fue a la basura.

322 **las tropas aliadas habían tomado tierra en el norte de África:** Gerhard Schreiber et al., *Germany and the Second World War*, vol. 3, *The Mediterranean, South-East Europe, and North Africa, 1939-1941: From Italy's Declaration of Non-Belligerence to the Entry of the United States into the War*, traducción al inglés de Dean S. McMurry, Ewald Osers, y Louise Willmot, editados por P. S. Falla.

*Dispersión*

Encarnamos los recuerdos de Michèle con fuentes y materiales adicionales, así como testimonios de supervivientes.

325 **Balthazar, también conocido como Saint-André:** Ville d'Annemasse, «Les personnalités importantes», Annemasse, y Dozol, «Annemasse, ville frontière 1940-1944».

326 **Cuando atraparon a Mila Racine:** Mila Racine, «Mila Racine's Last Letter», www.yadvashem.org, julio de 1944.

326 **también conocida como Marie Colin:** «Late June, Early July 1944: Annemasse, France; "Love Her Like a Mother" - Last Letters from the Holocaust: 1944 YV».

327 **ciento cincuenta SS:** Dozol, «Annemasse, ville frontière 1940-1944».

328 **entre febrero de 1943 y abril de 1944:** *Ibid.*

329 **«Cada mañana, se llevaban a Marianne»:** Julie Kangisser, «Ernst's Wife Renee's Story of Survival», Holocaust Matters, 28 de diciembre de 2017.

*¡A las barricadas!*

331 **informantes y denunciantes:** Alan Moorehead, *Eclipse* (Nueva York: Andesite Press, 2015), p. 167.

331 **en 1944 la Resistencia francesa:** C. N. Trueman, «The French Resistance», History Learning Site, 18 de mayo de 2015.

332 **«Escuchamos discos»:** De Beauvoir, *Force of Circumstance*, p. 609.

332 **«¿Por fin se marchan?»:** Mathew Cobb, *Eleven Days in August: The Liberation of Paris in 1944* (Londres: Simon & Schuster, 2019), p. 114.

332 **«¡Pan! ¡Pan!»:** *Ibid.*

332 **las fuerzas de la Resistencia francesa:** *Ibid.*, pp. 145-149.

333 **cientos de resistentes:** Cobb, *Eleven Days in August*, p. 147

333 **La lucha estalló por toda la ciudad:** de Beauvoir, *Prime of Life*, p. 467.

333 **«El sonido de la revolución estaba en el aire»:** *Ibid.*, pp. 142-149.

333 **«Los perros ladran»:** *Ibid.*, p. 163.

333 **capturaron a Jean:** Joly, *Dénoncer les Juifs sous l'Occupation*.

333 «El barrio entero está aquí»: Citado en Cobb, *Eleven Days in August*, p. 211.

334 «un montón de entrañas»: *Ibid.*, p. 233.

334 las campanas de Notre Dame: *Ibid.*, p. 277.

334 bajo un cielo claro y un sol caliente: *Ibid.*, p. 291, y Moorehead, *Eclipse*, pp. 167-170.

334 El pandemonio de París libre: Cobb, *Eleven Days in August*, p. 325.

334 Doce días después: Joly, *Dénoncer les Juifs sous l'Occupation*, p. 106.


## El camino a Lorena

La descripción de la partida de Jean en busca de Annette proviene de las memorias de Georges Hugnet, *Pleins et déliés*. La fuente de material clave proviene de *7th Armored Division Liberation of Western Europe, WWII Archival Film Footage* (distribuido por Combat Reels), grabaciones de vídeo de los días en cuestión en la ruta exacta que siguió Jean Jausion rumbo a Lorena, además de nuestro propio viaje siguiendo sus huellas en verano de 2020. Para obtener información de primera mano de la experiencia de Jean, seguimos su ruta por la Voie de la Liberté, visitamos el pueblo de Gravelotte y la granja Mogador. Usamos fotografías de archivo para describir esta sección, así como titulares de periódicos de Francia e Inglaterra.

335 «Todo fuego, todo llamas»: Georges Hugnet, *Pleins et déliés: souvenirs et témoignages* (París: G. Authier, 1972), p. 237.

336 En Provins: Tyler Alberts, ed., *7th Armored Division - Raw and Uncensored WWII Archival Film Footage*, DVD, Combat Reels - Military History on Film, 6 de septiembre de 1944.

336 «luchaban entre sí»: «Battle of Germany Opening: Only a Few Miles to Go Now», *The People*, 3 de septiembre de 1944.

337 «¡Mis hombres pueden comerse el cinturón!»: Chester Wilmot, *The Struggle for Europe* (Hertfordshire, RU: Wordsworth Editions, 2003), p. 473.

337 El Citroën 11: Citroën, «Citroën Traction Avant 11».

338 La producción se había mantenido: François Bonal, *Le livre d'or du champagne* (Lausanne: Éditions du Grand-Pont, Jean-Pierre Laubscher, 1984).

338 conde Robert-Jean de Vogüé: *Ibid.* De Vogüé regresó débil y medio muerto de hambre de su internamiento y se lanzó a la tarea de reconstruir la industria del champán.

338 El ejército de Patton había liberado Épernay: Maire Machet, «Archives Municipales d'Épernay - Service Éducatif», 28 de agosto de 1944.

338 «rematados por esbeltos»: Hannah Nawalfleh, «Gothic Architecture Styles». *Issuu.com*.

338 **casi quedó destruida:** Thomas W. Gaehtgens, «Bombing the Cathedral of Reims», *Getty Iris*, 23 de enero de 2015.

339 **Los ecos de la Gran Guerra:** Fotografía de *Süddeutsche Zeitung*, Celebración de la conmemoración alemana de Verdún, 1940, Alamy Stock Photo, 1940. Fotografía de *Süddeutsche Zeitung*, Osario de Douaumont durante la ocupación de Francia, 1940, Alamy Stock Photo, 1940. Fotografía de *Süddeutsche Zeitung*, La Segunda Guerra Mundial desde una agencia de noticias propagandísticas alemana. Desfile de soldados de la Wehrmacht en el Verdún ocupado, Francia, 1940, Alamy Stock Photo, 1940. Durante la Primera Guerra Mundial, la batalla se extendió de febrero a diciembre de 1916 y en ella murieron aproximadamente 230.000 hombres.

339 **La reciente retirada alemana:** Los recursos fotográficos y periodísticos incluyen, *Evening Standard*, Alamy image 2BEPG21; Kathy deWitt, *Evening Standard* WWII Titular de periódico británico del 1 de septiembre de 1944 «Patton Takes Verdun» across the Meuse and Germany Is 49 Miles Away, Spring 2, 2020, Alamy Stock Photo, primavera de 2020; y F. P., «Commémoration - mercredi prochain se dérouleront les cérémonies du 72e anniversaire de la Libération de la ville au monument Legay, Hénon, Schluck et Evins ainsi qu'au monument des fusillés de Tavannes. En souvenir du 31 août 1944, jour de la Libération de Verdun», *L'Est Republican*, 25 de agosto de 2016.

339 **«hasta que cayera el último hombre»:** Cole, Hugh M. «Chapter IX the November Battle for Metz (Concluded)». *U. S. Army World War II - European Theater of Operations - the Lorraine Campaign*, 1997.

339 **«El alto mando alemán»:** *Daily Herald*, primera página, 6 de septiembre de 1944, BNF-G.

340 **Les Wirkkala:** Gary Bedingfield, «Les Wirkkala - Baseball's Greatest Sacrifice», Baseball's Greatest Sacrifice, 29 de mayo de 2012.

340 **una de las unidades más aguerridas:** Se trataba del *Kampfgruppe* compuesto por 1.800 cadetes y dirigido por el general de división Joachim von Siegroth, quien recibió una de las condecoraciones más altas del ejército alemán, la *Ritterkreuz des Eisernen Kreuzes*, o Cruz del Caballero de la Cruz de Hierro por su liderazgo en Gravelotte. «Siegroth, Von, Joachim», STIWOT - Traces of War - Foundation for Information World War Two (STIWOT, 1999).

341 **La dirección de *Franc-Tireur*:** «Le Franc-Tireur: Organe des mouvements unis de résistance: mensuel malgré la Gestapo et la police de Vichy: Édition de Paris». *Gallica*, 9 de noviembre de 1944.

### Regreso a la ciudad de las luces

La información sobre el regreso de los Zelman a París y el efecto de la desaparición de Annette proviene de nuestras entrevistas con Michèle Kersz. En cuanto al Hôtel Lutetia como centro de recepción de supervivientes de los campos de concentración, hemos usado los testimonios de los supervivientes, los recuerdos de la propia Michèle y fotografías de archivo.

343  «La liberación de Limoges»: *Combat*, Gallica-BNF, 20 de septiembre de 1944.

344  Sentier era un laberinto: Eric Hazan, *The Invention of Paris* (Londres: Verso, 2011), pp. 50-51.

345  el 27 de enero: Czech, pp. 785-805.

346  Buchenwald, el campo: *Combat*, 20 de abril de 1945.

347  Hôtel Lutetia: Mark Seal, «Paris' Hotel Lutetia Is Haunted by History», *Smithsonian Magazine*, abril de 2019.

350  entre dieciocho y veinte mil: *Ibid.*

350  «Muchos se vieron solos»: citado en Rosie Whitehouse, «A Paris Luxury Hotel Filled with Concentration Camp Survivors», *Tablet Magazine*, 8 de mayo de 2020.

351  Maurice Cling tenía dieciséis años: *Ibid.*

351  «¿Conociste a tal y tal?»: *Ibid.*

351  «caras vacías»: *Ibid.*

351  Marceline Loridan: Después de la guerra, Marceline Loridan y su familia trabaron una amistad muy cercana con los Zelman. De hecho, el padre de ella quería que Guy Zelman se casara con Marceline. Más tarde fue Camille quien se enamoró de ella, pero no pasó nada entre ellos. Marceline se casó con un director de cine documental holandés llamado Joris Ivens. También se hizo colaboradora habitual y amiga de Jean Rouch, que tuvo un papel muy importante en la época de Annette en el Café de Flore. El mundo es realmente un pañuelo.

### Polonia

358  Josette Delimal había muerto: Raya Kagan le habla a Claudette sobre Josette en la p. 108. No hay datos de la fecha de muerte de Josette Delimal.

358  Tamara Isserlis, sobre la que: Claudette Bloch citada en Kagan, p. 108. Según el Archivo Caen, Tamara Isserlis murió de tifus el 1 de septiembre de 1942. Trabajaba de enfermera, así que quizá murió en el hospital de prisioneros. Por lo general, los prisioneros enfermos iban a parar al bloque 25, también conocido como el Bloque de la Muerte, donde se los

apartaba para gasearlos. Puesto que la muerte de Tamara coincide con la de Ida Levine, es posible que las llevaran juntas al bloque 25 para gasearlas. En *Auschwitz Chronicle* no se informa de una selección masiva ese día, pero sigue siendo posible que Ida, Tamara, Sonia, Bella y Annette murieran todas juntas el mismo día, y es muy probable que murieran en cuestión de días o de semanas. «En comparación con esto, el infierno de Dante parece casi una comedia. Auschwitz no se llama campo de exterminio por nada», escribió en su diario el doctor de las SS Johann Paul Kremer el 2 de septiembre de 1942. Czech, p. 232.

359 **la histórica «gran» selección:** entrevistas personales con Edith Grosman #1970, *Las 999 mujeres de Auschwitz*; Rena Gelissen #1716, *Rena's Promise*; el testimonio de Linda Reich Breder #1173, del USC Shoah testimony; y las memorias *I Escaped Auschwitz*, de Rudolph Vrba, y *Extended Eyes*, de la doctora Manca Schwalbová.

## Epílogo

La cita que comienza este capítulo es un tributo al joven judío español Bourla, encarcelado en Drancy y asesinado, cuya muerte lloraron Beauvoir y Sartre. Ella escribió sobre él en sus memorias y fue el personaje de Diego en *Los mandarines*. También resulta interesante señalar que el personaje «Lambert», que así escribía Jean Rouch el apellido de Bella, podría ser un guiño a Bella; Lambert es un periodista cuya novia es denunciada por el padre de él, igual que Jean Jausion.

El material sobre las vidas de posguerra de la familia Zelman proviene de nuestras entrevistas con Michèle Kersz en verano de 2020. También hicimos un regreso emotivo al Café de Flore y a los escenarios de su juventud en el boulevard de Strasbourg. Puesto que el exterior del edificio del número 58 ha cambiado, no pudimos ver el apartamento en el que vivieron Annette y su familia.

Nuestra investigación sobre la muerte de Jean proviene de un viaje que hicimos de París a Gravelotte, en Lorena, ese mismo verano. Visitamos la granja Mogador, donde el general Patton se acuarteló durante dos semanas y donde se cree que estuvo el cuerpo acribillado de Jean. Pero no encontramos su tumba ni más información.

La carta del doctor Hubert Jausion a Guy, el hermano de Annette, sobre las investigaciones de los Jausions, aparece en *Dénoncer les Juif sous l'Occupation*, de Laurent Joly. La referencia al rumor erróneo de que Jean cometió suicidio en su coche lo recogió por primera vez Simone de Beauvoir en sus memorias de posguerra, *La fuerza de las cosas*.

La correspondencia entre Dannecker y Darquier de Pellepoix sobre la legislación que prohibía los matrimonios mixtos entre arios y judíos proviene del *Centre de documentation juive contemporaine, Mémorial de la Shoah*, París (CDJC).

# Bibliografía

Damos las gracias encarecidamente a la USC Shoah Foundation Institute for Visual History and Education (Fundación Shoah) por los siguientes testimonios: Edita Valo, 1996; Linda Breder, 1990; Margaret Rosenberg, 1996. Para más información, véase sfi.usc.edu.

*Adolf Hitler's Visit to Paris: June 1940.* <https://war-documentary.info/eng/>, 4 de abril de 2021; <https://war-documentary-info-hitler-in-Paris-june-1940>.

Alberts, Tyler, ed. *7th Armored Division - Raw and Uncensored WWII Archival Film Footage.* DVD. *Combat Réels - Military History on Film,* 6 de septiembre de 1944.

Alvarez, Andrea. «La caserne des Tourelles/La Piscine». En *Mapping Modiano's Dora Bruder.* Projet numérique des étudiants de RLFR 305 (Williams College), 2018. <https://sites.williams.edu/rlfr305-f18/uncat egorized/la-caserne-des-tourelles-la-piscine/>.

«Arno Breker». www.artnet.com. Acceso el 29 de julio de 2021. <http://www.artnet.com/artists/arno-breker/>.

Audry, Colette. «Sisters in the Resistance: Transcript of Interview with Colette Audry (English)». Margaret Collins Weitz Papers, 1945-2006 (MS109). Moakley Archive & Institute; Suffolk University Boston, 26 de abril de 1982. <https://moakleyarchive.omeka.net/items/show/9211>.

Auschwitz-Birkenau Memorial and Museum. «Budy». s. f. <http://auschwitz.org/en/history/auschwitz-sub-camps/budy/>.

«Battle of Germany Opening: Only a Few Miles to Go Now». *The People,* 3 de septiembre de 1944. <https://gallica.bnf.fr>.

Bedingfield, Gary. «Les Wirkkala-Baseball's Greatest Sacrifice». www.baseballsgreatestsacrifice.com, 29 de mayo de 2012. <https://www.baseballsgreatestsacrifice.com/biographies/wirkkala_les.html>.

Berr, Hélène. *The Journal of Helene Berr.* Traducción al inglés de David Bellos. Londres, Maclehose, 2009.

———. *The Journal of Helene Berr.* Nueva York: Weinstein Books, 2008.

Berson, Roger. «Captain Vézille Giving a Present to the 100,001th Visitor. World War II. Le Juif et La France, Anti-Jewish Exhibition at the Berlitz Palace, Paris». Roger-Viollet. *LAPI Granger,* septiembre de 1941.

————. *Walck, Young Man. Exhibition Le Juif et La France. World War II. 0764195.* Roger-Viollet. *LAPI Granger,* septiembre de 1941. <https://www.granger.com/results.asp?image=0764195&itemw=0&itemf=0001&itemstep=1&itemx=1>.

Birman, Renée. *Memoire de mon bonheur.* París, L'Harmattan, 2004.

Blakemore, Erin. «The French Resistance's Secret Weapon? The Mime Marcel Marceau». History, 2 de enero de 2019. <https://www.history.com/news/marcel-marceau-wwii-french-resistance-georges-loinger>.

Bloch, Claudette. *Témoignages sur Auschwitz: récits par le Dr B. Krewer, Claudette Bloch, J. Furmansk, les Drs Desire Haffner et Golse, Mme Kleinowa, etc. Avant-propos de Claudette Bloch.*

Bloch Kennedy, Claudette. «Claudette Kennedy—Living Memory of the Jewish Community». (3-6 of 6). Entrevista de Natasha Burchardt. En Oral History - British Library Sound Archive, 10 de julio de 1988. <http://www.europeana.eu/en/item/2059209/data_sounds_C0410X0027XX_0300>. Los derechos de esta transcripción son de la British Library. Por favor, antes de publicar o emitir fragmentos de este documento, hay que ponerse en contacto con la sección de historia oral de la British Library.

Bloch Kennedy, Claudette, Simone Franck-Floersheim, Lore Shelley, y Aude Hoyrup. *Claudette: Auschwitz-Birkenau, 1942-1945: Recherche en laboratoire.* Chambéry, Ed. De La Librairie J.-J. Rousseau, 2002.

Bonal, François. *Le livre d'or du champagne.* Lausanne, Éditions du Grand-Pont, Jean-Pierre Laubscher, 1984.

Bordeaux, Henry. *Images du Marechal Pétain.* París, Sequana, 1941.

Boubal, Christophe. *Cafe de Flore, l'esprit d'un siècle.* París, Lanore, 2004.

Boyd, Julia. *Travellers in the Third Reich: The Rise of Fascism through the Eyes of Everyday People.* Londres, Elliott & Thompson, 2018.

Brendel, Jürgen. «Édith Piaf: The Dark Life of the Singer of Love». www.dw.com. Deutsche Welle, diciembre de 2015. <https://www.dw.com/en/%C3%A9dith-piaf-the-dark-life-of-the-singer-of-love/a-18925386>.

Breton, André. *Le surréalisme au service de la révolution: Numbers 1 to 6, July 1930 to May 1933. Complete Collection.* París, Jean-Michel Place, 2002.

————. *Manifeste du surréalisme — poisson soluble.* París, Éditions du Sagittaire, 1924.

Briffault, Eugène. *Paris dans l'eau (1799-1854). Gallica.bnf.fr.* Colección XIX, 2016. J. Hetzel, 1844. <https://gallica.bnf.fr/ark:/12148/bpt6k103 0068/f3.item>.

Brookner, Anita. *Incidents in the rue Laugier.* Nueva York, Vintage Books, 1997.

Bucher Jaeger, Jeanne. «Jeanne Bucher Gallery 1925-2008». Jeanne Bucher Jaeger, 2008. <https://jeannebucherjaeger.com/about/jeanne-bucher/>.

Buck, Stephanie. «Zazous: What Punk Culture Meant in World War II France». Timeline, 4 de octubre de 2016. <https://timeline.com/zazou -france-world-war-ii-9f26b36e0ee3>.

Cain, Abigail. «What Were 1960s "Happenings", and Why Do They Matter?», Artsy, marzo de 2016. <https://www.artsy.net/article/artsy-editorial-what-were-1960s-happenings-and-why-do-they-matter>.

Callil, Carmen. *Bad Faith: A Forgotten History of Family and Fatherland*. Londres, Jonathan Cape, 2006.

Camus, Albert. *Notebooks 1942-1951*. Traducción al inglés de Justin O'Brien. 1964. Reimpresión. Nueva York, Alfred A. Knopf, 1965.

Camus, Albert, y Alexandre De Gramont. *Between Hell and Reason: Essays from the Resistance Newspaper Combat, 1944-1947*. Middletown, CT: Wesleyan University Press, 1991.

Cardon-Hamet, Claudine. «L'aide des "45.000" aux femmes de Birkenau». <https://politique-auschwitz.blogspot.com, 2005. <https://politique -auschwitz.blogspot.com/2011/04/laide-des-45-000-aux-femmes-de-birkenau.html>.

Cassou, Jean. «La libération de la zone sud». Gallica. Combat: Organe du Mouvement de libération française, 11 de septiembre de 1944. <https:// gallica.bnf.fr/ark:/12148/bpt6k47485795/>.

Cattaert, Claude, y Liliane Grunwald. *Le Vel' d'Hiv', 1903-1959*. París, Éditions Ramsay, 1979.

The Central Database of Shoah Victims' Names. List of persecuted persons. Yad Vashem. [Base de datos central de nombres de víctimas de la Shoá]. Item ID, 6986086. <https://yvng.yadvashem.org/name Details.html?lan guage=en&itemId=6986086&ind=4>.

Century, Rachel. Entrevista telefónica. Londres, 29 de abril de 2021.

Chevalier, Maurice. «Ma Pomme». 1936.

Chornyi, Maksym. «Adolf Hitler's Visit to París: June 1940». <https://war-doc umentary.info/eng/>, 4 de abril de 2021. <https://war-documentary.info/ hitler-in-paris-june-1940/>.

«Citroën Traction Avant 11 CV». CITROËNËT. www.citroenet.org.uk. Acceso el 30 de julio de 2021. <http://www.citroenet.org.uk/passenger-cars/ michelin/traction/11CV/traction-avant-11cv-1.html>.

Cobb, Matthew. *Eleven Days in August: The Liberation of Paris in 1944*. Londres, Simon & Schuster, 2019.

«Cohn, Marianne (1921-1944)». Encyclopedia.com. www.encyclopedia.com, s. f. <https://www.encyclopedia.com/women/encyclopedias-almanacs -transcripts-and-maps/cohn-marianne-1921-1944>.

Cole, Hugh M. «Chapter IX the November Battle for Metz (Concluded)». U. S. Army World War II - European Theater of Operations - the Lorraine Campaign, 1997. Ibiblio, <www.ibiblio.org/hyperwar/USA/USA-E-Lorraine/index.html>. Acceso el 4 de abril de 2021.

«Colette Audry». Wikipedia, julio de 2021. <https://en.wikipedia.org/wiki/Colette _Audry>.

«Combat: Organe du Mouvement de Libération Française». Gallica, 20 de septiembre de 1944. <https://gallica.bnf.fr/ark:/12148/bpt6k4748587q>. Mapa de la línea del frente.

Cone, Michèle C. «Remembering Arno Breker - Artnet Magazine». www.artnet.com. Acceso en julio de 2021. <http://www.artnet.com/magazineus/features/cone/cone7-31-06.asp>.

Cornil, Mme. (Ed.) *Cent ans de modes françaises 1800-1900*. París y Lieja, R. Ducher, 1932.

Courouble, Alice. *Amie des Juifs*. París, Bloud & Gay, 1946. Memorial de la Shoah Cote: 1.368.

«Couverture». Wikipedia, junio de 2021. <https://en.wikipedia.org/wiki/Couverture>.

Coward, David. «Monocled Baron Charged». *London Review of Books*, 8 de junio de 2006. <https://www.lrb.co.uk/the-paper/v28/n11/david-coward/monocled-baron-charged>.

Cywiński, Piotr, Jacek Lachendro, y Piotr Setkiewicz. *Auschwitz from A to Z: An Illustrated History of the Camp*. Muzeum Auschwitz, 2021. <https://www.amazon.com/Auschwitz-Z-Illustrated-History-Camp-ebook/dp/B09FM5BP41/ref=sr_1_1?dchild=1&keywords=Auschwitz+from+A+to+Z&qid=1631872282&sr=8-1>.

Czech, Danuta. *Auschwitz Chronicle 1939-1945: From the Archives of the Auschwitz Memorial and the German Federal Archives*. Nueva York, Henry Holt, 1997.

D'Adamo, Cristiano. «Bombardments of Bordeaux». www.regiamarina.net. Direzione Generale del Personale Militare-Regia Marina Italiana, 1996. <http://www.regiamarina.net/detail_text.asp?nid=91&lid=1>.

Dannecker, Theodor. «Lettre du 23/05/1942 de Theodor Dannecker, chef de la Section Juive de la Sipo-SD à Louis Darquier de Pellepoix, Commissaire Général aux Questions Juives, et réponse de ce dernier en date du 03/06/1942, à propos des mariages mixtes, et notamment celui d'Annette Zelman avec monsieur Jean Jausion (non-Juif)». *Mémorial de la Shoah* CXVIII-2a, no. CGQJ—CXVIII, 23 de mayo de 1942. <https://ressources.memorialdelashoah.org/notice.php?q =id%3A%28591215%20OR%20id%3A591211%29&from=panier&start =-&sort_define=tri_titre&sort_order=0>.

«Dannecker, Theodor - Instruction by regarding the Campaign of Detentions against the Jews of Paris». Yad Vashem Documents Archive. Yad Vashem, 7 de abril de 1942. Item ID: 386038; Record Group: M.9 - Jewish Historical Documentation Center, Linz (Simon Wiesenthal Collection) archivo número 289. <https://documents.yadvashem.org/index.

html?language= en&search=global&strSearch=3686038&GridItem
Id=386038>.

Dave, Kim. «How To: Draft Box Pleated Circle Skirt Pattern». Marzo de 2018.
<https://www.youtube.com/watch?v=3I-TLlkM4QM&t=0s.>

——. «How To: Make Full Circle Skirt Pattern». Febrero de 2018. <https://
www.youtube.com/watch?v=b1K2BK03aHg>.

de Balzac, Honoré. *Un épisode sous la terreur*. Bielefeld: Velhagen & Klasing, 1939.

de Beauvoir, Simone. *After the War: Force of Circumstance, 1944-1952*. Boston, Da Capo Press, 1994.

——. *La Force de l'Age*. París, Gallimard, 1960.

——. *Prime of Life: The Autobiography of Simone de Beauvoir*. Traducción al inglés de Peter Green. 1960. Reimpresión. Londres, Andrea Deutsch and Weidenfeld and Nicolson, 1963.

Delbo, Charlotte, y Rosette C. Lamont. *Auschwitz and After*. New Haven, CT: Yale University Press, 2014.

Delteil, Joseph. *Choléra*. París, Grasset, 2013.

«Demarcation Line Ministry of Defence General Secretariat for Administration Directorate of Memory, Heritage and Archives». Ministerio de Defensa. Acceso en septiembre de 2020. <http://www.civs.gouv.fr/images/pdf/ documents_utiles/documents_dhistoire/the_demarcation_line.pdf>.

de Ronsard, Pierre. «Mignonne allons voir si la rose - Pierre de Ronsard - French Moments». *French Moments*, 4 de marzo de 2014. <https://frenchmo-ments.eu/mignonne-allons-voir-si-la-rose/>.

Dorléac, Laurence Bertrand. *Art of the Defeat: France 1940-1944*. Los Ángeles, Getty Research Institute, 2009.

Dos Passos, John. *Manhattan Transfer*. Boston, Vintage Books, 2021.

«Dossier individuel de personnel de Isserlis, Tamara, Denise I Service Historique de la Défense». Caen. <www.servicehistorique.sga.defense.gouv.fr>. Acceso el 1 de junio de 2020. <https://www.servicehistorique.sga.defense. gouv.fr/en/node/123989>.

«Dossier individuel de personnel de Lempert, Bella», 12 de marzo de 2020. Service Historique de la Défense. Caen. Acceso el 11 de junio de 2020. <www.servicehistorique.sga.defense.gouv.fr>.

Dozol, Vincent. «Annemasse, ville frontière 1940-1944». Institut d'Études Politques de Lyon. Lyon: Université de Lyon, 2010. <http://doc.sciencespo-lyon.fr/Ressources/Documents/Etudiants/Memoires/Cyberdocs/MFE 2010/dozol_v/pdf/dozol_v.pdf>.

Drake, David. *Paris at War: 1939-1944*. Cambridge, MA: Belknap Press, 2015.

Dregny, Michael. *Django: The Life and Music of a Gypsy Legend*. Nueva York, Oxford University Press, 2006.

Dumas, Alexandre. *The Three Musketeers*. Adaptación de Saviour Pirotta. Ilustraciones de John Manders. Nueva York, Starry Forest Books, 2021.

«Eichmann Trial - Session No. 70, 73, 75, 82, 87». Vídeo de YouTube. *Eich-mannTrialEN*, 9 de marzo de 2011. <https://www.youtube.com/watch?v=TtXJNc wT1cE. Continuation of the cross-examination>.

«Eichmann Trial - Testimony of Raya Kagan, Born in 1910, Regarding Her Experiences in Paris, in the Tourelles Camp and in Auschwitz, 29 May 1961». Yad Vashem Documents Archive. Yad Vashem, 29 de mayo de 1961. ID: 3664457; Registro: TR-3 - Eichmann Trial; Archivo: 1645. <https://documents.yadvashem.org/index.html?language=en&search=global&strSearch=3664457&GridItemId=3664457>.

Eismann, G. «The Militärbefehlshaber in Frankreich and the Genesis of the "Final Solution" in France (1941-1942)». *Vingtième Siècle. Revue d'histoire* 132, n.º 4 (2016). <https://doi.org/>.

«84 avenue Foch». Wikipedia, 20 de diciembre de 2019. <https://en.wikipedia.org/wiki/84_avenue_foch>.

Elphick, James. «This Is What the Army's "Iron Men of Metz" and Attila the Hun Have in Common». *We Are the Mighty*, 16 de abril de 2021. <https://www.wearethemighty.com/mighty-history/iron-men-of-metz-and-attila-the-hun/>.

Evezard, Juliette. *Un art autre: le rêve de Michel Tapié*. París, Les Presses des Réel, 2023.

«Fables Jean de la Fontaine: La fille, le héron». www.la-fontaine-ch-thierry.net. Acceso el 16 de abril de 2021. <http://www.la-fontaine-ch-thierry.net/eron.htm>.

Fauré, Michel. *Histoire du surréalisme sous l'occupation: les Réverbères, la Main à plume*. París, La Table Ronde, 2003.

Finley-Croswhite, Annette, y Gayle K. Brunelle. «Creating a Holocaust Landscape on the Streets of Paris: French Agency and the Synagogue Bombings of October 3, 1941». Oxford: *Holocaust and Genocide Studies* 33 (2019): 60-89. <https://doi.org/10.1093/hgs/dcz009>.

Flambard-Weisbart, Veronique. «Analysis of Annette Zelman Letters». 2 de julio de 2021.

Fogg, Shannon Lee. «Denunciations, Community Outsiders, and Material Shortages in Vichy France». *Proceedings of the Western Society for French History* 31 (2003). <https://quod.lib.umich.edu/w/wsfh/0642292.0031.017/>.

———. «Refugees and Indifference: The Effects of Shortages on Attitudes towards Jews in France's Limousin Region during World War II». *Holocaust and Genocide Studies* 21, n.º 1 (2007): 31-54. <https://muse.jhu.edu/article/215310>.

Foot, Michael R. D. *Resistance: An Analysis of European Resistance to Nazism*. Londres, Methuen, 1976.

Fox Maura, Soledad. *Exile, Writer, Soldier, Spy: Jorge Semprún*. Nueva York, Arcade, 2018.

«France Pays Tribute to Six-Year-Old Resistance Hero Marcel Pinte». *Guardian*. Personal y agencias en Aixe-sur-Vienne, 11 de noviembre de 2020. <https://www.theguardian.com/world/2020/nov/11/france-pays-tribute-to-six-year-old-resistance-hero-marcel-pinte>.

Fraser, Nicholas. «[Reviews] Toujours Vichy, by Nicholas Fraser». *Harper's Magazine*, 1 de octubre de 2006. <https://harpers.org/archive/2006/10/toujours-vichy/>.

French Ministry of Defence. «Remembrance and Citizenship», *The Demarcation Line*. Series 7. Directorate of Memory, Heritage and Archives, s. f. Acceso en septiembre de 2020. <http://www.civs.gouv.fr/images/pdf/documents_utiles/documents_dhistoire/the_demarcation_line.pdf>.

«Fresnes Prison - Fresnes - TracesOfWar.com». www.tracesofwar.com. Acceso el 22 de julio de 2021. <https://www.tracesofwar.com/sights/108777/Fresnes-Prison.htm>.

Gaehtgens, Thomas W. «Bombing the Cathedral of Reims». *Getty Iris,* 23 de enero, 2015. <https://blogs.getty.edu/iris/bombing-the-cathedral-of -rheims/>.

Gandoulou, Justin-Daniel. *Entre Paris et Bacongo*. París: Centre Georges Pompidou, Centre De Création Industrielle, 1984.

Gay, Valentine. «La Défaite Récupérée École Nationale Supérieure des Beaux-Arts». Tesis doctoral, 2011.

«Gedenkstätte und Museum Sachsenhausen». *Gedenkstätte und Museum Sachsenhausen*, s. f. <https://www.sachsenhausen-sbg.de/en/history/1933-1934-oranienburg-concentration-camp/>.

Gilbert, Martin. *The Second World War*. Revisado. 1989. Reimpresión, Londres, Fontana/Collins, 1990.

«Great Synagogue of Paris - La Victoire». *Grande Synagogue de Paris*. Acceso el 23 de julio de 2021. <http://www.lavictoire.org/English/index.html>.

Grosman, Edith. Múltiples entrevistas personales, Toronto, Canadá, y Poprad, Eslovaquia, de 2017 a 2020.

Hamelin, France. *Femmes dans la nuit: L'internement a la Petite Roquette et au camp des Tourelles: 1939-1944*. París, Renaudot et Cie, 1988.

Hazan, Éric, y David Fernbach. *The Invention of Paris: A History in Footsteps*. Londres, Verso, 2011.

Headquarters Third US Army and Eastern Military District: Apprehension of Dannecker, Theo. 10 de diciembre de 1945. Desclasificado el 20 de abril de 2001. CIA. <https://www.jewishvirtuallibrary.org/jsource/Holocaust/OSS/dannecker.pdf>.

Heath, Nick. «The Zazous - 1940-1945». *Organise! The Theoretical Journal of the Anarchist Federation* 59. libcom.org, s. f. <https://libcom.org/history/1940-45-the-zazous>.

Heeckeren, Axel de. «Jean Auguste Marembert - Monographie et Biographie». Jean Marembert, 2019. <https://www.jeanmarembert.com/english-bio>.

Heim, Susanne, Carola Sachse, y Mark Walker. *The Kaiser Wilhelm Society under National Socialism.* Nueva York, Cambridge University Press, 2009.

Hemingway, Ernest. *A Moveable Feast.* Nueva York, Vintage, 2012.

«Henry Bordeaux». 20 de abril de 2021. <https://en.wikipedia.org/wiki/Henry_Bordeaux>.

«Heron and the Fish, The». Wikipedia, 5 de noviembre de 2019. Acceso el 1 de marzo de 2021. <https://en.wikipedia.org/wiki/The_Heron_and_the_Fish>.

Hidalgo, Louise. «Witness History - The Paris Hotel That Hosted Holocaust Survivors - BBC Sounds». www.bbc.co.uk, 29 de octubre de 2019. <https://www.bbc.co.uk/sounds/play/w3csyx2s>.

«Hitler: Fight on to End, Ignore Allied Pledges». *Daily Herald,* 31 de enero de 1945. <www.britishnewspaperarchive.co.uk.001>.

Höss, Rudolf. *Commandant of Auschwitz: The Autobiography of Rudolf Hoss.* Londres: Phoenix Press, 2000.

Hugnet, Georges. *Pleins et deliés: Souvenirs et témoignages, 1926-1972.* París, G. Authier, 1972.

Hugnet, Georges, y Pablo Picasso. *Non vouloir.* París, Jeanne Bucher, 1940.

Hulton Archive y Gettty Images. «French Poet Pierre de Ronsard (1524-1585) and Cassandre Salviati, Engraving for 1552 Edition of "Amours"». Apic, 1552. <https://www.gettyimages.com/detail/news-photo/french-poet-pierre-de-ronsard-and-cassandre-salviati-news-photo/89865923>.

Hutton, Margaret Anne. *Testimony from the Nazi Camps: French Women's Voices.* Londres: Routledge, 2004. <https://play.google.com/books/reader?id=pG1_AgAAQBAJ&hl=en&pg=GBS.PT56>.

Jackson, Julian. *France: The Dark Years, 1940-1944.* Nueva York, Oxford University Press, 2003.

Jahan, Pierre. «Pierre JAHAN (1909-2003) - Site Officiel du Photograhe». pierrejahan.free.fr, 2006. <http://pierrejahan.free.fr/pjahan/galerie displayimage.php?album=15&pos=12>.

Jausion, Jean. *Un homme marche dans la ville.* París, Gallimard, 1945.

Jausion, Jean y Michel Tapié. *Polyphème, ou, l'escadron bleu.* París: Éditions des Réverbères, 1939.

Jausion, Raymond. «J'ai chasse le poisson a l'arbalète - au large du Bandolier». *Paris-soir,* 21 de noviembre de 1941. <https://gallica.bnf.fr/ark:/12148/bpt6k7642998d/f2.item.r=Jausion>.

Jézégou, Frédérick. «Les plus accommodants sont les plus habiles - dictionnaire des citations». <https://dicocitations.lemonade.fr/blog/les-plus-accommodants-sont-les-plus-habiles/>.

Joly, Laurent. *Dénoncer les Juifs sous l'Occupation, 1940-1944.* París: Cnrs, 2017.

———. *Les Collabos. Treize portraits d'après les archives des services secrets de Vichy, des RG et de l'Épuration. Édition revue et augmentée - Laurent Joly.* www.decitre.fr. 2011. Reimpresión. París, Tallandier, 2019.

Jortner, Claire. Entrevista personal sobre Claude Croutelle. Entrevista con Heather Dune Macadam y Simon Worrall, 12 de julio de 2021.

Kagan, Raya. *Women in the Bureau of Hell* (Auschwitz Chapters). Merhavyah: ha-Kibuts ha-artsi ha-shomer ha-tsaʻir, 1947. Reproducción electrónica. HathiTrust Digital Library, 2010. MiAaHDL.

———. *Des femmes dans le bureau de l'enfer.* Edición de Serge Klarsfeld. Traducción al francés de Fabienne Bergmann. 1947. Reimpresión. París: F.F.D.J.F. Serge et Beate Klarsfeld Foundation, 2020.

Kangisser, Julie. «Ernst's Wife Renee's Story of Survival». *Holocaust Matters,* 28 de diciembre de 2017. <https://www.holocaustmatters.org/ernsts-wife -renees-story-of-survival/>.

Kennedy, Claudette. «Personal Recollections of Durkheim, Mauss, the Family and Others». *Durkheimian Studies/Etudes Durkheimiennes* 16, n.º 1. (2010): 36-56. <https://doi.org/10.3167/ds.2010.160104>.

«Kennedy, Claudette, 1910- (2 of 6)». The Living Memory of the Jewish Community - Jewish Survivors of the Holocaust - Oral History. British Library - Sounds. Entrevista de Natasha Burchardt. Sounds.bl.uk, 7 de diciembre de 1988. <https://sounds.bl.uk/Oral-history/Jewish-Holocaust -survivors/021M-C0410X0027XX-0200V0>.

Kershaw, Alex. *Blood and Champagne: The Life and Times of Robert Capa.* Nueva York: Da Capo Press, 2004.

Kersz, Laurence. *La cuisine de nos grands-mères Juives-Polonaises.* Mónaco, Éditions Du Rocher, 2005.

Kersz, Michèle. Múltiples entrevistas. Del 2 al 3 de julio de 2019 y de julio a agosto de 2020.

Kladstrup, Don, y Petie Kladstrup. *Wine and War: The French, the Nazis, and the Battle for France's Greatest Treasure.* Nueva York: Broadway Books, 2002.

Klarsfeld, Serge. *French Children of the Holocaust: A Memorial.* Edición de Susan Cohen, Howard M. Epstein, y Serge Klarsfeld. Traducción al inglés de Glorianne Depondt y Howard M. Epstein. Nueva York, New York University Press, 1996.

Klarsfeld, Serge y Beate, eds. *Le bulletin des les fils et filles des déportés Juifs de France,* marzo de 2020.

Klein, Julia M. «Review: "Avenue of Spies" by Alex Kershaw». *Chicago Tribune,* August 6, 2015. <https://www.chicagotribune.com/entertainment/ books/ct-prj-avenue-of-spies-alex-kershaw-20150806-story.html>.

«L'Action Française - Organe Du Nationalisme Intégral/Directeur Politique: Henri Vaugeois; Rédacteur En Chef: Léon Daudet». *Gallica,* abril de 1914. <https://gallica.bnf.fr/ark:/12148/bpt6k7583137/f3.item.zoom>.

«La Première Aventure Céléste de Mr Antipyrine». www.goodreads.com. Acceso el 19 de marzo de 2021. <https://www.goodreads.com/book/show/ 6871022-la-premi-re-aventure-c-l-ste-de-mr-antipyrine>.

«La Voie de la Liberté Markers». Atlas Obscura. Acceso el 30 de julio de 2021. <https://www.atlasobscura.com/places/la-voi-de-la-liberte-markers>.

Le Boterf, Hervé. *La vie parisienne sous l'occupation.* París, Éditions France-Empire, 1997.

«Le Dernier Tournant». Lux Compagnie Cinématographique de France, 1939.

Lefrançois, Michèle, y Elisabeth Caillet. «Journal de Paul Landowski». Journal. paul-landowski.com. Musée des Années Trente-Musée à Boulogne-Billancourt, 2009. <http://journal.paul-landowski.com>.

«Le Franc-Tireur: Organe des mouvements unis de résistance: mensuel malgré la Gestapo et la police de Vichy: Édition de Paris». *Gallica,* 9 de noviembre de 1944. <https://gallica.bnf.fr/ark:/12148/bpt6k4105349v/f2.item. r=Jausion.zoom>.

Lehrer, Steven. *Wartime Sites in Paris: 1939-1945.* Nueva York, Sf Taffel, 2013.

«Le Projet | Mémoires des Déportations 1939-1945». memoiresdesdeportations.org, 2017. <http://memoiresdesdeportations.org/fr/page/le-projet>.

Le Roy, Eric. *Yannick Bellon: La mirada de frente.* San Sebastián, España: Euskadiko Filmategia/Filmoteca Vasca, D.L, 2019.

«L'information universitaire: journal hebdomadaire». BNF-Gallica, 18 de octubre de 1941. <https://gallica.bnf.fr/ark:/12148/bpt6k4585954d/fl.image. r=Univeritarie%20Octobre%20Sciences%20Academie%20Beaux%2 0Arts%20Prix?rk=21459. Page 6>.

«"Love Her Like a Mother" - Last Letters from the Holocaust: Late June, Early July 1944: Annemasse, France». Yad Vashem. www.yadvashem.org. Acceso el 29 de julio de 2021. <https://www.yadvashem.org/yv/en/exhibitions/last-letters/1944/cohn_marianne.asp>.

«Lyon - Statue de la République». statues.vanderkrogt.net, agosto de 2018. <https://statues.vanderkrogt.net/object.php?webpage=ST&record= frra046>.

Macadam, Heather Dune. Carta a Eva Langer. «Jewish Sisters Disappeared in the Holocaust». Correo electrónico, 13 de marzo de 2017.

———. *999: The Extraordinary Young Women of the First Official Jewish Transport to Auschwitz.* Nueva York, Citadel Press Books, 2020. [Hay traducción cast.: *Las 999 mujeres de Auschwitz,* Barcelona, Roca Editorial, 2020].

———. *Rena's Promise: A Story of Sisters in Auschwitz.* Boston, Beacon Press, 1994 y 2015.

Machet, Maire. «Archives Municipales d'Epernay - Service Éducatif». 28 de agosto de 1944. <http://archivesmunicipales.epernay.fr/La_Liberation_ d_Epernay_dossier_dicactique.pdf>.

Macintyre, Ben. *Double Cross: The True Story of the D-Day Spies.* Nueva York, Random House, 2012.

«Marianne». Wikipedia, julio de 2021. <https://en.wikipedia.org/wiki/Marianne>.

Mar, Alexandre. *Un univers surréaliste: Succession Myrtille et Georges Hugnet.* París: Christie's, 15 de diciembre de 2015. <https://www.christies.com/PDF/catalog/2015/PAR12467_SaleCat.pdf>.

Marrus, Michael R., y Robert O. Paxton. *Vichy France and the Jews.* Stanford, CA: Stanford University Press, 1996.

Marrus, Michael Robert. *The Nazi Holocaust. Part 6: The Victims of the Holocaust. Vol. 2.* De Gruyter Saur, 1989.

Martinique, Elena. «The Avantgarde Nature of Surrealist Manifesto». *Widewalls,* 18 de diciembre de 2016. <https://www.widewalls.ch/magazine/Surrealist-manifesto>.

Maslin, Janet. «On the Unsavory Trail of a Vichy-Era Monster». *New York Times,* 12 de octubre de 2006, sec. Books. <https://www.nytimes.com/2006/10/12/books/12masl.html>.

Matthews, Nicholas. «Collaboration, Resistance, and State-Sanctioned Journalism in Vichy France». Aleph Humanities Dept. UCLA, 26 de julio de 2015. <http://aleph.humanities.ucla.edu/2015/07/26/collaboration-resistance-and-state-sanctioned-journalism-in-vichy-france/>.

«Mattock». Wikipedia. Wikimedia Foundation, 24 de julio de 2019. <https://en.wikipedia.org/wiki/Mattock>.

Maurois, André. *Les Trois Dumas.* París, Hachette, 1976.

McCarthy, Meagan. «Remembering Vélodrome D'Hiver». *Kaleidoscope Journal 5,* n.º 2 (2014): 16-23. The Boston College International Relations and Global Studies. <https://doi.org/>.

McQueen, Paul. «Remembering the Legacy of France's World War 2 Punk Culture». *Culture Trip,* 6 de agosto de 2017. <https://theculturetrip.com/europe/france/paris/articles/remembering-the-legacy-of-frances-world-war-2-punk-culture/>.

Mees, Bernard Thomas. *The Science of the Swastika.* Central European University Press, 2008. <https://books.google.com/books/about/The_ Science_of_the_Swastika.html?id=hLNUx6YK9RIC>.

Megargee, Geoffrey P., Joseph White, Mel Hecker, y United States. *The United States Holocaust Memorial Museum Encyclopedia of Camps and Ghettos, 1933-1945. Vol. 3: Camps and Ghettos under European Regimes Aligned with Nazi Germany.* Bloomington: Indiana University Press, 2018.

Mellby, Julie. «Les Réverbères». *Graphic Arts,* marzo de 2019. <https://graphicarts.princeton.edu/2019/03/13/les-reverberes/>.

Miller, Roderick. «Bordeaux Fort du Hâ Prison». Frank Falla Archive, s. f. <https://www.frankfallaarchive.org/prisons/bordeaux-fort-du-ha-prison/>.

Mindel, Lee F., y FAIA. «Tour Paris's École des Beaux-Arts, the Venerable Art School That Trained Some of History's Top Artists and Designers». *Ar-*

*chitectural Digest,* diciembre de 2014. <https://www.architecturaldigest. com/gallery/tae-ecole-des-beaux-art-slideshow>.

Ministry of Information - photography division. 1945. «Parisian Traffic, Spring 1945: Everyday Life In Paris, France, 1945». Imperial War Museums. 1945. <https://www.iwm.org.uk/collections/item/object/205201712>.

Mittelman, Judith Spielberger. Entrevista personal. Rena's Promise Foundation, Nueva York. 29 de noviembre de 2021.

Modiano, Patrick. *Dora Bruder.* París, Gallimard, 1999.

«MoMA | Tapping the Subconscious: Automatism and Dreams». Moma.org, 2019. <https://www.moma.org/learn/moma_learning/themes/Surrealism/ tapping-the-subconscious-automatism-and-dreams/>.

Moorehead, Alan. *Eclipse.* Nueva York: Andesite Press, 2015.

Mossé, Sonia. «Artland - Discover and Buy Art Online». www.artland.com. Acceso el 5 de mayo de 2021. <https://www.artland.com/artists/sonia-mosse>.

——. «Sonia Mossé (1897-1943) - Find a Grave Memorial». www.findagra-ve.com. Acceso el 5 de mayo de 2022. <https://www.findagrave.com/ memorial/32084134/sonia-mosse>.

Mouvement de libération nationale (France). «Recherche». *Le Franc-Tireur : organe des mouvements unis de résistance : mensuel malgré La Gestapo et la police de Vichy : Edition de Paris,* 9 de noviembre de 1944, p. 2, <gallica.bnf.fr/ark:/12148/bpt6k4105349v/f2.item.r=raymondjausion+ jausion>. Acceso el 9 de agosto de 2020.

Nahum, Henri. «2013/1 the Annette Zelman Affair or the Dramatic Conse-quences of Ordinary Anti-Semitism». *Cairn* 46 (mayo de 2013). <https:// doi.org/https://doi.org/10.3917/aj.461.0045>.

Nawalfleh, Hannah. «Gothic Architecture Styles». Issuu.com, <issuu.com/hala nawafleh7739/docs/_____/s/12292987>. Acceso el 10 de agosto de 2021.

Naiman, Rubin. «Dreamless: The Silent Epidemic of REM Sleep Loss». *Annals of the New York Academy of Sciences* 1406, n.º 1 (15 de agosto de 2017): 77-85. <https://doi.org/10.1111/nyas.13447>.

Nicole, Courtney. «DIY: How to a Sew a Pleated Skirt!». www.youtube.com, junio de 2015. <https://www.youtube.com/watch?v=N-9wc1KfYOo>.

«1939-1940: Evacuation - Phony War and Collapse, May-June 1940». Mémo-rial Alsace Moselle, 2017. <https://www.memorial-alsace-moselle.com/ en/le-memorial/un-peu-d-histoire/1939-1940-evacuation-phony-war-and-collapse-may-june-1940>.

«Nisko Plan». Jewishgen.org, 2013. <https://kehilalinks.jewishgen.org/lublin/ Nisko_Plan.html>.

Nordmann-Cohen, Marie-Elisa. «Te rappelles tu ma chère Claudette". *Mémoi-res des déportations, France - Témoignages,* 1955. <http://memoires des-deportations.org/fr/texte/te-rappelles-tu-ma-chere-claudette>.

«Origins of Neo-Nazi and White Supremacist Terms and Symbols: A Glossary». Ushmm.org, 2017. <https://www.ushmm.org/antisemitism/what-is-antisemitism/origins-of-neo-nazi-and-white-supremacist-terms-and-symbols>.

Ousby, Ian. *Occupation: The Ordeal of France, 1940-1944*. Nueva York, Cooper Square Press, 2000.

P., F. «Commémoration - Mercredi prochain se dérouleront les cérémonies du 72e anniversaire de la Libération de la ville au monument Legay, Hénon, Schluck et Evins ainsi au'au monument des fusillés de Tavannes. En souvenir du 31 août 1944, Jour de la Libération de Verdun». *L'Est Républicain*, 25 de agosto de 2016. <https://www.estrepublicain.fr/edition-de-verdun/2016/08/24/en-souvenir-du-31-aout-1944-jour-de-la-liberation-de-verdun>.

Paganini, Andrea. «Analysis of Annette Zelman's Letters», 5 de julio de 2021 y 7 de agosto de 2021.

Paganini, Andrea. Correo electrónico con texto de su biografía de Jean Rouch, 24 de agosto de 2021. Tarducción al inglés de Simon Worrall.

*Par 18 mètres de fond [18 metros de profundidad]—1942*. CG-45. YouTube, septiembre de 2015. <https://www.youtube.com/watch?v=OlTyUagouCM>.

«Place de la Nation». Wikipedia, febrero de 2021. <https://en.wikipedia.org/wiki/Place_de_la_Nation>.

Portis, Larry. *French Frenzies: A Social History of Popular Music in France*. College Station, TX: Virtualbookworm.com, 2004.

Poulhès, Louis. *Un camp d'internement en plein Paris: la caserne des Tourelles: 1940-1945*. Neuilly-Sur-Seine (Hauts-De-Seine), Atlande, Dl, 2019.

Poznanski, Renée. *Jews in France during World War II*. Waltham, MA, y Hanover, NH, Brandeis University Press in Association with the United States Holocaust Memorial Museum, 2001.

Pressfield, Steven. *The War of Art: Break through the Blocks and Win Your Inner Creative Battles*. 16.ª ed. Nueva York: Black Irish Entertainment, 2012.

Prevert, Jacques. «Les enfants qui s'aiment». En *Spectacle*. París, Gallimard, 1949.

Reich Breder, Linda. Entrevista 22.979. Segmento 3 de 9. Visual History Archive, USC Shoah Foundation. Recuperado el 12 de febrero de 2018.

Ribemont-Dessaignes, Georges. *Déjà jadis: ou du mouvement dada à l'espace abstrait*. París, Rene Juilliard, 1958.

Richter, Hans. *Dada: Art and Anti-Art*. 1985. Reimpresión. Nueva York, Thames Hudson, 2004.

Riding, Alan. *And the Show Went On: Cultural Life in Nazi-Occupied Paris*. Nueva York, Alfred A. Knopf, 2010.

Rimbaud, Arthur, Paul Schmidt, y Robert Mapplethorpe. *A Season in Hell*. Nueva York, Little, Brown, 1997.

«Robert Hossein - Biographie, spectacles, films, théâtre et photos». Théâtres et Producteurs Associés. Acceso en julio de 2021. <https://tpa.fr/acteurs-theatre/hossein-robert-111.html>.

Roberts, Adam. «The Swimming Pool That Sank and Other Watery Tales». *Invisible Paris*, 27 de enero de 2013. <http://parisisinvisible.blogspot.com/2013/01/the-swimming-pool-that-sank-and-other.html>.

Rosbottom, Ronald C. *When Paris Went Dark: The City of Light under German Occupation, 1940-1944*. Nueva York, Back Bay Books, 2015.

Rouch, Jean, y Andrea Paganini. *«Saluts d'irrémediable!» & autres saluts, hommages et portraits*. Montreuil, Éditions De L'œil, 2021.

Rouch, Jocelyn. Entrevista con los autores. 8 de agosto de 2020.

Rubenfeld, Sheldon, y Susan Benedict, eds. *Human Subjects Research after the Holocaust*. Prefacio de Arthur L. Caplan. Cham, Suiza, Springer, 2014.

«Rules of the Game, The». Wikipedia. Wikimedia Foundation, marzo de 2019. <https://en.wikipedia.org/wiki/The_Rules_of_the_Game>.

Sandomir, Richard. «Georges Loinger, Wartime Rescuer of Jewish Children, Dies at 108». *New York Times*, 4 de enero de 2019, sección de obituarios. <https://www.nytimes.com/2019/01/04/obituaries/georges-loinger-dead.html>.

Sartre, Jean-Paul. *Paris under the Occupation*. Traducción al inglés de Lisa Lieberman. Nueva York, Now and Then Reader, 2011.

Sartre, Jean-Paul, y Simone de Beauvoir. *Quiet Moments in a War: The Letters of Jean-Paul Sartre to Simone de Beauvoir, 1940-1963*. Londres, Penguin, 1995.

Sauvy, Jean. *Jean Rouch tel que je l'ai connu*. París, L'Harmattan, 2006.

Schöpe, Björn. «A Relic from Germany's Post-War Era: A Hoard of Cigarette Boxes | CoinsWeekly». <https://coinsweekly.com/. Coins Weekly, 14 de octubre de 2009. <https://coinsweekly.com/a-relic-from-germanys-post-war-era-a-hoard-of-cigarette-boxes/>.

Schreiber, Gerhard, Bernd Stegemann, Detlef Vogel y Militärgeschichtliches Forschungsamt. *Germany and the Second World War*. Vol. 3, *The Mediterranean, South-East Europe, and North Africa, 1939-1941: From Italy's Declaration of Non-Belligerence to the Entry of the United States into the War*. Traducción al inglés de Dean S. McMurry, Ewald Osers, y Louise Willmot; editor de la traducción P. S. Falla. Nueva York, Clarendon Press, 1995.

Schwalbová, Manca. *Vyhasnuté Oči*. Bratislava, Marenčin Pt, 2011.

Seal, Mark. «Paris' Hotel Lutetia Is Haunted by History». *Smithsonian*, abril de 2019. <https://www.smithsonianmag.com/travel/paris-hotel-lutetia-haunted-history-180971629/>.

Sebba, Anne. *Les Parisiennes: How the Women of Paris Lived, Loved, and Died under Nazi Occupation*. Nueva York, St. Martin's Press, 2017.

Seymour-Jones, Carole. *A Dangerous Liaison: A Revelatory New Biography of Simone de Beauvoir and Jean-Paul Sartre*. Nueva York, Overlook Press, 2009. Jean-Pierre Bourla, a quien De Beauvoir trataba como a su niño, fue detenido por no llevar la estrella amarilla y deportado a Drancy.

Shakespeare, William. *Romeo and Juliet*. Londres, The New Arden Shakespeare, 2012.

«Siegroth, Von, Joachim». Traces of War - Foundation for Information World War Two. STIWOT (Stichting Informatie Wereldoorlog Twee), 1999. <https://www.tracesofwar.com/persons/18695/Siegroth-von-Joachim.htm>.

Signoret, Simone. *Nostalgia Isn't What It Used to Be*. Nueva York, Penguin Books, 1979.

Škodová, Júlia., הילוי, הבודוקש *et al*. *Three Years without a Name*. שולש סינש 1942-1945 שוושיא: ש םש אלל /*Shalosh Shanim Le-Lo Shem : A'ushvits 1942-1945*. די םשו. Jerusalén, תונורחא תועידי, Yerushalayim. Yad Vashem, Rashut Ha-Zikaron La-Sho'ah Vela-Gevurah, marzo de 2022.

Škodová, Júlia. «"Three Years without a Name" by Júlia Škodová: A Chapter to Read». 27 de abril de 2022. <www-haaretz-co-il.translate.goog/blogs/somethingtoread/2022-04-27/ty-article/00000180-7ee4-d9ba-a3f7-ffef06c20000?_x_tr_sl=iw&_x_tr_tl=en&_x_tr_hl=en&_x_tr_pto=sc. Accessed 1 Aug. 2022>.

Slocomb, Romain. *L'étoile jaune de l'inspecteur Sadorski: Roman*. París, Robert Laffont, 2018.

Speer, Albert. *Inside the Third Reich: Memoirs*. Traducción al inglés de Richard y Clara Winston. 1969. Reimpresión. Nueva York, Macmillan, 1970.

Spotts, Frederic. *The Shameful Peace: How French Artists and Intellectuals Survived the Nazi Occupation*. New Haven, CT: Yale University Press, 2008.

Steur, Claudia. *Theodor Dannecker: Ein Funktionär der "Endlosung"*. Colonia: Klartext-Verl., 1997.

Suleiman, Susan Rubin. «Memory Troubles: Remembering the Occupation in Simone de Beauvoir's *Les Mandarins*». *French Politics, Culture & Society*, vol. 28, n.º 2, 1 de enero de 2010, <10.3167/fpcs.2010.280202>. Acceso el 30 de noviembre de 2021.

Swaffer, Hannan. «As Hannan Swaffer Sees It». www.britishnewspaperarchive.co.uk. 22 de abril de 1942. <https://www.britishnewspaperarchive.co.uk/viewer/bl/0000729/19450422/045/0004>.

Toulgoat, Bernard J. «Life in Paris under Nazi Occupation (May 1940-August 1944), Part 2; 1941». HubPages, diciembre de 2012. <https://discover.hubpages.com/education/Life-in-Paris-under-Nazi-occupation-May-1940-August-1944-Part-2-1941>.

Travers, James. «Review of the Film *L'Assassinat du Pere Noel* (1941)». frenchfilms.org, 2002. <http://www.frenchfilms.org/review/l-assassinat-du-pere-noel-1941.html>.

Tronel, Jacky. «Au sujet des atrocités commises par les Allemands à la Prison Militaire de Bordeaux…». Histoire pénitentiaire et justice militaire, julio de 2010. <https://prisons-cherche-midi-mauzac.com/des-prisons/au-sujet-des-atrocites-commises-par-les-allemands-a-la-prison-militaire-de-bordeaux%E2%80%A6-3187>.

Trouillard, Stéphanie. «The Vél d'Hiv Roundup: 75 Years On, a Survivor Remembers». France 24, 15 de julio de 2017. <www.france24.com/En/20170712-Vel-Dhiv-Roundup-Holocaust-France-Survivor-Remembers-World-War>.

Trueman, C. N. «French Resistance, The». History Learning Site. 18 de mayo de 2015. Acceso el 15 de noviembre de 2020. <www.Historylearningsite.Co.Uk/World-War-Two/Resistance-Movements/The-French-Resistance/>.

———. «Milice, The». History Learning Site, 21 de abril de 2015. Acceso el 15 de noviembre de 2020. <https://www.historylearningsite.co.uk/world-war -two/world-war-two-in-western-europe/france-during-world-war-two/the-milice/>.

Tzara, Tristan. «ArtSalve». <http://artsalve-productions.eu/art/Tristan_Tzara. html. Acceso el 19 de marzo de 2021>.

———. «La Première Aventure Céléste de Mr. Antipyrine - Dada & Surrealism». dada.lib.uiowa.edu, s. f. <https://dada.lib.uiowa.edu/items/show/223>. Collection Dada. Weinbrgstr, Suiza, 1916.

Union des Femmes Françaises. Section (Rhône), y Tatiana Oks. «La voix des femmes. Edité par l'Union des Comités des Femmes de France de la Région Lyonnaise "Puis" par l'Union des Femmes Françaises. Région Lyonnaise». Gallica, 8 de abril de 1945. <https://doi.org/oai:bnf.fr:gallica/ark:/12148/bpt6k954461t>.

Van der Krogt, René y Peter. «Lyon - Statue de la République. Emile Peynot». statues.vanderkrogt.net, 10 de agosto de 2018. Acceso el 10 de marzo de 2021. <https://statues.vanderkrogt.net/object.php?webpage=ST&record =frra046>.

«Vel d'Hiv Roundup of Paris Jews Remembered, 78 Years Later». The Algemeiner, 16 de julio de 2020. <https://www.algemeiner.com/2020/07/16/vel-dhiv-roundup-of-paris-jews-remembered-78-years-later/>.

Vian, Boris. Manuel de Saint-Germain-des-Prés. París, Éditions du Chêne, 1974.

Ville d'Annemasse. «Les Personnalités Importantes». Annemasse.fr, 2021. <https://www.annemasse.fr/que-faire-a-annemasse/decouvrir/memoire-et-patrimoine/annemasse-dhier-a-aujourdhui/les-personnalites-importantes>.

Vrba, Rudolf. I Escaped from Auschwitz. Nueva York, Barricade, Hadleigh, 2003.

Weindling, Paul. *Epidemics and Genocide in Eastern Europe, 1890-1945*. Oxford, Nueva York, Oxford University Press, 2000.

«What Is Cross of Lorraine - History and Meaning». Symbol Sage, agosto de 2020. <https://symbolsage.com/cross-of-lorraine-symbol/>.

Whitehouse, Rosie. «A Paris Luxury Hotel Filled with Concentration Camp Survivors». *Tablet Magazine*, 8 de mayo de 2020. <https://www tabletmag.com/sections/arts-letters/articles/convoy-61-ve-day>.

Wilmot, Chester. *The Struggle for Europe*. Hertfordshire, RU, Wordsworth Editions, 2003.

«Witness History, the Paris Hotel That Hosted Holocaust Survivors». BBC, BBC World Service, 29 de octubre de 2019. <www.bbc.co.uk/programmes/ w3csyx2s>. Acceso el 8 de mayo de 2021.

Yad Vashem: The World Holocaust Remembrance Center. «Mila Racine's Last Letter». www.yadvashem.org. Acceso el 29 de julio de 2021. <https:// www.yadvashem.org/yv/en/exhibitions/last-letters/1944/racine.asp>.

Yad Vashem map. «Transport 3 from Drancy, Camp, France, to Auschwitz Birkenau, Extermination Camp, Poland, on 22/06/1942». Yad Vashem. Acceso el 10 de agosto de 2020. <https://deportation.yadvashem.org/ index.html?language=en&itemId=5092602>.

Zelman, Camille, y Claude Levy-Lambert. «Lettre du 15/05/1992 de Camille Zelman à madame Maslhiah, du Centre de Documentation Juive Contemporaine, rappelant l'histoire de la déportation de sa sœur Annette Zelman et documents la concernant». *Memorial de la Shoah* CXVIII-2a(bis), n.º CGQJ-CXVIII (15 de mayo de 1992): 6. <https://ressources. memorialdelashoah.org/notice.php?q=fulltext%3A %28CXVIII-2a%29%20AND%20id_not%3A%28%2A%29&spec_expand= 1&start=0>.

Zweite, Armin. *Fritz Hofmann und die Stadtische Galerie 1937—Eine nationalsozialistische Museumskarriere, ihre Vorgeschichte und Konsequenzen*. Catálogo de la exposición. *The "City of Art": Munich, National Socialism, and "Degenerate Art"»*. Staatsgalerie Moderner Kunst, Múnich, 1987, pp. 262-278.

# Índice onomástico

Una f junto a un número de página indica ilustraciones

Beauvoir, Simone de, 25, 31, 58, 73-74,
    75, 109, 127, 153, 170, 190, 201,
    227, 233, 319, 332, 335, 360, 363
    huida a la zona libre, 92
Bechet, Sidney, 33
Behaghel, Otto, 253
Bellon, Denise, 23, 93, 141-142, 372
Bellon, Loleh, 24, 93, 142, 161, 372
Bellon, Yannick, 22-24, 28, 29, 45, 371-
    372
    en el Café de Flore, 23, 31
    en la piscina, 89
    muerte, 372
    relación con Jean Rouch, 142, 161,
    372
Benoit, Pierre, 250
Berger, Hélène, 307
Berger, Syma, 307
Bergen-Belsen, 348
Berlín (Alemania), 27, 40
Bernath, Vilmos, 375
Bernhardt, Sarah, 61
Bernina, 79
Berr, Hélène, 246, 301, 358
Berson, Roger, 107
Bertrand, Solange, 74
Bessarbie, Annie, 156
Bialot, Joseph, 351
Bienal de Venecia, 372
Binder, Annie, 290
Birkenau, 308-317, 357-359
    cámaras de gas, 311, 358
    comida en, 312, 313
    crematorio, 313-314
    enfermedad, 310, 312, 358
    higiene, 309
    kapos, 311, 313, 314
    lagerstrasse, 311, 314
    pase de revista, 314-315
    primer transporte, 311
    registro de muertes, 310-311, 359
    segundo transporte, 311
    selección de prisioneros, 311, 358
    tercer transporte, 314-315
    uniformes, 309
Bloch, Claudette:
    en Auschwitz, 280-281, 283, 287,
    289, 296, 299, 306
    en Birkenau, 308-317, 357-359
    en la prisión preventiva, 196, 237-240
    en Tourelles, 263, 264, 267, 269,
    272, 275, 276
    liberación, 347

    testimonio de posguerra, 359
Bloch, Pierre, 196, 228
    muerte, 286
Boccaccio, 111
Bolotin, Henriette, 289, 306
Bonsergent, Jacques, 59
Bordeaux, Henry, 250
Bornstein, Renée, 329
Botticelli, Sandro, 94
Boubal, Paul, 75, 136, 140, 159, 169,
    360
Boucherard, 47, 51
Bourla, 360
Bousquet, Réné, 302
Brancusi, Constantin, 24
Braques, Georges, 124
Brassaï, 29, 129
Braun, Eva, 347
Breder, Linda Reich, 307, 310
Breker, Arno, 39, 106, 226, 227
Breton, André, 34, 35, 85, 139, 251
brigada de asalto, 31
brigadas del Tercer Ejército, 339, 347
Brunner, Alois, 97, 332
Buchenwald, 346
Bucher, Jeanne, 119, 123-124, 225, 335
Budy, colonia penal de, 298
Bund Deutscher Mädel (BDM), 99
Burdeos (Francia), 49, 51, 58, 90, 95,
    103-104, 107, 117, 154, 157, 162,
    195, 324
    ataque aliado sobre, 52
    ocupación alemana de, 51
    rue des Pontets, 52

«Cabeza» (Picasso), 125f
Caesar, Joachim, 358
Café Capoulade, 108, 137, 156
Café de Flore, 21, 23-26, 36, 45, 63, 68,
    79, 83, 88, 93, 94, 105, 106, 108,
    119-121, 126, 127, 134-140, 144,
    147, 151, 156-158, 168, 176, 187,
    191, 199, 224, 226, 261-262, 279,
    303, 319, 331, 333, 360
    diorama del, 360
    gato, 136
    la madrugada, 27-31
    membrete, 194
    pandillas, 84
    paredes, 194
    Pascal (el maître), 136, 194, 201
    rincon lésbico, 74, 201
Cahn, Alice, 267, 288